Studien zum ausländischen und internationalen Privatrecht

356

Herausgegeben vom
Max-Planck-Institut für ausländisches
und internationales Privatrecht

Direktoren:
Jürgen Basedow, Holger Fleischer und Reinhard Zimmermann

Jonathan Wennekers

Piraterie in der Seeversicherung des Reeders

Mohr Siebeck

Jonathan Wennekers, geboren 1984; Studium der Rechtswissenschaften in Mannheim und Lissabon; 2010 Erste Juristische Staatsprüfung; LL.M. Studium an der University of Cambridge; 2015 Promotion.

Zugl.: Dissertation, Universität Mannheim, 2015.

ISBN 978-3-16-154265-7
ISSN 0720-1141 (Studien zum ausländischen und internationalen Privatrecht)

Die Deutsche Nationalbibliothek verzeichnet diese Publikation in der Deutschen Nationalbibliographie; detaillierte bibliographische Daten sind im Internet über *http://dnb.dnb.de* abrufbar.

© 2016 Mohr Siebeck, Tübingen. www.mohr.de

Das Werk einschließlich aller seiner Teile ist urheberrechtlich geschützt. Jede Verwertung außerhalb der engen Grenzen des Urheberrechtsgesetzes ist ohne Zustimmung des Verlags unzulässig und strafbar. Das gilt insbesondere für Vervielfältigungen, Übersetzungen, Mikroverfilmungen und die Einspeicherung und Verarbeitung in elektronischen Systemen.

Das Buch wurde von Gulde Druck in Tübingen auf alterungsbeständiges Werkdruckpapier gedruckt und von der Buchbinderei Nädele in Nehren gebunden.

Meiner Familie

Vorwort

Die vorliegende Arbeit wurde im Mai 2014 bei der Abteilung Rechtswissenschaft der Fakultät für Rechtswissenschaft und Volkswirtschaftslehre der Universität Mannheim eingereicht und im Frühjahrs-/Sommersemester 2015 als Dissertation angenommen. Rechtsprechung und Literatur sind bis zur Einreichung berücksichtigt. Für die Drucklegung ist die Arbeit punktuell überarbeitet und aktualisiert worden.

Meinem Doktorvater Herrn Professor Dr. Oliver Brand danke ich für die thematischen Anregungen und die Betreuung des Promotionsvorhabens. Herrn Professor Dr. Eibe Riedel danke ich für die zügige Erstellung des Zweitgutachtens. Darüber hinaus gilt mein Dank dem Direktorium des Hamburger Max-Planck-Instituts für ausländisches und internationales Privatrecht für die Aufnahme der Arbeit in die Schriftenreihe des Instituts.

Während meiner Promotionszeit wurde ich durch ein Stipendium der Friedrich-Ebert-Stiftung sowohl ideell als auch finanziell gefördert und unterstützt. Dafür bin ich sehr dankbar. Der Studienstiftung ius vivum und der Johanna und Fritz Buch-Gedächtnisstiftung gebührt mein Dank für die großzügigen Druckkostenzuschüsse.

Viele Freunde und Weggefährten haben mich während meiner Promotionszeit begleitet und unterstützt und so in vielfältiger Weise zum Gelingen dieser Arbeit beigetragen. Ihnen allen bin ich von Herzen dankbar. Besonderen Dank schulde ich Herrn Benjamin Grimm für die mühevolle Durchsicht der Arbeit und seine konstruktiven Anmerkungen.

Nicht zuletzt bin ich meinen Eltern von Herzen dankbar, die mich stets vorbehaltlos unterstützt und gefördert und mir Vieles ermöglicht haben.

Berlin, im November 2015 *Jonathan Wennekers*

Inhaltsübersicht

Vorwort VII
Inhaltsverzeichnis XI
Abkürzungsverzeichnis XVIII

Einführung 1

Teil 1: Grundlagen und Begriff der Piraterie 4

A. Grundlagen 4
B. Piraterie als Rechtsbegriff 36

Teil 2: Piraterie in der Seeversicherung 100

A. Einleitung 100
B. Piraterie in der Seekaskoversicherung 101
C. Piraterie in den kaskonahen Versicherungszweigen 234
D. Piraterie in der P&I-Versicherung 241
E. Das Deckungskonzept der Kidnap & Ransom-Versicherung 251
F. Lösegeldregress: Auseinandersetzung der Versicherer 259

Schlussbemerkungen, Ausblick und Zusammenfassung in Thesen 271

A. Schlussbemerkungen und Ausblick 271
B. Zusammenfassung in Thesen 276

Literaturverzeichnis..279
Sachregister...289

Inhaltsverzeichnis

Vorwort VII

Inhaltsübersicht IX

Abkürzungsverzeichnis XVIII

Einführung 1

Teil 1: Grundlagen und Begriff der Piraterie 4

A. Grundlagen 4
    I.   Einleitung 4
    II. Etymologie 6
    III. Abgrenzung zu anderen Erscheinungsformen von Gewaltakten
        auf See 6
        1. Kaperei 7
        2. Hilfskriegsschiffe, Seefreischärlerei, Staatspiraterie 10
        3. Zusammenfassung 12
    IV. Historische Grundlagen der Versicherung gegen Piraterie 12
        1. Seeversicherung 13
        2. Sklavereikassen 14
        3. Bezüge zur Versicherung von heute 14
    V. Piraterie als gegenwärtige Bedrohung 15
    VI. Die Systematik der Seeversicherungsbedingungen 17
        1. Seekaskoversicherung 18
           a) Allgemeine Deutsche Seeversicherungsbedingungen 1919 19
           b) DTV-Kaskoklauseln 21
           c) Allgemeine Deutsche Seeschiffsversicherungsbedingungen
              2009 23

        d) Englische Seekaskobedingungen: Institute Time Clauses – Hulls 28
    2. Exkurs: Seegüterversicherung 30
        a) ADS 1919 30
        b) ADS-Güterversicherungsbedingungen 1973 31
        c) DTV-Güterversicherungsbedingungen 2000/2011 31
    3. Protection and Indemnity-Versicherung 32
    4. Die Marktsituation in der Seeversicherung 35

B. Piraterie als Rechtsbegriff 36

  I. Marken-, Produkt- und Softwarepiraterie 36
  II. Piraterie im Strafrecht 37
    1. Deutschland 38
    2. England 39
  III. Völkerrechtlicher Pirateriebegriff 41
    1. Regelungszweck des Völkerrechts 41
    2. Entwicklung des völkerrechtlichen Pirateriebegriffs 42
    3. Definition nach Art. 101 des Seerechtsübereinkommens der Vereinten Nationen von 1982 43
        a) Rechtswidrige Gewalttat, Freiheitsberaubung oder Plünderung 44
        b) Ausgehend von privatem Schiff zu privaten Zwecken 46
        c) „Zwei-Schiffe-Erfordernis" 47
        d) Auf Hoher See oder an einem anderen Ort, der keiner staatlichen Hoheitsgewalt unterliegt 48
    4. Bewertung des Pirateriebegriffs des SRÜ 48
        a) Private Zwecke 49
        b) „Zwei-Schiffe-Erfordernis" 52
        c) Hohe See 53
    5. Zusammenfassung 55
  IV. Definition des International Maritime Bureau (IMB) 56
  V. Versicherungsrechtlicher Pirateriebegriff 58
    1. Grundlagen 58
        a) Keine Notwendigkeit der Begriffsübereinstimmung mit völkerrechtlicher Definition 58
        b) Systematik und Technik der Versicherung als Grundlage des Begriffsverständnisses 59
        c) Auslegung von Seeversicherungsbedingungen 63
    2. Induktiv-analytische Bestimmung des versicherungsrechtlichen Pirateriebegriffs 66
        a) Das Merkmal der Hohen See 66
           aa) Die Andreas Lemos-Entscheidung 66

              (1) Sachverhalt 66
              (2) Entscheidung des Gerichts 67
              (3) Stellungnahme 68
           bb) Die Republic of Bolivia-Entscheidung („Flusspiraterie").....71
              (1) Sachverhalt 71
              (2) Entscheidung des Gerichts 72
              (3) Stellungnahme 75
           cc) Der „seebezogene Angriff" 78
           dd) Zwischenergebnis 80
        b) Das Merkmal der Gewalt 81
           aa) Die Andreas Lemos-Entscheidung 81
           bb) Stellungnahme 82
           cc) Zwischenergebnis 83
        c) Das Merkmal der privaten Zwecke 83
           aa) Die Republic of Bolivia-Entscheidung 83
           bb) Stellungnahme 84
           cc) Beurteilung mehrteiliger Akte 87
           dd) Zwischenergebnis 89
        d) Das Zwei-Schiffe-Erfordernis 89
           aa) Bordinterne Angriffe 90
              (1) Fallbeispiele 90
              (2) Auslegung 92
           bb) Luftfahrzeuge als Angriffsvehikel 97
           cc) Zwischenergebnis 98
     3. Ergebnis 99

Teil 2: Piraterie in der Seeversicherung 100

A. Einleitung 100

B. Piraterie in der Seekaskoversicherung 101

   I.   Piraterie als versicherte Gefahr unter den ADS/DTV-
        Kaskoklauseln 101
        1. Piraterie unter der Allgefahrendeckung 101
        2. Kündigungsrecht des Versicherers unter den ADS/DTV-KKl 102
        3. Ergänzung durch das Seekaskodruckstück 2002/2 104
   II. Piraterie als versicherte Gefahr unter den DTV-ADS 2009 105
        1. Prinzip der Allgefahrendeckung 105
        2. Piraterie als Kriegsgefahr 105
        3. Wiedereinschlussmöglichkeit in die Seekaskodeckung 107
   III. Piraterie als versicherte Gefahr unter den ITCH und IWSC 108
   IV. Zusammenfassung 109

V. Doppelversicherung der Pirateriegefahr durch Seekasko- und Kriegskaskoversicherung..................109
   1. Doppelversicherung innerhalb der deutschen Bedingungen........111
      a) Kombination aus DTV-ADS und DTV-ADS-KrKl..................111
         aa) Das Potenzial für eine Doppelversicherung....................111
         bb) Systemische Vermeidung der Pirateriedoppelversicherung..................112
         cc) Vermeidung der Doppelversicherung durch Subsidiaritätsklauseln..................114
         dd) Aufeinandertreffen konkurrierender Subsidiaritätsklauseln..................115
            (1) Bestimmung der Natur der Subsidiaritätsklauseln.........115
               a. Auslegung von Ziff. 35.3 DTV-ADS........................120
               b. Auslegung von Ziff. 37.1 DTV-ADS........................125
               c. Auslegung von Ziff. 86.3 DTV-ADS-KrKl...............126
            (2) Spezialitätsverhältnis zwischen den Subsidiaritätsklauseln innerhalb der Kaskoversicherung?......................126
            (3) Auflösung der Konkurrenz gegenseitiger Subsidiaritätsklauseln in den DTV-ADS und DTV-ADS-KrKl..................129
         ee) Zusammenfassung..................136
      b) Kombination aus ADS/DTV-KKl und DTV-ADS-KrKl..........137
   2. Doppelversicherung bei gemischten deutschen und englischen Bedingungen..................139
      a) Kombination aus DTV-ADS und IWSC..................139
      b) Kombination aus ITCH und DTV-ADS-KrKl..................140
      c) Kombination aus ADS/DTV-KKl und IWSC..................140
VI. Die piraterierelevanten Versicherungsereignisse..................141
   1. Substanzschäden..................142
   2. Totalverlust durch Entführung?..................143
      a) Die englische Rechtsprechung im Fall Masefield..................145
      b) Stellungnahme..................148
      c) Lösegeldzahlung an Piraten als Straftat?..................149
      d) Ergebnis..................155
   3. Verschollenheit des Schiffes..................155
VII. Ersatz von Lösegeldern..................159
   1. Versicherbarkeit von Lösegeldern..................160
      a) Strafrechtliche Aspekte..................160
      b) Zivilrechtliche Aspekte – Verstoß gegen die guten Sitten?.......161
         aa) Verstoß gegen ausländisches Recht – US Executive Order 13536..................162
         bb) Stellungnahme: Kein Verstoß gegen die guten Sitten..........165

c) Ergebnis 168
2. Lösegeld: Kein versicherter Kaskoschaden................................... 169
3. Lösegeldersatz unter Havarie-grosse-Deckung............................ 169
   a) Grundlagen der Havarie-grosse 171
   b) Seehandelsrechtliche Voraussetzungen und Rechtsfolge der
      Havarie-grosse 172
      aa) Deutsches Recht (HGB).. 173
      bb) York-Antwerp Rules 176
      cc) Modus operandi der Verteilung 179
   c) Die Havarie-grosse-Deckung in der Seekaskoversicherung 180
      aa) ADS/DTV-KKl 181
         (1) Deckung von Beiträgen 181
         (2) Deckung für die Aufopferung des versicherten
             Gegenstands.. 183
         (3) Zusammenfassung.. 184
      bb) DTV-ADS 185
         (1) Deckung von Beiträgen 186
         (2) Deckung für die Aufopferung des versicherten
             Gegenstands.. 186
         (3) Deckung von Aufwendungen 187
         (4) Exkurs: Das Verhältnis von „Aufopferung" und
             „Aufwendung"... 189
         (5) General Average Absorption Clause 192
         (6) Zusammenfassung.. 193
   d) Lösegeld als Vermögenseinbuße unter der Havarie-grosse-
      Deckung... 194
      aa) Seehandelsrechtliche Voraussetzungen 195
      bb) Seeversicherungsrechtliche Voraussetzungen 203
   e) Ergebnis 206
   f) Informelle Havarie-grosse-Verteilung 207
4. Lösegeldersatz als Schadensabwendungskosten 208
   a) Voraussetzungen 208
   b) Höhe des Ersatzanspruches.. 212
   c) Kürzung des Ersatzanspruchs wegen der Rettung
      unversicherter Interessen?.. 212
   d) Obliegenheit zur Schadensabwendung und -minderung........... 216
   e) Zession der Regressansprüche 217
5. Verhältnis zwischen Havarie-grosse-Deckung und Deckung
   für Schadensabwendungs- und
   Schadensminderungsaufwendungen 217
6. Ergebnis 220
VIII. Ausschlüsse und Obliegenheitsverletzungen in der
   Seekaskoversicherung.. 220

1. Feindliche Verwendung von Kriegswerkzeugen 221
2. Organisatorische Seeuntüchtigkeit 222
   a) Best Management Practices als genereller Maßstab? 225
   b) Bewaffnete private Sicherheitsdienste 228
   c) Zusammenfassung 233
3. Schuldhafte Herbeiführung des Versicherungsfalls 233

C. Piraterie in den kaskonahen Versicherungszweigen 234

I. Versicherung für Nebeninteressen 234
II. Ertragsausfallversicherung nach DTV-ADS 239

D. Piraterie in der P&I-Versicherung 241

I. Piraterie: Keine versicherte Gefahr 241
II. Havarie-grosse-Exzedentenhaftung 242
III. Havarie-grosse-Ausfalldeckung 242
IV. Keine unmittelbare Deckung von Lösegeldern 244
V. Haftung für Personenschäden 246
VI. Ausschlüsse 248

E. Das Deckungskonzept der Kidnap & Ransom-Versicherung 251

I. Spezialisierte Versicherungsprodukte 252
II. Keine versicherungsaufsichtsrechtlichen Bedenken der BaFin ... 253
III. Deckungsrahmen und Prinzipien 253
IV. Kritik am Deckungskonzept 257

F. Lösegeldregress: Auseinandersetzung der Versicherer 259

I. Das Verhältnis zwischen Kasko- und K&R-Versicherung 259
II. Das Verhältnis zwischen den konventionellen Schiffsversicherern ... 262
   1. Regress gegen den P&I-Versicherer 262
      a) Keine Ansprüche aus abgetretenem Recht 262
      b) Keine Ansprüche aus eigenem Recht 263
   2. Regress gegen den Nebeninteressenversicherer 264
III. Das Verhältnis zu anderen Beteiligten – Regress gegen die Ladungsseite 264
   1. Havarie-grosse 265
   2. Allgemeine Ansprüche aus abgetretenem Recht 267
   3. Ansprüche aus eigenem Recht 268
IV. Ergebnis 270

Schlussbemerkungen, Ausblick und Zusammenfassung in
Thesen 271
A. Schlussbemerkungen und Ausblick 271
B. Zusammenfassung in Thesen 276

Literaturverzeichnis 279
Sachregister 289

Abkürzungsverzeichnis

A.A./a.A.	andere Ansicht
a.F.	alte Fassung
Abs.	Absatz
ADHGB	Allgemeines Deutsches Handelsgesetzbuch
ADS	Allgemeine Deutsche Seeversicherungs-Bedingungen
ADS-Güter	ADS-Güterversicherungsbedingungen 1973
ADS/DTV-KKl	Allgemeine Deutsche Seeversicherungs-Bedingungen i.V.m. den DTV-Kaskoklauseln
AJIL	American Journal of International Law
Alt.	Alternative
Anm.	Anmerkung
AöR	Archiv des öffentlichen Rechts
Art.	Artikel
ATL	Actual Total Loss
AVB	Allgemeine Versicherungsbedingungen
AVB-RSW	Allgemeine und Besondere Versicherungsbedingungen sowie Risikobeschreibungen zur Vermögensschaden-Haftpflichtversicherung für Rechtsanwälte und Patentanwälte, Steuerberater, Wirtschaftsprüfer und vereidigte Buchprüfer
AWZ	Ausschließliche Wirtschaftszone
Bd.	Band
BeckOK-StGB	Beck'scher Online-Kommentar zum Strafgesetzbuch
Beschl.	Beschluss
BGBl.	Bundesgesetzblatt
BGHZ	Entscheidungen des Bundesgerichtshofs in Zivilsachen
BIMCO	Baltic and International Maritime Council
BJIL	Berkeley Journal of International Law
BMP	Best Management Practices, hrsg. v. Baltic and International Maritime Council u.a.
BT-Drs.	Bundestagsdrucksache
cl.	clause
Co.	Company
CTL	Constructive Total Loss
DIW	Deutsches Institut für Wirtschaftsforschung
DTV	Deutscher Transportversicherungsverband
DTV-ADS	Allgemeine Deutsche Seeschiffsversicherungsbedingungen 2009
DTV-ADS-KrKl	Bedingungen für die Kriegsversicherung in den DTV-ADS 2009
DTV-Güter	DTV-Güterversicherungsbedingungen

DTV-KKl	DTV-Kaskoklauseln
E.L. & B.L.	Ellis and Blackburn's Queen's Bench Reports
E.R.	English Reports
EUNAVFOR	European Naval Forces
EWCA Civ.	Court of Appeal Civil Division
f.	folgende
FC&S-Clause	Free of Capture and Seizure Clause
ff.	folgende (Plural)
FG	Festgabe
Fn.	Fußnote
FS	Festschrift
GAAC	General Average Absorption Clause
GDV	Gesamtverband der deutschen Versicherungswirtschaft
GIC	General Insurance Conditions
GRUR Int	Gewerblicher Rechtsschutz und Urheberrecht Internationaler Teil
h.L.	herrschende Lehre
HANSA	HANSA International Maritime Journal
HansOLG	Hanseatisches Oberlandesgericht
HFR	Humboldt Forum Recht
HGZ	Hanseatische Gerichts-Zeitung
Hrsg.	Herausgeber
hrsg. v.	herausgegeben von
HSÜ	Genfer Übereinkommen über die Hohe See von 1958
i.V.m.	in Verbindung mit
ICC	Institute Cargo Clauses
IGP&I	International Group of P&I Clubs
IHC	International Hull Clauses
IMB	International Maritime Bureau
Intercargo	International Association of Dry Cargo Shipowners
Intertanko	International Association of Independent Tanker Owners
ISPS-Code	International Ship and Port Facility Security Code
ITCH	Institute Time Clauses – Hulls
ITF	Internationale Transportarbeiter Föderation
IUAL	International Underwriting Association of London
IUMI	International Union of Marine Insurance
IWSC	Institute War and Strikes Clauses
JA	Juristische Ausbildung
JIML	Journal of International Maritime Law
JMLC	Journal of Maritime Law and Commerce
JZ	JuristenZeitung
K.B.	King's Bench
K&R	Kidnap & Ransom
lit.	Buchstabe
LK	Leipziger Kommentar
Lloyd's LL Rep	Lloyd's List Law Report
LMCLQ	Lloyd's Maritime and Commercial Law Quarterly
LoH	Loss of Hire
Ltd./LTD.	Limited

m.w.N.	mit weiteren Nachweisen
MIA	Marine Insurance Act von 1906
MSCHOA	Maritime Security Center Horn of Africa
MüKo-BGB	Münchener Kommentar zum Bürgerlichen Gesetzbuch
MüKo-StGB	Münchener Kommentar zum Strafgesetzbuch
MüKo-VVG	Münchener Kommentar zum Versicherungsvertragsgesetz
MUSC	Maritime & Underwater Security Consultants
NJW	Neue Juristische Wochenschrift
NJW-RR	NJW-Rechtsprechungs-Report Zivilrecht
No.	Number
NordÖR	Zeitschrift für Öffentliches Recht in Norddeutschland
Nr.	Nummer
NStZ	Neue Zeitschrift für Strafrecht
NVersZ	Neue Zeitschrift für Versicherung und Recht
NYULR	New York University Law Review
OFAC	Office of Foreign Assets Control
P&I	Protection & Indemnity
PRC	Piracy Reporting Center
Pte. Ltd.	Private Limited
Q.B.	Queen's Bench
r+s	Recht und Schaden
Rep.	Report
RG	Reichsgericht
RGBl.	Reichsgesetzblatt
RGZ	Amtliche Sammlung der Entscheidungen des Reichsgerichts in Zivilsachen
RIW	Recht der internationalen Wirtschaft
Rn.	Randnummer(n)
RStGB	Reichsstrafgesetzbuch
S.	Seite(n); Satz
SAIS	School of Advanced International Studies
SCR	Special Contingency Risks Limited
sec.	section
SeeBesV	Seebesetzungsverordnung
SeemG	Seemannsgesetz
SGHC	Singapore High Court
sog.	sogenannte/r
SRÜ	Seerechtsübereinkommen der Vereinten Nationen
SUA	Übereinkommen zur Bekämpfung widerrechtlicher Handlungen gegen die Sicherheit der Seeschiffahrt
Tul. L. Rev.	Tulane Law Review
Tul. Mar. L. J.	Tulane Maritime Law Journal
u.a.	und andere
UNCLOS	United Nations Convention on the Law of the Sea
USD	US-Dollar
v.	versus; vom
v. Chr.	vor Christus
VersR	Versicherungsrecht – Zeitschrift für Versicherungsrecht, Haftungs- und Schadensrecht

Vol.	Volume
Vorb.	Vorbemerkung
VVG	Versicherungsvertragsgesetz
VW	Versicherungswirtschaft
W.L.R.	The Weekly Law Reports
WuRVers	Wirtschaft und Recht der Versicherung
YAR	York-Antwerp Rules
ZfV	Zeitschrift für Versicherungswesen
ZVersWiss	Zeitschrift für die gesamte Versicherungswissenschaft

Einführung

> „Ich müsste keine Schiffahrt kennen:
> Krieg, Handel und Piraterie,
> Dreieinig sind sie nicht zu trennen."[1]

Bereits *Mephisto* erkannte zu Beginn des 19. Jahrhunderts in *Goethes* „Faust" die scheinbar untrennbare Verbindung von Seehandel und Piraterie. In dieser oder jener Erscheinungsform ist die Piraterie wohl genauso alt wie der Seehandel und die Seeschifffahrt selbst. Solange Vermögenswerte zu Wasser von einem Ort zu einem anderen transportiert wurden, solange gab es auch Menschen, die solche Transporte aufbrachten, um daraus Kapital zu schlagen. Obwohl man das Kapitel der Piraterie zum Ausgang des 19. Jahrhunderts schon beendet glaubte,[2] ereigneten sich auch im 20. und 21. Jahrhundert bisweilen Hochphasen der Piraterie in unterschiedlichen Teilen der Welt. Die jüngste erleben wir seit etwa einem Jahrzehnt vor den Küsten Somalias, im Golf von Aden und auch in den Weiten des Indischen Ozeans sowie in anderen Küstengewässern afrikanischer Staaten: die Lösegeldpiraterie. Das Zitat *Goethes* scheint damit auch heute noch Gültigkeit zu besitzen. Zunächst von somalischen Fischern begonnen, nehmen nunmehr organisierte und gut gerüstete Banden die Handelsrouten zwischen Asien und Europa auf der Jagd nach Tankern, Container- und anderen Transportschiffen ins Visier.[3] Ihr Schema ist nicht die klassische Piraterie von einst; das Schiff und dessen Ladung sind in ihrem Sachwert meist nicht Objekt der Begierde. Beides dient gemeinsam mit der Schiffsbesatzung vielmehr als Druckmittel zur Erpressung von Lösegeldern.[4]

Die Adressaten der Lösegeldforderungen der Piraten sind in aller Regel die Reedereien, die das entführte Schiff betreiben. Sie sind es deshalb auch, die als erstes mit den unmittelbaren wirtschaftlichen Belastungen der Schiffsentführungen konfrontiert werden. Damit einhergehend sind auch die Versicherer der vom Reeder eingedeckten Schifffahrtsrisiken betroffen. Die vorliegende

---

[1] *von Goethe*, Faust – Der Tragödie zweiter Teil, Fünfter Akt, Vers 11185.
[2] Davon ging wohl auch das Draft-Committee des SRÜ 1982 aus, siehe *Petrig* (Hrsg.), Sea Piracy Law/Droit de la piraterie maritime, S. VII.
[3] Vgl. *Geiß/Petrig,* Piracy and Armed Robbery, S. 9.
[4] Vgl. *Talley/Rule*, Piracy in Shipping, S. 92.

Arbeit befasst sich deshalb mit dem Phänomen der modernen Piraterie unter dem Blickwinkel der Seeversicherung des Reeders. Die zentrale Versicherungssparte ist dabei die Seekaskoversicherung.

Im ersten Teil der Arbeit geht es um die grundlegende Frage, was sich hinter dem Begriff der Piraterie im Seeversicherungsrecht verbirgt. Piraterie ist eine nach deutschen Seeversicherungsbedingungen versicherbare Gefahr. Gleiches gilt auch für englische, norwegische und andere Seeversicherungsbedingungen. Gleichwohl fehlt es in allen diesen Ländern an einer präzisen inhaltlichen Bestimmung der Pirateriegefahr. Auf diese Lücke im Versicherungsrecht wies die *Münchener Rück* bereits im Jahr 2006 hin.[5] Dennoch hat sich das deutsche Schrifttum dieser Frage bislang noch nicht angenommen. Die wenigen Beiträge zur Piraterie im Seeversicherungsrecht beschränken sich – soweit sie sich überhaupt damit befassen[6] – auf knappe Schlussfolgerungen, die in einer zweckorientierten Weise aus Elementen rechtsgebietsfremder Definitionen zusammengestellt werden.[7] Die Rechtsprechung wurde mit dieser Frage noch überhaupt nicht betraut. Einen Beitrag zur Schließung dieser Lücke zu leisten, ist Aufgabe dieses ersten Teils. Das englische Schrifttum befasst sich mit dem versicherungsrechtlichen Piraterieverständnis etwas intensiver.[8] Mit den Gerichtsentscheidungen in den Fällen *Andreas Lemos*[9] und *Republic of Bolivia*[10] kann zudem auf englische Rechtsprechung zurückgegriffen werden, die einige Aspekte der seeversicherungsrechtlichen Piraterie behandelt. Der englische Rechtskreis soll deshalb neben dem deutschen Seeversicherungsrecht ergänzend betrachtet werden.

Anschließend an die seeversicherungsrechtliche Begriffsbestimmung widmet sich die Arbeit im zweiten Teil den zentralen versicherungsrechtlichen Fragen im Zusammenhang mit der modernen Piraterie. Dabei werden auch Aspekte der klassischen Piraterie – die untechnisch als „Raubpiraterie" bezeichnet werden kann – berücksichtigt; der Fokus liegt jedoch auf der Lösegeldpiraterie. Zunächst wird die Piraterie als versicherbare Gefahr in der Seekaskoversicherung eingeordnet und besprochen, „wie" Piraterie versichert

---

[5] *Berg/Artmann/Kratz u.a.*, Münchener Rück, Piraterie – Bedrohung auf See, S. 30.

[6] *Schwampe*, TranspR 2009, 462 (471) geht auf die Frage des Begriffs der Piraterie im Seeversicherungsrecht nicht weiter ein.

[7] So z.B. auch *Berg/Artmann/Kratz u.a.*, Münchener Rück, Piraterie – Bedrohung auf See, S. 30; *Pfeifle*, in: Drees/Koch/Nell, S. 111 ff. *Wesemann*, Seehandels- und seeversicherungsrechtliche Probleme der modernen Piraterie am Horn von Afrika, S. 29 ff. befasst sich zwar auch mit seeversicherungsrechtlichen Zusammenhängen, kombiniert letztlich aber ohne eingehende Untersuchung Elemente verschiedener Rechtsgebiete zu einer seeversicherungs- und seehandelsrechtlichen Definition.

[8] Vgl. *Thomas*, JIML 10 (2004), 355 ff.; *Passman*, JMLC 40 (2009), 59 ff.; *Mandaraka-Sheppard*, in: Thomas, S. 47 ff.

[9] Siehe *infra* S. 66 ff.

[10] Siehe *infra* S. 71 ff.

werden kann. Sodann werden die piraterebezogenen Versicherungsereignisse in der Seekaskoversicherung im Einzelnen untersucht. Im Mittelpunkt dieses zweiten Teils steht die in Schrifttum und Praxis dominierende Frage der Versicherbarkeit und Ersetzbarkeit von Lösegeldern unter der Seekaskoversicherung, die der Reeder zur Auslösung des entführten Schiffes an die Piraten aufgewendet hat.

Zudem befasst sich dieser Teil der Arbeit mit den piraterierelevanten Rechts- und Deckungsfragen in anderen für den Reeder relevanten Versicherungsbereichen wie z.B. der *Protection and Indemnity-* und der *Kidnap and Ransom*-Versicherung. Darüber hinaus werden die Verhältnisse der verschiedenen Versicherer des Reeders untereinander sowie das Verhältnis zu den anderen Beteiligten des Seefahrtunternehmens – insbesondere zur Ladungsseite – im Hinblick auf die endgültige Verteilung der Kostenlast der Lösegelder untersucht.

Die Arbeit endet mit einer Schlussbemerkung und einem Ausblick sowie mit einer Zusammenfassung der wesentlichen Ergebnisse in Thesen.

Die Grundlage der Untersuchung bilden das deutsche Seeversicherungsrecht und die marktüblichen deutschen Seeversicherungsbedingungen. Aufgrund der besonderen Bedeutung Englands als „Mutterland" der Seeversicherung werden in einigen Teilen auch die englische Rechtsprechung sowie die standardisierten englischen Seeversicherungsbedingungen berücksichtigt.

Teil 1

Grundlagen und Begriff der Piraterie

A. Grundlagen

I. Einleitung

Piraterie ist ein schillernder Begriff, der sowohl in verschiedenen juristischen Bereichen als auch im außerjuristischen, sozialgesellschaftlichen und kulturgeschichtlichen Bereich vorkommt. Beginnend bei historischen Erzählungen über große „Piraten" wie *Klaus Störtebeker* oder *Francis Drake,* über literarische Werke und verklärend-romantisierende Seeräubergeschichten und Heldensagen wie *Berthold Brechts* „Seeräuber-Jenny" und den Film „Fluch der Karibik", reicht die Verwendung des Begriffs der Piraterie bis in straf-, völker-, marken-, urheber- und eben versicherungsrechtliche Zusammenhänge.[1] Nicht immer wird von den Verwendern des Begriffs hinreichend Sorge dafür getragen, dass sich hinter dem Phänomen, welches sie unter dem Begriff der Piraterie beschreiben, auch tatsächlich ein Fall von Piraterie verbirgt. In der Öffentlichkeit, aber auch im juristischen Schrifttum herrscht bisweilen Begriffsverwirrung.[2] Dies ist zum einen darauf zurückzuführen, dass im volkstümlichen Sprachgebrauch einige der Piraterie verwandte oder ähnliche Erscheinungsformen – wie z.B. die Kaperei – keine genaue Abgrenzung erfahren, sondern großzügig unter den Begriff der Piraterie subsumiert werden.[3] Zum anderen – und das betrifft im Besonderen den juristischen Bereich – orientieren sich der Inhalt und die Definition eines Begriffs stets auch an den Umständen und Sachzusammenhängen, unter deren Geltung er Verwendung findet.[4] So sind auch die allgemeinen Rechtsgrundsätze und Regelungsziele eines jeden Rechtsgebietes von entscheidender Relevanz dafür, welche Be-

---

[1] Vgl. zu den jeweiligen Bereichen *infra* S. 36 ff.
[2] *Wagner*, HFR 3/2010, 31; auch im Fall der Entführung der *Beluga Nomination* am 22.01.2011 wird in der Presse von „kapernden Piraten" gesprochen, siehe *Utler*, Entführte "Beluga Nomination": Allein unter Piraten, Spiegel Online vom 25.01.2011; ebenso in *Ebert/Endriß/Loos u.a.,* Munich RE, Schadenspiegel 2/2009, S. 34: „Die Kaperung der BBC Trinidad"; vgl. zur bereits am Ende des 19. Jahrhunderts bestehenden Begriffsunklarheit im juristischen Bereich *Samios,* Die Piraterie als völkerrechtliches Delikt, S. 9 ff.
[3] *Wagner*, HFR 3/2010, 31.
[4] *Passman*, JMLC 40 (2009), 59 (61 f.).

A. Grundlagen 5

deutung einem Rechtsbegriff beigemessen wird.⁵ Aus diesem Grund kann es zu Differenzen hinsichtlich des Bedeutungsgehalts und -umfangs desselben Begriffs kommen, je nachdem in welchem rechtlichen Kontext er verwendet wird.⁶

Für eine tiefgehende Untersuchung der Auswirkungen und des Umgangs mit dem Phänomen der Piraterie im Seeversicherungsrecht ist es daher unerlässlich, einen seeversicherungsrechtlichen Pirateriebegriff zu bestimmen und dieser Untersuchung zugrunde zu legen. Schließlich hängt die Leistungspflicht von Versicherern bei einem schadensträchtigen Vorfall auch davon ab, ob dieser Vorfall unter den Begriff der Piraterie zu subsumieren ist;⁷ nicht zuletzt geht es bei (vermeintlichen) Piratenangriffen auf Seeschiffe häufig um Schadenssummen in Millionenhöhe.⁸ Im Seeversicherungsrecht selbst existiert weder eine Legaldefinition noch ein von Literatur und Rechtsprechung geformter einheitlicher Begriff der Piraterie.⁹ Deshalb erfolgt in diesem ersten Teil zunächst eine umfassende Auseinandersetzung mit dem Pirateriebegriff in seinen Erscheinungsformen in verschiedenen Rechtsgebieten, um unter Zugrundelegung versicherungsrechtlicher und versicherungstechnischer Prinzipien Erkenntnisse für die Begriffsbedeutung und den Begriffsinhalt im Seeversicherungsrecht zu gewinnen. Von besonderer Relevanz ist dabei das Völkerrecht, das sich seit jeher auch mit der Piraterie befasst und in Art. 101 des Seerechtsübereinkommens der Vereinten Nationen von 1982 (SRÜ) eine völkerrechtliche Definition der Piraterie enthält.¹⁰ Das Völkerrecht soll einen Schwerpunkt der Auseinandersetzung bilden.

Darüber hinaus soll zum erweiterten Verständnis der Materie auch auf die historische Entwicklung des Seeversicherungsrechts und auf die ersten versicherungstechnischen Ansätze der Kauf- und Handelsleute im Bemühen, sich der Gefahren der Piraterie zu erwehren, kurz eingegangen werden. Schließ-

---

⁵ Vgl. insoweit auch *Republic of Bolivia v. Indemnity Mutual Marine Assurance Company, Ltd.* [1909] 1 K.B. 785 (790, 803).

⁶ Vgl. *Thomas*, JIML 10 (2004), 355 (357, 358); siehe beispielsweise zum Begriff des „Krieges", dessen völkerrechtliche Definition von der des Versicherungsvertragsrechts zu unterscheiden ist, RGZ 90, 378 (380); *Fricke*, VersR 1991, 1098 (1099); *Fricke*, VersR 2002, 6 (7).

⁷ Dies kann im Einzelfall in Bezug auf eine negative Ausschlussklausel sowie auf eine positive Sonderdeckungsvereinbarung relevant werden.

⁸ So wurden beispielsweise im Januar 2009 für den Öltanker *Sirius Star* zwischen 3 und 8 Millionen USD und im Januar 2010 für die *Maran Centaurus* zwischen 5,5 und 9 Millionen USD allein an Lösegeld bezahlt. Für den Öltanker *Irene SL* wurden gar 13,5 Millionen USD bezahlt, siehe *Berg/Funke/Kratz u.a.*, Munich RE, Piraterie – Gewalt auf See eskaliert, S. 6.

⁹ *Berg/Artmann/Kratz u.a.*, Münchener Rück, Piraterie – Bedrohung auf See, S. 30.

¹⁰ Seerechtsübereinkommen der Vereinten Nationen vom 10.12.1982, BGBl. II 1994, 1798 (engl. UNCLOS III). Die Definition wurde nahezu unverändert aus der Genfer Konvention über die Hohe See von 1958 übernommen.

lich verdienen auch das moderne Pirateriewesen und insbesondere dessen heutige Erscheinungsform sowie die Bedrohungslage am Horn von Afrika – vor der Küste Somalias, aber auch darüber hinaus – eine einleitende Betrachtung.

II. Etymologie

Der Begriff „Pirat" wurde im 15. Jahrhundert dem gleichbedeutenden italienischen Wort *pirata* entlehnt und in den deutschen Wortschatz eingeführt.[11] Der Begriff geht über das lateinische Wort *pirata* auf das griechische Wort *peirates* zurück. Dieses wiederum entspringt dem griechischen *peiran* und bedeutet „wagen", „versuchen" oder „unternehmen". Das Stammwort *peira* bedeutet „Wagnis" bzw. „Versuch".[12] Der Begriff ist auch mit dem lateinischen Wort *periculum* – „Gefahr" – verwandt.[13] Dementsprechend ist der Pirat im ursprünglichen Wortsinn eine Person, die etwas wagt bzw. ein Wagnis eingeht, welches mit einer gewissen Gefahr verbunden ist. Der Begriff „Piraterie" wurde erst Anfang des 19. Jahrhunderts vom französischen *piraterie* abgeleitet. In der deutschen Sprache werden die Fremdwörter „Pirat" und „Piraterie" synonym mit „Seeräuber" und „Seeräuberei" verwendet, wenngleich Letztere das Phänomen bereits begrifflich auf Raubtaten auf See bzw. an der See zu beschränken scheinen und es damit enger fassen als der griechische Ursprungsbegriff. Allerdings findet sich auch hinsichtlich des Begriffs *peiran* die etymologische Übersetzung „Seeräuberei treiben".[14] Nach heutigem Begriffsverständnis wird der Pirat im allgemeinen deutschen Sprachgebrauch als Person bezeichnet, die (auf See) fremde Schiffe überfällt und ausraubt.[15]

III. Abgrenzung zu anderen Erscheinungsformen von Gewaltakten auf See

Die Piraterie ist nur eine Form von Gewaltakten auf See. Neben ihr existiert eine Reihe ähnlicher oder verwandter Erscheinungsformen, die häufig großzügig unter den Begriff der Piraterie subsumiert werden. Das bestehende Bild vom Piraten ist durch historische, kulturgeschichtliche und künstlerische Darstellungen derart verfestigt, dass nahezu jegliche (private) Gewalthandlung zur See als Piraterie bzw. Seeräuberei eingestuft wird. Eine Abgrenzung findet allenfalls zur Seekriegsführung statt. Gleichwohl sind verwandte Phänomene wie die Kaperei und Freibeuterei, die sog. Staatspiraterie sowie die

---

[11] *Alsleben/Wermke*, Herkunftswörterbuch, S. 610 (Pirat).
[12] *Pfeifer*, Etymologisches Wörterbuch, S. 1281 (Pirat); *Kluge/Seebold*, Etymologisches Wörterbuch, S. 633 (Pirat).
[13] *Alsleben/Wermke*, Herkunftswörterbuch, S. 610 (Pirat).
[14] *Pfeifer*, Etymologisches Wörterbuch, S. 1281 (Pirat); vgl. auch *Samios*, Die Piraterie als völkerrechtliches Delikt, S. 11.
[15] *Kunkel-Razum*, Bedeutungswörterbuch, S. 686 (Pirat).

Seefreischärlerei und der Einsatz sog. Hilfskriegsschiffe von der Piraterie begrifflich wie inhaltlich zu unterscheiden und mit ihr keineswegs deckungsgleich.[16] Der Unterschied dieser Erscheinungsformen ergibt sich im Wesentlichen aus juristischen Aspekten, insbesondere aus völkerrechtlichen, aber auch nationalen Rechtsnormen. Vor diesem Hintergrund verwundert die begriffliche Verwirrung kaum, da es in künstlerischen Darbietungen wie Romanen oder Filmen weniger auf rechtliche als auf frei gestaltete inhaltliche Aspekte und Ideen ankommt. Was die Historie anbelangt, so trägt zu der Verwirrung bei, dass aus Kaperern mit der Zeit bisweilen Piraten wurden und umgekehrt.[17] Zudem lassen sich Piraterie und Kaperei in ihrer äußeren Erscheinungsform – und diese dürfte für die meisten maßgebliches Kriterium sein – kaum unterscheiden. Die nun folgenden Ausführungen sollen nicht dazu dienen, den Begriff der Piraterie inhaltlich auszufüllen.[18] Vielmehr sollen sie zunächst durch das Aufzeigen charakteristischer Eckpfeiler der unterschiedlichen Phänomene einen Beitrag zur Abgrenzung leisten und dadurch den Blick auf die kommenden Problemstellungen schärfen.

1. Kaperei

Die Kaperei[19] ist unter den von der Piraterie zu unterscheidenden Erscheinungsformen der Gewalt auf See zum einen die bekannteste und zum anderen auch die (historisch) bedeutendste. Sie ist ein heute nicht mehr existierendes Phänomen, das völkerrechtsgeschichtlich als Instrument der Seekriegsführung einzuordnen ist.[20] Im Gegensatz zum rechtswidrig handelnden Piraten ist der Kaperer[21] ein privater, unter staatlicher Autorisation handelnder, *Wagner* nennt ihn modern: „beliehener Unternehmer"[22], der zur Vornahme von Seekriegshandlungen berechtigt ist.[23] Wenngleich er nach dem äußeren Erscheinungsbild Handlungen wie das Angreifen und Einnehmen von Schiffen samt

---

[16] *Grewe*, Epochen der Völkerrechtsgeschichte, S. 354; zu den einzelnen Erscheinungsformen von Gewaltakten auf See siehe sogleich.
[17] *Grewe*, Epochen der Völkerrechtsgeschichte, S. 359; *Reibstein,* Völkerrecht, S. 443 ff., der von „einem trüben Dämmerlicht zwischen Seekrieg und Seeraub [...]" spricht.
[18] Dies ist Gegenstand der Arbeit auf den S. 36 ff.
[19] Englisch: *privateering*; der Kaperfahrer heißt *privateer*.
[20] *Stiel*, Die Piraterie, S. 30; *Leeder*, Die englische Kaperei und die Thätigkeit der Admiralitätsgerichte, S. 2 ff.; *von Martens*, Versuch über Caper, S. 17 ff.; *Colombos*, Internationales Seerecht, § 536; *Grewe*, Epochen der Völkerrechtsgeschichte, S. 354, 364.
[21] Auch als Korsar oder Freibeuter bezeichnet.
[22] *Wagner*, HFR 3/2010, 31 (32).
[23] *von Martens*, Versuch über Caper, S. 17 ff.; *Stiel*, Die Piraterie, S. 30; *Colombos*, Internationales Seerecht, § 536; *Grewe*, Epochen der Völkerrechtsgeschichte, S. 354; *Leeder*, Die englische Kaperei und die Thätigkeit der Admiralitätsgerichte, S. 1; *Liszt/Fleischmann*, Völkerrecht, S. 300; *Samios,* Die Piraterie als völkerrechtliches Delikt, S. 39 f.

Ladung begeht, die denen von Piraten gleichkommen, genießt der Kaperer aufgrund des ihm erteilten Kaperbriefes den Rechtsstatus eines feindlichen Kombattanten mit Anspruch auf Kriegsgefangenenstatus. Er nimmt somit auf Seiten des ihn autorisierenden Staates an Feindseligkeiten – meist gegen Beteiligung an der Prise[24] – teil, wenngleich er nicht unmittelbar der Seemarine des Staates angehört. Die Kaperei befindet sich damit gewissermaßen an der Schnittstelle zwischen Piraterie und Seekriegsführung, da sie Elemente beider Institute in sich vereint. *Grewe* beschreibt die Kaperer als „nicht viel mehr [...] als legalisierte Piraten [...]".[25] Die Maßnahmen der mit Kaperbriefen ausgestatteten Privatpersonen richteten sich vornehmlich gegen Handelsschiffe derjenigen Nationen, die sich mit der kaperbriefausstellenden Macht im Krieg befanden. Insoweit diente die Kaperei in erster Linie dem Seehandelskrieg und weniger der Bekämpfung feindlicher Kriegsschiffe.[26]

Eine der wichtigsten Ursachen für das Aufkommen und die Ausbreitung der Kaperei war die Tatsache, dass die Mehrzahl der Staaten bis in das 18. Jahrhundert hinein keine oder keine ausreichend starke ständige Kriegsflotte unterhielt.[27] Gleichwohl waren sie gewillt, ihre wirtschaftlichen und politischen Interessen mit Gewalt zur See gegenüber anderen Staaten durchzusetzen. Durch die Einbeziehung privater Schiffe in die Kriegsführung ersparten sie sich das dauerhafte Unterhalten einer teuren Kriegsflotte und damit auch die Erhebung dafür notwendiger Steuern.[28] Zudem ist als Wurzel des Kaperwesens der Umstand zu nennen, dass Handelsschiffe zur Selbstverteidigung bewaffnet wurden.[29] Durch die Ausstellung von Kaperbriefen an (bewaffnete) Handelsschiffe wurde es diesen ermöglicht, die Früchte einer erfolgreichen Selbstverteidigung gegen Piraten oder feindliche Kaperer dahingehend zu ernten, dass sie durch Eroberung des angreifenden Schiffs in den Genuss von Prisen kamen.[30] In diesem Sinne lag die Intention des Eigentümers eines bewaffneten Handelsschiffes nicht in der aggressiven Kaperung fremder Schiffe, sondern vielmehr darin, den „Spieß" im Falle eines Angriffs umzudrehen. Ein bedeutender Unterschied zwischen der Kaperei und der Piraterie lag nämlich in der Rechtsfolge, die sich aus der Erbeutung eines fremden Schiffes ergab. Während der Kaperer an dem als Prise erbeuteten Schiff samt Ladung einen Eigentumsübergang bewirken konnte, erlangte der

---

[24] Als Prise wird die Beute einer Kaperfahrt bezeichnet, näher *Kraska,* in: Wolfrum, S. 477 (477 f.).

[25] *Grewe,* Epochen der Völkerrechtsgeschichte, S. 365.

[26] *Wagner,* HFR 3/2010, 31 (32).

[27] *Colombos,* Internationales Seerecht, § 536 ff.; *Manning/Amos,* Law of nations, S. 157; *Grewe,* Epochen der Völkerrechtsgeschichte, S. 364; *Wagner,* HFR 3/2010, 31 (32).

[28] *Manning/Amos,* Law of nations, S. 157.

[29] *Grewe,* Epochen der Völkerrechtsgeschichte, S. 365.

[30] Ausführlich dazu *Grewe,* Epochen der Völkerrechtsgeschichte, S. 365; *Colombos,* Internationales Seerecht, § 536.

Pirat weder Eigentum noch einen Anspruch auf das Schiff oder dessen Ladung.[31]

Die ersten Spuren der Kaperei reichen bis zum Ausgang des Mittelalters zurück.[32] Sie blieb bis in das 19. Jahrhundert ein völkerrechtlich anerkanntes Institut der Seekriegsführung. Erst mit der Pariser Seerechtsdeklaration von 1856[33] wurde in Form eines internationalen Kollektivvertrags die Kaperei offiziell abgeschafft. Faktisch gab es jedoch bereits seit der Wende zum 19. Jahrhundert keine Fälle von Kaperei mehr.[34]

In der Regel enthielten die ausgestellten Kaperbriefe inhaltliche Anweisungen und Befugnisse, denen der Kaperer Folge zu leisten hatte. Gestattet war ihm ausschließlich das Angreifen und Aufbringen feindlicher Schiffe.[35] Zu beachten ist in diesem Zusammenhang im Hinblick auf die Abgrenzung zur Piraterie, dass der Kaperer durch die Überschreitung seiner Befugnisse aus dem Kaperbrief völkerrechtlich nicht zum Piraten wurde.[36] Auch wurden Kaperer nicht als Piraten angesehen, deren Kaperbrief im Widerspruch zum geltenden Völkerrecht erteilt wurde.[37] Als Piraterie wurde das Handeln der Kaperer erst dann angesehen, wenn sie trotz Ablaufs oder Rücknahme des Kaperbriefes oder nach Beendigung des Krieges ihre Angriffe fortsetzten.[38] Dann nämlich fehlte die staatliche Autorisation gänzlich.

Dieser letztgenannte Aspekt hat wesentlich dazu beigetragen, dass die Grenze zwischen Piraterie und Kaperei verwischte und die Begriffe bis heute vermischt werden. Regelmäßig standen bei Kaperern nämlich der Unternehmergeist und persönliches Gewinnstreben als Motive im Vordergrund, während die patriotische Verbundenheit mit dem sie anheuernden kriegführenden Staat dahinter zurücktrat.[39] Folglich übten sie ihr Handwerk auch in Friedens-

---

[31] Die zunächst von *Grotius* vertretene Ansicht *pirata non mutat dominium* wurde im 17. Jahrhundert zu einem allgemeinhin anerkannten Prinzip, siehe *Grewe*, Epochen der Völkerrechtsgeschichte, S. 357 f.
[32] *Reibstein*, Völkerrecht, S. 448.
[33] Spanien und die Vereinigten Staaten von Amerika unterzeichneten die Deklaration als zwei der führenden Aussteller von Kaperbriefen (zunächst) nicht, verzichteten aber fortan auf den Einsatz von Kaperschiffen im Seekrieg. Spanien unterzeichnete die Deklaration im Jahre 1908 schließlich doch.
[34] *Grewe*, Epochen der Völkerrechtsgeschichte, S. 368; *Stiel*, Die Piraterie, S. 29, der davon spricht, dass Kaperei in keinem der großen Kriege seit dem Ende der napoleonischen Ära zur Verwendung gelangt sei; *Wagner*, HFR 3/2010, 31 (34) behauptet hingegen, dass der Einsatz von Kaperschiffen letztmalig wohl in der zweiten Hälfte des 19. Jahrhunderts stattgefunden habe.
[35] Dies waren nur Schiffe eines Staates, mit dem sich der kaperbriefausstellende Staat im Krieg befand.
[36] *Stiel*, Die Piraterie, S. 34 ff.
[37] *Stiel*, Die Piraterie, S. 33; *Stiel*, Tatbestand der Piraterie, S. 99.
[38] *Stiel*, Die Piraterie, S. 30.
[39] *Grewe*, Epochen der Völkerrechtsgeschichte, S. 365.

zeiten und auch dann weiter aus, wenn ihnen der Kaperbrief entzogen worden war.[40] So wurden aus Kaperern Piraten. Zudem sahen die Rechtsvorschriften einiger Staaten entgegen den völkerrechtlichen Grundsätzen in bestimmten Fällen die Behandlung von Kaperern als Piraten vor und dehnten den Pirateriebegriff so aus.[41] Zu einer solchen Ansicht gelangten auch diejenigen kriegführenden Staaten, die ihr feindliches Gegenüber völkerrechtlich nicht als Staat anerkannten.[42] Auch dies hat zur Verwischung der Grenze zwischen Kaperei und Piraterie beigetragen. Die Einleitungsworte aufgreifend verwundert es daher nicht, dass Personen wie *Francis Drake* ihren Platz in der Geschichte als bedeutende Piraten eingenommen haben. Tatsächlich war *Drake* weniger ein bedeutender Pirat als ein Kaperer.[43]

2. Hilfskriegsschiffe, Seefreischärlerei, Staatspiraterie

Sowohl von der Piraterie als auch von der Kaperei zu unterscheiden sind die sog. Hilfskriegsschiffe[44]. Diese traten mit der internationalen Ächtung und Abschaffung der Kaperei funktionell an deren Stelle.[45] Es handelt sich dabei um Handelsschiffe, die im Kriegsfall in Kriegsschiffe umgewandelt werden konnten und damit auch als solche zu behandeln waren. Sie waren damit aber auch der Militär- und Befehlsgewalt ihres Flaggenstaates unterworfen und als Kriegsschiffe zu kennzeichnen. Ähnlich wie die Freikorps an Land wurden sie als zusätzliches Kriegswerkzeug zur See in die Feindseligkeiten eingebunden.[46] Das Deutsche Reich verwendete im Ersten Weltkrieg mehrere Handelsschiffe als Hilfskreuzer.

Teilweise wird auch die Seefreischärlerei als eigenständiges, von der Piraterie zu unterscheidendes völkerrechtliches Institut angesehen.[47] Als Seefreischärler wird bezeichnet, wer im Seekrieg ohne staatliche Ermächtigung

---

[40] *Colombos,* Internationales Seerecht, § 537.

[41] Ausführlich *Stiel,* Tatbestand der Piraterie, S. 87 f.; *Colombos,* Internationales Seerecht, § 463.

[42] So beispielsweise im berühmten Fall der *Shenandoah,* die als Kaperschiff der Konföderierten Staaten von den Vereinigten Staaten als Piratenschiff angesehen wurde, da Letztere den Konföderierten Staaten den Status als kriegführende Macht gänzlich absprachen. Vgl. dazu *Colombos,* Internationales Seerecht, § 471; zur Anerkennung als kriegführende Macht *Colombos,* Internationales Seerecht, § 470.

[43] Die englische Krone stattete *Francis Drake* mit Kaperbriefen im Seekrieg gegen Spanien aus, wenngleich er seine Beutezüge auch fortsetze, als er nicht mehr im Besitz eines Kaperbriefes war, und somit zum Pirat wurde.

[44] Auch als „freiwillige Flotten", „Seemilizen" oder „Hilfskreuzer" bezeichnet.

[45] *Wagner,* HFR 3/2010, 31 (35).

[46] *Colombos,* Internationales Seerecht, § 539; *Wagner,* HFR 3/2010, 31 (35).

[47] So wohl *Stiel,* Tatbestand der Piraterie, S. 98; *Samios,* Die Piraterie als völkerrechtliches Delikt, S. 40; *Wagner,* HFR 3/2010, 31 (36); a.A. *von Martens,* Versuch über Caper, S. 51; *Hatschek,* Völkerrecht, S. 206; *Liszt/Fleischmann,* Völkerrecht, S. 502.

Schädigungshandlungen vornimmt, die sich gegen die feindliche kriegführende Macht richten und weder als Notwehr noch als Nothilfe gerechtfertigt werden können.[48] Der Unterschied zur Piraterie ergibt sich in völkerrechtlicher Hinsicht daraus, dass der Seefreischärler seine Gewalthandlungen ausschließlich gegen Schiffe der feindlichen Kriegsmacht richtet, während der Pirat unterschiedslos und ohne politische Motivation Feindseligkeiten gegenüber jedermann verübt.[49] Er ist damit kein – wie von *Cicero* schon so bezeichneter – *comunis hostis omnium*[50], sondern eben nur ein Feind derjenigen Nation, gegen die er seine Angriffe richtet.[51] Die nationalen (Straf-)Rechtsordnungen vieler Staaten gingen unterschiedlich mit diesem Phänomen um. Während Seefreischärler trotz fehlender staatlicher Autorisation teilweise als Kriegführende behandelt wurden, standen sie in anderen Ländern unter Piraterierecht.[52] Begriffsprägend war im deutschen Recht der Fall *Fryatt*. Der Kapitän *Charles Fryatt* hatte während des Ersten Weltkriegs versucht, mit seinem Handelsschiff ein deutsches U-Boot zu rammen und dadurch zu versenken. Für diese Tat wurde er von einem deutschen Feldgericht nicht als Pirat, sondern als Freischärler[53] zur See zum Tode verurteilt.[54] Umstritten war das Urteil auch deshalb, weil kurz vor dem Zwischenfall eine Instruktion der britischen Regierung erging, dass U-Boote des Feindes in Selbstverteidigung (durch Handelsschiffe) schon dann anzugreifen seien, wenn zwar noch kein feindlicher Angriff gegenwärtig, die Verfolgung des Handelsschiffs durch das U-Boot aber offensichtlich sei.[55]

Schließlich sei auch die Staatspiraterie als rein rechtsgeschichtliche Erscheinung kurz umrissen. Dabei handelt es sich um von den sog. „Barbares-

---

[48] *Wagner*, HFR 3/2010, 31 (36).
[49] *Stiel*, Die Piraterie, S. 30 f.; *Samios*, Die Piraterie als völkerrechtliches Delikt, S. 40.
[50] *Cicero*, De Officiis, 3.107, S. 312.
[51] *Grewe*, Epochen der Völkerrechtsgeschichte, S. 354 f.; *Samios*, Die Piraterie als völkerrechtliches Delikt, S. 40.
[52] Siehe dazu *Hatschek*, Völkerrecht, S. 206 m.w.N.
[53] Vgl. den Tatbestand des § 3 („Freischärlerei") der Verordnung über das Sonderstrafrecht im Kriege und bei besonderem Einsatz vom 17.08.1938, RGBl. I 1939, 1455: „Wegen Freischärlerei wird mit dem Tode bestraft, wer, ohne als Angehöriger der bewaffneten feindlichen Macht durch die völkerrechtlich vorgeschriebenen äußeren Abzeichen der Zugehörigkeit erkennbar zu sein, Waffen oder andere Kampfmittel führt oder in seinem Besitz hat in der Absicht, sie zum Nachteil der deutschen oder einer verbündeten Wehrmacht zu gebrauchen oder einen ihrer Angehörigen zu töten, oder sonst Handlungen vornimmt, die nach Kriegsgebrauch nur von Angehörigen einer bewaffneten Macht in Uniform vorgenommen werden dürfen."
[54] Das Urteil ist abgedruckt bei *Jellinek*, AöR 1920 (Nachdruck 1974), 241 (248 ff.).
[55] Die britische Instruktion ist wiedergegeben bei *Hatschek*, Völkerrecht, S. 206. Teilweise wurde das Verhalten des Kapitäns auch als Selbstverteidigung angesehen, was insoweit das Vorliegen von Seefreischärlerei ausschließt. So *Colombos*, Internationales Seerecht, § 557; *Garner*, International Law and the World War, S. 413.

ken-Staaten"[56] erlaubtes und betriebenes Raubwesen zur See.[57] Die in Nordwestafrika ansässigen Barbaresken lebten im Wesentlichen vom Raub und insbesondere vom Menschenraub und Sklavenhandel im Mittelmeerraum zwischen dem 16. und 19. Jahrhundert.[58] Ihre Angriffe richteten sich dabei gegen alle Schiffe und Nationen des Mittelmeerraumes. Erst im Jahre 1830 gelang es Frankreich durch die Eroberung Algiers den Raubzügen ein Ende zu setzen und die „Geißel des Mittelmeeres" zu besiegen.[59]

3. Zusammenfassung

Bereits aus dieser Abgrenzung zu anderen (völkerrechtlichen) Erscheinungen ergeben sich zunächst vier wesentliche Voraussetzungen für das Vorliegen von Piraterie: (1) Die Gewalthandlung darf weder von staatlicher Seite betrieben werden, (2) noch darf ein Privater zu ihrer Vornahme staatlich autorisiert sein; (3) es muss sich um einen privaten und zu privaten Zwecken vorgenommenen Akt handeln und (4) die Handlung muss – das ergibt sich bereits aus der begrenzten Regelungsbefugnis des Völkerrechts[60] – an einem Ort stattfinden, der keiner nationalstaatlichen Rechtssetzungs- und Hoheitsgewalt unterliegt.

IV. Historische Grundlagen der Versicherung gegen Piraterie

Die Piraterie stellte bereits in der Antike, neben den allgemeinen Gefahren durch Naturgewalten, eine erhebliche – nicht nur wirtschaftliche – Gefahr für die Seefahrt dar. Insbesondere unterlagen die Seefahrer etwa ab dem 14. Jahrhundert dem ständigen Risiko, von sog. „Türken-Piraten"[61] überfallen und in die Sklaverei verkauft zu werden.[62] Dem versuchte man durch Versicherungsmodelle zu begegnen. In Deutschland war die Gefahr der Piraterie

---

[56] Als Barbaresken-Staaten galten die nordafrikanischen Gebiete zwischen Marokko und Ägypten.

[57] Ausführlich dazu *Stiel,* Tatbestand der Piraterie, S. 39 f. und 81; *Stiel,* Die Piraterie, S. 11; *Samios,* Die Piraterie als völkerrechtliches Delikt, S. 14 ff.

[58] Modernen Schätzungen zufolge wurden durch die Barbaresken zwischen 1530 und 1780 etwa 1,25 Millionen Menschen im Mittelmeerraum versklavt.

[59] *Samios,* Die Piraterie als völkerrechtliches Delikt, S. 28; *Berg/Artmann/Kratz u.a.,* Münchener Rück, Piraterie – Bedrohung auf See, S. 11; *Lagoni,* in: FS Rauschning, S. 501 (505).

[60] Vgl. dazu bereits *Samios,* Die Piraterie als völkerrechtliches Delikt, S. 41 ff.

[61] Als „Türken" wurden sämtliche türkischen, nordafrikanischen oder sonstigen nichtchristlichen Piraten zusammengefasst, vgl. *Ebel,* ZVersWiss 1963, 207 (218); *Sieg,* VW 1955, 456 (456).

[62] Der Legende nach wurde einst *Caesar* im Jahre 75 v. Chr. von kilikischen Piraten im Mittelmeer gefangen genommen und erst nach 38 Tagen gegen ein Lösegeld von 50 Talenten freigelassen, vgl. *Lagoni,* in: FS Rauschning, S. 501 und dort Fn. 6.

ein ausschlaggebender Faktor für die Entwicklung der Seeversicherung.[63] Soweit an dieser Stelle von Piraterie gesprochen wird, ist der Begriff noch untechnisch zu verstehen. Er umfasst beispielsweise auch die Staatspiraterie der Barbaresken.

1. Seeversicherung

Die erste Seeversicherung kam im 14. Jahrhundert in Italien auf und verbreitete sich von dort bis in die nördlichen Länder Europas.[64] In Deutschland fasste die Seeversicherung mit dem Ausgang des 16. Jahrhunderts in Hamburg Fuß.[65] Eine der wohl ältesten erhaltenen deutschen Seeversicherungsurkunden stammt aus dem Jahr 1531.[66] Früher im selben Jahrhundert finden sich Nachweise über Seeversicherungen in England.[67] Die Seeversicherung deckte die allgemeinen Gefahren der Seefahrt ab, beinhaltete aber auch Versicherungsschutz gegen die Versklavung von Seefahrern.[68] So übernahm der Versicherer die Zahlung des sog. Ranzionsgeldes (Lösegeld), um die von den Piraten entführten Seeleute freizukaufen. Schon damals bestand die Möglichkeit, die Sklavereiversicherung[69] zusammen mit der allgemeinen Seeversicherung oder gesondert abzuschließen.[70] Aus heutiger Sicht beruhte diese Seeversicherung also auf einem privatrechtlichen Versicherungsvertrag. Zugleich stellt sie die erste kommerziell betriebene Versicherung überhaupt dar.[71] Zumeist wurde die Sklavereiversicherung vom Reeder gezeichnet und bot damit Schutz für alle von ihm beschäftigten Seeleute.[72]

Später wurden Regelungen zur Sklavereiversicherung in die Hamburger Assecuranz- und Haverey-Ordnung von 1731 aufgenommen. In England

---

[63] *Hagen*, Seeversicherungsrecht, S. 46; *Ross*, Vergleich der englischen und deutschen Seekaskoversicherung, S. 111.
[64] *Trölsch*, Obliegenheiten in der Seeversicherung, S. 7; *Schneider*, Versicherungsschutz gegen Erpressungen, S. 8; *Zocher*, VW 1986, 258.
[65] *Zocher*, VW 1986, 258 (261).
[66] Es handelt sich um eine in Lübeck abgeschlossene Versicherung für Schiff und Ladung. Vgl. dazu *von Bippen*, Seeversicherung und Seeraub eines hansischen Kaufmanns im 16. Jahrhundert, S. 1 ff.; *Schneider*, Versicherungsschutz gegen Erpressungen, S. 8 spricht hingegen vom Jahr 1588.
[67] *Sieg*, in: Handwörterbuch der Versicherung, S. 767.
[68] *Ebel*, ZVersWiss 1963, 207 (218); *Schneider*, Versicherungsschutz gegen Erpressungen, S. 7.
[69] Nach *Ebel*, ZVersWiss 1963, 207 (208) ist der Begriff der Sklavereiversicherung von dem der Sklavenversicherung abzugrenzen. Letzterer bezeichnet die Versicherung, die Sklavenhändler für den Sklaventransport über See abschlossen (Sklaventransportversicherung).
[70] *Ebel*, ZVersWiss 1963, 207 (218).
[71] *Sieg*, in: Handwörterbuch der Versicherung, S. 767; *Schneider*, Versicherungsschutz gegen Erpressungen, S. 7.
[72] *Ebel*, ZVersWiss 1963, 207 (221).

wurde die Seeversicherung 1779 durch *Lloyd's*-Mitglieder in Form der *Ships and Goods*-Police zur obligatorischen Versicherung erklärt.[73]

2. Sklavereikassen

Neben der Seeversicherung gab es ab dem 17. Jahrhundert in den Städten der Hanse die Sklavereikassen. Sie wurden in Hamburg im Jahre 1624 und in Lübeck im Jahre 1629 gegründet. Die in einer Art Genossenschaft[74] organisierten Sklavereikassen verpflichteten alle Seeleute zu Beitragszahlungen, um mit den so erwirtschafteten finanziellen Mitteln diejenigen Seeleute freizukaufen, die von Piraten entführt wurden und in die Sklaverei verkauft zu werden drohten. Neben den Seeleuten wurden auch Schiffseigner und Befrachter zu sog. Zulagen herangezogen.[75] Die Sklavereikassen wiesen damit Züge einer Versicherung auf Gegenseitigkeit auf. Die Höhe des Beitrags richtete sich nach dem bestehenden Risiko.[76] Fahrten in die Mittelmeerregion waren aufgrund der nordafrikanischen Piraten mit einem erheblich höheren Risiko belegt als Fahrten in Nord- und Ostsee.[77] Darüber hinaus hing die Beitragshöhe auch von Rang und Bedeutung der Seeleute ab, da die Piraten dementsprechend angepasste Ranzionsgelder verlangten.[78]

3. Bezüge zur Versicherung von heute

Durch die intensive Bekämpfung im Mittelmeerraum nahm die Gefahr der Piraterie und der Verbringung in die Sklaverei immer mehr ab. Mit Beginn des 19. Jahrhunderts wurden die Sklavereiversicherung als Bestandteil der Seeversicherung und die Sklavereikassen der Hanse zum Auslaufmodell. Die Betrachtung zeigt jedoch, dass bereits damals heutige versicherungsrechtliche Elemente in diesen Versicherungsmodellen enthalten waren. So ist die Risikoorientierung für die Bestimmung der Beitragshöhe bis heute wesentliche Grundlage der Prämienbemessung in Versicherungsverträgen. Darüber hinaus bestand für den Versicherer keine unbedingte Leistungspflicht. Hat der Versicherungsnehmer gewisse Schutzmaßnahmen wie beispielsweise die Bewaffnung seines Schiffes oder die Fahrt im Konvoi unterlassen, so führte dies zur Leistungsfreiheit des Versicherers.[79] Aus rechtlicher Sicht ist diese Regelung

---

[73] *Sieg*, in: Handwörterbuch der Versicherung, S. 767.

[74] Diese Charakterisierung ist nicht unumstritten. *Sieg*, VW 1955, 456 (457) sieht in der Sklavenkasse eher eine Parallele zu einer öffentlich-rechtlichen Anstalt, die ihren Mitgliedern Schutz nach Maßgabe der Privatversicherung gewährte.

[75] *Ebel*, ZVersWiss 1963, 207 (225).

[76] *Sieg*, VW 1955, 456 (456).

[77] Ausführlich zur Höhe der unterschiedlichen Zulagen *Ebel*, ZVersWiss 1963, 207 (225 f.).

[78] *Ebel*, ZVersWiss 1963, 207 (227).

[79] *Ebel*, ZVersWiss 1963, 207 (226); *Sieg*, VW 1955, 456.

als Obliegenheit des Versicherungsnehmers aufzufassen, die auch im heutigen Versicherungsrecht zur Leistungsfreiheit des Versicherers führen kann.[80] So sieht beispielsweise Ziff. 46 der Allgemeinen Deutschen Seeschiffsversicherungsbedingungen 2009 (DTV-ADS)[81] vor, dass der Versicherer im Falle einer vorsätzlichen oder grob fahrlässigen Obliegenheitsverletzung des Versicherungsnehmers von seiner Verpflichtung zur Leistung frei wird. Weiter gab es etwa ab 1736 festgelegte Höchstsummen in der Lübecker Sklavereikasse, die für die Auslösung eines in Gefangenschaft geratenen Seemanns bezahlt wurden und insoweit der Versicherungssumme in heutigen Versicherungsverträgen entsprechen.[82]

Nicht zuletzt gewinnen diese jahrhundertealten und in Vergessenheit geratenen Versicherungsmodelle heute vor dem Hintergrund der massiven Zunahme von Piratenangriffen, -entführungen und Lösegelderpressungen wieder an Beachtung und nehmen in Form von sog. *Kidnap and Ransom*-Versicherungen (K&R-Versicherung) neue Gestalt an. Bemerkenswert ist in diesem Zusammenhang auch der Umstand, dass die Versicherer bereits im 18. Jahrhundert darum bemüht waren, die Versicherungssummen (zugleich auch die Auslösungshöchstsummen) der Sklavereiversicherungen auch vor der versicherten Mannschaft geheim zu halten. Dies lag daran, dass die sog. „Türken-Piraten" in Kenntnis der Sklavereiversicherungen ihre Opfer nach der Versicherungssumme vernahmen und ihre Forderungen dementsprechend in die Höhe trieben.[83] Dieses Problem beschäftigt auch heute die Akteure auf dem Versicherungsmarkt bei Lösegeldverhandlungen über die Freilassung von Schiff und Mannschaft in Piraterieversicherungen. Genaue Zahlen über die Höhe gezahlter Lösegelder werden von den Versicherern in der Regel unter Verschluss gehalten, um eine Inflation der geforderten Summen zu verhindern.

V. Piraterie als gegenwärtige Bedrohung

Die Entführungs- und Lösegeldpiraterie stellt nicht nur eine historische, sondern gleichzeitig auch eine moderne Form der Piraterie dar. Die moderne Lösegeldpiraterie wird weiten Teilen der versicherungsrechtlichen Untersuchung dieser Arbeit zugrunde liegen.

Seit dem Beginn des 21. Jahrhunderts hat sich am Horn von Afrika ein neues „Pirateriegeschäft" entwickelt,[84] das die Staatengemeinschaft und den Seehandel zwischen Asien und Europa weitgehend unvorbereitet getroffen hat. Was zunächst als eine Art „wirtschaftliche Selbstverteidigung" im Über-

---

[80] *Schneider,* Versicherungsschutz gegen Erpressungen, S. 8.
[81] Die DTV-ADS 2009 sind Musterbedingungen des GDV für Seeschiffsversicherungsverträge. Ausführlich dazu *infra* S. 23 ff.
[82] *Sieg,* VW 1955, 456.
[83] *Ebel,* ZVersWiss 1963, 207 (224).
[84] *Ehrhart/Petretto/Schneider,* Security Governance, S. 22.

lebenskampf somalischer Fischer begann, wuchs sich seit Mitte des vergangenen Jahrzehnts zu einer regelrechten Industrie aus. In immer besser organisierten und mit Schnellbooten, automatischen Waffen und modernem elektronischem Equipment ausgerüsteten Gruppen zirkelten somalische Piraten zunächst vornehmlich den Golf von Aden und die somalischen Küstengewässer auf der Suche nach Handelsschiffen ab. Inzwischen erstreckt sich ihr Aktionsradius bis weit in den Indischen Ozean.[85] Sie agieren nicht mehr nur von der Küste aus, sondern platzieren sog. Mutterschiffe – nicht selten entführte Fischtrawler – gezielt auf hoher See als schwimmende Basis, um von dort aus ihre Angriffe auch auf Schiffe ausüben zu können, die die somalischen Küstengebiete bewusst meiden.[86] Ihr Ziel: Das Entern und die Entführung von Handelsschiffen samt Ladung und Besatzung zur Erpressung von Lösegeldern.[87] Zwischen 2006 und 2010 war ein kontinuierlicher Anstieg der Schiffsentführungen im Seegebiet um Somalia zu verzeichnen.[88] In den Jahren 2006 bis 2012 ereigneten sich weltweit rund 260 Schiffsentführungen, bei denen fast 5.000 Besatzungsmitglieder in Geiselhaft gerieten.[89] Die meisten davon ereigneten sich im Aktionsgebiet somalischer Piraten. Nahezu ausnahmslos konnten die Entführungen nur mit einer Lösegeldzahlung beendet werden. Erst seit Mitte 2010 ist es gelungen, die Zahl erfolgreicher Piratenangriffe einzudämmen.[90] Die Zahl der Angriffsversuche ist seit 2006 hingegen konstant steigend.[91] Die Bedrohung durch somalische und andere afrikanische Piraten ist damit weiterhin virulent.

Dieses Pirateriemodell hat zudem Schule gemacht. Inzwischen üben sich vermehrt auch nigerianische Piraten in der Entführungsindustrie. Sie verwandeln auch die Gewässer an der Westküste Afrikas in gefährliche Durchfahrt-

---

[85] Anfang 2010 wurden einige Fischerboote in einer Entfernung von 1.200 Seemeilen östlich der somalischen Küste angegriffen und entführt, siehe *Geiß/Petrig,* Piracy and Armed Robbery, S. 10.

[86] *Geiß/Petrig,* Piracy and Armed Robbery, S. 10; *Berg/Funke/Kratz u.a.,* Munich RE, Piraterie – Gewalt auf See eskaliert, S. 8.

[87] Vereinzelt kam es auch zu Angriffen auf Privatyachten, vgl. *Berg/Artmann/Kratz u.a.,* Münchener Rück, Piraterie – Bedrohung auf See, S. 16.

[88] *Berg/Artmann/Kratz u.a.,* Münchener Rück, Piraterie – Neue Dimension, S. 6.

[89] *International Maritime Bureau,* Piracy Report 2009, S. 12; *International Maritime Bureau,* Piracy Report 2012, S. 11.

[90] Vgl. dazu die Grafik bei *Berg/Funke/Kratz u.a.,* Munich RE, Piraterie – Gewalt auf See eskaliert, S. 6. Dies dürfte wesentlich mit der Marinepräsenz in den betroffenen Seegebieten, aber auch mit dem gesteigerten Sicherheitsbewusstsein der Reeder zusammenhängen, die nunmehr verstärkt auf Pirateriepräventation setzen. Vgl. auch *Schwampe,* TranspR 2009, 462 (467). Zur Reaktion der Staatengemeinschaft siehe ausführlich *W. von Heintschel-Heinegg,* in: FG Ehlers, S. 59 (60 ff.).

[91] Vgl. die Grafiken bei *Berg/Artmann/Kratz u.a.,* Münchener Rück, Piraterie – Neue Dimension, S. 6; *Berg/Funke/Kratz u.a.,* Munich RE, Piraterie – Gewalt auf See eskaliert, S. 6.

gebiete und agieren dabei noch brutaler als die somalischen Piraten.[92] Bis Mitte 2013 ereigneten sich weltweit sieben Schiffsentführungen, von denen zwei somalischen und eine nigerianischen Piraten zuzuordnen sind.[93] Jüngst scheinen es nigerianische Piraten besonders auf Tanker abgesehen zu haben, um Treibstoff zu erbeuten. Schwierigkeiten in der Zuordnung ergeben sich zunehmend dadurch, dass nigerianische Angreifer bisweilen auch politische Forderungen erheben und Geiseln abseits der Schiffe an Land festhalten.[94]

Neben Afrika gelten auch Teile Asiens seit langem als *hotspots* der Piraterie. Insbesondere die Straße von Malakka zwischen Malaysia und Indonesien barg lange ein besonderes Gefahrenpotenzial.[95] Der indonesische Archipelstaat bietet bereits geographisch gute Voraussetzungen für Piraterieaktivitäten. Die Vorgehensweise asiatischer Piraten ist jedoch überwiegend eine andere als die der Piraten vor den Küsten Afrikas. Hier geht es weniger um Lösegelderpressung als vielmehr um die transportierten Waren oder das Schiff als Sachwert.[96] Insbesondere in den 1990er Jahren wurden erbeutete Schiffe teilweise als sog. Phantomschiffe eingesetzt, um mit einer gefälschten Schiffsidentität weitere Warenladungen aufzunehmen und zu entwenden.[97] In der Straße von Malakka ist es unterdessen allerdings ruhiger geworden. Dies ist insbesondere auf die erhebliche Marine- und Polizeipräsenz und die insoweit geglückte Zusammenarbeit malaysischer und indonesischer Behörden zurückzuführen.[98]

Insgesamt bleibt Piraterie eine gegenwärtige Bedrohung für die Seeschifffahrt und den Welthandel, und man darf im Angesicht der dargelegten Entwicklung für das vergangene Jahrzehnt durchaus von einer „Konjunkturphase der Piraterie" sprechen.

VI. Die Systematik der Seeversicherungsbedingungen

An dieser Stelle soll auch in die Systematik der Seeversicherungsbedingungen eingeführt werden. Das mag hier etwas fremd erscheinen, weil die Systematik der Seeversicherungsbedingungen vorwiegend für den zweiten Teil dieser Arbeit – Piraterie in den seeversicherungsrechtlichen Bedingungswerken – relevant sein wird. Jedoch spielen die Bedingungswerke bereits im

---

[92] *Berg/Funke/Kratz u.a.,* Munich RE, Piraterie – Gewalt auf See eskaliert, S. 8.
[93] Siehe mit Stand 15.07.2013 <http://www.icc-ccs.org/piracy-reporting-centre/piracynewsafigures>.
[94] *Ehrhart/Petretto/Schneider,* Security Governance, S. 22 f.
[95] *Berg/Artmann/Kratz u.a.,* Münchener Rück, Piraterie – Bedrohung auf See, S. 21.
[96] *Spencer,* in: Newsletter of the Committee on Marine Insurance and General Average, S. 1.
[97] *Berg/Artmann/Kratz u.a.,* Münchener Rück, Piraterie – Bedrohung auf See, S. 21.
[98] *Berg/Artmann/Kratz u.a.,* Münchener Rück, Piraterie – Bedrohung auf See, S. 21; vgl. auch *Berg/Artmann/Kratz u.a.,* Münchener Rück, Piraterie – Neue Dimension, S. 7.

Rahmen der seeversicherungsrechtlichen Begriffsbestimmung der Piraterie eine Rolle. Zugunsten eines besseren Verständnisses wurde der Darstellung an dieser Stelle deshalb der Vorzug gegeben.

Die Seeversicherung ist eine Sparte der Transportversicherung und darf als historisch gewachsene Sondersparte des Privatversicherungsrechts aufgefasst werden. Gemäß § 209 finden die Bestimmungen des VVG grundsätzlich keine Anwendung auf die Seeversicherung.[99] Seit dem Beginn des 20. Jahrhunderts waren die Allgemeinen Deutschen Seeversicherungsbedingungen von 1919 (ADS) die wichtigste Rechtsquelle für den Bereich der Seeversicherung.[100] Sie bilden die Grundlage sowohl für die Seekasko- als auch für die Seegütertransportversicherung. Die Seekaskoversicherung ist eine Sachversicherung und bezieht sich auf ein bezeichnetes subjektives Interesse des Versicherungsnehmers an einer Sache, dem Schiff. Das Gleiche gilt für die Seegütertransportversicherung und die an den Gütern bestehenden Interessen des Versicherungsnehmers. Im weiteren Sinne können unter den Begriff der Seeversicherung auch die vorwiegend mit Haftpflichtrisiken befasste *Protection and Indemnity*-Versicherung (P&I-Versicherung), die spezielle K&R-Versicherung sowie die Nebeninteressen- und die Ertragsausfallversicherung gefasst werden. Im Vordergrund dieser Arbeit sollen die Versicherungen der Interessen des Reeders als Schiffseigentümer stehen. Die relevanten deutschen Bedingungswerke sind im Folgenden vorgestellt.

1. Seekaskoversicherung

Die ADS sind für die deutsche Seekaskoversicherung seit nahezu einem Jahrhundert das bedeutendste Bedingungswerk. Sie verdrängten über Jahrzehnte die überwiegend dispositiven Bestimmungen der §§ 778 ff. HGB, bis Letztere schließlich aufgehoben wurden. Die ADS sind daher tief im deutschen Seekaskoversicherungsmarkt verwurzelt. Im Jahr 2010 veröffentlichte der Gesamtverband der Deutschen Versicherer (GDV) die Allgemeinen Deutschen Seeschiffsversicherungsbedingungen 2009 (DTV-ADS), eine modernisierte, technisch angepasste, bedürfnisgerechtere und vor allem klar strukturierte, konsolidierte Fassung von Seeschiffsversicherungsbedingungen.[101] Wenngleich diese Neufassung bisweilen als großer Schritt für den deutschen Kaskomarkt gewertet wird, haben die DTV-ADS den Markt noch keineswegs

---

[99] Als Seeversicherung bezeichnet das Gesetz die Versicherung gegen die Gefahren der Seeschifffahrt.
[100] *Enge/Schwampe*, Transportversicherung, S. 47. Die gesetzlichen Bestimmungen zur Seeversicherung im HGB wurden 2008 aufgehoben.
[101] Eine Erläuterung der wichtigsten Änderungen bietet *Schwampe*, VersR 2010, 1277 (1277–1281).

durchdrungen.[102] Vielmehr stellt sich der Markt derzeit zweigleisig dar und teilt sich in die gewohnten ADS – in Verbindung mit den DTV-Kaskoklauseln und verschiedenen Druckstücken[103] – und die neuen DTV-ADS. Aus diesem Grund sollen in dieser Arbeit beide Bedingungswerke berücksichtigt und Unterschiede klar herausgestellt werden. Zu bemerken ist aber, dass der weit überwiegende Teil der deutschen Seekaskoversicherungsverträge weiterhin unter Geltung der ADS abgeschlossen wird.

a) Allgemeine Deutsche Seeversicherungsbedingungen 1919

Die ADS sind als Bedingungswerk aus langen Beratungen und Verhandlungen zwischen der Versicherungswirtschaft und versicherungsnehmenden Wirtschaftsakteuren hervorgegangen.[104] Ihnen voran ging die lange, bis in das 17. Jahrhundert zurückreichende Geschichte eines Versuchs von Versicherern (*Assekuradeuren*), allgemeine Seeversicherungsbedingungen in Deutschland zu etablieren, die wohl mit dem „Vergleich der Assecuratoren in Hamburg" aus dem Jahr 1677 begann.[105] In aller Regel waren diese frühen Versuche jedoch auf einen einzelnen Seehandelsplatz beschränkt und konnten sich im Markt kaum durchsetzen.[106] Erst der „Allgemeine Plan hamburgischer See-Versicherungen" konnte ab 1847 eine gewisse Einheitlichkeit in den Markt bringen und ersetzte durch seine weitgehende Verwendung das unübersichtliche Geflecht unterschiedlicher Bedingungen.[107] Die Wirkung dieser Bedingungen erstreckte sich binnen weniger Jahre auch auf mehrere Ostseehandelsplätze.[108] Mit Einführung des ADHGB wurden die Versicherungsbedingungen redigiert, verbreiteten sich stetig weiter und mündeten schließlich in die „Allgemeinen Seeversicherungs-Bedingungen von 1867", deren Anwendung sich lediglich der Handelsplatz Bremen verweigerte.[109] Diese Bedingungen waren der unmittelbare Vorläufer der Anfang 1920 herausgegebenen ADS.[110] Aber auch die ADS vermochten sich erst nach und nach im Markt Bahn zu brechen.[111]

---

[102] *Schwampe*, VersR 2010, 1277 (1281); *Enge/Schwampe*, Transportversicherung, S. 48.
[103] Siehe dazu *infra* S. 21 ff.
[104] *Schwampe*, in: Thume/de la Motte/Ehlers, Teil 6, AVB-Kaskoversicherung, Rn. 2.
[105] Einen Überblick zur Historie bieten *Ritter/Abraham*, ADS I, Vorb. I Anm. 3 ff.
[106] Vgl. *Ritter/Abraham*, ADS I, Vorb. I Anm. 4.
[107] *Ritter/Abraham*, ADS I, Vorb. I Anm. 5.
[108] *Ritter/Abraham*, ADS I, Vorb. I Anm. 5.
[109] *Ritter/Abraham*, ADS I, Vorb. I Anm. 5.
[110] An den Verhandlungen und Beratungen zu den ADS waren unter anderen beteiligt: Handelskammern der Seehandelsstandorte, der Allgemeine Versicherungsschutz-Verband, verschiedene Interessenvertretungen der Versicherer und Versicherungsnehmer, siehe *Ritter/Abraham*, ADS I, Vorb. I Anm. 7.
[111] *Ritter/Abraham*, ADS I, Vorb. I Anm. 7.

Die ADS haben sich des Bereichs der Seeversicherung ganzheitlich angenommen. Es ist daher auch nicht ganz richtig, die ADS nur unter der Überschrift der Seekaskoversicherung zu verorten. Jedenfalls spielten sie anfangs im Bereich der Gütertransportversicherung eine ebenso wichtige Rolle. Aufgrund der unterschiedlichen Entwicklung der Bedingungen in den beiden Versicherungssparten sind die ADS heutzutage jedoch in der Güterversicherung fast nicht mehr relevant.

Formell sind die ADS gesetzesähnlich aufgebaut. Anstelle von Klauseln oder Ziffern verwendeten die Begründer Paragraphen und unterstrichen damit auch die Bedeutung, die das Bedingungswerk für den Bereich der Seeversicherung einnehmen sollte. Auch für die übergeordnete Gliederung entschied man sich für die in der Gesetzgebung übliche Einteilung in Abschnitte und Titel. Der Erste Abschnitt der ADS enthält zunächst allgemeine Bestimmungen, die grundsätzlich für alle Sparten der Seeversicherung gelten. Geregelt sind dort zunächst die Voraussetzungen, derer es zum Abschluss eines gültigen Seeversicherungsvertrages bedarf. In erster Linie ist dies ein in Geld schätzbares Interesse, das jemand daran hat, dass ein Schiff oder eine Ladung die Gefahren der Seeschifffahrt besteht.[112] Ein Versicherungsvertrag, dem es an einem versicherbaren Interesse mangelt, ist nach § 2 Abs. 1 ADS unwirksam. Im Weiteren legen die allgemeinen Bestimmungen unter anderem Regelungen über den Versicherungswert[113], die Police und die Prämie[114], die Anzeigepflicht des Versicherungsnehmers und die Gefahränderung[115] sowie zum Umfang und zur Dauer der Haftung des Versicherers[116] und zur Abwendung und Minderung des Schadens[117] fest. Die Vorschriften über den Umfang und die Dauer der Versicherung, und hier insbesondere § 28 ADS, dürfen als die zentralen Vorschriften der haftungsrechtlichen Beurteilung von Versicherungsereignissen bereits an dieser Stelle vorgemerkt werden. Alle diese Bestimmungen gelten für sämtliche Sparten der in den ADS geregelten Seeversicherung.

Spezifische Bedingungen für die einzelnen Versicherungssparten (bzw. einzelnen Versicherungsgegenstände) finden sich im Zweiten Abschnitt. In den §§ 58–79 ADS des Ersten Titels stehen die besonderen Bestimmungen über die Kaskoversicherung. Diese legen Einzelheiten fest, die nicht allgemein, sondern ausschließlich für die Kaskoversicherung gelten. Sie regeln u.a. welche Voraussetzungen ein Schiff erfüllen muss, um Leistungansprü-

---

[112] Die Vorschriften über das Interesse sind in den §§ 1–5 ADS niedergelegt.
[113] §§ 6–12 ADS.
[114] §§ 14–18 ADS.
[115] §§ 19–27 ADS.
[116] §§ 28–39 ADS.
[117] § 41 ADS. Diese Klausel wird in Verbindung mit den Bestimmungen zu Aufwendungen in § 32 ADS im Rahmen dieser Arbeit einen wichtigen Platz einnehmen.

che des Versicherungsnehmers im Versicherungsfall zu begründen,[118] welche Arten von Schäden von der Deckung erfasst sind[119] oder auch die „Nehmung" des Schiffes durch Seeräuber[120].

Zudem beinhaltet der Zweite Abschnitt besondere Bestimmungen zur Güterversicherung[121], zur Versicherung des imaginären Gewinns und der Provision sowie zur Fracht, Schiffsmiete und zum Überfahrtsgeld[122]. Der Dritte Abschnitt schlägt zudem besondere Klauseln vor, die eine bedarfsgerechte Akzentuierung des Versicherungsschutzes ermöglichen. Im Vierten Abschnitt befinden sich die Schlussbestimmungen über den Gerichtsstand und das anwendbare Recht.

In ihrer reinen Form sind die ADS im Bereich der Seekaskoversicherung auf dem Markt heute nicht mehr zu finden. Sie werden stets in Verbindung mit den DTV-Kaskoklauseln (DTV-KKl) verwendet.

b) DTV-Kaskoklauseln

Die Bestimmungen der ADS konnten im Laufe der Jahrzehnte die technischen und rechtlichen Entwicklungen und schließlich auch die Bedürfnisse der Vertragsparteien nicht mehr widerspiegeln.[123] Um diesem Umstand zu begegnen, verwendeten viele Versicherer angepasste oder veränderte Klauseln, die schließlich in die Zusammenstellung der DTV-KKl mündeten.[124] Die DTV-KKl wurden erstmals 1978 vom Deutschen Transportversicherungsverband (DTV)[125] herausgegeben und seither in gewissen Abständen überarbeitet und angepasst. Am tiefsten im Markt verwurzelt sind heute die Klauseln von 1992.[126] Die neueste Überarbeitung stammt aus dem Jahr 2004.[127] Fortan wurde aber auf wesentliche Veränderungen im Markt nicht mehr mit der

---

[118] § 58 ADS zur Seetüchtigkeit.
[119] Z.B. Totalverlust nach § 71 ADS, Teilschaden nach § 74 ADS.
[120] § 73 ADS.
[121] Zur Güterversicherung sogleich.
[122] Diese sind im Dritten und Vierten Titel des Zweiten Abschnitts in den §§ 100 ff. ADS geregelt.
[123] Hier gilt es zu bedenken, dass die ADS 1919 aus einer Zeit stammen, in der sich gerade einmal die Dampfschifffahrt etablierte. Zu wesentlichen Teilen beruhten die ADS 1919 zudem auf den Allgemeinen Seeversicherungs-Bedingungen von 1867, die als Grundlage zur Versicherung hölzerner Segelschiffe dienten. Derartig geprägte Bedingungen waren für die Schifffahrt des späteren 20. Jahrhunderts nicht mehr geeignet. Vgl. *Schwampe*, VersR 2010, 1277.
[124] *Schwampe*, VersR 2010, 1277 (1277 f.); *Schwampe*, in: Thume/de la Motte/Ehlers, Teil 6, AVB-Kaskoversicherung, Rn. 2 und Rn. 575b.
[125] Der DTV ist unterdessen im GDV aufgegangen.
[126] *Schwampe*, VersR 2010, 1277 (1278); *Schwampe*, in: Thume/de la Motte/Ehlers, Teil 6, AVB-Kaskoversicherung, Rn. 4.
[127] Die unterschiedlichen Versionen der DTV-Kaskoklauseln sind abrufbar unter <http://www.tis-gdv.de/tis/bedingungen/avb/see/see.html> (Stand: 30.11.2015).

Über- und Einarbeitung in die DTV-KKl reagiert. Vielmehr wurden verschiedene Seekaskodruckstücke herausgegeben, die die entsprechenden Neuerungen regelten.[128] Die Seekaskodruckstücke beinhalten zumeist nur einzelne Klauseln, die den Versicherungsvertragsinhalt punktuell abwandeln. Durch sie sollte auf konkrete Veränderungen im Versicherungsmarkt oder spezifische Problemstellungen unter den ADS bzw. den DTV-KKl reagiert werden, ohne dafür eine vollständige Überarbeitung der Klauselwerke einzuleiten.[129] Durch diese Vorgehensweise hat sich der Seekaskomarkt zu einem relativ komplexen Gebilde entwickelt: Die ursprünglich allein relevanten ADS wurden durch die DTV-KKl ergänzt bzw. abgeändert, die es im Laufe der Zeit in unterschiedlichen Versionen und mit unterschiedlichem Inhalt gab. Die DTV-KKl wiederum wurden seit Beginn des Jahrtausends durch verschiedene Seekaskodruckstücke ergänzt oder abgeändert. Folglich entstand in der Kaskoversicherung ein Dreiklang aus Bedingungen, die kumulativ bestimmend für den Vertragsinhalt wurden. Vertieft wurde die Komplexität zudem noch dadurch, dass die Bezeichnung der Seekaskodruckstücke nicht einheitlich gewählt wurde. So wurden beispielsweise die Druckstücke 2002/01 und 2002/02 auf den Markt gebracht, deren Bezeichnung auf eine fortlaufende Nummerierung der im Jahr 2002 herausgegebenen Druckstücke hindeutete.[130] Später folgte dann aber das Druckstück 12/2003, dessen Bezeichnung auf den Monat Dezember des Jahres 2003 abstellte und keine fortlaufende Nummerierung mehr enthielt.[131]

Noch komplexer wird diese Struktur schließlich durch die Methodik, die das Zusammenspiel der Bestimmungen prägt. Es ist nicht etwa so, dass die DTV-KKl die besonderen Bestimmungen über die Kaskoversicherung in den ADS vollständig ersetzen.[132] Vielmehr genießen die DTV-KKl gemäß ihrer Ziff. 1 lediglich Anwendungsvorrang vor den Kaskobestimmungen der ADS. Insoweit ist der Anwender verpflichtet, sorgfältig zu prüfen, welche Bestimmungen der ADS fortgelten und welche durch die DTV-KKl verdrängt werden.[133] Dabei genügt es jedoch nicht in allen Fällen, die jeweiligen Klauseln als Ganze abzugleichen; bisweilen verdrängt eine Bestimmung der DTV-KKl nämlich nicht einen kompletten Paragraphen der ADS, sondern lediglich einen Absatz, Unterabsatz oder gar Halbsatz. So ändert beispielsweise Ziff. 16.2 DTV-KKl den § 35 Abs. 2 ADS dahingehend ab, dass der Versicherer zur Leistung verpflichtet wird, wenn ein Schiff aufgrund der Gefahren des

---

[128] *Schwampe*, VersR 2010, 1277 (1278).
[129] Vgl. *Enge/Schwampe*, Transportversicherung, S. 247.
[130] *Schwampe*, VersR 2010, 1277 (1278).
[131] *Schwampe*, VersR 2010, 1277 (1278).
[132] Dies ist bei den ADS-Güterversicherung 1973 der Fall; dazu sogleich.
[133] Vgl. *Schwampe*, VersR 2010, 1277 (1278).

Krieges die Reise nicht antritt oder nicht fortsetzt.[134] Der Ausschluss der Kriegsgefahr in § 35 Abs. 1 ADS hingegen wird von Ziff. 16.1 DTV-KKl um die Gefahren des Bürgerkrieges oder kriegsähnlicher Ereignisse ergänzt. Schließlich lässt Ziff. 16 DTV-KKl die Bestimmung in § 35 Abs. 4 ADS vollständig unberührt, was deren Fortgeltung nach sich zieht. Das Beispiel zeigt, wie mühsam die Durchdringung der Seekaskoversicherungsbedingungen durch diese Struktur wurde. Es leuchtet ein, dass die Seekaskodruckstücke, als „Änderung von der Änderung", die Komplexität noch einmal erheblich verstärken. Dieser Zustand wurde im Markt und auch vom DTV als zunehmend ungünstig empfunden, sodass mit den DTV-ADS eine grundlegende Reform der Seekaskoversicherung angestrebt wurde.[135] Vor dem Hintergrund des in § 307 Abs. 1 S. 2 BGB verankerten Transparenzgebots ist die komplexe Systematik unter den ADS auch auf rechtliche Bedenken gestoßen.[136]

Obwohl es mit den DTV-ADS nunmehr eine konsolidierte Überarbeitung der Kaskobedingungen gibt, werden viele Versicherungsverträge weiterhin unter Geltung der ADS in Verbindung mit den DTV-KKl abgeschlossen. Dieses Bedingungssystem der Seekaskoversicherung soll daher in der vorliegenden Arbeit berücksichtigt werden. Im Folgenden wird darauf mit der Bezeichnung „ADS/DTV-KKl" verwiesen. Das zweite Bedingungssystem, das der Arbeit zugrunde liegen soll, sind die anschließend erläuterten DTV-ADS.

c) Allgemeine Deutsche Seeschiffsversicherungsbedingungen 2009

Die DTV-ADS stellen ein neues, konsolidiertes Bedingungswerk – vorwiegend für die Seekaskoversicherung – dar, das perspektivisch an die Stelle der ADS treten kann und auch soll. Schon jetzt sind sie geeignet, die Komplexität, Verworrenheit und Intransparenz des Systems aus ADS, DTV-KKl und Seekaskodruckstücken zu beseitigen. Es wäre wünschenswert, wenn sich die betreffenden Marktakteure dieser Neuerung auch in der Praxis annähmen und von den neuen Bedingungen häufiger Gebrauch machten.[137] Bisher scheint

---

[134] In § 35 Abs. 2 ADS ist der Versicherer in diesem Fall von der Leistungspflicht frei. Faktisch wird die Bestimmung durch Ziff. 16.1 DTV-Kaskoklauseln entgegen dem Wortlaut jedoch nicht abgeändert, sondern tatsächlich ersetzt, vgl. dazu *Schwampe*, VersR 2010, 1277 (1278).
[135] *Schwampe*, VersR 2010, 1277 (1278); befürwortend *Heiss/Trümper*, in: Beckmann/Matusche-Beckmann, § 38, Rn. 203.
[136] Zu den generellen Anforderungen des Transparenzgebots *Wurmnest*, in: MüKo-BGB, § 307, Rn. 54 ff.; abschwächend *Heiss/Trümper*, in: Beckmann/Matusche-Beckmann, § 38, Rn. 203, wenngleich sie die Überarbeitung zugunsten der Transparenz befürworten.
[137] So wohl auch *Schwampe*, VersR 2010, 1277 (1281) und *Heiss/Trümper*, in: Beckmann/Matusche-Beckmann, § 38, Rn. 203.

der Markt jedoch aus Gewohnheit noch verstärkt an den Bedingungen des alten Systems festzuhalten.[138]

Die Initiative für eine Neufassung der Seekaskobedingungen für den deutschen Markt kam im Jahr 2007 vom GDV mit der Beauftragung einer Arbeitsgruppe. Erklärtes Ziel war es, ein einheitliches Bedingungswerk, also Versicherungsbedingungen aus einer Hand, zu schaffen.[139] Im Verlaufe der Beratungen wurde das Mandat der Arbeitsgruppe über die Seekaskobedingungen hinaus erweitert und auf kaskonahe Versicherungen ausgedehnt.[140] Neben dem Ziel der Schaffung eines einheitlichen Bedingungswerks setzte sich die Arbeitsgruppe vordergründig zum Ziel, die Bedingungen transparent und klar verständlich zu gestalten.[141]

Die neuen Bestimmungen folgen wie schon die ADS einem gesetzesähnlichen Aufbau, wenngleich von einer Paragraphierung zugunsten einer Nummerierung abgesehen wurde. Ebenso wie die ADS sind sie nach einer Art Baukastenprinzip gegliedert: Der Erste Abschnitt beinhaltet allgemeine Vorschriften, der Siebte Abschnitt die Schlussbestimmungen. Beide finden stets Anwendung, wenn die DTV-ADS zur Vertragsgrundlage gemacht werden.[142] In den Abschnitten Zwei bis Sechs befinden sich jeweils besondere Bedingungen, über deren Einbeziehung in den Versicherungsvertrag sich die Parteien neben der grundsätzlichen Entscheidung für die DTV-ADS im Einzelfall einigen müssen.[143]

Inhaltlich gehen die Bedingungen jedoch über das Ziel der Konsolidierung und transparenten Abfassung hinaus. Neben einer zeitgemäßen Anpassung der Bestimmungen an die heutigen Rahmenbedingungen auf dem Schiffsversicherungsmarkt treffen sie begrüßenswerter Weise nunmehr auch explizite Aussagen zu einer Reihe von Fragen, die unter den ADS/DTV-KKl Gegenstand juristischer Kontroversen waren. Darüber hinaus sehen die neuen Bedingungen auch eine Reihe von Veränderungen vor, die die Versicherungsnehmer insgesamt besserstellen und für einen vorteilhaften Versicherungsschutz sorgen.

Nennenswert ist insoweit die subjektive Privilegierung des Versicherungsnehmers im Rahmen des Verschuldensprinzips, die beispielsweise in den Bestimmungen zur Herbeiführung des Versicherungsfalls gemäß Ziff. 34

---

[138] *Schwampe*, VersR 2010, 1277 (1281).

[139] *Schwampe*, in: Thume/de la Motte/Ehlers, Teil 6, AVB-Kaskoversicherung, Rn. 575e.

[140] So enthalten die DTV-ADS neben Kaskobedingungen auch Bedingungen für die Nebeninteressenversicherung, die Ertragsausfallversicherung sowie für die Kriegskaskoversicherung.

[141] Vgl. *Schwampe*, in: Thume/de la Motte/Ehlers, Teil 6, AVB-Kaskoversicherung, Rn. 575j.

[142] *Schwampe*, VersR 2010, 1277 (1278).

[143] *Schwampe*, in: Thume/de la Motte/Ehlers, Teil 6, AVB-Kaskoversicherung, Rn. 575g.

DTV-ADS[144] sowie in Ziff. 46 DTV-ADS zu den Obliegenheiten des Versicherungsnehmers zum Ausdruck kommt. Grundsätzlich galt zuvor uneingeschränkt das Verschuldensprinzip. Davon ist man prinzipiell abgekehrt; wie auch im VVG fallen nunmehr lediglich grobe Fahrlässigkeit und Vorsatz, nicht aber leichte oder normale Fahrlässigkeit zu Lasten des Versicherungsnehmers ins Gewicht.[145] Der Versicherer bleibt insoweit zur Leistung verpflichtet. Ziff. 46 DTV-ADS stellt auch unter einem weiteren Gesichtspunkt eine Neuerung dar. Die Bestimmung schließt die in den ADS/DTV-KKl vorhandene Regelungslücke, dass an eine Verletzung von gewissen Verhaltensanforderungen des Versicherungsnehmers zum Teil keine Rechtsfolgen geknüpft werden.[146] Gleichzeitig stellt die Vorschrift damit klar, dass es sich bei den Verhaltensanforderungen an den Versicherungsnehmer grundsätzlich um Obliegenheiten und nicht um echte Rechtspflichten handelt.[147] Während diese Einordnung in der Vergangenheit im Schrifttum streitig war, behandelte die Rechtsprechung die Verhaltensanforderungen stets als Obliegenheiten, deren Verletzung nur dann eine Rechtsfolge nach sich zieht, wenn diese gesetzlich oder vertraglich bestimmt ist.[148] Ziff. 46 DTV-ADS bestimmt nun für jegliche Obliegenheitsverletzung des Versicherungsnehmers die Leistungsfreiheit des Versicherers, eingeschränkt durch die Möglichkeit des Kausalitätsgegen- und des Entlastungsbeweises. Eine Ausnahme von der Privilegierung des Versicherungsnehmers findet sich lediglich im Rahmen der vorvertraglichen Anzeigepflicht. Hier hat der Versicherungsnehmer gemäß Ziff. 22.3 DTV-ADS jegliche schuldhafte Verletzung, also auch eine einfach fahrlässige, zu vertreten. Eine weitere Ausnahme gilt, wenn die aus den ADS/DTV-KKl übernommenen Bestimmungen zur Seetüchtigkeit gemäß Ziff. 33.2.1 DTV-ADS

---

[144] Die Parallelvorschrift in § 33 Abs. 1 ADS spricht den Versicherer bei Vorsatz und Fahrlässigkeit des Versicherungsnehmers von der Leistung frei.

[145] Anzumerken bleibt, dass dieses eingeschränkte Verschuldensprinzip den gesamten DTV-ADS zugrunde liegt. Nachteilig wirkt sich das für den Versicherungsnehmer bei der Verletzung der Anzeigeverpflichtung bei einer Gefahrerhöhung aus, da dem Versicherungsnehmer nunmehr Vorsatz und grobe Fahrlässigkeit zur Last fallen, während nach Ziff. 11 DTV-KKl der Versicherer nur bei Vorsatz von seiner Leistungspflicht frei wurde.

[146] *Schwampe*, in: Thume/de la Motte/Ehlers, Teil 6, AVB-Kaskoversicherung, Rn. 575h; so beispielsweise in § 40 ADS zur Unfallanzeige.

[147] Zur Problematik der Obliegenheiten in der Seeversicherung siehe ausführlich *Trölsch*, Obliegenheiten in der Seeversicherung.

[148] *BGHZ* 1, 159 (167 f.); 24, 378 (379, 382); *OLG Hamm* VersR 1970, 320; *HansOLG* VersR 1969, 559; *HansOLG* Hansa 1959, 1814; *OLG Oldenburg* VersR 1951, 273. Das Fehlen einer Bestimmung wie Ziff. 46 DTV-ADS ist deshalb insoweit bedeutsam, als es eine gesetzliche Festsetzung von Rechtsfolgen bei Obliegenheitsverletzungen aufgrund der Aufhebung der §§ 778 ff. HGB und der Unanwendbarkeit des VVG gemäß § 209 im Seeversicherungsrecht nicht gibt und Obliegenheitsverletzungen mangels vertraglicher Festlegung somit folgenlos blieben. Vgl. auch *Schwampe*, in: Thume/de la Motte/Ehlers, Teil 6, AVB-Kaskoversicherung, Rn. 575h.

Anwendung finden.[149] Auch dann fällt dem Versicherungsnehmer einfache Fahrlässigkeit zur Last.

Die in den ADS/DTV-KKl umstrittene Frage der Zurechnung des Verhaltens des Kapitäns wurde in den DTV-ADS nun unmittelbar zugunsten des Versicherungsnehmers aufgelöst. Sie kam insbesondere im Zusammenhang mit der Seeuntüchtigkeit des Schiffes auf, bei deren Vorliegen der Versicherer gemäß Ziff. 23.1 DTV-KKl von der Leistungspflicht frei war, wenn der Versicherungsnehmer den Entlastungsbeweis nach Ziff. 23.2 DTV-KKl nicht führen konnte.[150] Streitig war insoweit die Frage, ob sich der Versicherungsnehmer die schuldhafte Verursachung der Seeuntüchtigkeit durch den Kapitän zurechnen lassen muss. Grundsätzlich muss der Versicherungsnehmer für eigenes Verschulden und das seiner Repräsentanten einstehen.[151] Die Rechtsprechung hat den Kapitän in der Vergangenheit regelmäßig als Repräsentanten des Versicherungsnehmers eingestuft und eine Verschuldenszurechnung im Rahmen der Ziff. 23 DTV-KKl bejaht.[152] Im Schrifttum zeichnet sich jedoch ein anderes Bild ab. Da der Versicherungsnehmer aufgrund von § 33 Abs. 3 ADS das Verhalten der Schiffsbesatzung „als solcher"[153] nicht zu vertreten hat und der Kapitän gemäß § 418 HGB Teil der Besatzung ist, wird die Auffassung der Rechtsprechung in der Literatur überwiegend abgelehnt.[154] *Schwampe* weist zu Recht darauf hin, dass Repräsentant nur sein kann, wer eine *fremde* Pflicht anstelle des Versicherungsnehmers übernimmt;

---

[149] Bei der Seetüchtigkeit handelt es sich allerdings nicht um eine Obliegenheit im Rechtssinne, sondern um einen verschuldensabhängigen Risikoausschluss.

[150] Die Beweislast für fehlendes Verschulden trifft nach der Regelung in Ziff. 23 DTV-KKl den Versicherungsnehmer, vgl. *Schwampe*, in: Thume/de la Motte/Ehlers, Teil 6, AVB-Kaskoversicherung, Rn. 220. In § 58 ADS war der Umstand der Seeuntüchtigkeit noch als verschuldensunabhängiger, objektiver Risikoausschluss ausgestaltet und ein Entlastungsbeweis nicht möglich. Somit führte bereits Ziff. 23 DTV-KKl zu einer Besserstellung des Versicherungsnehmers.

[151] *Schwampe*, in: Thume/de la Motte/Ehlers, Teil 6, AVB-Kaskoversicherung, Rn. 216; *Ritter/Abraham*, ADS I, § 33 Anm. 15; als Repräsentant gilt nach der Rechtsprechung im Seeversicherungsrecht, wer in dem Geschäftsbereich, zu dem das versicherte Risiko gehört, aufgrund eines Vertretungs- oder ähnlichen Verhältnisses an die Stelle des Versicherungsnehmers getreten ist, *BGHZ* 107, 229 (230 f.); 122, 250 (252 f.).

[152] *BGH* VersR 1983, 479 (481); *OLG Hamburg* VersR 1987, 1004 (1006); *LG Hamburg* VersR 2003, 1438 (1440).

[153] Zur allgemeinen Abgrenzung zwischen Kapitänshandlungen als Besatzungsverhalten „als solchem" und sonstigem administrativen, unternehmerischem Handeln des Kapitäns sehr ausführlich und auch zu § 820 Nr. 6 HGB a.F. *Ritter/Abraham*, ADS I, § 33 Anm. 34 ff.; knapper *Looks*, VersR 2003, 1509 (1509 ff.).

[154] *Looks*, VersR 2003, 1509 (1510); *Looks*, VersR 2008, 883 (887 f.); *Zschoche*, TranspR 2004, 52 (54); *Herber*, TranspR 2004, 266 (267), der die Auffassung der Rechtsprechung jedoch so auslegen will, dass der Kapitän im nautischen Bereich nicht als Repräsentant des Reeders gilt, sondern nur bei Handlungen, die über die nautischen Aufgaben des Reeders hinausgehen, da der Versicherungsschutz ansonsten erheblich entwertet würde.

dem Kapitän obliegt jedoch gemäß § 513 HGB *selbst* die Pflicht, die Seetüchtigkeit des Schiffes vor Reiseantritt sicherzustellen.[155] Somit ist er nicht Repräsentant des Versicherungsnehmers.

Den Unsicherheiten in der Praxis über diese Frage wurde schließlich durch das Seekaskodruckstück 12/2003 abgeholfen,[156] in dem festgelegt wurde, dass ein Verschulden des Kapitäns vom Versicherungsnehmer nicht zu vertreten ist, wenn dieser nachweist, alles Erforderliche getan zu haben, um das Schiff seetüchtig in See zu senden, und organisatorisch sichergestellt hat, dass auch die Schiffsführung die geltenden Vorschriften und Regelungen guter Seemannschaft beachten und umsetzen kann. Diese Bestimmung wurde unmittelbar in Ziff. 33.2.1.3 DTV-ADS übernommen und bietet nunmehr eine eindeutige Lösung für die Problematik.[157]

Weitere versicherungsnehmerfreundliche Neuerungen halten die DTV-ADS auch im Bereich der Havarie-grosse-Regelungen bereit. Während unter den ADS/DTV-KKl gemäß § 30 Abs. 8 ADS die Leistung des Versicherers gekürzt wird, soweit die Beitragspflicht des Schiffes zur Havarie-grosse den Versicherungswert übersteigt, ist diese Beschränkung in den DTV-ADS ersatzlos gestrichen worden. Zudem werden die Havarie-grosse-Beiträge des Schiffes durch den Kaskoversicherer nunmehr auch über die Versicherungssumme hinaus ersetzt.[158]

Die Gefahr der Piraterie hat in den DTV-ADS insgesamt eine systematische Neueinordnung erfahren. Im Gegensatz zu den ADS wird Piraterie als Gefahr nicht mehr unter die Allgefahrendeckung des § 28 ADS subsumiert, sondern aufgrund der zunehmenden Belastung durch Piratenangriffe aus dem Deckungsbereich der normalen Kaskoversicherung ausgeschlossen.[159] Standardmäßig gehört Piraterie nunmehr zu den Kriegsgefahren.[160] In diesem Zusammenhang darf dann auch erwähnt werden, dass die DTV-ADS mit

---

[155] *Schwampe*, in: Thume/de la Motte/Ehlers, Teil 6, AVB-Kaskoversicherung, Rn. 218.

[156] Vgl. *Schwampe*, in: Thume/de la Motte/Ehlers, Teil 6, AVB-Kaskoversicherung, Rn. 219.

[157] Die Ausgestaltung der Bestimmungen zur Seeuntüchtigkeit hat sich in den DTV-ADS gegenüber den ADS/DTV-KKl grundlegend geändert. Neben der bereits bekannten Variante der Seetüchtigkeit können die Parteien nunmehr stattdessen gemäß Ziff. 33.1 DTV-ADS auf die Einhaltung von Schiffsicherheitsbestimmungen abstellen. In diesem Fall haftet der Versicherungsnehmer entsprechend der neu eingeführten subjektiven Privilegierung nur für Vorsatz und grobe Fahrlässigkeit. Dies gilt auch für die Zurechnung des Verschuldens des Kapitäns. Alternativ kann die Beibehaltung der unter den ADS/DTV-KKl und dem Seekaskodruckstück 12/2003 geltenden Bedingungen vereinbart werden. Diese finden sich nunmehr in Ziff. 33.2.1 DTV-ADS, stellen aber noch auf das uneingeschränkte Verschuldensprinzip ab. Näher zu Ziff. 33 DTV-ADS *infra* S. 222 ff.

[158] Vgl. Ziff. 41.2 DTV-ADS. Die Ausnahme bilden nach Ziff. 28.3 DTV-ADS Havarie-grosse-Beiträge zu Bergungskosten gem. Ziff. 28.2 DTV-ADS.

[159] Vgl. Ziff. 35.1.4 DTV-ADS.

[160] Eine nähere Betrachtung dieser systematischen Neueinordnung erfolgt auf S. 105 ff.

ihrem Sechsten Abschnitt erstmals seit dem Zweiten Weltkrieg wieder standardisierte verbandsseitige Versicherungsbedingungen für Kriegsrisiken im deutschen Markt bereitstellen.[161] Bis zuvor wurde die Kriegsversicherung für Seeschiffe in Deutschland nicht mehr betrieben;[162] die Kriegsdeckung wurde – soweit sie erforderlich war – unter den englischen *Institute War and Strikes Clauses – Hulls* (IWSC) gezeichnet. Zur besseren Unterscheidung werden die zur Kriegskaskoversicherung gehörenden Versicherungsbestimmungen im Folgenden als DTV-ADS-KrKl bezeichnet.

Auch erstmals in deutschen Verbandsbedingungen finden sich standardisierte Bestimmungen für die Ertragsausfallversicherung, die aus dem englischen Markt als *Loss of Hire*-Versicherung bekannt ist.[163] Gedeckt werden von ihr finanzielle Schäden, die dadurch ausgelöst werden, dass das Schiff aufgrund eines unter der Kaskoversicherung gedeckten Schadens nicht den geplanten Ertrag in Form von Fracht oder Miete einbringen kann.

Neben diesen Neuerungen bieten die DTV-ADS auch eine Minenklausel im Fünften Abschnitt und Bedingungen für die Nebeninteressenversicherung[164] im Zweiten Abschnitt der DTV-ADS.

Insgesamt darf den DTV-ADS eine positive Zukunftsaussicht bescheinigt werden. Aufgrund der mannigfaltigen Verbesserungen des Schutzes der Versicherungsnehmer sollte damit zu rechnen sein, dass diese künftig vermehrt auf das Bedingungswerk der DTV-ADS umschwenken werden. Insoweit kann mit einer wenn auch nicht sofortigen, so doch stetigen Marktdurchdringung gerechnet werden.[165] Darüber hinaus darf auch das anvisierte Ziel der Konsolidierung und Transparenz insgesamt als gelungen betrachtet werden.[166] In nur 91 Bestimmungen decken die DTV-ADS die Seekaskoversicherung sowie die übrigen kaskonahen Versicherungen ab. Unter den ADS/DTV-KKl existierten nahezu 120 Bestimmungen allein für die Kaskoversicherung.

d) *Englische Seekaskobedingungen: Institute Time Clauses – Hulls*

In England existieren noch immer gesetzliche Bestimmungen zur Seekasko- und zu anderen Zweigen der Seeversicherung. Diese Bestimmungen finden sich im *Marine Insurance Act* (MIA), der im Jahre 1907 in Kraft getreten ist

---

[161] *Schwampe*, in: Thume/de la Motte/Ehlers, Teil 6, AVB-Kaskoversicherung, Rn. 575w.

[162] *Schwampe*, in: Thume/de la Motte/Ehlers, Teil 6, AVB-Kaskoversicherung, Rn. 575w.

[163] *Schwampe*, in: Thume/de la Motte/Ehlers, Teil 6, AVB-Kaskoversicherung, Rn. 575u.

[164] Vgl. zur Bedeutung der Nebeninteressenversicherung *Schwampe*, in: Thume/de la Motte/Ehlers, Teil 6, AVB-Kaskoversicherung, Rn. 575t.

[165] *Schwampe*, in: Thume/de la Motte/Ehlers, Teil 6, AVB-Kaskoversicherung, Rn. 575y.

[166] Mit positivem Fazit auch *Schwampe*, in: Thume/de la Motte/Ehlers, Teil 6, AVB-Kaskoversicherung, Rn. 575y.

und als Kodifizierung der wichtigsten Prinzipien aus etwa 200 Jahren *case law* im Bereich der Seeversicherung verstanden werden darf.[167] Heute ist der MIA mehr als eine Art gesetzliche Klammer im Seeversicherungsrecht zu verstehen. Im Vordergrund stehen, wie auch im deutschen Markt, die allgemeinen Seekaskobedingungen.[168] Das englische Standardbedingungswerk sind die *Institute Time Clauses – Hulls* (ITCH)[169], die in der Fassung von 1983 noch immer verbreitet sind.[170] Die ITCH folgen im Gegensatz zu den deutschen Seekaskobedingungen nicht dem Prinzip der Allgefahrendeckung, sondern decken grundsätzlich nur die in den Bedingungen genannten Gefahren.[171] Unter cl. 6.1 und 6.2 listen die ITCH die versicherten Gefahren auf und beginnen in cl. 6.1.1 ITCH mit den weitumfassenden Gefahren der See (*perils of the seas*). Darüber hinaus ist auch Piraterie in cl. 6.1.5 ITCH als versicherte Gefahr gelistet. Auch wenn die ITCH keine Allgefahrendeckung beinhalten, so stehen sie den deutschen Bedingungen aufgrund der umfangreichen gelisteten Gefahren in ihrer Deckung kaum nach; nicht zuletzt orientiert sich der Inhalt der deutschen Bedingungen auch am englischen Vorbild.[172] Abweichungen können sich wegen des Systemunterschieds aber bei der Beweislast ergeben. Bei einer Allgefahrendeckung obliegt diese im Normalfall dem Versicherer. Er muss den Beweis führen, dass ein Deckungsausschlussgrund vorliegt.[173] Bei einer *named perils*-Deckung muss der Versicherungsnehmer den Nachweis erbringen, dass der eingetretene Schaden auf einer gelisteten Gefahr beruht.[174]

---

[167] *Noussia*, Principle of Indemnity, S. 7; *Bennett*, Marine Insurance, Rn. 1.47.

[168] Die meisten Bestimmungen des MIA sind dispositives Recht, vgl. *O'May/Hill*, Marine Insurance, S. 7.

[169] Gilt die Versicherung nicht auf Zeit, sondern für eine bestimmte Reise, finden insoweit die *Institute Voyage Clauses – Hulls* Anwendung. In der Praxis wird aber fast immer auf Zeitbasis versichert, vgl. *Bennett*, Marine Insurance, Rn. 7.15.

[170] Die ITCH wurden 1995 redigiert, konnten sich aber in dieser Form im Markt aufgrund nachteiliger Auswirkungen auf die Versicherungsnehmerschaft nicht durchsetzen. Die jüngsten Bedingungen wurden 2002 als *International Hull Clauses* (IHC) auf den Markt gebracht, um den Anspruch einer weltweiten Verwendung auch namentlich zu demonstrieren. Sie wurden bereits 2003 überarbeitet und fanden aufgrund eines verbesserten Versicherungsschutzes, der aber auch die Interessen der Versicherer ausreichend berücksichtigte, im Markt besseren Anklang. Hauptsächlich verwendet werden heute wohl die ITCH 1983 und die IHC 2003. Vgl. zu alledem *Bennett*, Marine Insurance, Rn. 7.15 ff.

[171] Sog. *named perils principle*, vgl. *Bennett*, Marine Insurance, Rn. 10.01; zur Abwägung zwischen den beiden Prinzipien in England siehe auch *O'May/Hill*, Marine Insurance, S. 101 f.

[172] Dies gilt insbesondere für die neuen DTV-ADS, die in Teilen stark an den englischen Bedingungen ausgerichtet sind, so z.B. im Deckungsumfang der Kriegskaskoversicherung, die sich an den englischen IWSC orientiert.

[173] *Enge/Schwampe*, Transportversicherung, S. 67.

[174] *Enge/Schwampe*, Transportversicherung, S. 69.

Über die gelisteten gedeckten Gefahren hinaus enthalten die ITCH zusätzlich Deckungsausschlüsse. Gemäß cl. 23 und 24 ITCH sind in jedem Fall solche Schäden von der Deckung ausgeschlossen, die u.a. durch Krieg, kriegsähnliche Ereignisse oder Terrorismus hervorgerufen werden. Insoweit bietet der Markt Deckung unter den *Institute War and Strikes Clauses – Hulls* (IWSC).[175] Gemeinsam bilden die ITCH und die IWSC ein zueinander komplementäres, lückenfreies Deckungssystem, da die IWSC genau diejenigen Gefahren decken, die unter den ITCH ausgeschlossen sind und umgekehrt ebenso.

2. Exkurs: Seegüterversicherung

Um der Bedeutung der ADS und der Vollständigkeit gerecht zu werden, seien auch die Bedingungen der Seegüterversicherung an dieser Stelle kurz skizziert, wenngleich die Gütertransportversicherung nicht Gegenstand dieser Arbeit ist.

a) ADS 1919

Auch im Bereich der Seegütertransportversicherung waren die ADS nach ihrer Etablierung im Markt die übliche Bedingungsgrundlage für Versicherungsverträge. Ebenso wie im Bereich der Kaskoversicherung verdrängten sie die gesetzlichen Bestimmungen gänzlich.[176] Die besonderen Bestimmungen über die Güterversicherung in den §§ 88–99 ADS wurden dann im Jahre 1973 vollständig durch neue Verbandsbedingungen, die ADS-Güterversicherungsbedingungen 1973 (ADS-Güter), ersetzt. Anders als bei den DTV-KKl – die den Bestimmungen der ADS lediglich *vorangingen* – wurde dadurch eine komplizierte Verzahnung der Einzelbestimmungen aus ADS und ADS-Güter vermieden.[177] Die vollständige Ersetzung der besonderen Bestimmungen über die Güterversicherung führte zu einer sauberen Trennung zwischen ADS und ADS-Güter und zu einer klaren Struktur bei ihrer Anwendung. In Anbetracht der besonderen Güterversicherungsbedingungen galten fortan ausschließlich die ADS-Güter; im Übrigen galten die Bestimmungen der ADS – sprich die allgemeinen Bestimmungen, die Schlussbestimmungen sowie gegebenenfalls die übrigen relevanten besonderen Bestimmungen – fort. Versicherungsverträge unter Einbeziehung der ursprünglichen §§ 88–99 ADS finden sich im Markt heute nicht mehr, sodass auf eine Vertiefung an dieser Stelle verzichtet

---

[175] Diese werden im Markt vorwiegend in der Fassung von 1983 verwendet, vgl. *Bennett,* Marine Insurance, Rn. 7.22.
[176] *Ehlers,* in: Thume/de la Motte/Ehlers, Teil 5, AVB-Güterversicherung, Rn. 6.
[177] Zur Problematik in der Kaskoversicherung siehe *supra* S. 21 ff.

A. Grundlagen

werden kann. Hinsichtlich der übrigen, insbesondere allgemeinen Bestimmungen der ADS sei auf den Abschnitt zur Kaskoversicherung verwiesen.[178]

b) ADS-Güterversicherungsbedingungen 1973

Die ADS-Güter stellen in der Güterversicherung das Pendant zu den DTV-KKl der Kaskoversicherung dar und besorgten eine grundlegende Überarbeitung der besonderen Bedingungen in den ADS unter Einbeziehung zeitgemäßer Umstände. Die Klauseln wurden in den Jahren 1984 und 1994 ihrerseits überarbeitet, um einerseits die Neufassung der englischen *Institute Cargo Clauses* von 1982 (ICC) und andererseits die EG-Gruppenfreistellungsverordnung[179] von 1992 zu berücksichtigen.[180] Bis heute ist die Fassung von 1984 im Markt am weitesten verbreitet; trotz der im Jahre 2000 herausgegebenen DTV-Güterversicherungsbedingungen (DTV-Güter) halten sich die ADS-Güter in Verbindung mit den ADS mit einem Marktanteil von etwa 50%.[181] An diesem Umstand zeigt sich die Beharrlichkeit der Branche besonders eindrucksvoll, ist doch mehr als ein Jahrzehnt vergangen, ohne dass sich der Markt von den alten Bedingungen gelöst hat.

Die ADS-Güter werden in zwei verschiedenen Deckungsvarianten angeboten. Zum einen in der sog. Strandungsfalldeckung, die nur enumerativ aufgelistete Gefahren deckt.[182] Zum anderen in der auf dem Prinzip der Allgefahrendeckung des § 28 ADS beruhenden vollen Deckung, die alle Gefahren erfasst, denen die Güter für die Dauer der Versicherung ausgesetzt sind, soweit kein expliziter Ausschluss besteht.

c) DTV-Güterversicherungsbedingungen 2000/2011

Die DTV-Güter aus dem Jahr 2000, und in der neuesten Fassung von 2011, bilden nunmehr das jüngste Verbandsbedingungswerk für die Gütertransportversicherung. Obwohl die Systematik der Bedingungen der ADS/ADS-Güter bei weitem nicht an den Grad der Komplexität und Intransparenz der ADS/DTV-KKl heranreichte, schuf der DTV bereits deutlich früher ein voll-

---

[178] *Supra* S. 19 ff.
[179] Verordnung (EWG) Nr. 3932/92 der Kommission vom 21.12.1992.
[180] *Enge/Schwampe*, Transportversicherung, S. 48.
[181] *Schwampe*, in: Thume/de la Motte/Ehlers, Teil 6, AVB-Kaskoversicherung, Rn. 575y; *Enge/Schwampe*, Transportversicherung, S. 131; *Ehlers*, in: Thume/de la Motte/Ehlers, Teil 5, AVB-Güterversicherung, Rn. 8 ff. kommentiert daher auch stets beide Bedingungswerke.
[182] Die Deckung bezieht sich entgegen der historisch bedingten Bezeichnung nicht nur auf den Strandungsfall. Ziff. 1.2 b) – g) ADS-Güter listet die gedeckten Gefahren auf; vgl. auch die weitergehenden Erläuterungen bei *Enge/Schwampe*, Transportversicherung, S. 131 ff.

ständig eigenständiges Bedingungswerk für die Güterversicherung.[183] Die DTV-Güterversicherungsbedingungen bilden das Pendant zu den DTV-ADS. Ebenso wie die ADS-Güter werden die DTV-Güter in einer eingeschränkten und einer vollen Deckungsvariante angeboten.

Im englischen Markt sind für die Güterversicherung die *Institute Cargo Clauses* maßgebend. Sie werden sogar in drei verschiedenen Deckungsvarianten (A), (B) und (C) angeboten, die an dieser Stelle aber nicht mehr vertieft werden sollen.[184]

3. Protection and Indemnity-Versicherung

Die Sparte der *Protection and Indemnity*-Versicherung (P&I-Versicherung) gilt im Seeversicherungsbereich heute gemeinhin als Versicherung für Haftpflichtrisiken.[185] Ihren Ursprung findet sie im England des 18. Jahrhunderts.[186] Aufgrund der damals bestehenden gesetzlichen Beschränkungen für die Versicherung maritimer Risiken und der Konzentration des Seeversicherungsgewerbes auf dem Londoner Markt, bildeten sich zunächst in kleineren, abgelegeneren Hafenorten sog. *mutual insurance clubs*, die sich zur Deckung der allgemeinen Kaskorisiken zusammenschlossen, um nicht auf die in London angebotenen Versicherungen angewiesen zu sein.[187] Mit der Zeit erweiterten die Clubs ihren Geschäftsbereich und gewannen Mitglieder über die zunächst bestehenden lokalen Grenzen hinaus. Mit der Liberalisierung des englischen Seeversicherungsmarktes im Jahr 1824 verloren die Clubs jedoch aufgrund des rasant zunehmenden Wettbewerbs und dadurch sinkender Prämien an Attraktivität und viele Mitglieder deckten ihre Kaskorisiken bei gewöhnlichen Versicherern ein.[188] Den Clubs blieb schließlich nur noch die Deckung von Risiken, die unter den Kaskobedingungen des Londoner Mark-

---

[183] Das Maß an Komplexität durch das Ineinandergreifen von ADS-Güter und ADS genügte dem GDV nach der Darstellung bei *Ehlers,* DTV-Güter 2000, S. 27 f. bereits als Anlass für die Schaffung konsolidierter Güterversicherungsbedingungen.

[184] Variante (A) ist eine Allgefahrendeckung, wohingegen die Varianten (B) und (C) nur enumerativ gelistete Gefahren in unterschiedlichem Umfang decken. Ausführlich zu den ICC *Bennett,* Marine Insurance, Rn. 10.77 ff.; *O'May/Hill,* Marine Insurance, S. 162 ff.

[185] *Kebschull,* ZVersWiss 1970, 561 (600).

[186] Ein ausführlicher Einblick in die Entstehungsgeschichte findet sich bei *Kebschull,* ZVersWiss 1970, 561 (564 ff.).

[187] Vgl. *Schwampe,* in: Thume/de la Motte/Ehlers, Teil 7, AVB-Verkehrshaftungs-Bedingungen, Rn. 448.

[188] *Schwampe,* in: Thume/de la Motte/Ehlers, Teil 7, AVB-Verkehrshaftungs-Bedingungen, Rn. 450.

tes nicht eingeschlossen waren. Im Kaskobereich verloren die Clubs nahezu gänzlich ihre Bedeutung.[189]

Gleichzeitig schärfte sich im Markt jedoch das Bewusstsein, dass nicht nur Schäden am eigenen Schiff eine erhebliche finanzielle Belastung bedeuten konnten, gegen die es sich abzusichern galt, sondern auch Haftpflichten, die beispielsweise durch die Kollision mit einem anderen Schiff ausgelöst werden konnten.[190] Die Haftung für derartige Schäden fiel nicht unter den originären Deckungsumfang der Kaskoversicherung. Durch die sog. *running down clause* wurde die Kollisionshaftung zwar schließlich in die Kaskoversicherungsbedingungen aufgenommen, jedoch beschränkte sich die Haftung auf 75% des Schadens am fremden Schiff und berücksichtigte eine Haftpflicht aufgrund von Personenschäden oder Beschädigungen der Güter überhaupt nicht.[191]

So gründeten sich Mitte des 19. Jahrhunderts die ersten P&I-Clubs und nahmen sich dieser Risiken an.[192] Seither hat sich die P&I-Versicherung weltweit im Markt als Seehaftpflichtversicherung durchgesetzt. Bis heute wird sie ganz überwiegend über das Modell der Versicherung auf Gegenseitigkeit betrieben. Die größten P&I-Clubs existieren heute in England[193] und Skandinavien. Sie haben sich mit den großen Clubs aus den USA und Asien in der *International Group of P&I Associations* (IGP&I) zusammengeschlossen und decken einen Marktanteil von etwa 90% ab.[194]

Auf dem deutschen Markt existierten P&I-Clubs erst nach Ende des Zweiten Weltkriegs;[195] seit 2001 werden Seehaftpflichtrisiken in Deutschland nicht mehr durch Versicherungsvereine auf Gegenseitigkeit versichert. Das Haftpflichtgeschäft ist nunmehr auf ein Konsortium konventioneller Seeversicherer übergegangen.[196]

---

[189] Viele Clubs kehrten auch zu ihrer lokalen Rolle zurück und boten lokal begrenzt eine Kaskoversicherungsalternative zum Londoner Markt an, vgl. *Schwampe*, in: Thume/de la Motte/Ehlers, Teil 7, AVB-Verkehrshaftungs-Bedingungen, Rn. 450.

[190] Insbesondere Haftpflichten aufgrund von Personenschäden gewannen durch zunehmende Personenschifffahrt an Bedeutung, vgl. *Kebschull*, ZVersWiss 1970, 561 (566).

[191] *Schwampe*, in: Thume/de la Motte/Ehlers, Teil 7, AVB-Verkehrshaftungs-Bedingungen, Rn. 451.

[192] *Kebschull*, ZVersWiss 1970, 561 (567 f.).

[193] Z.B. der GARD P&I-Club.

[194] *Enge/Schwampe*, Transportversicherung, S. 325; *Bennett*, Marine Insurance, Rn. 16.10. Die Clubs in der IGP&I funktionieren untereinander gleichzeitig auch als Rückversicherer und verteilen so die Risiken nicht nur auf die Mitglieder der einzelnen Clubs, sondern im Wege der Rückversicherung auch auf die anderen Clubs.

[195] Der erste Club war die „Trampfahrt Zeitverlust- und Betriebs-Risiko-Versicherung a.G.", der Anfang der Jahrtausendwende insolvent wurde, vgl. *Schwampe*, in: Thume/de la Motte/Ehlers, Teil 7, AVB-Verkehrshaftungs-Bedingungen, Rn. 453.

[196] *Enge/Schwampe*, Transportversicherung, S. 325. Die Hanseatic P&I ist ein solches P&I-Versicherungskonsortium.

Organisatorisch unterscheiden sich die P&I-Clubs – wie im Grunde auch Versicherungsvereine auf Gegenseitigkeit – von der konventionellen Versicherung im Wesentlichen durch eine fehlende Gewinnerzielungsabsicht. Sie erheben keine Prämien, sondern verlangen von ihren Mitgliedern Beiträge, die zur Deckung kalkulierter Schäden verwendet werden. Reichen diese Beiträge nicht aus, werden die Mitglieder zu Nachschüssen herangezogen.[197] Die in Deutschland heute übliche P&I-Versicherung wird hingegen wie auch die Kaskoversicherung zu festen Prämien unter Einschluss eines Gewinnanteils für das Konsortium der Versicherer angeboten.[198]

Die Deckung ist demgegenüber bei fast allen P&I-Versicherungsangeboten ähnlich. Aufgrund der historischen Verwurzelung, aber auch wegen der Vormachtstellung der Anbieter der IGP&I in London, richtet sich der Produktinhalt weltweit nach dem Angebot auf dem englischen Markt.[199] Dabei werden nicht ausschließlich originäre Haftpflichtrisiken umfasst; vielmehr werden auch Risiken eingedeckt, die über den Bereich der Haftpflichtrisiken deutlich hinausgehen. Dies lässt sich darauf zurückführen, dass die englischen P&I-Clubs historisch bedingt nicht nur die ansonsten unversicherbaren Haftpflichtrisiken übernahmen, sondern auch anderweitige – in der englischen Kaskoversicherung ausgeschlossene – Risiken und Exzedenten einschlossen. Heute ist die P&I-Versicherung deshalb zuvorderst eine Haftpflichtversicherung. Daneben ist sie aber auch eine Versicherung für eine Kumulation verschiedener anderer, aus dem Schiffsbetrieb resultierender Risiken.[200]

Die inhaltliche Orientierung der deutschen Bedingungen an den Bestimmungen des englischen Marktes kann dazu führen, dass ein Versicherungsnehmer unter deutscher Kaskodeckung bestimmte Risiken doppelt abdeckt, da die englischen P&I-Bedingungen eine Komplementärfunktion zu den englischen *Institute Time Clauses – Hulls* haben und sich diese von der deutschen Deckung unter den ADS/DTV-KKl und den DTV-ADS in ihrem Umfang unterscheiden.[201]

---

[197] Ausführlich zur Nachschusspflicht *Kebschull*, ZVersWiss 1970, 561 (626 ff.); *Enge/Schwampe*, Transportversicherung, S. 326.

[198] *Enge/Schwampe*, Transportversicherung, S. 326.

[199] *Schwampe*, in: Thume/de la Motte/Ehlers, Teil 7, AVB-Verkehrshaftungs-Bedingungen, Rn. 453.

[200] *Schwampe*, in: Thume/de la Motte/Ehlers, Teil 7, AVB-Verkehrshaftungs-Bedingungen, Rn. 454; *Schwampe* spricht insoweit von einem „Auffangbecken für Versicherungsbedarf eines Reedereibetriebs" (Rn. 443).

[201] So beispielsweise bei der Exzedentendeckung für Kollisionshaftung. Während die englischen ITCH über die *running down clause* lediglich ¾ der Kollisionshaftung tragen, entfällt der übrige Anteil auf die P&I-Versicherung. Die deutschen ADS/DTV-KKl bzw. DTV-ADS gehen über den Schutz der ITCH hinaus und können bei entsprechender Versicherungssumme bereits ausreichenden Versicherungsschutz gewähren. Vgl. dazu das Beispiel bei *Enge/Schwampe*, Transportversicherung, S. 327.

In ihrer Ergänzungsfunktion zur Kaskoversicherung deckt die P&I-Versicherung im Wesentlichen Personenschäden, Verschmutzungsschäden, Ladungsschäden und Wrackbeseitigungskosten.[202] Mit Blick auf die Gefahr der Piraterie stehen Personenschäden im Fokus. Der Versicherer kommt insoweit regelmäßig für Personenschäden durch Tod oder Verletzung sowie für Krankenfürsorge-, Überführungs- oder Bestattungskosten auf.[203] Strukturell ist die P&I-Versicherung keine Allgefahrenversicherung; sie erfasst nur enumerativ aufgelistete Gefahren.[204] Darüber hinaus ist die P&I-Versicherung grundsätzlich eine Subsidiärversicherung. Ihre Deckung kommt nur dann zum Tragen, wenn nicht der Kaskoversicherer im Versicherungsfall haftet.[205]

4. Die Marktsituation in der Seeversicherung

Die vorstehende grundlegende Darstellung zeigt, dass es für Versicherer und Versicherungsnehmer unterschiedliche Regime und Bedingungswerke für die inhaltliche Ausgestaltung von Seekasko-, Seegüter-, und P&I-Versicherungen gibt. Diese Arbeit beschränkt sich weitestgehend auf die deutschen Standardverbandsbedingungen und bezieht die englischen Standardbedingungen an sinnvoller Stelle mit ein. Daneben existiert jedoch eine Vielzahl weiterer Bedingungswerke: weit verbreitete Standardbedingungen wie beispielsweise der *Norwegian Marine Insurance Plan*, aber auch weniger verbreitete, individuellere Bedingungswerke. Sie alle konkurrieren auf einem freien und globalen Seeversicherungsmarkt miteinander.[206] Die Reedereien sind in ihrer Wahl des Versicherers, der Versicherungsbedingungen und der relevanten Jurisdiktion frei. In dieser von Konkurrenz geprägten Marktsituation sind die englischen Standardbedingungen weltweiter Marktführer und damit auch Vorreiter und Orientierungsmaßstab für andere Bedingungswerke, auch für die deutschen DTV-ADS.[207] Man sollte sich also vor Augen halten, dass die Verbände und alle anderen Institutionen, die sich mit der Entwicklung von Seeversicherungsbedingungen befassen, bei der Ausgestaltung ihrer Bedingungen diese

---

[202] *Bennett,* Marine Insurance, Rn. 16.05 f.
[203] *Bennett,* Marine Insurance, Rn. 16.06.
[204] *Kebschull*, ZVersWiss 1970, 561 (643); *Schwampe*, in: Thume/de la Motte/Ehlers, Teil 7, AVB-Verkehrshaftungs-Bedingungen, Rn. 443.
[205] LG Hamburg NVersZ 2002, 287 (288); dabei kommt es vorwiegend darauf an, ob der Schaden von der Kaskoversicherung tatsächlich gedeckt wird. Ist die Deckung durch die Versicherungssumme begrenzt und genügt diese nicht für den vollen Schaden, so tritt die P&I-Versicherung für den verbleibenden Schaden ein, ebenso wenn der Kaskoversicherer zahlungsunfähig ist. Das gilt aber nur dann, wenn es sich um einen Schaden handelt, der vom Deckungsbereich beider Versicherungen erfasst ist, also an sich Doppelversicherung bestünde. Vgl. zum Ganzen auch *Kebschull,* ZVersWiss 1970, 561 (639 ff.).
[206] *Puttfarken,* Seehandelsrecht, Rn. 800.
[207] Vgl. *Schwampe*, VersR 2010, 1277 (1281).

Marktsituation im Blick haben und auch darauf abzielen, Bedingungen zu entwerfen, die sich im Markt durchzusetzen geeignet sind.[208]

Der freie Versicherungsmarkt zeichnet schließlich auch verantwortlich für eine gewisse Durchmischung im Seeversicherungsgeschäft. So bieten sich den Versicherungsnehmern verschiedene Möglichkeiten, den benötigten Versicherungsschutz an mehreren unterschiedlichen Marktstandorten einzudecken. Fußt die Seekaskoversicherung auf den ADS/DTV-KKl oder den DTV-ADS unter deutschem Recht, kann die Kriegsrisikodeckung für das gleiche Interesse unter den englischen IWSC genommen sein. Die so entstehende Verknüpfung unterschiedlicher Versicherungen aus verschiedenen Rechtskreisen für das gleiche Interesse wirft Fragen zum Verhältnis der verschiedenen zugrundeliegenden Bedingungswerke auf. Auch zur Hinleitung auf diese Fragen, die unter dem Aspekt der Doppelversicherung an späterer Stelle bearbeitet werden sollen,[209] dienen diese Zeilen zur Marktsituation in der Seeversicherung.

B. Piraterie als Rechtsbegriff

I. Marken-, Produkt- und Softwarepiraterie

Vor die Klammer gezogen werden soll an dieser Stelle das Thema der Begriffsentlehnung in den Bereichen des Urheber- und Markenrechts. Unter Marken- und Produktpiraterie wird gemeinhin das gezielte, gewerbsmäßige Nachahmen von Produkten unter fremden Kennzeichen verstanden, um den vom Originalhersteller erzeugten Ruf des Kennzeichens zum eigenen Vorteil auszunutzen.[210] Eine Rechtsdefinition des Begriffs der Produkt- und Markenpiraterie existiert nicht;[211] die Erscheinungsformen sind international äußerst vielfältig, was die Bestrebung nach einer (allgemeinen) Begriffsdefinition erheblich erschwert.[212] Betroffen sind dabei regelmäßig Rechte des geistigen Eigentums wie z.B. Marken- und Urheberrechte. Daneben ist von Softwarepiraterie die Rede, wenn urheberrechtlich geschützte elektronische Medien

---

[208] So setzte der GDV beim Entwurf der ADS-DTV-KrKl stärker auf Marktdurchsetzungschancen als auf ein kohärentes System, vgl. *infra* S. 105 ff. und *Schwampe*, VersR 2010, 1277 (1281).

[209] Siehe *infra* S. 109 ff.

[210] *Harte-Bavendamm/Goldmann*, in: Handbuch des Wettbewerbsrechts, § 65, Rn. 1; vgl. auch *McGuire*, GRUR Int 2008, 923 (924). Zu beachten ist, dass dieses weitgefasste Begriffsverständnis nur eine mögliche Definition darstellt; der genaue Begriffsumfang ist Gegenstand einer andauernden Kontroverse.

[211] Vgl. zur Begrifflichkeit im deutschen Recht ausführlich *Münch/Brun/Spiess*, Produktpiraterie, S. 6 f.

[212] Siehe *Münch/Brun/Spiess*, Produktpiraterie, S. 4.

rechtswidrig kopiert oder verbreitet werden.[213] Zumeist handelt es sich dabei um Computerprogramme, Filme und Musikdateien, die ohne Zustimmung und Bezahlung des Urhebers, häufig über das Internet, verbreitet werden. Auch dabei handelt es sich um ein Delikt gegen geistiges Eigentum.

Durch die Bezeichnung als Marken-, Produkt- und Softwarepiraterie entleiht sich das Urheber- und Markenrecht einen unpassenden Begriff. Denn mit Piraterie im eigentlichen, in dieser Abhandlung besprochenen Sinne, haben die eben beschriebenen Vorgänge ebenso wenig zu tun wie die sog. „Raubkopie" mit dem Tatbestand des Raubes gemäß § 249 StGB. Die Begriffsentlehnung mag damit zusammenhängen, dass das Konstrukt des geistigen Eigentums bereits seinem Wesen nach nur einem limitierten Kreis von Deliktstypen exponiert ist und daher im Gegensatz zum materiell-räumlichen Sacheigentum isoliert nicht geraubt, also mit Gewalt weggenommen, werden kann. Gleichwohl ist es ebenso schützenswert wie das Sacheigentum, und die Verletzung des geistigen Eigentums verursacht beim Inhaber ein Unrechtsgefühl, das dem eines Raub- oder Piraterieopfers vergleichbar sein mag. Insoweit kann die Entlehnung dieser spektakulär klingenden Begriffe als Versuch angesehen werden, den Urheberrechtsdelikten den harmlosen Schein eines Kavaliersdelikts zu nehmen und die gegebene Schwere der Rechtsverletzung zu betonen.

Dennoch haben die Begriffe der Marken- und Softwarepiraterie mit der eigentlichen Piraterie bis auf das Vorliegen einer Rechtsverletzung nichts gemein. Die Verwendung des Begriffs der Piraterie in diesem Zusammenhang ist deshalb insgesamt als verfehlt anzusehen. Piraterie im Sinne des Rechts über das geistige Eigentum ist nicht Gegenstand dieser Abhandlung und erschöpft sich daher in diesen knappen Ausführungen.

II. Piraterie im Strafrecht

Auch im Strafrecht spielt der Begriff der Piraterie eine Rolle. Sowohl zu Zeiten der historischen Anfänge der Piraterie als auch heute noch stellt sich im Zusammenhang mit Piratenangriffen die Frage, inwieweit diese Angriffe materiell und prozessual strafrechtlich verfolgt werden können. Aufgrund der Tatsache, dass es sich beim Strafrecht um nationales Recht handelt und die strafrechtliche Behandlung der Piraterie damit den jeweiligen nationalstaatlichen Gesetzgebern obliegt, bestehen zwischen den Staaten sowohl hinsichtlich der deliktischen Einordnung als auch der Begriffsdefinition Unterschiede. Im Folgenden soll daher ein beispielhafter Überblick über das strafrechtliche Piraterieverständnis in Deutschland und England gegeben werden.

---

[213] Letztlich stellt auch dies einen Unterfall der Produktpiraterie dar.

1. Deutschland

Das deutsche Strafrecht kennt keinen eigenständigen Tatbestand der Piraterie. Vielmehr werden die von Piraten begangenen Handlungen von den allgemeinen Straftatbeständen erfasst und mit Strafe bedroht. Regelmäßig handelt es sich dabei um Delikte wie Raub, Erpressung, Geiselnahme, Körperverletzung, bis hin zu Tötungsdelikten. Zudem dürften Piratenangriffe – so sie dem deutschen Strafrecht unterfallen – in der Regel den Tatbestand des § 316c StGB erfüllen. Dieser erfasst sowohl Angriffe auf den Luft- als auch auf den Seeverkehr, wenngleich seine praktische Relevanz allgemein und hinsichtlich des Seeverkehrs im Besonderen äußerst gering ist.[214] Obgleich § 316c StGB untechnisch als Luft- und Seepirateriatatbestand aufgefasst wird,[215] enthält die Vorschrift keinen Rechtsbegriff der Piraterie. Demzufolge lassen sich aus dem Bereich des deutschen Strafrechts keine Erkenntnisse für die inhaltliche Begriffsbestimmung und -umgrenzung gewinnen. Bereits im Reichsstrafgesetzbuch von 1876 (RStGB) wurde auf einen eigenständigen Pirateriatatbestand und die Aufnahme des Rechtsbegriffs der Piraterie verzichtet. Das Phänomen fand lediglich als Qualifikation des Raubes Eingang in das RStGB. Gemäß § 250 Nr. 3 RStGB beging einen schweren Raub, wer die Tat auf offener See ausführte.[216] Der deutsche Gesetzgeber hat es demnach nicht für notwendig erachtet, einen eigenständigen Pirateriatatbestand unter Verwendung des Begriffes einzuführen. Dies kann zum einen darauf zurückgeführt werden, dass das deutsche Strafgesetzbuch mit den vorhandenen Straftatbeständen eine Handhabe bietet, die die Handlungen der Piraten materiell-rechtlich vollständig erfasst. Zum anderen findet das Phänomen der Piraterie im deutschen Strafrecht – abgesehen von den Piratenüberfällen auf deutsche Schiffe, die gemäß § 4 StGB dem deutschen Recht unterfallen – kaum statt. Aus der polizeilichen Kriminalstatistik[217] ergibt sich, dass in den Jahren seit der Einführung des Tatbestandes des Angriffs auf den Seeverkehr im Jahr 1990 ein Jahreshöchstmaß von drei Fällen registriert wurde.[218] In den Jahren 2008 und 2009 betrug die Zahl der registrierten Fälle null. Daraus lässt sich schließen, dass für die Inkorporierung der Piraterie als Rechtsbegriff in das deutsche Strafrecht aus kriminalpolitischer Sicht schlichtweg keine Not-

---

[214] *König*, in: LK, § 316c, Rn. 1.

[215] *Hecker*, JA 2009, 673.

[216] Vgl. zu § 250 Nr. 3 RStGB *Olshausen,* Kommentar zum Reichs-Strafgesetzbuch, S. 858 f.

[217] PKS Bundeskriminalamt, nach Berichtsjahr abrufbar unter <https://www.bka.de/DE/Publikationen/PolizeilicheKriminalstatistik/pks__node.html?__nnn=true>
(Stand: 30.11.2015).

[218] Dabei sind jeweils sämtliche unter § 316c StGB fallenden Straftaten erfasst, also auch solche, die sich gegen den Luftverkehr richteten.

wendigkeit besteht.[219] Erstmals sind seit November 2010 somalische Piraten vor dem Landgericht Hamburg u.a. unter dem Vorwurf des Angriffs auf den Seeverkehr angeklagt. Aufgrund dieses und möglicher weiterer Fälle könnte die Vorschrift des § 316c StGB in Zukunft an Bedeutung hinzugewinnen.[220]

2. England

Im englischen Recht reicht die strafrechtliche Befassung mit der Piraterie bis an den Anfang der Neuzeit zurück. Als Inselstaat und exponierte Seefahrernation war das Land eines der von der Piraterie am meisten betroffenen und daher zu einer dezidierten Auseinandersetzung mit dem Problem gezwungen. Strafgesetze gegen Piraterie gab es in England bereits seit 1535.[221] Vor diesem Hintergrund überrascht es, dass der Tatbestand der Piraterie im englischen Strafrecht nie (gesetzlich) definiert worden ist.[222] Obgleich der Terminus *pirate* – in unterschiedlichen Schreibweisen – in der englischen Rechtssprache seit dem Statut von 1535[223] auch in späteren Rechtssätzen und ab 1553 auch in der englischen Rechtsprechung zu lesen ist, findet sich an keiner Stelle eine allgemeine Definition. Das damalige Begriffsverständnis scheint, trotz des rechtssprachlichen Kontextes, eher ein umgangssprachliches gewesen zu sein, welches es erlaubte, einige Begriffselemente heranzuziehen, wenn sie situativ sinnvoll waren und andere zu ignorieren, die im Wege zu stehen schienen.[224] Selbst der *Piracy Act*[225] von 1698, der sich im Unterschied zu den vorgenannten Strafgesetzen ausschließlich und explizit mit der Bekämpfung der Piraterie befasste, enthielt keine Begriffsdefinition.

Anfänglich begriff man in England *piracy* als einen der Schifffahrt und dem Marinerecht zugehörigen Ausdruck, der Akte der Gewalt gegenüber

---

[219] Vgl. bis zur 21. Edition auch *Stoll*, in: BeckOK-StGB, § 316c, Rn. 1, der bereits die kriminalpolitische Notwendigkeit des § 316c StGB bezweifelte. Siehe auch *Lagoni*, in: FS Rauschning, S. 501 (529), der das Fehlen eines Straftatbestandes auf die friedliche Lage in der Nord- und Ostsee zurückführt.

[220] So nunmehr auch *Stoll*, in: BeckOK-StGB, § 316c, Rn. 1.

[221] 27 Hen. VIII, c. 4 (1535) und *Offences at Sea Act* (1536), 28 Hen. VIII, c. 15; vgl. dazu *Rubin,* The Law of Piracy, S. 50 ff.; vgl. zum gesamten Komplex britischer Pirateriervorschriften *Morrison*, AJIL 26 (1932), 887 (909–928).

[222] *O'Connell/Shearer*, International Law of the Sea, S. 979; *Colombos*, Internationales Seerecht, S. 358; *Morrison*, AJIL 26 (1932), 887 (910).

[223] Vgl. Teil 1 Fn. 221.

[224] *Rubin,* The Law of Piracy, S. 70; siehe auch *O'Connell/Shearer,* International Law of the Sea, S. 979, die den Inhalt der Piraterie in den verschiedenen Pirateriegesetzen nachzeichnen. Unter anderem wurde ab 1824 auch der Sklavenhandel unter den Begriff der Piraterie gefasst.

[225] 11 Will. III c. 7 (1698) abgedruckt bei *Rubin,* The Law of Piracy, S. 400 ff.

übergeordneten Personen bezeichnete (*petty treason*[226] oder *mutiny*).[227] Im 17. Jahrhundert wandelte sich dieses Verständnis. Während die see- und schifffahrtsbezogene Zuordnung des Begriffs ebenso wie die Verbindung mit Gewalttaten erhalten blieb, wurde die Annahme aufgegeben, dass es sich bei Piraterie um eine Art des „kleinen Verrats" handele.[228] Dieser Wandel stand im Zeichen des zunehmenden Seeverkehrs und Seehandels sowie der zur See vorherrschenden Machtstellung Englands. Das englische Interesse an einem ungestörten (internationalen) Seehandel ließ eine an diesem Interesse ausgerichtete Entwicklung des Begriffsverständnisses entstehen.[229] In den Vordergrund rückte die in das Völkerrecht hineinreichende Frage, ob es sich bei Angriffen auf englische Handelsschiffe um Angreifer handelte, die von irgendeinem anderen Staat zu diesem Handeln autorisiert worden waren, oder um solche, die ohne staatlichen Auftrag und ohne Erlaubnis handelten.[230] Erstere Fälle wurden als (rechtmäßige) Angriffe im kriegsrechtlichen Sinne angesehen. Die sog. *privateers* trugen damit im Falle ihrer Ergreifung Kriegsgefangenenstatus.[231] Letztere hingegen waren piratische Akte, die nach den erlassenen Statuten und dem *Piracy Act* mit dem Tode bestraft wurden. Die Entwicklung des Begriffsverständnisses der Piraterie zeigt, dass die Perzeption der Piraterie im nationalen Strafrecht stark durch das völkerrechtliche Verständnis geprägt wurde. Privates Handeln zu privaten Zwecken ist auch heute noch ein Merkmal des Pirateriatatbestandes im Völkerrecht. Zurückzuführen ist dieser Einfluss des Völkerrechts letztlich auf die historische, von *Cicero* begründete Sicht,[232] dass der Pirat der gemeinsame Feind aller Nationen ist, und seine Tat als Straftat damit im Völkerrecht beheimatet ist.

Gegenwärtig ist Piraterie in England im *Merchant Shipping and Maritime Security Act 1997* geregelt. Das Gesetz hat den *Piracy Act 1837* ersetzt, stellt seinerseits aber nur eine Umsetzung des SRÜ in nationales Recht dar.[233] Schlussendlich unterfallen Handlungen von Piraten in England – wie auch im deutschen Recht – den allgemeinen Straftatbeständen. Definitorische Hinweise, die über die sogleich zu behandelnde völkerrechtliche Befassung mit dem Begriff der Piraterie hinausgehen, lassen sich dem englischen Strafrecht mangels vorhandener eigener Definition deshalb nicht entnehmen.

---

[226] Sog. „kleiner Verrat" als schwächere Form des Hochverrats (*high treason*) gegenüber der britischen Krone.

[227] *Rubin,* The Law of Piracy, S. 72.

[228] *Rubin,* The Law of Piracy, S. 72.

[229] *Rubin,* The Law of Piracy, S. 72; *Bento,* BJIL 29 (2011), 101 (104).

[230] Insbesondere die Barbaresken-Staaten und die Frage des Umgangs mit ihnen waren für diese Entwicklung verantwortlich; siehe dazu auch *supra* S. 7 ff.

[231] Siehe *supra* S. 7 ff.

[232] *Cicero,* De Officiis, 3.107, S. 312.

[233] *Bento,* BJIL 29 (2011), 101 (136).

III. Völkerrechtlicher Prateriebegriff

Das völkerrechtliche Piraterieverständnis spielt für die Bestimmung des Rechtsbegriffs der Piraterie eine wesentliche Rolle. Piraterie gilt gemeinhin als ein internationales Delikt, das es im Interesse aller Nationen zu bekämpfen gilt.[234] Aus diesem Grund hat sich das Völkerrecht von Beginn an am stärksten mit der Piraterie befasst. Der Pirateriebegriff im Völkerrecht soll deshalb im Folgenden genauer untersucht werden. Es ist jedoch klarzustellen, dass die Untersuchung in Bezug auf das Völkerrecht nicht den Anspruch erhebt, umfassend oder erschöpfend zu sein. Vielmehr werden Problemfelder und Fragestellungen mit spezifisch völkerrechtlichem oder sonst anderweitigem Bezug nicht weiterverfolgt, soweit sie der – hier letztlich entscheidenden – Bestimmung des Begriffs im seeversicherungsrechtlichen Sinne nicht zuträglich sind. Deshalb bleiben auch die in den Art. 105 ff. SRÜ geregelten Kompetenzen der Staaten zur Bekämpfung der Piraterie weitgehend unberücksichtigt.

1. Regelungszweck des Völkerrechts

Das Völkerrecht regelt im Grundsatz die Beziehungen zwischen den Staaten in Friedens- und Kriegszeiten.[235] Zudem regelt es Räume und Gebiete, die nicht der Herrschaft einzelner Staaten unterliegen und auch nicht unterliegen sollen, z.B. die Hohe See. Dabei greift es auf die Regelungsinstrumentarien allgemeiner Prinzipien, vertraglicher Vereinbarungen und gewohnheitsrechtlich geltender Verhaltensregeln zurück. In erster Linie richten sich die Normen des Völkerrechts an die Staaten, die das Recht gleichsam selbst schaffen. Der Grund für die Schaffung solchen Rechts sind die gemeinsamen Berührungspunkte, Interessen und Probleme, die sich aus dem Nebeneinander der einzelnen Staaten und den Verbindungen zueinander ergeben.[236] Deshalb wird es auch als Recht der internationalen Gemeinschaft bezeichnet. Zentrales Element des Völkerrechts ist das Souveränitätsprinzip. Danach sind alle Staaten der internationalen Gemeinschaft unabhängig von dem Befehl anderer Staaten. Anders ausgedrückt verhindert die Souveränität die Fremdbestimmung bei der Schaffung, Anwendung und Durchsetzung von Recht.[237] Im Grundsatz sind die Staaten damit nur dem (Völker-)Recht unterworfen, dem sie sich selbst durch eine souveräne Entscheidung unterworfen haben.[238] Daneben tritt der Grundsatz der Staatengleichheit, der allen Staaten die gleiche

---

[234] *Wolfrum*, in: Handbuch des Seerechts, S. 287 (306 f.); *O'Connell/Shearer*, International Law of the Sea, S. 967; *Starke*, Introduction to International Law, S. 308.
[235] Siehe nur *Stein/Buttlar*, Völkerrecht, Rn. 6.
[236] *Stein/Buttlar*, Völkerrecht, Rn. 7.
[237] *Vitzthum*, Völkerrecht, S. 22 f.
[238] *Vitzthum*, Völkerrecht, S. 31.

Qualität und die gleichen Rechte und Pflichten einräumt. Diese knappen Ausführungen zu den Grundgedanken des Völkerrechts sollen als Hintergrund für die folgende Untersuchung vorausgeschickt sein.

2. Entwicklung des völkerrechtlichen Pirateriebegriffs

Verweisend auf die vorangegangenen Ausführungen zur Abgrenzung der Piraterie von anderen (rechtshistorischen) Erscheinungsformen von Gewaltakten auf See, hat sich das Piraterieverständnis im Völkerrecht wesentlich im Rahmen des Prozesses der rechtlichen Unterscheidung von der Kaperei entwickelt.[239] Zunächst galt Piraterie überwiegend schlichtweg als Raub auf Hoher See.[240] Trotz der weit in die Rechtsgeschichte zurückreichenden Kontroverse über die Rechtsstellung des Piraten haben sich im Laufe der Zeit einige verfestigte Prinzipien zur Piraterie und deren Behandlung im Völkerrecht herausgebildet, die den Begriff der Piraterie – über den Raub auf Hoher See hinaus – erweitert haben. Als Piraten wurden danach solche Personen angesehen, die auf eigene Rechnung und zum eigenen Vorteil Gewaltakte auf Hoher See gegenüber jedermann ausübten, ohne dazu durch eine staatliche Ermächtigung autorisiert zu sein.[241] Insbesondere erfuhr der Pirateriebegriff unter Abkehr vom Erfordernis eines Raubes eine Erweiterung dahingehend, dass er auch frustrierte Deliktsversuche miterfasste.[242] Die vorgenannten Elemente des Pirateriebegriffs entwickelten sich zum Völkergewohnheitsrecht.[243] Über diesen Konsens hinaus gab es auch Bestrebungen, den Begriff der Piraterie noch weiter auszudehnen. Exemplarisch dafür war der Versuch des Vereinigten Königreichs im frühen 20. Jahrhundert, eine umfassende Handhabe gegen Unterseeboote zu begründen, indem deren Besatzung – gleichgültig welchen Staates und ob mit oder ohne Befehl – bei Verletzungen

---

[239] Siehe *supra* S. 6 ff.

[240] Siehe *O'Connell/Shearer*, International Law of the Sea, S. 968 und dort die Nachweise in Fn. 238; *Starke*, Introduction to International Law, S. 309.

[241] *Wolfrum*, in: Handbuch des Seerechts, S. 287 (306 f.); *Rubin*, in: Bernhardt, S. 1036; *Starke*, Introduction to International Law, S. 309; *Müller*, Die Piraterie im Völkerrecht unter besonderer Berücksichtigung des Entwurfes der Völkerbundskommission und der Regierungsäußerungen, S. 8 ff.

[242] Vgl. dazu den Fall *Re Piracy Jure Gentium* [1934] A.C. 586, auszugsweise abgedruckt unter <http://www.uniset.ca/other/cs5/1934AC586.html> (Stand: 30.11.2015); *Starke*, Introduction to International Law, S. 309 f.

[243] Vgl. die Ausführungen zu den einzelnen Tatbestandsmerkmalen bei *Müller*, Die Piraterie im Völkerrecht unter besonderer Berücksichtigung des Entwurfes der Völkerbundskommission und der Regierungsäußerungen, S. 8 ff.; *Birnie*, Marine Policy 11 (1987), 163 (167).

des Seekriegsrechts als Piraten behandelt werden sollte.[244] Diese Bestrebung hat sich zu Recht nicht durchgesetzt. Das Fehlen einer staatlichen Anbindung gehört zum Wesen des Pirateriebegriffs im völkerrechtlichen Sinne. Unterseeboote sind als Kriegsschiffe unter der Autorität des Staates, dessen Streitmacht sie angehören. Diese Verbindung vermag auch das Begehen von Seekriegsverbrechen durch die Besatzung nicht aufzulösen.

Einen ersten Kodifikationsvorschlag für Regeln zur Unterdrückung der Piraterie auf völkerrechtlicher Ebene wurde zur Zeit des Völkerbundes vom japanischen Berichterstatter *Matsuda*[245] vorgelegt.[246] Nachdem dieser Entwurf von der Völkerbundversammlung im Jahre 1927 verworfen wurde, unternahm eine Arbeitsgruppe an der Harvard Law School einen erneuten Versuch und veröffentlichte 1932 einen kommentierten Kodifikationsentwurf des Völkerrechts der Piraterie,[247] der schließlich zur Grundlage des Genfer Übereinkommens über die Hohe See von 1958 (HSÜ) wurde. Dieses mündete später in das heute gültige SRÜ.[248] Das SRÜ wurde von 161 Staaten unterzeichnet und ratifiziert. Darüber hinaus ist heute allgemein anerkannt, dass die Vorschriften des SRÜ völkergewohnheitsrechtlichen Status erlangt haben und damit auch auf Drittstaaten Anwendung finden.[249]

3. Definition nach Art. 101 des Seerechtsübereinkommens der Vereinten Nationen von 1982

In Art. 101 SRÜ ist der Begriff der Piraterie legaldefiniert.[250] Daneben bestimmt Art. 103 SRÜ den Begriff des Piratenschiffs und -luftfahrzeugs. Letz-

---

[244] Vgl. Art. 3 des nicht in Kraft getretenen Washingtoner Fünf-Mächte-Vertrags über den Gebrauch von Unterseebooten vom 06.02.1922; siehe dazu auch *Wolfrum*, in: Handbuch des Seerechts, S. 287 (308).
[245] *Matsuda* war Mitglied eines Unterausschusses des Expertenkomitees des Völkerbundes für die fortschreitende Kodifikation des Völkerrechts.
[246] Matsuda's Draft Provision for the Suppression of Piracy (1926), abgedruckt bei *Bingham*, AJIL Sup. 26 (1932), 739 (873 ff.).
[247] *Bingham*, AJIL Sup. 26 (1932), 739 (743–885). Die Definition des Begriffs der Piraterie enthält Art. 3 des Entwurfs.
[248] Eine kurze Zusammenfassung der Kodifikationsgeschichte findet sich bei *Lagoni*, in: FS Rauschning, S. 501 (512).
[249] *Lagoni*, in: FS Rauschning, S. 501 (524, 533); a.A. *Rubin*, in: Bernhardt, S. 1036 (1039). Teilweise wird vertreten, dass das SRÜ keine vollständige Kodifizierung des geltenden Völkergewohnheitsrechts der Piraterie beinhalte und über das SRÜ hinaus somit weitere Maßnahmen gegen Piraten vorgenommen werden könnten, so z.B. *Wagner*, HFR 3/2010, 31 (38 f.).
[250] Die Begriffe „Seeräuberei" und „Piraterie" werden insoweit synonym verwendet. Das ergibt sich bereits aus dem Vergleich der deutschen („Seeräuberei") und der englischen Fassung („piracy") des SRÜ. Aus Gründen der Konsistenz in der Darstellung wird im Folgenden ausschließlich der Begriff „Piraterie" verwendet, auch wenn im Originaltext des SRÜ der Begriff „Seeräuberei" gebraucht wird.

tere Definitionen dienen vorrangig der Bestimmung nationalstaatlicher Kompetenzen bei der Pirateriebekämpfung nach Art. 105 SRÜ; diese bleiben hier unberücksichtigt.

Art. 101 SRÜ[251] definiert Piraterie wie folgt:

„Seeräuberei ist jede der folgenden Handlungen:
(a) jede rechtswidrige Gewalttat oder Freiheitsberaubung oder jede Plünderung, welche die Besatzung oder die Fahrgäste eines privaten Schiffes oder Luftfahrzeugs zu privaten Zwecken begehen und die gerichtet ist
  (i) auf Hoher See gegen ein anderes Schiff oder Luftfahrzeug oder gegen Personen oder Vermögenswerte an Bord dieses Schiffes oder Luftfahrzeugs;
  (ii) an einem Ort, der keiner staatlichen Hoheitsgewalt untersteht, gegen ein Schiff, ein Luftfahrzeug, Personen oder Vermögenswerte;
(b) jede freiwillige Beteiligung am Einsatz eines Schiffes oder Luftfahrzeugs in Kenntnis von Tatsachen, aus denen sich ergibt, daß es ein Seeräuberschiff oder -luftfahrzeug ist;
(c) jede Anstiftung zu einer unter Buchstabe (a) oder (b) bezeichneten Handlung oder jede absichtliche Erleichterung einer solchen Handlung."

a) Rechtswidrige Gewalttat, Freiheitsberaubung oder Plünderung

Entgegen der früheren Auffassung beinhaltet die Definition der Piraterie nach Art. 101 SRÜ nicht nur den Raub auf Hoher See, sondern darüber hinaus jede rechtswidrige Gewalttat. Akte der Piraterie können demnach auch Mord, Totschlag, Freiheitsberaubung, Geiselnahme, Erpressung und dergleichen mehr sein. Nicht erfasst sind vom Begriff der Gewalttat in Art. 101 lit. a) SRÜ hingegen leichtere Delikte wie der einfache Diebstahl oder Betrug.[252] Das ergibt sich zum einen aus den in der Vorschrift angeführten konkretisierenden Regelbeispielen der Freiheitsberaubung und Plünderung. Diese implizieren die Notwendigkeit einer gewissen Schwere der unter den unbestimmten Rechtsbegriff der Gewalttat zu fassenden Delikte. Zum anderen ist ein Akt der Piraterie nach der völkerrechtlichen Vorstellung keine heimliche, sondern eine offene Gewalttat. Gelangen die Täter demzufolge unbemerkt an Bord eines Schiffes, um dort heimlich Gegenstände zu entwenden und das Schiff unbemerkt wieder zu verlassen, handelt es sich nicht um eine Gewalttat im Sinne des Art. 101 lit. a) SRÜ.[253]

Umstritten ist die Bedeutung des Wortes „rechtswidrig". Sowohl das SRÜ als auch das vorangegangene HSÜ und die zugehörigen Gesetzesmaterialien schweigen sich dazu aus. Sofern aber nur rechtswidrige Gewalttaten bei unterstellter Erfüllung der übrigen Tatbestandsmerkmale als Piraterie zu bezeichnen sind, stellt sich die Frage, wann eine solche Tat rechtmäßig ist.

---

[251] Die Vorschrift ist nahezu wortgleich mit Art. 15 HSÜ.
[252] *Schmahl*, AöR 136 (2011), 44 (53); *Lagoni*, in: FS Rauschning, S. 501 (513).
[253] So auch *Lagoni*, in: FS Rauschning, S. 501 (513); eine solche Tat als Piraterie beschreiben in versicherungstechnischem Zusammenhang hingegen *Obermayer/Much*, GDV – Positionen Juni 2007, S. 6.

Kann eine solche Tat im Sinne des Völkerrechts überhaupt rechtmäßig sein? Weiter ist zu fragen, nach welchem Recht die Rechtswidrigkeit der Gewalttat zu beurteilen ist.[254] Rechtmäßig kann die Gewalttat nur sein, wenn sie durch einen Rechtfertigungsgrund gedeckt ist. Auf die Rechtfertigungsgründe des Völkerrechts können sich nur Völkerrechtssubjekte berufen.[255] Piraterie betrifft jedoch Gewalttaten durch Private, die sich aufgrund fehlender Subjekteigenschaft nicht auf Rechtfertigungsgründe des Völkerrechts berufen können. Das SRÜ selbst enthält zudem keine speziellen Rechtfertigungsgründe für Handlungen Privater. Das Völkerrecht als Beurteilungsmaßstab der „rechtswidrigen" Gewalttat scheidet damit aus. Denkbar ist sodann ein Verweis auf das nationale Recht des Staates, dessen Gerichtsbarkeit gemäß Art. 105 S. 2 SRÜ zuständig ist.[256] Dementsprechend käme es auf die im nationalen Recht vorhandenen Rechtfertigungsgründe an. Dagegen ist jedoch einzuwenden, dass dies die völkerrechtliche Definition der Piraterie für nationalstaatliche Einflüsse öffnet und dadurch der Dekonturierung preisgibt. Dies steht dem Gesetzeszweck offenkundig entgegen, sollte doch die Legaldefinition Klarheit in Bezug auf den Begriff der Piraterie schaffen. Gleichzeitig verwischt diese Auffassung die Unterscheidung zwischen munizipalem und völkerrechtlichem Begriffsverständnis und damit die Grenze zwischen völkerrechtlicher und nationalstaatlicher Rechtsetzung. Die strikte geographische Begrenzung der völkerrechtlichen Definition auf die Hohe See und andere Orte, die keiner staatlichen Hoheitsgewalt unterliegen, zeigt jedoch, dass es der Kommission gerade auch auf diese Abgrenzung ankam. Als Verweis auf das nationale Recht des Staates, dessen Gerichtsbarkeit zuständig ist, kann die Formulierung deshalb nicht verstanden werden. Bisweilen wird der Begriff „rechtswidrig" im Tatbestand des Art. 101 lit. a) SRÜ im Schrifttum deshalb als tautologisch,[257] als bloßer Verweis auf die besondere Verwerflichkeit der Tat[258] oder gar als überflüssig[259] bezeichnet. Wenngleich sich für diese Ansichten kaum eine eigenständig tragfähige rechtliche Argumentation findet, sind sie aufgrund fehlender, rechtlich fundierter Alternativen nicht *per*

---

[254] Siehe *Rubin*, AJIL 70 (1976), 92.
[255] *Herdegen,* Völkerrecht, § 59 Rn. 1.
[256] So *Nordquist/Nandan/Rosenne,* UNCLOS III, S. 201.
[257] *O'Connell/Shearer*, International Law of the Sea, S. 969 sehen in dem Begriff der Gewalttat bereits die Rechtswidrigkeit enthalten.
[258] *Münchau*, Terrorismus auf See aus völkerrechtlicher Sicht, S. 98.
[259] So etwa *Rubin*, AJIL 70 (1976), 92 (95), der es für das Beste hält, den Begriff zu streichen. Griechenland hatte in den Verhandlungen der ersten Seerechtskonferenz der Vereinten Nationen 1958 beantragt, das Wort „rechtswidrig" zu streichen, da es zu rechtlicher Konfusion führen würde. Mangels völkerrechtlicher Regelungen bliebe lediglich die Interpretationsmöglichkeit des Verweises auf nationales Recht. Der Antrag ist mit deutlicher Mehrheit zurückgewiesen worden.

se von der Hand zu weisen.[260] Letztlich verbleibt das Merkmal der Rechtswidrigkeit in Art. 101 SRÜ unklar.

b) Ausgehend von privatem Schiff zu privaten Zwecken

Piraterie erfordert ein Handeln der Täter zu privaten Zwecken ausgehend von einem privaten Schiff. Im Rahmen der Abgrenzung von Piraterie und historischer Kaperei ist bereits deutlich geworden, dass das Merkmal des privaten Handelns zur Abgrenzung von staatlichen (Kriegs-)Handlungen und staatlich autorisierten Handlungen dient. Auch im SRÜ schließt das Merkmal jeglichen staatlich autorisierten Akt aus dem Pirateriebegriff aus. Zugleich macht es deutlich, dass sich der Pirat durch seine Handlungen auch zu seiner eigenen Staatsgewalt in Widerspruch begibt und dies seine Verfolgung durch die gesamte Staatengemeinschaft eröffnet.[261] Dagegen kann darin kein subjektives Tatbestandsmerkmal gesehen werden, etwa im Sinne einer Bereicherungsabsicht.[262] Diese ist nach den Gesetzesmaterialien ausdrücklich kein Tatbestandsmerkmal.[263] Hingegen wird überwiegend vertreten, dass das Tatbestandsmerkmal „zu privaten Zwecken" über staatliche und staatlich autorisierte Handlungen hinaus allgemein zur Abgrenzung gegenüber jeglichen, „öffentlichen" Zwecken dienenden Handlungen gereicht.[264] Gemeint sind damit insbesondere politisch motivierte Taten wie terroristische Gewalthandlungen, die als Endzweck einen öffentlich-rechtlichen Bezug aufweisen und in diesem Sinne nicht einem ausschließlich privaten Zweck zu dienen bestimmt sind. Terrorismus und Piraterie schließen einander demnach aus.

Zusammenfassend erfüllt das Merkmal „zu privaten Zwecken" in Art. 101 SRÜ mithin zwei Funktionen: Zum einen die Ausgrenzung staatlichen oder staatlich autorisierten Handelns aus dem Pirateriebegriff und zum anderen die Abgrenzung der Piraterie von anderen zu „öffentlichen" Zwecken vorgenommenen Gewalthandlungen.

---

[260] Anders *Schmahl*, AöR 136 (2011), 44 (59) und dort Fn. 90.

[261] *Dahm/Delbrück/Wolfrum*, Völkerrecht, S. 366.

[262] Yearbook of the International Law Commission 1955, S. 40; *Lagoni*, in: FS Rauschning, S. 501 (517); *Halberstam*, AJIL 82 (1988), 269 (277 f.).

[263] Diese Erkenntnis lag bereits *Matsudas* Entwurf, dem Harvard-Entwurf und dem HSÜ zugrunde. Vgl. dazu *Rubin,* The Law of Piracy, S. 355; zum Harvard-Entwurf *Bingham*, AJIL Sup. 26 (1932), 739 (786); siehe auch *Halberstam*, AJIL 82 (1988), 269 (277 f.).

[264] *Nordquist/Nandan/Rosenne*, UNCLOS III, S. 200; *Lagoni*, in: FS Rauschning, S. 501 (519); *Birnie*, Marine Policy 11 (1987), 163 (175 f.); *Wolfrum*, HANSA 2003, 12 (13); a.A. wohl *Halberstam*, AJIL 82 (1988), 269 (278 ff.).

c) „Zwei-Schiffe-Erfordernis"

Ausweislich des Wortlautes in Art. 101 lit. a) i) SRÜ muss die Tat gegen ein anderes Schiff verübt werden. Piraterie im völkerrechtlichen Sinne erfordert somit, dass in den zu beurteilenden Akt zwei Schiffe verwickelt sind. Das Schiff der Angreifer zum einen und das Opferschiff zum anderen. Die Vorschrift stellt ausdrücklich klar, dass Akte der Meuterei oder andere Gewalttaten innerhalb des Bordbereiches nur eines Schiffes keine Piraterie sind.[265] Damit wird deutlich, dass die an anderer Stelle aufgezeigte historische Assoziation des Begriffes der Piraterie mit Akten der Meuterei im englischen Recht heutzutage nicht nur überkommen, sondern in das Gegenteil verkehrt ist.[266] Als weitere Konsequenz ergibt sich, dass auch blinde oder zunächst gewöhnliche Passagiere, die sich zum Zwecke der Ausübung von Gewaltakten an Bord eines Schiffes begeben, keine Piraterie im Sinne des Völkerrechts begehen.[267]

Den Begriff des „Schiffes" selbst definiert das SRÜ nicht. Es erschließt sich jedoch aus dem Zweck der Vorschriften zur Bekämpfung der Piraterie, dass sich deren Anwendungsbereich nicht nur auf große Seeschiffe erstreckt. Ein effektiver Regelungskatalog – wie ihn das SRÜ darstellen soll – muss gleichermaßen auch für kleine Wasserfahrzeuge gelten, wie beispielsweise private Segelboote und Yachten oder Fischerboote. Auch wenn für diese das Flaggenstaatsprinzip nach Art. 91 SRÜ nicht gilt, sind die Pirateriévorschriften des SRÜ entsprechend anzuwenden.[268]

Der Vollständigkeit halber sei erwähnt, dass *Nordquist/Nendan/Rosenne* offenbar der Auffassung sind, dass Piraterie nach Art. 101 SRÜ nur gegenüber privaten Schiffen verübt werden kann.[269] Handlungen gegen Kriegsschiffe oder sonstige Staatsschiffe, die keinen Bezug zum kommerziellen Handel aufweisen, seien vom Pirateriebegriff ausgeschlossen. Zuzugeben ist, dass diese Auffassung hinsichtlich des angreifenden Schiffes zutreffend ist. Das ergibt sich aus dem Tatbestandsmerkmal „privates Schiff zu privaten Zwecken". Die genannten Autoren erstrecken diese Regel jedoch auch auf das Opferschiff. Vor dem Hintergrund des insoweit eindeutigen Wortlauts „gegen

---

[265] Art. 102 SRÜ stellt indes klar, dass ein Akt der Piraterie gegeben ist, wenn die Besatzung eines Kriegs- oder Staatsschiffes meutert und sodann Handlungen nach Art. 101 SRÜ begeht.
[266] Siehe *supra* S. 39.
[267] Das „Zwei-Schiffe-Erfordernis" ist Gegenstand ständiger Kritik in Literatur und nationalstaatlicher Rechtsprechung gewesen. Diese Kritik ist vor allem darauf zurückzuführen, dass das SRÜ für terroristische Akte an Bord eines Schiffes keine Handhabe bietet. Exemplarisch dafür waren die Fälle der *Santa Maria* im Jahre 1961 und der *Achille Lauro* im Jahre 1985. Zur generellen Kritik sogleich *infra* S. 52 ff.
[268] *Lagoni*, in: FS Rauschning, S. 501 (516).
[269] *Nordquist/Nandan/Rosenne*, UNCLOS III, S. 200.

ein *anderes* Schiff" und nicht „gegen ein anderes *privates* Schiff"[270] kann diese Auffassung nicht überzeugen. Wenngleich es wenig wahrscheinlich sein mag, dass Piraten Kriegsschiffe angreifen,[271] können diese gleichwohl nach der Definition des Art. 1 lit. a) i) SRÜ ein Opferschiff sein.[272] Darüber hinaus erheben die Art. 101 ff. SRÜ den Anspruch, einen Beitrag zur Sicherheit des gesamten Schiffsverkehrs zu leisten. Dies wäre nicht gewährleistet, wenn ausschließlich private Schiffe als Opferschiffe in Betracht kämen.

d) Auf Hoher See oder an einem anderen Ort, der keiner staatlichen Hoheitsgewalt unterliegt

Vom völkerrechtlichen Pirateriebegriff werden nur solche Handlungen erfasst, die auf Hoher See oder in einem Bereich außerhalb nationalstaatlicher Hoheitsberechtigungen vorgenommen werden. Diese Begrenzung ist auf das Souveränitätsprinzip zurückzuführen, wonach es allein den Nationalstaaten obliegt, in ihren Hoheitsbereichen Recht zu setzen. Das Völkerrecht stößt somit an den nationalstaatlichen Grenzen auch auf seine rechtlichen Grenzen. Das bedeutet, dass es sich bei Handlungen im Küstenmeer, auf Binnengewässern (sog. „Flusspiraterie") oder bei der sog. „Strandpiraterie"[273] nicht um Piraterie im völkerrechtlichen Sinne handelt. Für den Bereich der ausschließlichen Wirtschaftszone (AWZ) gelten über den Verweis in Art. 58 Abs. 2 SRÜ ebenfalls die Bestimmungen zur Piraterie, soweit sie nicht mit dem Abschnitt des SRÜ über die AWZ unvereinbar sind. Von der Vereinbarkeit ist auszugehen, solange die Anwendung der Piraterievorschriften in der AWZ keine Hoheitsbefugnisse oder souveränen Rechte des Küstenstaates berührt.[274]

4. Bewertung des Pirateriebegriffs des SRÜ

Im völkerrechtlichen Schrifttum werden die Pirateriregelungen des SRÜ – und im Besonderen Art. 101 SRÜ – weitgehend kritisiert.[275] Gemeinhin wird die Definition des Pirateriebegriffs als zu eng empfunden. Im Zusammenhang mit diesem Befund werden auch die Befugnisse fremder Staaten zur Pirate-

---

[270] Hervorhebungen hinzugefügt.

[271] Auf den Zerstörer *USS Cole* wurde im Jahr 2000 im jemenitischen Aden ein Sprengstoffanschlag verübt. Dabei handelte es sich allerdings um einen Terroranschlag und nicht um einen Pirateieakt.

[272] So auch eindeutig *Lagoni*, in: FS Rauschning, S. 501 (515); *Schmahl*, AöR 136 (2011), 44 (53).

[273] Zum sog. Strandraub in der Antike vgl. *Großfeld/Brand*, JZ 1999, 809 (811).

[274] Gemeint sind insbesondere die in den Art. 56 Abs. 1, 60 Abs. 4 und 73 Abs. 1 SRÜ gewährten Rechte.

[275] Insoweit u.a. kritisch *Wolfrum*, HANSA 2003, 12 (12 ff.); *Dahm/Delbrück/Wolfrum*, Völkerrecht, S. 365; *Mischuk*, Piraterie in Südostasien, S. 12 f.; *Kempe*, Fluch der Weltmeere, S. 361 ff.; *Jenisch*, NordÖR 2009, 385; *Bento*, BJIL 29 (2011), 101 (126).

riebekämpfung in Hoheitsgewässern der Küstenstaaten als unzureichend angesehen.[276]

a) Private Zwecke

Anknüpfungspunkt für die wohl stärkste Kritik an der Definition bot das Tatbestandsmerkmal der „privaten Zwecke". Dabei geht es nicht um dessen Abgrenzungsfunktion zu staatlichem oder staatlich autorisiertem Handeln, sondern vielmehr um die Ausgrenzung politisch motivierter Angriffe – namentlich von Terroranschlägen.[277] Bereits der Kommentar zum Harvard-Entwurf sah eine Ausgrenzung von Angriffen mit politischer Zweckrichtung aus dem Pirateriebegriff vor.[278] Diesem Beispiel folgten auch die beiden Übereinkommen von 1958 und 1982. Doch aus welchem Grund sollen politisch motivierte Taten wie Terrorismus zur See nicht unter den Begriff der Piraterie subsumiert werden? Schließlich stellt es für die Sicherheit der Seeschifffahrt, für den Seehandel und nicht zuletzt für die Besatzung der betroffenen Schiffe keine mindere Gefahr dar, wenn ein Schiff nicht in der Absicht angegriffen und entführt wird, Lösegelder für private Zwecke zu erpressen, sondern die Durchsetzung politischer Ziele zu forcieren. Eindrucksvoll haben dies die Fälle der *Santa Maria* und der *Achille Lauro* demonstriert, in denen politisch motivierte Täter mindestens einen Menschen töteten. Die *Santa Maria* wurde 1961 von portugiesischen Freiheitskämpfern unter ihre Gewalt gebracht, um gegen das diktatorische Gewaltregime unter *Salazar* zu protestieren. Im Fall der *Achille Lauro* übernahmen Mitglieder der *Palestinean Liberation Front* 1985 gewaltsam das Kommando über das Kreuzfahrtschiff, um die Freilassung inhaftierter Mitglieder ihrer Organisation zu erzwingen.

Diese Ereignisse leisteten der Kritik am Tatbestandsmerkmal der „privaten Zwecke" besonderen Vorschub. Dabei wurde die Ausgrenzung politischer Motive zuweilen als gravierende Gesetzeslücke im völkerrechtlichen Regelwerk empfunden.[279] Bei der Frage nach dem Grund dieser tatbestandlichen Eingrenzung ist zu berücksichtigen, dass vor dem SRÜ bereits das HSÜ und noch weiter zurückgehend der Harvard-Entwurf von 1932 sowie der Entwurf *Matsudas* von 1926 eine Unterscheidung zwischen privaten und öffentlichen Motiven kannten und in ihrer jeweiligen Begründung *acts for political ends*

---

[276] Siehe *Jenisch*, NordÖR 2009, 385 (385 f.); *Wolfrum*, HANSA 2003, 12 (12 f.); *Wolfrum*, in: Handbuch des Seerechts, S. 287 (309 ff.); *Bento*, BJIL 29 (2011), 101 (126).
[277] Vgl. z.B. *Murphy*, in: Lehr, Violence at Sea, S. 155 (160 f.).
[278] *Bingham*, AJIL Sup. 26 (1932), 739 (786 und 857).
[279] So wohl *Halberstam*, AJIL 82 (1988), 269 (279 ff.); *Dubner*, International sea piracy, S. 50 f. und 54 f.; *Murphy*, in: Lehr, Violence at Sea, S. 155 (160 f.); so auch heute noch *Jenisch*, NordÖR 2009, 385 (385 f.); *Wolfrum*, HANSA 2003, 12 (12 f.); *Wolfrum*, in: Handbuch des Seerechts, S. 287 (309 f.); *Bento*, BJIL 29 (2011), 101 (143).

bzw. *with a purely political object* vom Pirateriebegriff ausschlossen. Dies spricht für eine starke Verwurzelung der Ausgrenzung politisch motivierter Akte aus dem Pirateriebegriff. Zu hinterfragen ist aber, ob eine solche Verwurzelung im Völkerrecht aus heutiger Sicht noch zeitgemäß ist. Betrachtet man die geopolitischen Verhältnisse zur Zeit des beginnenden 20. Jahrhunderts, stellt man fest, dass politisch motivierte Gewalttaten, die sich frei von jeglicher staatlicher Autorisation ereignet haben, häufig auf Gruppierungen von nicht anerkannten Aufständischen zurückzuführen waren, die es sich zum Ziel gesetzt hatten, die anerkannte Regierung ihres Staates zu überwerfen. In rechtlicher Hinsicht betreffen derartige Ereignisse ausschließlich denjenigen Staat, gegen dessen Autorität sich die aufständischen Akte richten. Es liegt in seinem Aufgabenfeld, solche politischen Taten zu verfolgen und zu ahnden. Nicht hingegen betroffen und zuständig ist die völkerrechtliche Staatengemeinschaft als Ganze. Es ist jedoch gerade die allgemeine Betroffenheit der Staatengemeinschaft, die charakteristisch für das Phänomen der Piraterie ist, wird doch der Pirat als *hostis humani generis* gesehen. Auf der Grundlage dieser historischen Umstände erscheint es folgerichtig, Gewaltakte auf See *for political ends* vom Pirateriebegriff auszuschließen. Diese Überlegungen waren offenkundig auch Gegenstand der Begründung des Tatbestandsmerkmals der „privaten Zwecke" im Harvard-Entwurf.[280] Zudem sollte für die Bestimmung der Piraterie nicht der Status des Handelnden, sondern die Natur der Handlung maßgeblich sein.[281] Ob es sich demzufolge bei den Tätern um anerkannte Kriegführende oder um nicht anerkannte Aufständische handelte, sollte für den Tatbestand der Piraterie irrelevant sein – *beide* sollten nicht erfasst sein.[282]

In der heutigen Zeit stellen nicht mehr Gewaltakte von Aufständischen, sondern vielmehr terroristische Akte den ins Licht gerückten Teil politisch motivierter Gewaltakte dar. Dabei richtet sich der moderne Terrorismus vielfach nicht gegen einzelne Staaten und Regierungen. Ziel der Terroristen sind häufig ganze Glaubensgemeinschaften oder Gesellschafts- und Wertesysteme, die über Länder- und Kontinentalgrenzen hinweg verbreitet und verwurzelt sind. Mit dieser Zielrichtung sind von terroristischen Akten, verstanden im Sinne politisch motivierter Gewalttaten, nicht mehr nur einzelne Staaten, sondern es ist die völkerrechtliche Staatengemeinschaft als Ganze betroffen. Unter diesem Aspekt ließen sich auch die Terroristen von heute als *hostes humani generis* bezeichnen. Mit dieser Annahme erscheint die Ausgrenzung

---

[280] *Bingham*, AJIL Sup. 26 (1932), 739 (786); so auch *Halberstam*, AJIL 82 (1988), 269 (279).

[281] *Lagoni*, in: FS Rauschning, S. 501 (518 f.).

[282] *Lagoni*, in: FS Rauschning, S. 501 (518 f.); *Wolfrum*, in: Handbuch des Seerechts, S. 287 (308). Für anerkannte Kriegführende galt dies schon deshalb, weil es sich insoweit um staatlich autorisierte Maßnahmen handelte. Siehe dazu auch die Abgrenzung der Piraterie zu anderen Erscheinungsformen von Gewaltakten auf See *supra* S. 6 ff.

von Terrorakten aus dem Pirateriebegriff auf der Grundlage des Tatbestandsmerkmals der „privaten Zwecke" heute nicht mehr zeitgemäß.

Die Problematik um dieses Thema wurde durch die Implementierung des Übereinkommens zur Bekämpfung widerrechtlicher Handlungen gegen die Sicherheit der Seeschifffahrt von 1988 (SUA) weitgehend entschärft. Im Gegensatz zu Art. 101 SRÜ erfasst Art. 3 SUA als illegale Handlungen gegen die Sicherheit der Seeschifffahrt auch politisch motivierte Taten und bietet damit auch in diesem Bereich eine völkerrechtliche Handhabe gegen Gewalt auf See. Bei näherer Betrachtung fällt jedoch auf, dass die Problematik auch durch das SUA nicht vollständig gelöst ist. Erhellend ist insoweit ein Vergleich der völkerrechtlichen Befugnisse der Staaten nach dem SRÜ und dem SUA: Während das SRÜ in den Art. 105 bis 107 generelle und insbesondere präventive Befugnisse für das Vorgehen der Staatengemeinschaft gegen Piratenschiffe vorsieht, sind die Befugnisse nach Art. 6 SUA rein repressiv.[283] Präventive Bekämpfungsbefugnisse gewährt das SUA nicht. Es braucht nicht näher ausgeführt werden, dass rein repressive Befugnisse vor dem Hintergrund der heutigen Bedrohungslage durch Selbstmordattentäter kein ausreichend wirksames Mittel bieten. Im Ergebnis ist daher festzuhalten, dass auch das SUA die aufgezeigte Kontroverse um die – zuweilen als Gesetzeslücke des SRÜ empfundene – Begrenzung des Tatbestands der Piraterie auf private Zwecke nicht vollständig beizulegen vermag.

Auch aus pragmatischer Sicht wirft das Tatbestandsmerkmal der privaten Zwecke Probleme auf. Während die Ausgrenzung politisch motivierter Taten als eine inhaltliche Beschränkung der Pflicht der Staaten zur größtmöglichen Zusammenarbeit bei der Bekämpfung der Piraterie gem. Art. 100 SRÜ gesehen werden kann, stellt sich die Frage, mit welcher Bestimmtheit die Motivation der Täter für das eingreifende Schiff überhaupt erkennbar ist.[284] Von außen betrachtet erscheinen die von Piraten und Terroristen begangenen Gewaltakte auf See *prima facie* häufig identisch. Ob es sich bei einem unter Verdacht geratenen Schiff um ein Piraten- oder Terroristenschiff handelt, ist für das eingreifende Schiff dann zunächst nicht erkennbar. Die Motivation der Täter tritt regelmäßig erst im Nachgang zu Tage.[285] Dies legt dem eingreifenden Schiff im Verdachtsfall stets das Risiko auf, eine Maßnahme nach Art. 105 SRÜ zu ergreifen, die sich *ex post* als völkerrechtswidrig erweisen kann, weil das verdächtige Schiff kein Piratenschiff im Sinne des Art. 103 SRÜ, sondern ein Terroristenschiff ist. Gegen ein Terroristenschiff wäre die Maßnahme nämlich nur bei ausdrücklicher Zustimmung des Flag-

---

[283] Das SUA stellt bestimmte Handlungen über einen Verweis auf die jeweilige nationale Strafrechtsordnung unter Strafe.
[284] Vgl. auch *O'May/Hill,* Marine Insurance, S. 125: „the dividing line in practice may be a little hazy."
[285] Siehe dazu *Dillon*, SAIS Review Vol. XXV (Winter-Spring 2005), 155 (162).

genstaates zulässig gewesen. Verschärft wird das Problem durch Art. 106 SRÜ, der eine Schadenersatzpflicht des Eingriffsstaates gegenüber dem Flaggenstaat des aufgebrachten Schiffes statuiert, wenn ein der Piraterie verdächtigtes Schiff ohne hinreichenden Grund aufgebracht wird. Darüber hinaus mag es Fälle geben, in denen die Motive der Täter eindeutig weder dem privaten noch dem politischen Bereich zugewiesen werden können. Insbesondere, wenn man den Gewaltakt in seine einzelnen Handlungsabschnitte unterteilt und jeden gesondert bewertet, kann es zu einer Konfusion darüber kommen, ob Piraterie vorliegt oder nicht.[286]

Die Ausklammerung politisch motivierter Taten aus dem Pirateriebegriff des Art. 101 SRÜ schafft damit auch ein pragmatisches Abgrenzungsproblem für präventiv eingreifende Schiffe, welches letztlich negative Rechtsfolgen für dessen Flaggenstaat bereithalten kann. Auf diese Problematik wird im Rahmen der seeversicherungsrechtlichen Begriffsbestimmung zurückzukommen sein.

b) „Zwei-Schiffe-Erfordernis"

Darüber hinaus wurde auch das „Zwei-Schiffe-Erfordernis" kritisiert.[287] Anlass zur Kritik an diesem Erfordernis gaben ebenfalls die Überfälle auf die Passagierschiffe *Santa Maria* und *Achille Lauro*.[288] Jedenfalls unpräzise ist in diesem Zusammenhang allerdings die Aussage, das „Zwei-Schiffe-Erfordernis" sei im Schrifttum anlässlich terroristischer Handlungen kritisiert worden.[289] Anknüpfungspunkt der Kritik am „Zwei-Schiffe-Erfordernis" war nämlich ausschließlich die Tatsache, dass es sich um bordinterne Angriffe handelte. Dagegen war der Umstand, dass den Angriffen zugleich terroristische Motive zugrunde lagen, eher zufällig und im Rahmen dieses Tatbestandsmerkmals unbedeutend.[290] In beiden Fällen begaben sich die Täter bereits vor dem Auslaufen des Schiffes als Passagiere oder Besatzungsmitglieder an Bord, sodass mangels Erfüllung des „Zwei-Schiffe-Erfordernisses" keine Piraterie im Sinne des SRÜ vorlag.[291] Diese Unterscheidung zwischen internen und externen Angriffen mag zunächst wenig sachgerecht erscheinen, wenn man sich vor Augen führt, dass in den beiden Fällen nach der Regelung

---

[286] So *Halberstam*, AJIL 82 (1988), 269 (282) hinsichtlich des Falles der *Achille Lauro*, bei dem ein Passagier getötet wurde.

[287] Allerdings ohne Gegenvorschlag *Jenisch*, NordÖR 2009, 385 (386).

[288] Kritisch zum Fall *Santa Maria: Frank*, NYULR 36 (1961), 839 (840 ff.).

[289] So jedoch *Schmahl*, AöR 136 (2011), 44 (54).

[290] Relevant ist der Umstand der terroristischen Motive vielmehr im Zusammenhang mit dem zuvor behandelten Tatbestandsmerkmal der „privaten Zwecke".

[291] Damals waren noch das Völkergewohnheitsrecht bzw. die Vorschriften des insoweit nahezu wortgleichen HSÜ einschlägig. Zu den Sachverhalten der Fälle siehe *Lagoni*, in: FS Rauschning, S. 501 (519) und dort die Fn. 100 und 101.

des Art. 101 SRÜ ausschließlich der jeweilige Flaggenstaat dazu berufen war, die Täter zu verfolgen und festzunehmen; wären die Täter jedoch von einem anderen Schiff aus an Bord gelangt, wäre die gesamte Staatengemeinschaft zur Verfolgung aufgerufen gewesen.[292] Bei näherer Betrachtung vermag diese Kritik jedoch nicht zu überzeugen.[293] Die Vorschriften zur Verfolgung und Bekämpfung der Piraterie im SRÜ haben die Funktion, Rechtslücken zu schließen und rechtsfreie Räume in Anbetracht der Piraterie abzudecken. Dies sind diejenigen Räume, die nicht bereits unter der Jurisdiktion eines Nationalstaates stehen und in denen keine nationalstaatliche Rechtssetzung erfolgen kann, mithin die Hohe See und andere Orte, die keiner staatlichen Hoheitsgewalt unterliegen. Folglich soll eine internationale Verfolgung und Bekämpfung der Piraterie dort – und nur dort – stattfinden, wo ansonsten aufgrund fehlender nationalstaatlicher Jurisdiktion niemand dazu berufen wäre. Dieser Fall liegt indes bei bordinternen Angriffen nicht vor. Vielmehr bewegt sich ein solches Ereignis aufgrund des Flaggenstaatsprinzips ausschließlich im Jurisdiktionsbereich des Staates, unter dessen Flagge sich das Schiff bewegt.[294] Dieser Staat ist dazu berufen, die Täter zu verfolgen. Interne Angriffe auf Schiffe unterfallen demnach schon aufgrund der ursprünglichen Zweckrichtung der Art. 100 ff. SRÜ nicht diesen Vorschriften. Zu Recht differenziert das SRÜ damit über das „Zwei-Schiffe-Erfordernis" zwischen internen und externen Angriffen und wahrt dadurch zugleich den Unterschied zwischen ausschließlich den Flaggenstaat betreffenden Gewalttaten und solchen, die sich gegen die Schifffahrt im Allgemeinen richten.[295]

c) Hohe See

Das Merkmal der Hohen See schränkt den Piraterienbegriff im Völkerrecht erheblich ein. Gewaltakte, die sich in Küstengewässern ereignen, werden bereits begrifflich nicht als Piraterie angesehen. Dies führt in einer Vielzahl der Fälle zu einem Ausschluss von Handlungsmöglichkeiten der Staatengemeinschaft. Gleichwohl ist die Gewalttat auf Hoher See die gleiche wie in Küstengewässern. Nach Schätzungen ereignet sich der Großteil der abgesehen vom geographischen Erfordernis als Piraterie zu qualifizierenden Vorfälle

---

[292] So *Frank*, NYULR 36 (1961), 839 (841 f.).
[293] Zuzugeben ist, dass eine mechanische Anwendung dieser Argumentation konsequent dazu führen müsste, dass Angriffe aus dem Piraterienbegriff herausfallen, wenn Angriffs- und Opferschiff unter der gleichen Flagge fahren. Dann, so das Argument, ist dies ebenfalls einzig eine Angelegenheit dieses Flaggenstaates. Derartige Angriffe unterfallen gleichwohl der Piraterienefinition des Völkerrechts.
[294] *Dahm/Delbrück/Wolfrum*, Völkerrecht, S. 365.
[295] So auch *Lagoni*, in: FS Rauschning, S. 501 (517); *Schmahl*, AöR 136 (2011), 44 (54).

nicht auf Hoher See, sondern in Küstengewässern.[296] Dies lässt den aus der Legaldefinition der Piraterie zu ziehenden Gewinn zunächst bedauerlich gering erscheinen, zumal die durch das SRÜ gewährten seerechtlichen Befugnisse zur Bekämpfung der Piraterie sämtlich an die Definition aus Art. 101 SRÜ anknüpfen.

Wolfrum schlägt vor, dass auch gewalttätige Handlungen in Küstengewässern begrifflich als Piraterie bezeichnet und lediglich unter den Vorbehalt gestellt werden sollten, dass diese Handlungen ausschließlich durch den Küstenstaat oder auf dessen Geheiß geahndet werden können.[297] Das hätte den Vorteil, dass der Begriff der Piraterie die gewünschte Ausweitung erführe und gleichzeitig die Hoheitsrechte des jeweiligen Küstenstaates bei der Verfolgung von Piraten gewahrt würden. Voraussetzung für diesen Ansatz wäre jedoch, dass die Unterzeichnerstaaten des SRÜ darin übereinkommen, dass die völkerrechtliche Piratriedefinition auch innerstaatliche Geltung erlangen und damit etwaige nationalstaatliche Definitionen – soweit es sie gibt – ablösen soll. Ein solcher Konsens konnte bei den Verhandlungen zum SRÜ jedoch nicht gefunden werden. Zudem brächte dieser Ansatz für die praktische Bekämpfung der Piraterie kaum einen Gewinn. Küstenstaaten, die willens und in der Lage sind, Piraterie zu verfolgen, tun dies in ihren Küstengewässern bereits heute auf der Grundlage bestehender Gesetze. Demgegenüber werden Küstenstaaten, denen diese Voraussetzungen nicht zugeschrieben werden können, eine effiziente Pirateriebekämpfung ebenso wenig dann betreiben, wenn das Phänomen der Piraterie begrifflich auf ihre Küstengewässer ausgeweitet wird, noch würden sie ihre ausdrückliche Zustimmung zur Verfolgung von Piraten durch andere Staaten erklären.[298] In der Praxis bliebe die Problemstellung nahezu unverändert bestehen,[299] insbesondere in Staaten wie Somalia, das seit 1991 ohne dauerhafte Regierungsstrukturen ist und als *failed state* gilt.[300]

---

[296] *W. von Heintschel-Heinegg*, in: FG Ehlers, S. 59 (60); *Berg/Artmann/Kratz u.a.*, Münchener Rück, Piraterie – Neue Dimension, S. 14; *Williams*, JIML 10 (2004), 343. Im Jahr 2006 wurde der Anteil der Übergriffe in Gewässern, die unter nationalstaatlicher Hoheit stehen, auf 80% geschätzt, siehe *Berg/Artmann/Kratz u.a.*, Münchener Rück, Piraterie – Bedrohung auf See, S. 20.

[297] *Wolfrum*, HANSA 2003, 12 (13); *Wolfrum*, in: Verhandeln für den Frieden, S. 649 (653); einen ähnlichen Ansatz präsentiert *Dubner*, International sea piracy, S. 160 ff.

[298] Vgl. *W. von Heintschel-Heinegg*, in: FG Ehlers, S. 59 (60).

[299] Auch *Lagoni*, in: FS Rauschning, S. 501 (534) spricht sich gegen eine Erweiterung des Pirateriebegriffs auf Küstengewässer aus. Zielführend sei vielmehr die Beseitigung „sicherer Häfen" der Piraten und die Verbesserung der Durchsetzung nationaler Rechtsvorschriften.

[300] *Ehrhart/Petretto/Schneider*, Security Governance, S. 22; vgl. zu den Schwierigkeiten einer effektiven Strafverfolgung in Somalia auch *König*, NordÖR 2011, 153.

Für das Seeversicherungsrecht freilich hätte die Idee *Wolfrums* unter einer Prämisse deutliche Auswirkungen. Den Standpunkt vorausgesetzt, dass das Seeversicherungsrecht in seinem Begriffsverständnis der Piraterie dem des Völkerrechts folgt, würde dies angesichts der häufigen Überfälle in Küstengewässern zu einer erheblichen Ausweitung des Gefahrenbegriffs führen. Auf diesen Punkt wird noch zurückzukommen sein.

Hinzukommt, dass Taten, die zwar auf Hoher See stattgefunden haben und als Piraterie zu qualifizieren sind, häufig nicht mit der notwendigen Durchschlagskraft verfolgt und geahndet werden können. Die territoriale Souveränität der Küstenstaaten verschließt es Schiffen der übrigen Staatengemeinschaft, Akte der Piraterie in den Küstengewässern fremder Staaten zu verfolgen.[301] Diesen Umstand machen sich die Piraten zunutze, indem sie die Küstengewässer als Zufluchts- und Rückzugsort gebrauchen. Aus Sicht der Staatengemeinschaft ist dies insbesondere dort problematisch, wo der Küstenstaat nicht willens oder in der Lage ist, Piraterie effektiv zu bekämpfen.

5. Zusammenfassung

Die Schaffung eines geschriebenen Pirateriatatbestands hat dazu beigetragen, das Problem der Piraterie rechtlich greifbarer zu machen. Der Tatbestand bringt für das Völkerrecht einen festen Orientierungspunkt, an dem sich die Behandlung des Problems ausrichten und entwickeln kann.[302] Die Vorschriften markieren einen wichtigen Schritt bei der Bekämpfung der Piraterie. Gleichzeitig schafft die Legaldefinition Anknüpfungspunkte für andere Rechtsgebiete und die Erarbeitung der sich dort ergebenden Rechtsfragen. Dies soll für den Bereich des Seeversicherungsrechts fruchtbar gemacht werden. Gleichwohl zeigt die Betrachtung, dass die Definition der Piraterie samt ihrer Folgevorschriften in mehrerlei Hinsicht problematisch ist. Bereits der Umfang der kritischen Stimmen – seien diese berechtigt oder nicht – belegt, wie wenig problemadäquat die gefundene Lösung im SRÜ für das Völkerrecht zu sein scheint. Die Beschränkung des Pirateriatatbestands auf private Zwecke schließt den Bereich von terroristischen Taten von der Anwendung des in den Art. 105 ff. SRÜ niedergelegten Maßnahmenkatalogs vollständig aus. Des Weiteren werden bordinterne Angriffe als Begehungsweise für Gewalttaten auf See vom Anwendungsbereich der Pirateriévorschriften ausgenommen. Ferner wird die Anwendbarkeit der Pirateriévorschriften auch örtlich durch das Erfordernis des Tatorts auf Hoher See eingegrenzt. Dies alles führt zu einem sehr begrenzten Wirkungsbereich des SRÜ bei Gewalttaten auf See. Legt man dem SRÜ das Ziel zugrunde, einen möglichst umfassenden Schutz der Sicherheit der Seeschifffahrt über die Pirateriévorschriften zu

---

[301] *Jenisch*, NordÖR 2009, 385 (386).
[302] Siehe *Lagoni*, in: FS Rauschning, S. 501 (533), der die Pirateriéregelungen des SRÜ für unverzichtbar hält.

gewährleisten, muss man die Vorschriften als unzureichend betrachten. Eine effektive Bekämpfung einer Vielzahl von Gewaltakten auf See ist damit nicht möglich. Negativ ist anzumerken, dass die Vertragsstaaten nicht zur Bekämpfung und Unterdrückung der Piraterie verpflichtet sind. Der Pflicht zur Zusammenarbeit in Art. 100 SRÜ fehlt es an einer inhaltlichen Konkretisierung.[303]

Es gilt jedoch zu beachten, dass der Regelungsbefugnis des Völkerrechts durch die staatlichen Hoheitsbefugnisse Grenzen gesetzt sind. Diese Grenzen sind mit der bestehenden Definition der Piraterie weitestgehend erreicht. Das SRÜ kann die Definition der Piraterie nicht durch Einbeziehung von Küstengewässern räumlich erweitern, ohne dass die Unterzeichnerstaaten willens sind, gewisse Hoheitsbefugnisse auf die völkerrechtliche Ebene zu übertragen. Es ist die Aufgabe der Staatengemeinschaft selbst, an dieser Stelle die Grundlagen zu schaffen, damit die Piraterievorschriften in effektiver Art und Weise gestaltet werden können. Eine Bereitschaft dazu ist jedoch nicht erkennbar.[304] Die Hoheitsbefugnisse der Staaten sind durch die Ausdehnung der Küstengewässerzone sowie der AWZ sogar noch erweitert worden. Ungeachtet dessen ist eine Reformierung des SRÜ allein aufgrund der Piraterievorschriften kaum zu erwarten.[305]

Abschließend sei auch der Gedanke gestattet, dass es methodisch fragwürdig wäre, den Pirateriebegriff auszuweiten, nur weil man möglichst viele Arten von Gewaltakten auf See erfassen will. Piraterie stellt nur eine Art von Gewalt auf See dar und diese unterscheidet sich von anderen Arten wie dem maritimen Terrorismus. Das Bedürfnis nach einem umfassenden Schutz vor Gewaltakten auf See macht es nach hier vertretener Auffassung erforderlich, für jede dieser Arten Regelungen zu schaffen, die die jeweiligen Spezifika der Gewaltakte berücksichtigen, und nicht die für eine Art geschaffenen Regelungen durch Verwischen der Grenzen und Unterschiede für alle übrigen Arten verwendbar zu machen.

IV. Definition des International Maritime Bureau (IMB)

Das IMB ist eine spezielle Einrichtung der *International Chamber of Commerce* und befasst sich seit seiner Gründung im Jahre 1981 mit der Bekämpfung von Straftaten gegen die Seeschifffahrt.[306] Seit 1992 führt das IMB ein sog. *Piracy Reporting Center* (PRC) und erfasst dort sämtliche gemeldeten Akte der Piraterie. Anhand dieser Datensammlung gewährt das IMB allen an der Schifffahrt beteiligten Akteuren einen Überblick über bestehende Gefah-

---

[303] *Lagoni*, in: FS Rauschning, S. 501 (533).
[304] Vgl. *Bento*, BJIL 29 (2011), 101 (142).
[305] Siehe *Bento*, BJIL 29 (2011), 101 (142); *Murphy*, in: Lehr, Violence at Sea, S. 155 (179).
[306] Zur Funktion des IMB siehe <https://icc-ccs.org/icc/imb> (Stand: 30.11.2015).

ren und geographische Schwerpunkte. Basierend auf den Ergebnissen des PRC entwickelte das IMB eine eigene Definition der Piraterie, da sich eine Vielzahl von Angriffen in Territorialgewässern von Staaten ereignete und diese aufgrund des Tatbestandsmerkmals der Hohen See in Art. 101 SRÜ vom Regelungsregime der Art. 100 ff. SRÜ nicht erfasst wurden.[307] Das IMB definiert Piraterie als:

> „An act of boarding or attempting to board any ship with the apparent intent to commit theft or any other crime and with the apparent intent or capability to use force in the furtherance of the act."[308]

Die Definition des IMB geht deutlich über die des Art. 101 SRÜ hinaus. Zunächst wird klargestellt – was hinsichtlich des SRÜ zwar allgemein anerkannt ist, sich aber dem Gesetzestext nicht entnehmen lässt –, dass auch der Versuch eines Angriffs als Akt der Piraterie gilt. Zudem erfasst die Definition alle Angriffe oder Angriffsversuche, unabhängig davon an welchem Ort sich das Schiff befindet. Piraterie liegt demnach vor, egal ob sich das Schiff auf Hoher See, in Küstengewässern, auf Binnengewässern oder im Hafen befindet. Außerdem umfasst die Definition auch terroristische Anschläge als Piraterie, sofern die Angreifer dazu das Schiff betreten oder dies zumindest versuchen. Im Gegensatz zur Definition des Art. 101 SRÜ erfolgt keine Grenzziehung zwischen Piraterie und maritimem Terrorismus. Schließlich schweigt sich die Definition des IMB auch über das Erfordernis eines zweiten Schiffes aus, sodass ein Angriff auch dann als Piraterie gilt, wenn die Angreifer von Land aus auf das Schiff gelangen. Alles in allem stellt Piraterie nach der Auffassung des IMB eine umfassende Sammelbezeichnung dar, die nahezu jeglichen Akt krimineller Gewalt gegen die Seeschifffahrt erfasst.[309]

Hinsichtlich der Definition des IMB ist jedoch zu berücksichtigen, dass sie ausschließlich zu statistischen Zwecken entwickelt wurde.[310] Entsprechend seiner Aufgabenstellung kam es dem IMB darauf an, kriminelle Akte gegen die Seeschifffahrt möglichst umfassend einzubeziehen. Die im Vergleich zu dieser Definition einschränkenden Tatbestandsmerkmale des Art. 101 SRÜ sind – wie die vorangegangene Darstellung zeigt – auf Rechtsgründe des Völkerrechts zurückzuführen. Wenngleich die Merkmale der „Hohen See" und des „Zwei-Schiffe-Erfordernisses" in Art. 101 SRÜ erheblicher Kritik ausgesetzt sind, beruhen sie letztlich auf völkerrechtlichen Prinzipien, insbesondere dem Souveränitätsprinzip. Derartige rechtliche Erwägungen lässt die Definition des IMB außer Betracht. Dementsprechend ist die Definition des IMB als Grundlage für eine juristische Untersuchung nur von geringem Nutzen.

---

[307] *Dubner*, JMLC 43 (2011), 71 (76).
[308] *International Maritime Bureau*, Piracy Report 2006, S. 3.
[309] So auch *Lagoni*, in: FS Rauschning, S. 501 (511).
[310] *International Maritime Bureau*, Piracy Report 2006, S. 3.

V. Versicherungsrechtlicher Pirateriebegriff

Die in deutschen Seekaskoversicherungsverträgen regelmäßig zugrunde gelegten Standardversicherungsbedingungen enthalten den Begriff der Piraterie, bisweilen im Rahmen eines Ausschlusstatbestands[311] oder aber als positive Deckungsbestimmung.[312] Auch die im englischen Markt gebräuchlichen Bedingungen kennen den Begriff *piracy*.[313] Dennoch wird weder in deutschen noch in englischen Klauselwerken der Begriff der Piraterie definiert. Auch im einschlägigen Schrifttum ist bislang keine im Allgemeinen gültige und anerkannte Begriffsdefinition zu finden.[314] Dies mag auch darauf zurückzuführen sein, dass es im moderneren Seeversicherungsrecht bisher an einer dezidierten Auseinandersetzung mit dem Problem der Piraterie fehlt. In der Rechtsprechung gab der Begriff der Piraterie in seeversicherungsrechtlichem Kontext zumindest in Deutschland bisher keinen Anlass zur Auseinandersetzung. Die Fälle vor englischen Gerichten beschränken sich – soweit ersichtlich – auf eine geringe Anzahl und datieren überdies vorwiegend auf den Beginn des 20. Jahrhunderts.[315] Die vorliegende Arbeit soll einen Beitrag dazu leisten, diese Definitionslücke zu schließen.

1. Grundlagen

a) Keine Notwendigkeit der Begriffsübereinstimmung mit völkerrechtlicher Definition

Die Pirateriedefinition in Art. 101 SRÜ beansprucht Geltung auf völkerrechtlicher Ebene. Daraus resultiert aber nicht die Notwendigkeit, dieses Begriffsverständnis auch im Seeversicherungsrecht bei der Auslegung von Versicherungsklauseln zugrunde zu legen.[316] Einen Grundsatz der Begriffskohärenz der gesamten Rechtsordnung gibt es nicht. Zumal die Auslegung des Pirate-

---

[311] So Ziff. 35.1.4 DTV-ADS 2009.

[312] Unter dem Begriff der Seeräuberei § 28 S. 2 ADS 1919, auch wenn diese Bestimmung wegen des Prinzips der Allgefahrendeckung deklaratorischer Natur ist.

[313] Z.B. cl. 6.1.5 ITCH 1983.

[314] Dies gilt zumindest bezogen auf das deutschsprachige Schrifttum. Im englischsprachigen Schrifttum wird der Begriff der Piraterie im Seeversicherungsrecht diskutiert, jedoch finden sich weder echte Definitionsvorschläge noch hat sich ein vorherrschendes Meinungsbild herausgebildet. So auch *Thomas*, JIML 10 (2004), 355 (360).

[315] *Apostolis/Knott*, Modern Piracy at Sea, S. 4 resümieren, dass mit dem Begriff der Piraterie im Seeversicherungsrecht noch keine genügende gerichtliche Befassung stattgefunden hat.

[316] So auch in *Athens Maritime Enterprises Corporation v. Hellenic Mutual War Risks Association (Bermuda) LTD.* [1982] 1 Q.B. 647 (655); *Republic of Bolivia v. Indemnity Mutual Marine Assurance Company, Ltd.* [1909] 1 K.B. 785 (790); *Bento*, BJIL 29 (2011), 101 (134); *Williams*, JIML 10 (2004), 343; *Thomas*, JIML 10 (2004), 355 (361); *O'May/Hill*, Marine Insurance, S. 124.

riebegriffs im Versicherungssinne im Streitfall nach nationalem Recht erfolgt, während es sich beim Völkerrecht um intergouvernementales Recht handelt. Vielmehr bestimmen sich der Inhalt und die Definition eines Begriffes nach den Umständen und Sachzusammenhängen, unter deren Geltung er Verwendung findet.[317] So sind die allgemeinen Rechtsgrundsätze und Regelungsziele eines jeden Rechtsgebietes von entscheidender Relevanz dafür, welcher Bedeutungsgehalt einem Rechtsbegriff beigemessen wird. Es liegt dann in der Natur der Sache, dass sich für einen Begriff in verschiedenen Rechtsgebieten unterschiedliche Deutungen ergeben können. Plakativ belegt dies das schon vom Reichsgericht festgestellte, unterschiedliche Begriffsverständnis des Krieges im Völkerrecht einerseits und im Versicherungsrecht andererseits.[318] Während Krieg im völkerrechtlichen Sinne unter anderem eine förmliche Kriegserklärung, eine Mindestanzahl an jährlichen Opfern und eine zumindest einseitige staatliche Beteiligung erfordert, kann es auf diese Merkmale im Versicherungsrecht nicht ankommen.[319] Krieg im versicherungsrechtlichen Sinne hat eine niedrigere und vor allem faktisch geprägte Schwelle. Der Begriff des Krieges wird regelmäßig in Ausschlussklauseln verwendet, da das Vorkommnis des Krieges die bei Vertragsschluss zugrunde gelegte Risikobewertung erheblich verschieben kann.[320] Eine solche Risikoerhöhung tritt aber nicht erst in dem Moment ein, in dem die formellen Voraussetzungen eines Krieges in völkerrechtlichem Sinne vorliegen, sondern bereits dann, wenn Kriegshandlungen tatsächlich stattfinden. Dementsprechend ist Krieg im Versicherungsrecht anders aufzufassen als im Völkerrecht. Ebenso kann es sich mit dem Pirateriebegriff verhalten.

b) Systematik und Technik der Versicherung als Grundlage des Begriffsverständnisses

Der Privatversicherungsvertrag ist ein gegenseitiger schuldrechtlicher Vertrag. Es stehen sich die Pflicht zur Prämienzahlung des Versicherungsnehmers einerseits und die Zusage der Übernahme einer Leistungspflicht des Versicherers im Versicherungsfall, d.h. die Risikotragungspflicht andererseits gegenüber.[321] Die Grundlage für die Schaffung eines ausgeglichenen Verhältnisses

---

[317] So auch *Passman*, JMLC 40 (2009), 59 (61 f.); *Bennett*, Marine Insurance, S. 268; *Hazelwood*, LMCLQ 1983, 283 (285); *Williams*, JIML 10 (2004), 343.
[318] *RGZ* 90, 378 (380); siehe dazu auch *Fricke*, VersR 1991, 1098 (1099); *Fricke*, VersR 2002, 6 (7); zusammenfassend *Ehlers*, r+s 2002, 133 (134).
[319] Siehe *Fricke*, VersR 1991, 1098 (1099).
[320] Siehe *Fricke*, VersR 1991, 1098 (1099).
[321] *Hahn*, in: Beckmann/Matusche-Beckmann, § 12, Rn. 5; *Baumann*, in: Bruck/Möller, § 1, Rn. 19; zum Streitstand zwischen Gefahrtragungs- und Geldleistungstheorie siehe *Baumann*, in: Bruck/Möller, § 1, Rn. 27 ff.; *Lorenz*, in: Beckmann/Matusche-Beckmann, § 1, Rn. 128 ff.

zwischen Leistung und Gegenleistung in der Versicherung bilden im Wesentlichen wahrscheinlichkeitstheoretische Gesetzmäßigkeiten.[322] Maßgebliches Element der Prämienkalkulation in der Versicherung ist die Bestimmung der Wahrscheinlichkeit eines Schadensfalles. Anders als beispielsweise beim Wurf einer Münze steht die Wahrscheinlichkeit, dass ein Schaden eintritt, in der Versicherung von vornherein nicht fest.[323] Wirft man eine Münze, so lässt sich *a priori* bestimmen, dass die Wahrscheinlichkeit jeweils 50% beträgt, dass die Münze auf der einen oder der anderen Seite landet. Wird hingegen eine Versicherung im Einzelfall geschlossen, so ist es völlig ungewiss, ob es zu einem Schaden kommen wird, und ebenso ungewiss, wie sich die Wahrscheinlichkeit des Schadenseintritts und die des Nichteintritts in Relation zueinander verhalten.[324] Erst durch Beobachtung kann die Wahrscheinlichkeit in der Versicherung abgeschätzt werden. Deshalb muss sich der Versicherer zur Bestimmung der Wahrscheinlichkeit auf statistische Studien verlassen. Ansatzpunkt für die Wahrscheinlichkeitsabschätzung ist in der Versicherung damit regelmäßig nicht der zu versichernde Einzelfall, sondern eine bestimmte Risikoart, die in einer Vielzahl gleichartiger Fälle auftritt.[325] Teilweise werden auch verschiedene Risikoarten zusammengefasst, wenn die einzelnen Risikoarten keine ausreichende Gesamtzahl erreichen oder die Differenzierung aus Kostengründen nicht sinnvoll ist.[326] Erst durch die statistische Erfassung von Vergleichsfällen kann der Versicherer abschätzen, wie es um die Wahrscheinlichkeit des Schadenseintritts in einer abzuschließenden Versicherung steht.[327] Die Erfahrung zeigt, dass sich bei einer großen Zahl gleichartiger Risiken innerhalb eines Jahres die Gefahr nur bei einer kleinen Zahl verwirklicht und sich Abweichungen nach oben oder unten im Laufe eines größeren Zeitraumes wieder ausgleichen (sog. Gesetz der großen Zahl).[328] Je größer die Vergleichsgruppe ist, desto sicherer kann die Schadenswahrscheinlichkeit vorausgesagt werden. Das heutige Versicherungsgeschäft beruht also im Wesentlichen auf Erfahrung.

---

[322] *Röpling*, Die Struktur der englischen Seeversicherung, S. 15; *Albrecht/Lippe*, in: Handwörterbuch der Versicherung, S. 524 (526).

[323] *Baumann*, in: Bruck/Möller, § 1, Rn. 20; *Lorenz*, in: Beckmann/Matusche-Beckmann, § 1, Rn. 113.

[324] *Wandt*, Versicherungsrecht, Rn. 96; *Baumann*, in: Bruck/Möller, § 1, Rn. 20.

[325] *Baumann*, in: Bruck/Möller, § 1, Rn. 17; *Deutsch*, Versicherungsvertragsrecht, Rn. 4; *Röpling*, Die Struktur der englischen Seeversicherung, S. 16; *Wandt*, Versicherungsrecht, Rn. 96; *Hofmann*, Privatversicherungsrecht, Rn. 4; siehe auch *Fricke*, VersR 1991, 1098 (1099).

[326] *Deutsch*, Versicherungsvertragsrecht, Rn. 4; *Hofmann*, Privatversicherungsrecht, Rn. 11; *Wandt*, Versicherungsrecht, Rn. 103.

[327] *Albrecht/Lippe*, in: Handwörterbuch der Versicherung, S. 524 (528).

[328] *Baumann*, in: Bruck/Möller, § 1, Rn. 22 f.; *Lorenz*, in: Beckmann/Matusche-Beckmann, § 1, Rn. 117; *Hofmann*, Privatversicherungsrecht, Rn. 4; *Wandt*, Versicherungsrecht, Rn. 96.

B. Piraterie als Rechtsbegriff

Ist die Schadenswahrscheinlichkeit einmal bestimmt, kann mit ihr der Finanzbedarf der Versicherung prognostiziert und daraufhin die vom Versicherungsnehmer zu entrichtende Prämie ermittelt werden.[329] Die Höhe der Versicherungsprämie richtet sich mithin nach der Höhe des vom Versicherer durch den Vertragsschluss übernommenen Risikos.[330] Dabei trägt der Versicherer auch das Risiko der zutreffenden Risikokalkulation.[331] In der Regel enthalten Prämien deshalb Sicherheitszuschläge und es werden Anpassungsklauseln ausbedungen.[332] Nicht vergessen werden darf zudem, dass in die Versicherungsprämie auch Beiträge zu den Betriebskosten des Versicherers einfließen.[333] Außerdem wird die Prämie dadurch beeinflusst, dass der Versicherer auf Gewinnerzielung ausgerichtet ist.[334]

Die auf Statistik beruhende Risikoschätzung funktioniert allerdings dann nicht in hinreichendem Maße, wenn es an einer ausreichend großen Zahl versicherter Einzelrisiken fehlt, d.h. wenn der Versicherer nicht auf eine genügend hohe Zahl statistisch erfasster Einzelversicherungen zurückgreifen kann, die eine Risikokalkulation anhand des Gesetzes der großen Zahl zulässt. Dann nämlich kann es zu einer Kumulierung von Schadensfällen innerhalb eines Jahres kommen, die dem Versicherer einen hohen Verlust einbringen, ohne dass – aufgrund der geringen Zahl an versicherten Einzelrisiken – die Wahrscheinlichkeit dafür spricht, dass sich der Verlust über einen längeren versicherungsfallfreien Zeitraum wieder ausgleichen wird.[335] Diesem Problem begegnen die Versicherer in der Seeversicherung. Der nach deutschen Seeversicherungsklauseln geltende Grundsatz der Allgefahrendeckung[336] macht eine Aufstellung von Statistiken besonders schwierig, da die Umstände, die Schadensumfang und Schadenshäufigkeit beeinflussen, äußerst vielfältig sind. In der Folge ist es kaum möglich, die verschiedenen Risikoarten zu kategorisieren und so homogene Vergleichsgruppen zu bilden. Hinzu kommt, dass auch die Anzahl der Einzelversicherungen, insbesondere in der Seekaskoversicherung, relativ gering ist und für eine präzise Kalkulationsbasis nicht ausreicht.[337] Um auch in Bereichen mit geringem Einzelversicherungsaufkommen Versicherungsschutz unter – aus Sicht des Versicherers – adäquatem Risiko anbieten zu können, bedienen sich die Versicherer der

---

[329] *Albrecht/Lippe*, in: Handwörterbuch der Versicherung, S. 524 (528 ff.).
[330] Sog. „risikogerechte Prämie", *Wandt*, Versicherungsrecht, Rn. 103.
[331] *Wandt*, Versicherungsrecht, Rn. 98; *Albrecht/Lippe*, in: Handwörterbuch der Versicherung, S. 524 (526).
[332] *Albrecht/Lippe*, in: Handwörterbuch der Versicherung, S. 524 (526).
[333] *Albrecht/Lippe*, in: Handwörterbuch der Versicherung, S. 524 (527).
[334] *Hofmann*, Privatversicherungsrecht, Rn. 4; *Deutsch*, Versicherungsvertragsrecht, Rn. 4.
[335] *Hofmann*, Privatversicherungsrecht, Rn. 5.
[336] Vgl. § 28 ADS; Ziff. 27 DTV-ADS 2009.
[337] *Röpling*, Die Struktur der englischen Seeversicherung, S. 18.

Rück- oder Mitversicherung. Durch die Rückversicherung deckt der Versicherer sein eigenes Risiko ab, dass in einzelnen Jahren Schadensaufkommen und Finanzbedarf eine gewisse Größenordnung übersteigen.[338] Über die Mitversicherung wird das Risiko dadurch verringert, dass es von mehreren Versicherern anteilig getragen wird.

Diese Grundlagen zeigen, dass es für ein funktionierendes Versicherungswesen unerlässlich ist, möglichst exakte Schätzungen über den künftigen Finanzbedarf zur Deckung auftretender versicherter Schäden anzustellen, die wiederum die Grundlage für den Abschluss neuer Einzelversicherungen und die Festlegung der zu zahlenden Prämien bilden. Die Verwendung von statistischen Erfahrungswerten ist als Grundlage für die Schätzung künftigen Finanzbedarfs allerdings nur geeignet, wenn sich auch die äußeren Rahmenbedingungen, die Schadensumfang und -häufigkeit beeinflussen, und unter deren Geltung die Statistikwerte entstanden sind, in Zukunft nicht wesentlich verändern.[339] Verändern sich diese Rahmenbedingungen beispielsweise durch den Ausbruch eines Krieges, gerät das Gleichgewicht zwischen Kalkulationsgrundlage und tatsächlicher Schadensentwicklung aus den Fugen. Die unter Zugrundelegung des Friedenszustands berechneten Prämien reichen dann bei weitem nicht mehr aus, um die im Kriegszustand erheblich erhöhte Schadenshäufigkeit und den Schadensumfang zu decken. Um dieses Gleichgewicht aufrecht zu erhalten, können unkalkulierbare Schäden, die auf eine unvorhersehbare und plötzliche Veränderung der Umstände zurückzuführen sind, aus dem Versicherungsschutz ausgeschlossen werden. Dadurch bleibt einerseits die wirtschaftliche Grundlage des Versicherers erhalten, und darüber hinaus bleibt für die übrigen Versicherungsnehmer, die keine Schäden aufgrund der außergewöhnlichen Umstände erlitten haben, ein werthaltiger Versicherungsschutz bestehen.[340]

Es liegt in der Natur der Sache, dass von einer solchen Ausschlussklausel sowohl für den Versicherer als auch für den Versicherungsnehmer viel abhängt. Um weder Ersterem einen ungerechtfertigten Vorteil durch Haftungsfreistellung zu verschaffen noch Letzteren zu begünstigen, indem ihm Deckung für ausgeschlossene Schäden gewährt wird, ist eine genaue Bestimmung des Inhalts und Umfangs einer Ausschlussklausel unerlässlich. Dabei ist der hinter dem Ausschluss stehende Beweggrund von tragender Bedeutung.[341] Das Begriffsverständnis in Versicherungsklauseln hat also unmittelbare Verbindung zu der zwischen den Parteien vorzunehmenden Risiko- und Schadenskostenverteilung sowie zur Prämienfestlegung. Deshalb sind die

---

[338] *Hofmann*, Privatversicherungsrecht, Rn. 5.
[339] *Fricke*, VersR 1991, 1098 (1099).
[340] *Fricke*, VersR 1991, 1098 (1099).
[341] So auch *Fricke*, VersR 2002, 6 (7).

verwendeten Begriffe stets versicherungsspezifisch zu verstehen.[342] Mithin ist auch in Bezug auf den Pirateriebegriff eine inhaltliche Festlegung im Seeversicherungsrecht notwendig. Die versicherungsspezifische Bestimmung des Pirateriebegriffs ist dabei auch im Lichte der in diesem Abschnitt dargestellten versicherungstechnischen Prinzipien vorzunehmen.

c) *Auslegung von Seeversicherungsbedingungen*

Die Inhalte von Versicherungsverträgen in der Seeversicherung sind im Wesentlichen durch die den Verträgen zugrundeliegenden Allgemeinen Versicherungsbedingungen (AVB) bestimmt. Soweit der Begriff der Piraterie in AVB Verwendung findet, ist der Begriff Vertragsinhalt. Dementsprechend spielen für die Bestimmung des Pirateriebegriffs im Seeversicherungsrecht die Grundsätze der Vertragsauslegung eine bedeutende Rolle. Im Zentrum der Vertragsauslegung stehen grundsätzlich die Interessen und Erwartungen der Vertragsparteien. Für AVB gilt jedoch die Besonderheit, dass ihre Auslegung nicht orientiert an den Interessen der Vertragsparteien im Einzelfall erfolgt. Vielmehr sind AVB objektiv auszulegen.[343] Dies darf als eine Notwendigkeit verstanden werden, da die Verwendung von AVB regelmäßig darauf abzielt, eine gleichmäßige Abwicklung einer Vielzahl von Verträgen – unabhängig vom Einzelfall – zu erreichen.[344] Im Seeversicherungsrecht wird diese Notwendigkeit teilweise auch mit der gesetzesähnlichen Stellung der ADS begründet und eine gesetzesähnliche Auslegungsmethodik angelegt.[345]

Ausgangspunkt der objektiven Auslegung von AVB ist stets der Wortlaut der Klausel. Dieser ist grundsätzlich nicht juristisch oder versicherungstechnisch, sondern am allgemeinen Sprachgebrauch des täglichen Lebens orientiert auszulegen.[346] Das zu ermittelnde Verständnis der Klausel soll der Vorstellung eines verständigen, juristisch und versicherungstechnisch nicht vorgebildeten Versicherungsnehmers bei verständiger Würdigung, aufmerksamer Durchsicht und Berücksichtigung des erkennbaren Sinnzusammenhangs ent-

---

[342] Siehe zum Kriegsbegriff *Krahe*, VersR 1991, 634.

[343] *Präve*, Versicherungsbedingungen und AGB-Gesetz, Rn. 268; *Präve*, in: Looschelders/Pohlmann, Vorb. B, Rn. 29; *Armbrüster*, in: Prölss/Martin, Einleitung, Rn. 260, 262.

[344] *Präve*, in: von Westphalen/Thüsing, Allgemeine Versicherungsbedingungen, Rn. 221; *Präve*, Versicherungsbedingungen und AGB-Gesetz, Rn. 271.

[345] So mit guten Gründen *Ritter/Abraham*, ADS I, Vorb. II Anm. 11. Dagegen spricht sich allerdings *Roth*, WM 1991, 2125 (2126) aus, weil sich bei AVB im Gegensatz zu Gesetzen eine historische Auslegung grundsätzlich verbiete. Siehe dazu auch *infra* Teil 1 Fn. 357 und den zugehörigen Text. Ebenso *Müller-Collin*, ADS und AGB-Gesetz, S. 26 ff. Die ADS sind aufgrund ihrer Entstehungsgeschichte und ihrer Bedeutung insoweit allerdings ein Sonderfall. Ebenso allgemein ablehnend *Präve*, Versicherungsbedingungen und AGB-Gesetz, Rn. 271.

[346] *Benkel/Hirschberg*, in: *Benkel/Hirschberg*, F. Inhaltskontrolle von AVB, Rn. 20.

sprechen.[347] Maßgeblich ist damit der Horizont eines durchschnittlichen Versicherungsnehmers aus dem normalerweise beteiligten Verkehrskreis.[348] Etwas anderes gilt jedoch dann, wenn der entsprechende Empfängerkreis der AVB über ein besonderes Fachwissen verfügt.[349] Dieses ist bei den an die Versicherungsnehmer zu stellenden Anforderungen zu berücksichtigen.

Über den Wortlaut hinaus sind die dem Empfängerkreis erkennbaren Sinn- und Zweckzusammenhänge[350], systematische Erwägungen[351] sowie die in den entsprechenden Kreisen üblichen Verkehrssitten[352] maßgeblich. Die Berücksichtigung der Entstehungsgeschichte ist bei der Auslegung von AVB hingegen problematisch, da diese dem Kreis der Versicherungsnehmer regelmäßig unbekannt ist.[353] In Abkehr von seiner früheren Rechtsprechung lehnt der Bundesgerichtshof eine Berücksichtigung der Entstehungsgeschichte von AVB – ebenso wie bei AGB – im Allgemeinen ab.[354] Dies mag für AVB grundsätzlich auch sachgerecht sein. Bei den ADS und den DTV-ADS 2009 handelt es sich jedoch um einen Sonderfall. Diese sind nämlich AVB, die nicht einseitig von Seiten der Versicherer entworfen und als Bedingungswerke den Versicherungsnehmern vorgelegt werden. Vielmehr handelt es sich um Bedingungen, die von den Versicherern in Kooperation mit den relevanten Wirtschaftskreisen entwickelt wurden.[355] Der Einfluss der Versicherungsnehmerschaft auf den Inhalt der Bedingungen war – anders als bei AGB und AVB

---

[347] *BGHZ* 123, 83 (85); *BGH* VersR 2004, 1035 (1035 f. und 1039); VersR 2007, 1690; *Benkel/Hirschberg*, in: *Benkel/Hirschberg*, F. Inhaltskontrolle von AVB, Rn. 20.

[348] *BGHZ* 123, 83 (85); *BGH* VersR 2001, 1502 (1503); *Präve*, Versicherungsbedingungen und AGB-Gesetz, Rn. 269; *Präve*, in: Looschelders/Pohlmann, Vorb. B, Rn. 29; *Reiff*, in: MüKo-VVG, AVB, Rn. 79; *Höra*, in: MAH Versicherungsrecht, § 1, Rn. 44; *Diller*, AVB-RSW-Kommentar, § 4, Rn. 10.

[349] *BGH* VersR 1984, 830; VersR 2005, 266 (267); siehe auch *Enge/Schwampe*, Transportversicherung, S. 46; *Reiff*, in: MüKo-VVG, AVB, Rn. 80; *Präve*, Versicherungsbedingungen und AGB-Gesetz, Rn. 270.

[350] *BGH* VersR 2003, 1163 (1164); VersR 2007, 939 (940); *Armbrüster*, in: Prölss/Martin, Einleitung, Rn. 277.

[351] *Präve*, Versicherungsbedingungen und AGB-Gesetz, Rn. 268; *Präve*, in: von Westphalen/Thüsing, Allgemeine Versicherungsbedingungen, Rn. 221 f.

[352] *BGH* NJW-RR 2004, 1248 (1249); *Präve*, in: von Westphalen/Thüsing, Allgemeine Versicherungsbedingungen, Rn. 222.

[353] *Präve*, in: von Westphalen/Thüsing, Allgemeine Versicherungsbedingungen, Rn. 224 f.; siehe auch *Präve*, in: Looschelders/Pohlmann, Vorb. B, Rn. 32; *Präve*, Versicherungsbedingungen und AGB-Gesetz, Rn. 273; *Reiff*, in: MüKo-VVG, AVB, Rn. 85; *Armbrüster*, in: Prölss/Martin, Einleitung, Rn. 284.

[354] *BGH* VersR 2000, 1090 (1091); VersR 2002, 1503 (1503 f.); zustimmend *Reiff*, in: MüKo-VVG, AVB, Rn. 85.

[355] *Enge/Schwampe*, Transportversicherung, S. 47; *Ritter/Abraham*, ADS I, Vorb. II Anm. 9.

üblich – bei den ADS recht erheblich.[356] Entsprechend darf in diesem Bereich auch die Historie zur Auslegung von Klauseln herangezogen, jedenfalls berücksichtigt werden.[357] Überhaupt handelt es sich bei den Seeversicherungsbedingungen um einen Sonderbereich, der mit den gewöhnlichen AVB nicht gleichgestellt werden kann. Neben der geschilderten Entstehungsweise bilden die ADS ein Regelwerk mit umfassendem Charakter, das die gesetzlichen Bestimmungen zur Seeversicherung im HGB vollständig verdrängt hat.[358] Fast ein Jahrhundert lang bildeten die ADS die wichtigste Rechtsquelle für Seeversicherungsverträge in Deutschland.[359] Inzwischen wurden die seeversicherungsrechtlichen Bestimmungen des HGB sogar aufgehoben. Den ADS kommt deshalb umso mehr eine gesetzesähnliche Stellung zu, die eine an dieser Stellung ausgerichtete Auslegungsmethodik verlangt.[360] An den Kreis der Versicherungsnehmer dürften auf dieser Grundlage daher wohl höhere Anforderungen zu stellen sein als an einen durchschnittlichen Versicherungsnehmer hinsichtlich anderweitiger AVB. Es spricht damit viel dafür, die Auslegung der ADS und der nachfolgenden DTV-ADS 2009 weitestgehend an die Auslegungsmethodik von Gesetzen anzunähern.[361]

---

[356] Nach *Ritter/Abraham*, ADS I, Vorb. II Anm. 9 läge nichts ferner, als die ADS als bloße AGB zu betrachten, die die eine Vertragspartei der anderen aufgrund wirtschaftlicher Überlegenheit als Vertragsinhalt diktiert. In den Bestimmungen der ADS komme nämlich der gesammelte Einfluss der bedeutendsten Versicherten- und Handelskreise zum Ausdruck. Vor dem Hintergrund des weltoffenen Versicherungsmarktes sehen *Ritter/Abraham* das wirtschaftliche Übergewicht gar auf Seiten der Versicherungsnehmer.
[357] So damals auch noch *BGH* VersR 1972, 88 (89 f.); NJW 1981, 870 (873); vgl. zur Berücksichtigung der Entstehungsgeschichte von AVB auch *Brand*, in: Burling/Lazarus, S. 93 (101 f.); *Baumann*, r+s 2005, 313 (313 ff.). Zu berücksichtigen ist jedoch, dass der Entstehungsgeschichte bei der Auslegung der ADS/DTV-ADS nicht dasselbe Gewicht zukommen kann wie bei der Auslegung von Gesetzen. Eine Auslegungsentscheidung darf sich hinsichtlich der ADS/DTV-ADS nicht allein auf die Entstehungsgeschichte stützen. Vgl. auch *Präve*, Versicherungsbedingungen und AGB-Gesetz, Rn. 273 f.
[358] *Enge/Schwampe*, Transportversicherung, S. 47; siehe auch *Ritter/Abraham*, ADS I, Vorb. II Anm. 9 m.w.N.
[359] *Enge/Schwampe*, Transportversicherung, S. 47.
[360] So *Ritter/Abraham*, ADS I, Vorb. II Anm. 11.
[361] Vgl. zur Auslegung von AVB, die wörtlich oder inhaltlich einer Vorschrift des VVG entsprechen auch *Armbrüster*, in: Prölss/Martin, Einleitung, Rn. 272 sowie die entsprechende Rspr. in *RG* 84, 409; 118, 57. Zudem *Ritter/Abraham*, ADS I, Vorb. II Anm. 11, die eine Unterteilung in autonome und dem Gesetz entsprechende Klauseln allerdings ablehnen und für eine gesetzesähnliche Auslegung insgesamt plädieren. Die Anwendung einer gesetzesähnlichen Auslegungsmethodik ist auch nicht gleichbedeutend mit einer ordnungscharakterlichen Erhebung der ADS zu Rechtsnormqualität.

2. Induktiv-analytische Bestimmung des versicherungsrechtlichen Pirateriebegriffs

Die Begriffsbestimmung der Piraterie im Versicherungssinne soll nicht am klassischen Aufbau der methodischen Begriffsauslegung erfolgen. Ansatzpunkt ist vielmehr eine induktive Analyse verschiedener Praxis- und Beispielsfälle, aus der eine arbeitsfähige Begriffsdefinition für das Versicherungsrecht gewonnen werden soll. Innerhalb dieses Ansatzes wird auf die klassische Auslegungsmethodik zurückgegriffen. Soweit möglich, erfolgt die Darstellung anhand von Fällen, die in der Rechtsprechung behandelt wurden oder sich zumindest tatsächlich ereignet haben. Im Übrigen sind die Fallbeispiele konstruiert. Der Aufbau orientiert sich an den oben dargestellten Begriffs- bzw. Tatbestandsmerkmalen des Völkerrechts.

a) Das Merkmal der Hohen See

aa) Die Andreas Lemos-Entscheidung[362]

Der für das Seeversicherungsrecht in Zusammenhang mit der Piraterie sicherlich bedeutendste Fall ist der im Jahr 1982 vor ein englisches Gericht gebrachte Fall der *Andreas Lemos*.

(1) Sachverhalt[363]

Das Schiff *Andreas Lemos* lag in der Chittagong Road vor Anker. Das Seegebiet gehört zu den Territorialgewässern der Republik Bangladesch. Dort kamen sechs bis sieben mit Messern bewaffnete Männer an Bord des Schiffes und entwendeten Schiffszubehör, insbesondere Festmachleinen. Als die Täter bereits einiges Zubehör über Bord in bereitstehende Boote geworfen hatten, wurden sie von einem Mitglied der Schiffsbesatzung entdeckt und der Alarm wurde ausgelöst. Die Täter hielten die Schiffsbesatzung zunächst durch Drohung mit Messern zurück und flohen von dem Schiff, als sie bemerkten, dass ein Offizier mit einer Pistole bewaffnet war und ein anderer Offizier Leuchtkugeln abfeuerte.

Der Schiffseigentümer hatte für die *Andreas Lemos* eine Versicherung gegen Kriegsrisiken abgeschlossen, die auch Schäden durch Piraterie erfasste. In der Folge des Vorfalls begehrte der Eigentümer vom Versicherer Ersatz für den Verlust von Schiffszubehör aufgrund von Piraterie. Der Versicherer hingegen verweigerte die Zahlung, weil er der Auffassung war, bei dem Überfall habe es sich nicht um einen Akt der Piraterie gehandelt. Streitgegenständlich

---

[362] *Athens Maritime Enterprises Corporation v. Hellenic Mutual War Risks Association (Bermuda) LTD.* [1983] 1 Q.B. 647.

[363] Die Sachverhaltsangaben sind dem Urteil entnommen, *Athens Maritime Enterprises Corporation v. Hellenic Mutual War Risks Association (Bermuda) LTD.* [1983] 1 Q.B. 647.

waren dabei in Bezug auf den versicherungsrechtlichen Piraateriebegriff der Handlungsort des Geschehens sowie die Handlungsweise der Täter.

(2) Entscheidung des Gerichts

Das englische Gericht hat das Begehren der Eigentümer der *Andreas Lemos* zurückgewiesen und befunden, dass der Verlust an Schiffszubehör nicht durch einen Piaterieakt verursacht wurde. Für das definitorische Interesse ist an dieser Stelle jedoch von besonderer Bedeutung, aus welchen Gründen die Klage abgewiesen wurde – oder vielmehr, aus welchem Grund sie gerade nicht abgewiesen wurde. Nachdem sich der Versicherer darauf berufen hatte, dass ein Akt der Piraterie grundsätzlich nur auf Hoher See stattfinden könne,[364] der Versicherungsnehmer und Schiffseigentümer hingegen die gegenteilige Auffassung vertreten hatte,[365] entsprach das Gericht im Ergebnis der Auffassung des Versicherungsnehmers. Das Gericht wies die Anwendung des völkerrechtlichen Begriffsverständnisses in diesem Fall zurück. Stattdessen legte es ein für Geschäftszwecke im Zusammenhang mit der Seeversicherung taugliches Begriffsverständnis zugrunde.[366] Ein solches Verständnis umfasst nach der Auffassung des Gerichts jeden Überfall auf ein Schiff, solange sich dieses an einem Ort befindet, an dem der Überfall als *maritime offence*[367] bezeichnet werden kann.[368] Die Klage wurde demnach nicht wegen des fehlenden Kriteriums der Hohen See abgewiesen. Der Abweisungsgrund lag in der Auffassung des Gerichts, dass der vom Versicherungsnehmer erlittene Schaden nicht kausal auf dem Angriff der Piraten – als solche qualifizierte das Gericht die Angreifer – beruhte.[369] Besonders interessant ist der erste Leitsatz des Gerichts:

„that for the purpose of marine insurance, the act of piracy was theft with the use of force or threat of force in a ship occurring when the ship was at sea or in a geographical position where an attack on her could be described as a maritime offence; [...]"[370].

---

[364] Vgl. die näheren Ausführungen in *Athens Maritime Enterprises Corporation v. Hellenic Mutual War Risks Association (Bermuda) LTD.* [1983] 1 Q.B. 647 (649).

[365] Vgl. die näheren Ausführungen in *Athens Maritime Enterprises Corporation v. Hellenic Mutual War Risks Association (Bermuda) LTD.* [1983] 1 Q.B. 647 (649 f.).

[366] So bereits *Republic of Bolivia v. Indemnity Mutual Marine Assurance Company, Ltd.* [1909] 1 K.B. 785 (790).

[367] Deutsch: seebezogener Angriff.

[368] *Athens Maritime Enterprises Corporation v. Hellenic Mutual War Risks Association (Bermuda) LTD.* [1983] 1 Q.B. 647 (648).

[369] Zu Recht kritisch zu dieser Auffassung hinsichtlich der Kausalität *Mandaraka-Sheppard*, in: Thomas, S. 47 (76).

[370] *Athens Maritime Enterprises Corporation v. Hellenic Mutual War Risks Association (Bermuda) LTD.* [1983] 1 Q.B. 647 (648). Bemerkenswert ist, dass sich der Leitsatz im Ganzen als Definitionsangebot für den Begriff der Piraterie im Versicherungsrecht dar-

Dieser Satz stellt zum einen klar, dass das versicherungsrechtliche Piraterieverständnis in örtlicher Hinsicht deutlich weiter reicht, als das des Völkerrechts. Gleichzeitig wird aber auch deutlich, dass dem Begriff und dem Phänomen der Piraterie ein Bezug zur See immanent ist. Die Piraterie ist auf See entstanden und seit jeher eng mit der See verknüpft.[371] Als Piraterie soll deshalb jeder Angriff auf ein Schiff gelten können, das sich an einem Ort befindet, an dem es den Risiken der See ausgesetzt ist, sodass der Angriff mithin als seebezogener Angriff (*maritime offence*) bezeichnet werden kann. Umgekehrt ist daraus aber gleichsam der Schluss zu ziehen, dass ein Akt der Piraterie auch *nur dann* vorliegen kann, wenn der Angriff als seebezogener Angriff bezeichnet werden kann. Richtigerweise ist der Leitsatz nämlich nicht nur als geographische Erweiterung des Piraterebegriffs im Versicherungsrecht, sondern gleichzeitig auch als Grenzpunkt der versicherungsrechtlichen Reichweite zu verstehen. Die unmittelbare Verknüpfung von Piraterie und See findet ihren Ursprung wohl im weitgehend unjuristischen allgemeinen Sprachgebrauch. Sie ist aber als bestehendes festes Bild in juristische Zusammenhänge einzugliedern. Insbesondere im Vertragsrecht dürften die Parteien zunächst dasjenige Begriffsverständnis zugrunde legen, welches sie aus ihrem allgemeinen Sprachgebrauch und allgemein bestehenden Vorstellungen beziehen. Für den Begriff der Piraterie ist zudem besonders, dass er eine sehr weitreichende Historie besitzt, die bis an den Beginn der Seefahrt zurückgeht. Dementsprechend weisen der Begriff und sein Bedeutungsgehalt auch eine besonders starke Verfestigung im allgemeinen Sprachgebrauch auf. Wenngleich nicht jeder den Begriff der Piraterie definieren kann, so haben die allermeisten eine feste Vorstellung von der Bedeutung dieses Begriffes. Und selbst wenn diese feste Vorstellung einige der in dieser Arbeit besprochenen Begriffselemente der Piraterie nicht beinhaltet, so dürfte sie jedoch zumindest als ein ubiquitäres Element den Bezug der Piraterie zu den Meeren und Ozeanen – kurz: zur See – aufweisen. Ein im allgemeinen Bedeutungsgehalt so stark verwurzeltes Begriffselement lässt sich aus seinem juristischen Bedeutungsgehalt nicht entfernen.[372]

(3) Stellungnahme

Betrachtet man den Fall vor dem Hintergrund der Pirateriedefinition des Art. 101 SRÜ, so kann schnell festgestellt werden, dass es sich bei dem Über-

---

stellt. Deutlich wird jedoch auch, dass dieses Definitionsangebot ausschließlich solche Elemente enthält, die Streitgegenstand des Falles waren. Die übrigen diskutierten Merkmale der Piraterie wurden dabei ausgeblendet.

[371] So auch *Thomas*, JIML 10 (2004), 355 (359): „It is a risk intimately connected with the sea […]".

[372] Vgl. dazu die Ausführungen in *Republic of Bolivia v. Indemnity Mutual Marine Assurance Company, Ltd.* [1909] 1 K.B. 785.

B. *Piraterie als Rechtsbegriff*   69

fall auf die *Andreas Lemos* nicht um einen Akt der Piraterie im völkerrechtlichen Sinne handelt, weil es an der Erfüllung des Tatbestandsmerkmals der Hohen See fehlt. Diesen Umstand hat auch der Versicherer zur Verteidigung seiner Rechtsposition aufgegriffen.[373] Wesentlicher Hintergrund der Begrenzung des Pirateriebegriffs auf Taten auf Hoher See im Völkerrecht ist das Prinzip der Staatensouveränität und das daraus resultierende Jurisdiktionsgefüge zwischen Orten, die der Hoheit eines Staates unterliegen, und Orten, die keiner solchen Staatshoheit unterliegen, wie eben die Hohe See. Die Pirateriedefinition soll begrifflich auf den Jurisdiktionsradius des Völkerrechts begrenzt sein. Auf diesen Hintergrund kommt es im Versicherungsrecht jedoch nicht an.[374] Wenn der versicherungsrechtliche Pirateriebegriff Tatorte in Territorialgewässern mit umfasst, wird die Jurisdiktionsgewalt von Staaten nicht berührt. Dementsprechend bedarf es auch nicht der Beschränkung des Begriffsinhaltes auf Taten auf Hoher See, um einen solchen Eingriff zu verhindern.[375]

Vielmehr kommt es bei einem Seeversicherungsvertrag darauf an, dass der Schiffseigentümer als Versicherungsnehmer gegen Bezahlung der Versicherungsprämie Versicherungsschutz für sein Schiff und seine damit verbundenen Interessen erhält. Dabei will der Versicherungsnehmer den Versicherungsschutz gegen die befürchteten Gefahren überall dort gesichert wissen, wo sich sein Schiff befindet. Für ihn soll es keine Rolle spielen, ob sich die Gefahr innerhalb oder außerhalb von Territorialgewässern realisiert. Im Gegenzug werden dem Versicherer die Verkehrsrouten des versicherten Schiffes regelmäßig mitgeteilt, sodass dieser die Risikohöhe entsprechend der lokalen Gegebenheiten statistisch erfassen und in die Prämienberechnung einbeziehen kann.[376] Abgesehen von dem Umstand, dass ein Überfall auf ein Schiff in küstennahen Territorialgewässern einfacher durchzuführen und dementsprechend wahrscheinlicher ist, ist der Ort des Geschehens auch für den Versicherer nicht von Interesse. Dieser Umstand kann und wird vom Versicherer in die Prämienkalkulation wiederum einbezogen. Vor diesem Hintergrund kann eine

---

[373] *Athens Maritime Enterprises Corporation v. Hellenic Mutual War Risks Association (Bermuda) LTD.* [1983] 1 Q.B. 647 (650).
[374] So auch in: *Athens Maritime Enterprises Corporation v. Hellenic Mutual War Risks Association (Bermuda) LTD.* [1983] 1 Q.B. 647 (655).
[375] Insoweit liegt der vom Versicherer im *Andreas Lemos*-Fall vorgebrachte Einwand neben der Sache, die Annahme von Piraterie in diesem Fall würde dazu führen, dass jeder Räuber auf einem Hausboot auf der Themse der Piraterie schuldig und der Verfolgung der Tat in jedem Land der Welt ausgesetzt sei. So befand auch der Richter in *Athens Maritime Enterprises Corporation v. Hellenic Mutual War Risks Association (Bermuda) LTD.* [1983] 1 Q.B. 647 (655): „[…] a different rule, for the purpose of interpreting contracts of insurance, will not give rise to the disastrous consequence envisaged by Mr. Saville's [Verteidiger des Versicherers] submission." (Ergänzung hinzugefügt).
[376] Vgl. zur Versicherungstechnik *supra* S. 59 ff.

Beschränkung der Piraterie auf den Bereich der Hohen See im Versicherungsrecht nicht überzeugen.

Dies wird besonders deutlich, wenn man sich vor Augen hält, dass jede Schifffahrtsroute zwangsläufig durch Territorialgewässer von Staaten führen muss. Denn bereits Start- und Zielort eines jeden Schiffes liegen in einem Hafen, der der Hoheit des jeweiligen Staates unterliegt. Darüber hinaus gehören der Suezkanal sowie die Straße von Malakka als bedeutendste Seehandelsstraßen zu den Territorialgewässern von Ägypten und Malaysia. Ebenso der Panamakanal, der unter panamaischer Hoheit steht. Sie werden jährlich von zehntausenden Schiffen durchfahren. Wären Territorialgewässer vom Pirateriebegriff im Versicherungsrecht ausgeschlossen, so wäre ein Schiff auf einer Fahrt nicht vom Start- bis zum Zielort gegen die aus Piratenangriffen resultierenden Gefahren versicherbar. Der Versicherungsschutz würde stets erst dann einsetzen, wenn das Schiff die Hohe See erreicht hat und wieder aussetzen, wenn es sie verlässt. Ein solches Ergebnis entspricht weder dem Interesse des Versicherungsnehmers, der einen durchgängigen und umfassenden Versicherungsschutz benötigt, um Planungssicherheit zu genießen, noch dem des Versicherers, der aufgrund von Risikoschätzungen Territorialgewässer einbeziehen und die Prämien entsprechend der Gesamtrisikolage auf See anpassen kann.

Als Beleg für diese Auffassung kann auch der Umstand verstanden werden, dass auf dem Versicherungsmarkt kein eigenes Angebot für die Deckung „pirateriäquivalenter" Risiken in Territorialgewässern existiert. Angesichts der erheblichen Zahl an Überfällen in somalischen Küstengewässern seit Beginn des vergangenen Jahrzehnts bestünde dafür bei Ausschluss dieser Risiken aus dem Pirateriebegriff ein beträchtlicher Bedarf. Es erscheint nahezu unvorstellbar, dass die Versicherungswirtschaft für einen solchen Bedarf kein Angebot geschaffen hätte.

Zudem spricht für dieses Ergebnis auch eine Betrachtung des englischen Versicherungsrechts: In Rule 8 der *Rules for Construction* des MIA heißt es: „The term 'pirates' includes [...] rioters who attack the ship from the shore." Es ist nur schwer vorstellbar, dass ein Schiff vom Ufer aus angegriffen wird, wenn es sich außerhalb von Territorialgewässern auf der Hohen See befindet.[377] Denkbar ist ein solcher Angriff nur in Küstengewässern, was dafür spricht, dass der versicherungsrechtliche Pirateriebegriff auch diese erfasst. Im Seeversicherungsrecht ist der Begriff der Piraterie somit nicht auf den Bereich der Hohen See begrenzt.

---

[377] So auch *Athens Maritime Enterprises Corporation v. Hellenic Mutual War Risks Association (Bermuda) LTD.* [1983] 1 Q.B. 647 (658); *Hazelwood*, LMCLQ 1983, 283 (285).

bb) Die Republic of Bolivia-Entscheidung[378] („Flusspiraterie")

Neben der *Andreas Lemos*-Entscheidung stellt auch das Urteil im Fall *Republic of Bolivia* eine Leitentscheidung für die Bestimmung des versicherungsrechtlichen Pirateriebegriffs dar. Wenngleich sie sich im Jahr 2009 zum einhundertsten Mal gejährt hat, wird sie in der englischen[379] und auch in der US-amerikanischen[380] Literatur und Rechtsprechung bei der Behandlung versicherungsrechtlicher Fälle immer noch als wegweisend angesehen. *Thomas* bezeichnet die Entscheidung als „the leading authority in English law on the construction of 'piracy' as a marine peril".[381]

(1) Sachverhalt[382]

Die brasilianische Regierung überließ 1867 den zwischen Brasilien und Bolivien gelegenen Landstrich *Colonias* vertraglich Bolivien. In der Folgezeit errichteten dort jedoch brasilianische Aufständische eine unabhängige Republik. Die bolivianische Regierung führte daraufhin einen Feldzug gegen die Aufständischen, um ihre Rechte in der Region durchzusetzen. Das Transportschiff *Labrea* diente der bolivianischen Regierung zum Transport von Nachschub in die Region, der ausschließlich über den Amazonas und dessen Nebenflüsse erfolgen konnte. Die *Labrea* wurde weit im Landesinneren auf einem entfernten Nebenfluss des Amazonas von den Aufständischen aufgebracht und die transportierte Ware entwendet. Die Transportfahrt der *Labrea* war über eine Warentransportversicherung und eine Kriegsrisikoversicherung versichert. Streitgegenständlich war der Umfang der Warentransportversicherung, deren zugrundeliegendes Klauselwerk einen Ausschluss bei Aufbringung und Beschlagnahme des Schiffes,[383] mit Ausnahme von Piraterie, vorsah. Demnach war Piraterie als Gefahr vom Versicherungsvertrag erfasst. In Streit gefallen war die Republik Bolivien als Versicherungsnehmerin mit dem Versicherer darüber, ob es sich bei dem Vorfall um einen Akt der Piraterie gehandelt hat. Entscheidend waren zwei Aspekte des Pirateriebegriffs, die sich den völkerrechtlichen Tatbestandsmerkmalen der Hohen See und der privaten Zwecke zuordnen lassen.

---

[378] *Republic of Bolivia v. Indemnity Mutual Marine Assurance Company, Ltd.* [1909] 1 K.B. 785.

[379] Siehe *Thomas*, JIML 10 (2004), 355 (364 und 366); *Williams*, JIML 10 (2004), 343 (344) und dort Fn. 4.

[380] Siehe *Passman*, JMLC 40 (2009), 59 (67) und dort Fn. 51; *Bento*, BJIL 29 (2011), 101 (119).

[381] *Thomas*, JIML 10 (2004), 355 (364).

[382] Der Sachverhalt ist dem Urteil entnommen, *Republic of Bolivia v. Indemnity Mutual Marine Assurance Company, Ltd.* [1909] 1 K.B. 785.

[383] Sog. *free of capture and seizure clause* (FC&S-Clause).

(2) Entscheidung des Gerichts

Die Entscheidung im Fall *Republic of Bolivia* fiel zulasten der Versicherungsnehmerin aus. Es wurde befunden, dass die Aufbringung der *Labrea* durch die Aufständischen keine Piraterie in versicherungsrechtlichem Sinne darstellte und eine Leistungspflicht des Versicherers deshalb aufgrund der FC&S-Clause[384] ausgeschlossen war.

Die Einlassung des Gerichts zu den örtlichen Voraussetzungen der Piraterie in versicherungsrechtlichem Kontext, ausgehend vom völkerrechtlichen Tatbestandsmerkmal der Hohen See, war schlechthin *obiter dictum*. Da das Gericht bereits aus dem Fehlen privater Zwecke die Feststellung herleitete, dass es sich bei dem Überfall auf die *Labrea* nicht um Piraterie im Sinne des Versicherungsvertrags handelte, ließ es die Kontroverse um den Handlungsort schließlich unentschieden. Dennoch verdient die Einlassung des Gerichts eine Erörterung an dieser Stelle. Im Unterschied zum *Andreas Lemos*-Fall stellt sich hier nämlich nicht „lediglich" die Frage, ob Piraterie im Sinne des Versicherungsrechts überall auf See stattfinden kann, sondern ob die sog. Flusspiraterie Piraterie in eben genanntem Sinne darstellt.

Vor dem *Court of Appeal* vertrat Richter *Williams* die Auffassung, Piraterie, bezogen auf das örtliche Element, sei in Versicherungsklauseln ebenso zu verstehen wie im Völkerrecht.[385] Entsprechend verneinte er – *obiter dictum* – die Annahme eines Pirateriefalles auch aufgrund des Tatorts auf einem Fluss:

> „In the first place, I do not think that the place where these events happened, which was not on the Amazon where it ran into the sea, but on a branch river running into another branch river of the Amazon, was a place where piracy could be committed. [...] Whatever the definition of piracy may be, in my opinion piracy is a maritime offence, and what took place on this river, [...], far up country, did not take place on the ocean at all. That distant place was not the theatre on which piracy could be committed."[386]

Daraus wird zum einen deutlich, dass der Terminus *maritime offence* nach Auffassung des Richters streng seebezogen zu verstehen ist und nicht auch den vollständigen Bereich befahrbarer Binnengewässer erfasst. Die sog. Flusspiraterie stellt demzufolge keine Piraterie im Sinne des versicherungsrechtlichen Begriffs dar. Zum anderen legt die Formulierung von Richter *Williams* jedoch nahe, dass er den Verweis auf den völkerrechtlichen Pirateriebegriff nicht technisch – im Sinne des heutigen Art. 101 SRÜ – verstanden wissen wollte. Indem er den tatsächlichen Handlungsort, den Nebenfluss im

---

[384] Siehe *supra* Teil 1 Fn. 383 und den dazugehörigen Text.

[385] *Republic of Bolivia v. Indemnity Mutual Marine Assurance Company, Ltd.* [1909] 1 K.B. 785 (798 f.). Es ist dabei ausdrücklich klarzustellen, dass diese Gleichsetzung ausschließlich im Hinblick auf das örtliche Element erfolgt. Im Übrigen legt auch *Williams* den versicherungsrechtlichen Begriff anders aus als den völkerrechtlichen, vgl. S. 797.

[386] *Republic of Bolivia v. Indemnity Mutual Marine Assurance Company, Ltd.* [1909] 1 K.B. 785 (799).

Inland, von dem Ort der Mündung des Amazonas in den Ozean abgrenzt, stellt er klar, dass er mit dem völkerrechtlichen Begriff in örtlicher Hinsicht, und mithin mit dem Begriff *maritime offence,* wohl nicht nur die Hohe See, sondern das gesamte Seegebiet einschließlich seiner Flussmündungen und Meeresarme bezeichnet.[387] Denn die ausdrückliche Erwähnung des Umstandes, dass der Vorfall nicht im Bereich der Meeresmündung des Amazonas stattgefunden hat, legt die Schlussfolgerung nahe, dass Richter *Williams* einen Akt der Piraterie dort grundsätzlich für möglich gehalten hätte. Geht man – wie *Thomas*[388] – von einem untechnischen Verständnis in eben beschriebenem Sinne aus, so lässt sich die Auffassung des Richters mit der oben dargestellten Schlussfolgerung aus dem *Andreas Lemos*-Fall in Einklang bringen: Örtlich erforderlich ist ein seebezogener Angriff, nicht beschränkt auf den Bereich der Hohen See, und neu: unter Ausschluss von Binnengewässern.

Trotz des in diese Richtung weisenden Wortlautes der zitierten Passage der Entscheidung von Richter *Williams*, ist dieses Verständnis nicht zwingend.[389] Vielmehr gilt es, die Begründung für die unter Verweis auf das Völkerrecht vorgenommene örtliche Beschränkung des versicherungsrechtlichen Piraeriebegriffs zu untersuchen:

Insoweit führt Richter *Williams*[390] aus, dass es Piraterie auf Flüssen deshalb nicht geben könne, weil Flüsse, anders als der Ozean, nicht als Orte bezeichnet werden könnten, die keiner nationalstaatlichen Jurisdiktion unterliegen. Vielmehr unterliege der Tatort in diesem Fall der Jurisdiktion Brasiliens oder Boliviens, sodass alle Schiffe, die dieses Gebiet passieren, durch das Hoheitsgebiet eines Nationalstaates fahren. Insoweit könne sich, nach seiner Auffassung, die Vertragsklausel hinsichtlich der Piraterie nur auf den Bereich der Piraterie *iure gentium*[391] erstrecken.

Die Begründung macht deutlich, dass für *Williams* der Jurisdiktionsgedanke ein tragendes Element des Piraeriebegriffs ist. Selbst im Kontext des Versicherungsvertrages verneint er das Vorliegen von Piraterie auf einem Nebenfluss des Amazonas, weil dieser Ort nicht lediglich den Regelungen des Völkerrechts, sondern nationalstaatlicher Jurisdiktion unterliegt. Rufen wir uns nun die oben dargestellte und von *Thomas* zugrunde gelegte Auffassung ins Gedächtnis, der Verweis von Richter *Williams* auf den völkerrechtlichen Piraeriebegriff sei untechnisch zu verstehen, so tritt zwischen dieser Annahme und der von Richter *Williams* gelieferten Begründung ein Widerspruch zutage. Betrachtet man die Begründung konsequent, so ist nach ihr ein Akt der

---

[387] *Thomas*, JIML 10 (2004), 355 (366).
[388] *Thomas*, JIML 10 (2004), 355 (366).
[389] *Thomas*, JIML 10 (2004), 355 (366) hingegen legt dieses Verständnis ohne Weiteres einfach zugrunde.
[390] Zur gesamten folgend dargestellten Begründung: *Republic of Bolivia v. Indemnity Mutual Marine Assurance Company, Ltd.* [1909] 1 K.B. 785 (799).
[391] Aus heutiger Sicht Piraterie im Sinne von Art. 101 SRÜ.

Piraterie – auch im Sinne des Versicherungsrechts – überall dort ausgeschlossen, wo nationalstaatliche Jurisdiktionsbefugnisse platzgreifen. Dementsprechend ist ein Akt der Piraterie weder in Küstengewässern noch in einer Flussmündung des Amazonas möglich. Diese Orte unterliegen nationalstaatlicher Jurisdiktion. Hätte nun Richter *Williams* die örtliche Begrenzung des versicherungsrechtlichen Pirateriebegriffs durch einen Verweis auf das Völkerrecht in untechnischem Sinne gewollt, so hätte er sich zu seiner Begründung für diesen Verweis selbst in Widerspruch gesetzt. Wenn das Vorliegen von Piraterie nämlich auf einem Fluss wegen dort geltender nationalstaatlicher Jurisdiktionsbefugnisse verneint wird, so muss Piraterie stringenterweise auch für den Bereich von Flussmündungen und Küstengewässern verneint werden. Zudem ist der Jurisdiktionsgedanke als solcher bereits ein Bestandteil des technischen Piraterienbegriffs im Völkerrecht. Auf ihm beruht die völkerrechtliche Notwendigkeit der Beschränkung des Pirateriebetatbestands auf Akte auf Hoher See.[392] Vor dem Hintergrund einer rechtstechnischen Begründung für die örtliche Beschränkung des Piraterienbegriffs im Versicherungsvertrag kann daher bezweifelt werden, dass Richter *Williams* den Verweis auf das Völkerrecht in untechnischem Sinne verstanden wissen wollte. Die gelieferte Begründung spricht eher für eine Gleichsetzung von versicherungsrechtlichem und völkerrechtlichem Piraterieverständnis in einem rechtstechnischen Sinne. So gesehen steht die Auffassung von Richter *Williams* der Entscheidung im *Andreas Lemos*-Fall entgegen.

Letztlich lässt sich der Argumentation von Richter *Williams* keine eindeutige Aussage über die örtliche Reichweite des Piraterienbegriffs im Versicherungsrecht entnehmen. Denkbar erscheint sowohl eine mit dem *Andreas Lemos*-Fall einhellige Auffassung im Sinne eines *maritime offence*. Überzeugender erscheint hingegen die divergierende und in sich widerspruchsfreie Perzeption der Ausführungen von Richter *Williams*, die den versicherungsrechtlichen Piraterienbegriff – entsprechend dem völkerrechtlichen Verständnis – örtlich auf den Bereich hoheitsfreier Räume beschränkt.[393] Im Ergebnis stellt die sog. Flusspiraterie nach *Williams* jedenfalls keine Piraterie im Sinne des versicherungsrechtlichen Begriffs dar.

---

[392] Siehe *supra* S. 48 f.
[393] Die auf einen untechnischen Verweis hindeutende Bezugnahme auf den Mündungsbereich des Amazonas ließe sich auch so lesen, dass Richter *Williams* bei einem Angriff an diesem Ort wenigstens noch einen nachvollziehbaren Argumentationsansatz für die Annahme eines Piraterieaktes gesehen hätte (wenngleich er auch diesen im Ergebnis aufgrund seines rechtstechnischen Piraterieverständnisses abgelehnt hätte), der jenseits des Mündungsbereiches aber keinesfalls mehr bestünde.

(3) Stellungnahme

Die *Republic of Bolvia*-Entscheidung enthält gleich mehrere Schwierigkeiten und ermöglicht es dem interessierten Leser nicht ohne Weiteres, das Wesentliche für den versicherungsrechtlichen Pirateriebegriff herauszufiltern. Neben den Umstand, dass die Ausführungen hinsichtlich des Handlungsortes *obiter dictum* erfolgten und es einer Entscheidung insoweit nicht bedurfte, treten Auslegungs- und Verständnisprobleme hinsichtlich der geäußerten Meinung von Richter *Williams* sowie unterschiedliche Auffassungen innerhalb des Spruchkörpers.[394]

Gleichwohl bereitet die Entscheidung den Boden für eine allgemeine Feststellung im Rahmen der Begriffsbestimmung. Der von Richter *Williams* gefundenen Erkenntnis ist im Ergebnis zuzustimmen: Die sog. Flusspiraterie stellt keine Piraterie im Sinne des Versicherungsrechts dar. Festzuhalten ist jedoch, dass die Begründung von Richter *Williams* für diese Erkenntnis inhaltlich nicht zutreffend ist. Die Frage der Jurisdiktion – ob ein bestimmtes Gebiet der Hoheit und Jurisdiktionsgewalt eines Nationalstaates unterliegt, oder ob es wie die Hohe See einen hoheitsfreien Raum bildet und nur den Regelungen intergouvernementaler Verträge unterliegt – ist eine spezifisch völkerrechtliche Frage. Sie fußt auf dem Grundsatz der Staatensouveränität als einem Grundprinzip des Völkerrechts.[395] In einem privatrechtlichen Versicherungsvertrag spielt das Souveränitätsprinzip für die Auslegung und Bestimmung eines Begriffes demgegenüber keine Rolle. Es ist für die Vertragsparteien hinsichtlich des Umfangs des Pirateriebegriffs ohne Belang, ob der Ort, an dem der zu beurteilende Akt stattgefunden hat, der Jurisdiktionsgewalt eines Nationalstaates unterliegt oder nicht. Reichweite und Begrenzung des Pirateriebegriffs im Versicherungsrecht sind deshalb nach anderen als den völkerrechtlichen Parametern zu bestimmen. Richtigerweise ist die sog. Flusspiraterie aus dem versicherungsrechtlichen Pirateriebegriff auszuschließen, weil es an einem seebezogenen Angriff fehlt. Wie im Rahmen des *Andreas Lemos*-Falls bereits herausgearbeitet wurde, beinhaltet Piraterie in örtlicher Hinsicht das Erfordernis eines seebezogenen Angriffs. Bei Überfällen auf Flüssen und anderen Binnengewässern liegt ein solcher Seebezug nicht vor.

Ein weiterer Aspekt der Entscheidung ist jedoch geeignet, dieses Ergebnis in Frage zu stellen. Die Route der *Labrea* verlief ausschließlich auf Flüssen abseits der See. Bei Abschluss des Versicherungsvertrages hatten die Parteien auch diese Routenführung vor Augen. Dementsprechend musste es sich um

---

[394] Vgl. in *Republic of Bolivia v. Indemnity Mutual Marine Assurance Company, Ltd.* [1909] 1 K.B. 785 neben der dargestellten Auffassung von Richter *Williams* die divergierende Meinung von Richter *Kennedy* S. 801 ff. sowie die Nichteinlassung zur Frage des Handlungsortes durch Richter *Farwell* S. 799.
[395] Siehe *supra* S. 41.

eine Versicherung für einen reinen Flusstransport handeln. Ungeachtet dieses Charakters gewährte die Police Versicherungsschutz gegen Piraterie und ihr Vertragstext enthielt selbigen Begriff. Vor dem Hintergrund dieses Vertragsinhalts der Flusstransportversicherung erscheint es nunmehr schwierig, an der Ausgrenzung der sog. Flusspiraterie aus dem Pirateriebegriff festzuhalten, will man den Parteien nicht den Vorwurf machen, etwas vertraglich geregelt zu haben, was für den betreffenden Vertrag bereits *per se* keine Rolle spielen kann.[396] Schließlich muss sich die Auslegung von Verträgen im Grundsatz stets am Parteiwillen orientieren und darf nicht auf eine Weise erfolgen, die den von den Parteien angestrebten Vertragszweck missachtet oder gar in sein Gegenteil verkehrt.[397] Allerdings gilt es hier zu berücksichtigen, dass es sich vorliegend nicht um eine individuelle vertragliche Vereinbarung zwischen Versicherer und Versicherungsnehmer gehandelt hat. Die Parteien haben den Ausschluss bestimmter Gefahren nicht unter Zugrundelegung gemeinsamer Vorstellungen ausgehandelt und in den Versicherungsvertrag aufgenommen, sondern durch Einbeziehung einer FC&S-Clause. Dabei handelt es sich um eine Standardversicherungsklausel, die für eine Vielzahl von Verträgen konzipiert ist und – inhaltlich nicht verhandelbar – vom Versicherer vorgegeben wird, also um AVB. Disponiert wird von den Parteien lediglich darüber, ob eine solche Klausel in den Vertrag aufgenommen wird oder nicht; ihr Inhalt bleibt hingegen standardisiert. Da derartige AVB möglichst eine Vielzahl auch unterschiedlicher Fallgestaltungen und Bedürfnisse abdecken sollen, kann die Standardisierung ihres Inhalts dazu führen, dass sie im Einzelfall nicht vollständig anwendbar sind. In gewissem Sinne ist die Klausel dann mit Regelungen „überfrachtet". Ihre Regelungsinhalte sind für den Einzelfall zwar nicht immer kumulativ erforderlich, gleichwohl aber, um die Vielzahl alternativer Einzelfälle zu erfassen. Deshalb kann es in Versicherungsverträgen unter Verwendung von Standardbedingungen dazu kommen, dass das Vertragswerk Regelungen beinhaltet, die für den betreffenden Versicherungszweck keine Rolle spielen. Die genauen Beweggründe der Parteien für die Ausgestaltung des Versicherungsvertrages im *Republic of Bolivia*-Fall lassen sich retrospektiv nicht mehr feststellen. Es sprechen jedoch die vorstehenden Erwägungen dafür, dass es den Parteien darauf ankam, Beschlagnahme und Aufbringung des Schiffes vom Versicherungsschutz auszuschließen. Deshalb wurde die FC&S-Clause gezeichnet. Die im Klauselinhalt standardmäßig enthaltene Rückausnahme bei Aufbringung des Schiffes durch Piraten ist deshalb als in diesem Fall nicht notwendige „Überfrachtung" zu betrachten,

---

[396] So auch Richter *Kennedy* in *Republic of Bolivia v. Indemnity Mutual Marine Assurance Company, Ltd.* [1909] 1 K.B. 785 (802).

[397] *BGHZ* 90, 69 (77); 40, 91 (103); 9, 273 (278); *BGH* NJW 2002, 2310 (2311); NJW 1995, 1212 (1213); *BGH* NJW-RR 1989, 1490 (1491); *RGZ* 136, 178 (185); 87, 211 (213 f.).

die – wie oben beschrieben – aus der Standardisierung des Klauselinhalts resultiert. Unterstützt wird diese Ansicht darüber hinaus durch den Umstand, dass das englische Versicherungswesen im Gegensatz zum deutschen nicht streng zwischen Binnengewässerversicherung und Seeversicherung unterscheidet. Dementsprechend sind die englischen Klauselwerke so gestaltet, dass sie die Bedürfnisse und Erfordernisse beider Sparten abdecken können.[398] Piraterie als seebezogene Gefahr ist damit auch in Klauseln enthalten, die in der Binnengewässerversicherung verwendet werden. Für die Verwendung einer Seeversicherungsklausel im vorliegenden Fall spricht auch die Sachverhaltsdarstellung in der Entscheidung. Dort heißt es wörtlich: „These goods were insured for the voyage by a policy in the form of a marine policy [...]."[399] Zusammenfassend kann daher festgehalten werden, dass die Verwendung des Pirateriebegriffs in Standardklauseln in einer englischen Flussfahrtversicherung nicht dazu zwingt, die sog. Flusspiraterie unter den versicherungsrechtlichen Pirateriebegriff zu subsumieren.

Neben der Annahme einer systembedingten „Überfrachtung" des Vertragsinhalts im vorliegend besprochenen Fall kann allerdings nicht ausgeschlossen werden, dass es den Vertragsparteien dezidiert auf die in der FC&S-Clause enthaltene Rückausnahme der Piraterie ankam. Dann jedoch muss davon ausgegangen werden, dass die Parteien dem Begriff der Piraterie ein eigenes, individuelles Verständnis zugrunde gelegt haben. Dieses ist freilich nicht geeignet, Beispiel zu stehen für ein allgemeines, nach objektiver Auslegung zu ermittelndes Begriffsverständnis.

Neben dem fehlenden Seebezug bei Angriffen auf Flüssen ergeben sich auch aus der Betrachtung deutscher Bedingungswerke Hinweise, die für eine Ausgrenzung der sog. Flusspiraterie aus dem versicherungsrechtlichen Pirateriebegriff sprechen. Während die neuen DTV-ADS als Seeversicherungsbedingungen in Ziff. 35 die Pirateriegefahr nunmehr der Kriegsgefahr gleichsetzen und aus der Kaskodeckung ausschließen, ist sie in den Allgemeinen Bedingungen für die Versicherung von Flusskasko-Risiken (AVB-Flusskasko)[400] weder unter den Haftungsausschlüssen noch unter den gedeckten Gefahren zu finden. Auch wenn sich die Seekaskoversicherung von der Flusskaskoversicherung strukturell darin unterscheidet, dass Erstere dem Grundsatz der Allgefahrendeckung folgt, während Letzterer das System der Einzelgefahrendeckung innewohnt, kann darin nicht der Grund für die Außerachtlassung des Pirateriebegriffs in den Flusskaskoklauseln gesehen werden. Denn obwohl sich die Deckung der Flusskaskoversicherung nur auf die enumerativ aufge-

---

[398] Vgl. z.B. cl. 6.1.1 ITCH 1983: „This insurance covers loss [...] caused by perils of the seas lakes rivers and other navigable waters."
[399] *Republic of Bolivia v. Indemnity Mutual Marine Assurance Company, Ltd.* [1909] 1 K.B. 785.
[400] Die AVB Flusskasko 2008/2013 werden vom GDV herausgegeben.

zählten Risiken erstreckt, finden sich in den AVB-Flusskasko Ausschlussbestimmungen für bestimmte Gefahren und Schäden. Diese zählen in Ziff. 3.2.1.6 unter anderen durch Krieg, Bürgerkrieg oder kriegsähnliche Ereignisse und durch feindliche Verwendung von Kriegswerkzeugen verursachte Schäden am Schiff auf und entsprechen damit nahezu wortgleich der Ausschlussklausel in Ziffer 35 DTV-ADS. Strukturell erfüllen beide Ausschlussklauseln den Zweck, den Versicherer vor bestimmten, unkalkulierbaren Risiken zu bewahren. Ein Verzicht auf die Aufnahme von Piraterieschäden in diesen Katalog lässt sich für die Flusskaskoklauseln auch kaum damit begründen, dass die Piraterie kein für die Ausschlussklausel erforderliches unkalkulierbares Risiko darstellt. In Ziffer 3.2.1.5 AVB-Flusskasko sind nämlich Schäden, die durch terroristische oder politische Gewalttaten verursacht werden, ebenfalls ausgeschlossen. Diese sind der Piraterie verwandte und in ihrer Risikostruktur ähnliche Erscheinungsformen von Gewalt. Das Fehlen eines Pirateriausschlusses in den AVB-Flusskasko lässt entsprechend darauf schließen, dass die Klauselgeber davon ausgegangen sind, dass Piraterie auf Flüssen begrifflich schlichtweg nicht existiert.

cc) Der „seebezogene Angriff"

Die Festlegung eines seebezogenen Angriffs als Element des Pirateriebegriffs bringt die Folgefrage mit sich, was unter einem seebezogenen Angriff zu verstehen ist. Der Begriff ist durch die Darstellungen zu den Fällen *Andreas Lemos* und *Republic of Bolivia* bereits konturiert worden, verbleibt in seinem konkreten Inhalt jedoch unbestimmt. Einerseits kann von einem seebezogenen Angriff noch nicht ausgegangen werden, nur weil sich der Angriff gegen ein Schiff richtet. Zum anderen ginge es vielleicht zu weit, einen seebezogenen Angriff nur dann anzunehmen, wenn sich das Schiff unmittelbar auf Seefahrt befindet. Deutlich geworden ist bereits, dass es sich bei diesem Merkmal um ein örtlich zu bestimmendes Merkmal handelt. Es ist also im Einzelfall zu untersuchen, wo sich der Angriff ereignet hat und ob diesem Ort ein Seebezug anhaftet.

Denkbar ist insoweit, das Merkmal des Seebezuges nicht objektiv-generell zu bestimmen, sondern einer Bewertung der geographischen Umstände im Einzelfall zugänglich zu machen. Damit würde das Pirateriaelement des seebezogenen Angriffs einen wertenden Bestandteil erhalten. Dies macht es gegenüber dem völkerrechtlichen Pirateriebegriff zunächst erheblich schwieriger, Piraterie von anderen Erscheinungsformen abzugrenzen, da es dann im Versicherungsrecht an einer scharfen Grenze fehlte, die im Völkerrecht zwischen Hoher See und der übrigen See gezogen ist.[401] Schwierig zu beurteilen

---

[401] *Hazelwood*, LMCLQ 1983, 283 (286–287); *Thomas*, JIML 10 (2004), 355 (367–368).

wäre beispielsweise der Fall eines Angriffs auf ein Schiff, das von der See kommend in einen Hafen eingelaufen ist. Genügt ein Hafen als Verbindungseinrichtung zwischen der See und dem Land dem Erfordernis des Seebezugs? Im Einzelfall könnte dies sogar von der baulichen Gestaltung des Hafens abhängen, je nachdem, ob der Hafen sich eher als seewärts gerichtete Einrichtung darstellt oder als Festlandeinrichtung mit Gewässeranbindung. Damit wären erhebliche Unsicherheiten verbunden.

Es ist daher vorzugswürdig, auch im Seeversicherungsrecht klare Grenzen zu ziehen und eine objektiv-generelle Beurteilung vorzunehmen. Inhaltlich muss das Abgrenzungsmerkmal gegenüber dem Völkerrecht verändert werden, da die Hohe See insoweit nicht geeignet ist. Anstatt an die Hohe See anzuknüpfen, sollte der seeversicherungsrechtliche Pirateriebegriff an die gesamte See anknüpfen. Dadurch wird einerseits der erforderliche Seebezug hergestellt, der immer dann gegeben ist, wenn sich der Angriff auf See ereignet. Andererseits wird dadurch eine klare örtliche Grenze gezogen, die vom Pirateriebegriff alle übrigen Taten ausgrenzt, die nicht auf See stattgefunden haben und somit keinen ausreichenden Seebezug aufweisen. Für die Bestimmung des Seebezuges ist deshalb auf die rechtliche Einordnung des Gewässers abzustellen. Nur wenn das entsprechende Gewässer rechtlich als Seegebiet qualifiziert ist, kann ein Akt der Piraterie im seeversicherungsrechtlichen Sinne vorliegen. Deshalb ist – wie an anderer Stelle bereits festgestellt – die sog. Flusspiraterie nicht als Piraterie einzuordnen, da es sich um Taten auf Binnengewässern handelt. Auch der beschriebene Zweifelsfall der sog. Hafenpiraterie kann unter diesen Bedingungen eindeutig zugeordnet werden: Hafenpiraterie ist keine Piraterie im seeversicherungsrechtlichen Sinne, da Seehäfen gemäß Art. 11 SRÜ nicht zur See, sondern zu den internen Gewässern gehören.[402] Die Demarkationslinie zwischen der See und allen übrigen Binnengewässern bildet somit das entscheidende örtliche Abgrenzungskriterium.[403]

Vor dem High Court von Singapur wurde 2005 der Fall einer Schiffsentführung durch Piraten verhandelt, die sich im Hafengebiet von Batu Ampar ereignete.[404] Das Gericht qualifizierte die Täter als Piraten, obgleich das Schiff in Hafennähe vor Anker lag.[405] Daraus wurde teilweise der Schluss gezogen, dass das Gericht auch die sog. Hafenpiraterie als Piraterie im see-

---

[402] Im Ergebnis so auch *Hazelwood*, LMCLQ 1983, 283 (286); siehe auch *Lagoni*, in: FS Rauschning, S. 501 (514) und dort Fn. 72.

[403] A.A. *Thomas*, JIML 10 (2004), 355 (368), allerdings unter Bezugnahme auf den Fall *Republic of Bolivia*, in dem die Versicherungsklauseln die Gefahr der Piraterie benannten, obwohl es sich um eine reine Binnengewässerfahrt handelte. Siehe dazu *supra* S. 75 ff.

[404] *Bayswater Carriers Pte. Ltd. v. QBE Insurance (International) Pte. Ltd.* [2005] SGHC 185.

[405] *Bayswater Carriers Pte. Ltd. v. QBE Insurance (International) Pte. Ltd.* [2005] SGHC 185 Rn. 39.

versicherungsrechtlichen Sinne betrachtet.[406] Dies ist jedoch nicht der Fall. Vielmehr arbeitet das Gericht richtig heraus, dass es für die Beurteilung der Piraterie in geographischer Hinsicht darauf ankommt, inwieweit der Tatort einen entsprechenden Seebezug aufweist.[407] Nach den Feststellungen des Gerichts befand sich das Schiff zwar in Hafennähe, jedoch nicht *im* Hafen, sondern etwa eine Seemeile davon entfernt.[408] Auf diesen Umstand gestützt bejahte das Gericht den hinreichenden Seebezug. Die sog. Hafenpiraterie ist damit überhaupt nicht Gegenstand des Verfahrens gewesen[409] und deshalb auch nicht in den Begriffsumfang der seeversicherungsrechtlichen Piraterie einbezogen worden.[410]

In Fällen der sog. Hafenpiraterie fehlt es somit an einem seebezogenen Angriff, sodass seeversicherungsrechtlich keine Piraterie vorliegt.[411]

dd) Zwischenergebnis

Es ist somit festzuhalten, dass der Begriff der Piraterie im Seeversicherungsrecht nicht auf den Bereich der Hohen See beschränkt ist. Vor dem Hintergrund einer interessen- und systemgerechten Begriffsauslegung erfasst der Pirateriebegriff in Seeversicherungsverträgen in örtlicher Hinsicht das gesamte Seegebiet. Dem Begriff ist ein Bezug zur See immanent. Piraterie ist deshalb nur gegeben, wenn der betreffende Akt als seebezogener Angriff gewertet werden kann. Ein seebezogener Angriff liegt vor, wenn sich der Angriff in Gewässern ereignet, die rechtlich als Seegebiet qualifiziert sind. Die in diesem Merkmal beinhaltete Begrenzungsfunktion schließt die sog. Flusspiraterie sowie die sog. Hafenpiraterie aus dem Pirateriebegriff aus.

---

[406] So *Berg/Artmann/Kratz u.a.*, Münchener Rück, Piraterie – Bedrohung auf See, S. 30.

[407] *Bayswater Carriers Pte. Ltd. v. QBE Insurance (International) Pte. Ltd.* [2005] SGHC 185 Rn. 39.

[408] *Bayswater Carriers Pte. Ltd. v. QBE Insurance (International) Pte. Ltd.* [2005] SGHC 185 Rn. 26.

[409] Dies wird ausdrücklich betont *Bayswater Carriers Pte. Ltd. v. QBE Insurance (International) Pte. Ltd.* [2005] SGHC 185 Rn. 26.

[410] Das Gericht lässt es in *Bayswater Carriers Pte. Ltd. v. QBE Insurance (International) Pte. Ltd.* [2005] SGHC 185 Rn. 26 aber offen, wie es entschieden hätte, wenn das Schiff tatsächlich im Hafen gewesen wäre. Es liegt nahe, dass es sich der zitierten Ansicht von *O'May/Hill,* Marine Insurance, S. 126 angeschlossen und das Vorliegen von Piraterie verneint hätte.

[411] Zustimmend *O'May/Hill,* Marine Insurance, S. 126; *Kahn,* Tul. Mar. L. J. 20 (1995-1996), 293 (310), der allerdings unrichtigerweise davon ausgeht, dass diese Auffassung in der *Andreas Lemos*-Entscheidung aufgegeben wurde; so auch bereits die US-amerikanische Entscheidung im Fall *Britannia Shipping Co. v. Rutgers Fire Insurance Co.* (1792) 4 T.R. 783, in der Piraterie verneint wurde, weil das Schiff am Pier befestigt im Hafen lag.

b) Das Merkmal der Gewalt

aa) Die Andreas Lemos-Entscheidung

Auch für das völkerrechtliche Pirateriemerkmal der Gewalt bietet der *Andreas Lemos*-Fall eine wichtige analytische Grundlage. Die Handlungsweise der Täter war für das Gericht schließlich der entscheidende Aspekt in diesem Fall. Unter Berufung auf einige Stimmen des englischen Schrifttums sowie vorangegangene Rechtsprechung, arbeitete das Gericht den Grundsatz heraus, dass Vorfälle ohne Gewalt oder Drohung mit Gewalt keine Piraterie im Sinne einer Versicherungsklausel darstellen.[412] Der heimliche Diebstahl an Bord eines Schiffes kann daher nach Auffassung des Gerichts grundsätzlich keine Piraterie sein. Zwar fehlt es in der Entscheidung an einer weitergehenden Begründung dieser Auffassung. Jedoch darf die *conclusio* des Gerichts zumindest als Begründungsansatz gelesen werden, wonach aufgrund des Wirtschaftsbezuges der Angelegenheit davon auszugehen ist, dass der Versicherer unter „Piraterie" ausschließlich diejenigen Schäden versichert wissen will, die der Versicherungsnehmer deshalb erleidet, weil die Mannschaft seines Schiffes von den Angreifern mit Gewalt oder Drohung mit Gewalt überwältigt wurde.[413]

Unstreitig drohten die Täter nach ihrer Entdeckung auf dem Schiff der Mannschaft mit Gewalt, indem sie sie mit den mitgebrachten Messern in Schach hielten. Letztlich entscheidend war aus Sicht des Gerichts jedoch, dass der Schaden, für den der Versicherungsnehmer Ersatz begehrte, zu diesem Zeitpunkt bereits eingetreten war und deshalb nicht kausal auf die Gewaltandrohung und damit auch nicht auf einen Piraterieakt zurückzuführen war. Der durch die Entwendung von Schiffszubehör eingetretene Schaden beruhte vielmehr auf heimlichem Diebstahl, den die Täter vor ihrer Entdeckung vollendet hatten. Die spätere Gewaltandrohung war nur noch Mittel zur Ermöglichung der Flucht.[414] Dementsprechend verneinte das Gericht im Ergebnis eine Leistungspflicht des Versicherers. Es mag bezweifelt werden, dass eine solch feine Unterscheidung zu einem sachgerechten Ergebnis geführt hat. Es ist schließlich keineswegs fernliegend, die Gewaltandrohung auch als Beutesicherungsmittel anzusehen und insoweit eine – jedenfalls mitkausale – Verbindung zum Schaden herzustellen. Allerdings ist dies eine spezifische Kausalitätsfrage, die nur anhand eines jeden Einzelfalles unter-

---

[412] *Athens Maritime Enterprises Corporation v. Hellenic Mutual War Risks Association (Bermuda) LTD.* [1983] 1 Q.B. 647 (660): „I hold that theft without force or threat of force is not piracy under a policy of marine insurance."

[413] *Athens Maritime Enterprises Corporation v. Hellenic Mutual War Risks Association (Bermuda) LTD.* [1983] 1 Q.B. 647 (661).

[414] Zum Ganzen *Athens Maritime Enterprises Corporation v. Hellenic Mutual War Risks Association (Bermuda) LTD.* [1983] 1 Q.B. 647 (660 f.).

sucht und geklärt werden kann. Für die grundsätzliche Frage nach einem versicherungsrechtlichen Pirateriebegriff ist dies nicht von Bedeutung.

bb) Stellungnahme

Im Völkerrecht ist die Ausübung von Gewalt als Bestandteil der Piraterie ein entscheidendes Merkmal. Bereits lange vor der Kodifizierung in HSÜ und SRÜ war Piraterie ohne Gewalt nach völkergewohnheitsrechtlichen Grundsätzen nicht denkbar. Nicht zuletzt hat gerade das Gewaltelement der Piraterie die Abgrenzungsschwierigkeiten zu anderen Erscheinungsformen von Gewaltakten auf See hervorgerufen.[415] Anders als die übrigen Tatbestandsmerkmale des heutigen Art. 101 SRÜ, lässt sich das Gewaltmerkmal nicht auf spezifisch völkerrechtliche Hintergründe zurückführen.[416] Folglich besteht auch geringerer Anlass, dessen Übertragbarkeit auf den versicherungsrechtlichen Pirateriebegriff zu hinterfragen. Die Gewalt scheint der Piraterie unabhängig von der Rechtsumgebung – ähnlich wie ihr Bezug zur See – immanent zu sein. Mit einem Akt der Piraterie ist die Ausübung oder Androhung von Gewalt notwendig verbunden.

Auch für den versicherungsrechtlichen Pirateriebegriff kann nichts anderes gelten.[417] Dafür spricht auch die Struktur der deutschen Seekaskoversicherungsbedingungen. In den DTV-ADS wird Piraterie unter Ziff. 35 gemeinsam mit der Kriegsgefahr gruppiert, was auf die Bildung einer gemeinsamen Obergruppe von Gewalthandlungen schließen lässt. Noch deutlicher sind insoweit die DTV-KKl, die in Ziff. 15 unter der Überschrift „Gewalthandlungen" *inter alia* die Piraterie aufzählen. Es darf daher festgehalten werden, dass Gewalt ein Bestandteil des versicherungsrechtlichen Pirateriebegriffs ist.

Gewalt kann in den unterschiedlichsten Erscheinungsformen auftreten. Besonders augenscheinlich ist in Pirateriefällen Gewalt gegenüber Personen. Jedoch ist dies keineswegs erforderlich. Piraterie kann auch dann vorliegen, wenn die Gewalt gegen Sachen verübt wird oder die Anwendung von Gewalt lediglich angedroht wird.[418] Die Erheblichkeitsschwelle ist insoweit niedrig anzusetzen. Piraterie ist jedoch über das Gewaltkriterium vom bloßen heimlichen Diebstahl abzugrenzen. Ereignet sich das Geschehen also im Verborge-

---

[415] Siehe *supra* S. 6 ff.

[416] Vgl. zu den Merkmalen der Hohen See, des Zwei-Schiffe-Erfordernisses und der privaten Zwecke die Ausführungen zum völkerrechtlichen Begriffsverständnis *supra* S. 41 ff.

[417] So auch *Mandaraka-Sheppard*, in: Thomas, S. 47 (76); *Bayswater Carriers Pte. Ltd. v. QBE Insurance (International) Pte. Ltd.* [2005] SGHC 185, Rn. 16: „Force or threat of force is the essence of this peril [...]".

[418] Vgl. *Bayswater Carriers Pte. Ltd. v. QBE Insurance (International) Pte. Ltd.* [2005] SGHC 185, Rn. 16.

nen, liegt regelmäßig keine Piraterie vor.[419] Der Unterschied besteht insoweit auch in der der Gewalt innewohnenden Einschüchterungs- und Überwältigungsfunktion.[420]

cc) Zwischenergebnis

Es ist damit festzuhalten, dass Piraterie im seeversicherungsrechtlichen Sinne stets die Ausübung von oder Drohung mit Gewalt gegen Sachen oder Personen voraussetzt.

c) Das Merkmal der privaten Zwecke

aa) Die Republic of Bolivia-Entscheidung

Für die seeversicherungsrechtliche Bedeutung des Merkmals der privaten Zwecke ist wiederum die *Republic of Bolivia*-Entscheidung paradigmatisch. Entscheidungsbegründend waren nämlich die Handlungsmotive der Angreifer auf die *Labrea*. Sowohl in der ersten Instanz als auch vor dem *Court of Appeal* entschieden die Richter, dass ein Akt der Piraterie auch im Sinne einer Versicherungsklausel tatbestandlich ein Handeln zu privaten Zwecken voraussetzt. Als maßgeblich legten die Richter weder ein völkerrechtliches noch ein nationalrechtliches, sondern ein wirtschaftlich-geschäftliches Begriffsverständnis zugrunde, das dem Zweck des Versicherungsvertrages nach ihrer Auffassung am besten gerecht wurde.[421] Nach dem allgemeinen, wirtschaftsbezogenen Sprachgebrauch – so die Richter – stelle sich ein Geschäftsmann unter dem Begriff der Piraterie nur die Handlungen solcher Täter vor, die zu privaten Zwecken Beute machten und ihre Taten dabei nicht nur gegen bestimmte Opfer, sondern unterschiedslos gegen jedermann richteten.[422] Die Aufständischen wollten in der Amazonasregion eine unabhängige Republik errichten und aufrechterhalten. Insoweit kontrollierten sie regelmäßig Schiffe, die das von ihnen beanspruchte Gebiet durchfuhren. Dabei kam es indes nicht zu regelmäßigen Überfällen. Die *Labrea* wurde vielmehr nur deshalb zum Opfer, weil sie Waren und Nachschub der bolivianischen Regierung transportierte, gegen die die Aufständischen einen Unabhängigkeitskampf führten. Ihr

---

[419] Vgl. *Athens Maritime Enterprises Corporation v. Hellenic Mutual War Risks Association (Bermuda) LTD.* [1983] 1 Q.B. 647 (661).

[420] Dieser Gedanke liegt auch der besprochenen Entscheidung zugrunde, *Athens Maritime Enterprises Corporation v. Hellenic Mutual War Risks Association (Bermuda) LTD.* [1983] 1 Q.B. 647 (661). Eine Freiheitsberaubung ist hingegen nicht erforderlich. So aber *Wesemann*, Seehandels- und seeversicherungsrechtliche Probleme der modernen Piraterie am Horn von Afrika, S. 41.

[421] *Republic of Bolivia v. Indemnity Mutual Marine Assurance Company, Ltd.* [1909] 1 K.B. 785 (790, 797, 803).

[422] So der erste Leitsatz in *Republic of Bolivia v. Indemnity Mutual Marine Assurance Company, Ltd.* [1909] 1 K.B. 785 (786).

Angriff war demnach nicht durch privates Gewinnstreben, sondern vielmehr durch politische Motive geprägt. Mangels privater Zwecke verneinten die Richter das Vorliegen von Piraterie.

bb) Stellungnahme

Die Beschränkung des Pirateriebegriffs auf solche Taten, die zu privaten Zwecken ausgeführt werden, ist eines der wesentlichen Merkmale des völkerrechtlichen Pirateriebegriffs. Die Ausführungen dazu zeigen, dass das Tatbestandsmerkmal der privaten Zwecke über das SRÜ und das HSÜ sowie über die ersten Kodifikationsentwürfe, bis zu den vorgesetzlichen gewohnheitsrechtlichen Piraterieregelungen zurückreicht.[423] In der jüngeren Vergangenheit ist das Merkmal vor dem Hintergrund neuerlicher Bedrohungslagen durch Terrorismus und ähnliche Erscheinungen jedoch vermehrt in Frage gestellt worden.[424] Im *Republic of Bolivia*-Fall votierten die Richter in beiden Instanzen für das Erfordernis privater Zwecke, auch im Sinne einer Seeversicherungsklausel. Vor diesem Hintergrund erscheint die Annahme naheliegend, dass die Gerichte unter dem Einfluss des stark verwurzelten völkerrechtlichen Pirateriebegriffs zu der Auffassung gelangt sind, dass diesem auch im Versicherungsvertrag eine wesentliche Bedeutung zukommen müsse. Diese Annahme wird zudem dadurch bekräftigt, dass weder in erster noch in zweiter Instanz durch das jeweilige Gericht eine Begründung für das Tatbestandsmerkmal im Versicherungsrecht angeführt wurde, die sich mit spezifisch versicherungsrechtlichen oder -technischen Bezügen auseinandersetzt oder sich auf solche beruft. Der Grund für die Auffassung der Gerichte lag vielmehr in der Annahme, dass sich ein Geschäftsmann im Zusammenhang mit einem Versicherungsvertrag unter dem Begriff der Piraterie jedenfalls nicht einen Angriff durch politische Aufständische vorstellt, die es sich zum Ziel gesetzt haben, eine autonome Region zu erschaffen. Zuzugeben ist dieser Begründung, dass nach allgemeinem Sprachgebrauch die Umstände des vorliegenden Falles wohl nicht unter den Begriff der Piraterie zu fassen waren. Dies dürfte indes aber im Wesentlichen darauf zurückzuführen sein, dass der allgemeine Sprachgebrauch in diesem Fall eine bekannte alternative Kategorie zur Piraterie, nämlich die Handlung von politischen Aufständischen, bereithält und der Betrachter deshalb geneigt ist, die Tat der letzteren Kategorie zuzuordnen und das Vorliegen von Piraterie zu verneinen. Ohne eine solche bekannte Alternativkategorie dürfte die Zuordnung jedoch erheblich schwerer fallen. Dasselbe gilt dann für die Herleitung des Erfordernisses privater Zwecke als allgemeines Merkmal der Piraterie im Seeversicherungsrecht.

---

[423] Siehe *supra* S. 49 ff.
[424] Siehe *supra* S. 49 ff.

Gleichwohl lässt sich diese Auffassung – aus heutiger Sicht – auch mit spezifischem Versicherungsbezug begründen: Das deutsche Seeversicherungsrecht folgt dem Grundsatz der Allgefahrendeckung.[425] Sofern eine bestimmte Gefahr nicht explizit im Versicherungsvertrag ausgeschlossen wird, ist sie versichert. Am Beispiel der Differenzierung zwischen der Piraterie- und der Kriegsgefahr lässt sich die Bedeutung der Unterscheidung zwischen öffentlichen und privaten Motiven gut aufzeigen. Sowohl nach § 35 ADS als auch nach Ziff. 35 DTV-ADS ist die Gefahr des Krieges in der Seekaskoversicherung ausgeschlossen. Krieg wird insoweit als in der normalen Kaskoversicherung unkalkulierbares Risiko angesehen. Demgegenüber ist die Gefahr der Piraterie nach § 28 ADS von der Versicherung erfasst und wird sogar beispielhaft als versicherte Gefahr genannt.[426] Insoweit handelt es sich bei Krieg und Piraterie nach dem Konzept der ADS um zwei unterschiedliche und voneinander abzugrenzende Gefahren, von denen erstere ausgeschlossen und letztere eingeschlossen ist.[427] Im Versicherungsfall hängt damit die Leistungspflicht des Versicherers davon ab, ob der Schaden durch einen Akt der Piraterie oder des Krieges hervorgerufen wurde. Rufen wir uns die ganz zu Anfang vorgenommene Abgrenzung von Piraterie und Kaperei wieder in das Gedächtnis, so wird deutlich, wie ähnlich sich ein piratischer und ein kriegerischer Akt sein können.[428] Äußerlich völlig gleich, nur in der inneren Motivrichtung unterschiedlich. Von einer eindeutigen Zuordnung zur einen oder zur anderen Gefahr hängt es jedoch ab, ob der Versicherungsnehmer vom Versicherer Ersatz der erlittenen Schäden verlangen kann oder den Schaden letztlich selbst zu tragen hat.[429] Insoweit ermöglicht es das Merkmal der privaten Zwecke zwischen den Gefahren der Piraterie und des Krieges eine klare Grenzziehung vorzunehmen. Während Krieg stets einen öffentlich-rechtlichen Bezug aufweist und Kriegshandlungen damit aus öffentlichen Motiven vorgenommen werden, handelt es sich bei der Piraterie um privat angetriebene Taten.[430] Für diese Unterscheidung ist das Merkmal der privaten Zwecke auch im Seeversicherungsrecht tauglich und erforderlich.

---

[425] § 28 ADS; Ziff. 27 DTV-ADS.
[426] § 28 ADS verwendet das Synonym Seeraub.
[427] Durch unterschiedliche Gestaltungsmöglichkeiten der Seekaskoversicherungsverträge ist dies nicht zwangsläufig so. Insbesondere in den neueren DTV-ADS sind verschiedene Variationsmöglichkeiten angelegt. Inwieweit Piraterie eine versicherte Gefahr unter den deutschen Seekaskobestimmungen ist, ist den detaillierten Ausführungen im zweiten Teil dieser Arbeit zu entnehmen, siehe *infra* S. 101 ff.
[428] Siehe *supra* S. 7 ff.
[429] Ggf. muss der Schaden auch von einem anderen Versicherer getragen werden, beispielsweise, wenn eine Seekasko- und eine Kriegskaskoversicherung besteht. Dann geht es im Rahmen der Abgrenzung nicht darum, ob der Seekaskoversicherer oder der Reeder den Schaden zu tragen hat, sondern welcher Versicherer.
[430] Ähnlich beschreibt dies *Williams*, JIML 10 (2004), 343 (344).

Auch die Konzeption der DTV-ADS spricht für das Merkmal der privaten Zwecke als Bestandteil des versicherungsrechtlichen Pirateriebegriffs. So wird in Ziff. 37.1 DTV-ADS begrifflich zwischen der Pirateriegefahr einerseits und der Gefahr terroristischer oder politischer Gewalthandlungen andererseits differenziert. Auch die DTV-KKl[431] trennen in Ziff. 15 die Gefahren der Piraterie und der politischen Gewalthandlungen. Bereits diese begriffliche Differenzierung verlangt eine inhaltliche Unterscheidung der Gefahren. Zwingend wird dies, wenn man die für die Gefahren bestehende Deckung betrachtet. Unter Ziff. 15 DTV-KKl besteht zunächst Deckung für Piraterie und politische Gewalthandlungen; die Deckung ist insoweit grundsätzlich dieselbe. Allerdings gewährt die Bestimmung dem Versicherer die Möglichkeit, diese Gefahren – auch einzeln – mit einer Frist von 14 Tagen bei laufender Versicherung zu kündigen. Folglich kann der Versicherer beispielsweise die Gefahr der Piraterie einzeln kündigen und damit aus der Deckung entfernen, gleichzeitig aber weiterhin Deckung für politische Gewalthandlungen gewähren. Tritt dann der Versicherungsfall aufgrund einer Gewalthandlung ein, ist eine genaue Abgrenzung zwischen Piraterie und politischen Gewalthandlungen erforderlich.[432] Eine inhaltliche Überschneidung der beiden Erscheinungsformen von Gewaltakten darf es nicht geben.

Noch deutlicher wird dies in den DTV-ADS. Ziff. 35.1.4 stellt die Pirateriegefahr – anders als zuvor noch § 28 ADS – nämlich der Kriegsgefahr gleich und schließt Piraterie aus der Allgefahrendeckung aus. Deckungsschutz für Piraterie wird dann unter der Kriegskaskoversicherung gewährt. Die Gefahr von terroristischen oder politischen Gewalthandlungen bleibt hingegen gemäß Ziff. 37.1 DTV-ADS im Rahmen der Seekaskoversicherung gedeckt.[433] Insoweit hängt im Versicherungsfall die Frage der Leistungspflicht des Versicherers wiederum davon ab, ob es sich um einen Piraterieakt oder um terroristische oder politische Gewalthandlungen handelt. Besteht neben der Seekaskoversicherung auch eine Kriegskaskoversicherung, stellt sich für den Versicherungsnehmer die Frage, von welchem der beiden Versicherer er Leistung verlangen kann.[434]

---

[431] In der neuesten Fassung von Januar 2008.

[432] Vgl. *Schwampe*, Seekaskoversicherung, § 15, Rn. 4, der von der Notwendigkeit der Bestimmung der „Innengrenzen" spricht.

[433] Zu beachten ist allerdings, dass Ziff. 37.1 DTV-ADS eine Subsidiaritätsklausel enthält und Deckung unter der Seekaskoversicherung nur gewährt, sofern die Gefahr nicht unter einem anderen Versicherungsvertrag versichert ist. Dazu und zur Kollision gegenseitiger Subsidiaritätsklauseln siehe *infra* S. 109 ff.

[434] *Apostolis/Knott*, Modern Piracy at Sea, S. 4. Dies gilt nicht, wenn See- und Kriegskaskoversicherung beim selben Versicherer gezeichnet wurden, da dieser dann in jedem Fall entweder aus dem einen oder dem anderen Versicherungsvertrag zur Leistung verpflichtet ist.

Aus alledem wird deutlich, dass unter den Begriff der Piraterie im Seeversicherungsrecht weder kriegerische noch terroristische und politische Gewalthandlungen subsumiert werden können. Es handelt sich jeweils um eigenständige Erscheinungsformen von Gewalthandlungen auf See. Deshalb ist ein Abgrenzungsmerkmal erforderlich; dafür geeignet ist das Kriterium der privaten Zwecke in Unterscheidung zu öffentlichen Zwecken.[435] Die gegen dieses Tatbestandsmerkmal im Völkerrecht vorgebrachten Bedenken spielen im Seeversicherungsrecht keine Rolle.[436] Während es im Völkerrecht auch um die Prävention von Gewaltakten auf See geht und es vor diesem Hintergrund bedenklich sein mag auf die häufig erst im Nachhinein feststellbaren Motive der Täter abzustellen, besteht ein konkretes Abgrenzungserfordernis im Versicherungsrecht grundsätzlich erst dann, wenn ein Schaden aufgrund einer solchen Gewalthandlung bereits eingetreten ist. Insoweit kann eine Beurteilung der Motive in der Regel ohne Hast *ex post* vorgenommen werden. Sofern sich dabei gemischte Motive herausstellen, ist eine Charakterisierung nach dem Schwerpunkt vorzunehmen.[437]

cc) Beurteilung mehrteiliger Akte

Schwierigere Abgrenzungsprobleme können sich jedoch unter dem Gesichtspunkt mehrteiliger Akte ergeben. Insoweit kommen zunächst zwei Kategorien in Betracht. Zum einen ließen sich Gewalthandlungen gegen Schiffe im Rahmen einer Einzelbetrachtung in ihre jeweiligen Bestandteile sezieren und diese gesondert bewerten. Zum anderen ist zu klären, an welcher Stelle für die Beurteilung der Motivation der Angreifer anzusetzen ist. Wie ist ein Angriff zu beurteilen, der zunächst nur der privaten Mittelbeschaffung dient, diese Mittel aber im Nachgang zur Finanzierung terroristischer Aktivitäten eingesetzt werden sollen?

Soweit es die erste Kategorie angeht, nimmt *Halberstam*[438] im Fall der von Terroristen entführten *Achille Lauro*[439] aus völkerrechtlicher Perspektive eine Einzelbetrachtung vor. Dabei unterteilt sie das Geschehen in mehrere Zeitabschnitte, denen gesonderte Motive der Täter zugrunde liegen sollen. Auf dieser Basis qualifiziert sie die Tötung eines jüdischen Passagiers als Piraterieakt, da diese Tötung für sich genommen zu einem Zeitpunkt stattgefunden habe, zu dem das terroristische Motiv der Täter jedenfalls nicht mehr bestan-

---

[435] Auch die Bundesregierung differenziert zwischen Piraterie und maritimem Terrorismus nach der Zweckrichtung der Taten, BT-Drs. 16/9286, S. 5.
[436] Zur Kritik auf völkerrechtlicher Ebene siehe *supra* S. 49 ff.
[437] So in *Banque Monetaca & Carystuiaki and Another v. Motor Union Insurance Co., Ltd.* [1923] Lloyd's LL. Rep. 48 (50); siehe dazu auch *Thomas*, JIML 10 (2004), 355 (365).
[438] *Halberstam*, AJIL 82 (1988), 269 (282).
[439] *Supra* S. 48 f.

den habe.[440] Diese konkrete Handlung sei eher dem Bereich privater Motive zuzuschreiben – als private, gegen die Bevölkerung Israels oder Menschen jüdischen Glaubens gerichtete Rache der palästinensischen Angreifer.[441] So nachvollziehbar diese Unterteilung zur Erlangung einer Handhabe gegen die Täter aus damaliger völkerrechtlicher Sicht erscheinen mag, so sehr ist sie auch von diesem Bestreben geprägt.

Eine solche Unterteilung des Geschehens führt zur Aufspaltung eines als natürlich-zusammenhängend aufzufassenden Ereignisablaufs in seine einzelnen Bestandteile. Ließe man diesen Maßstab zu, so erlaubte man gleichsam eine uferlose Differenzierung einzelner Handlungen, die wohl erst in der einzelnen Körperbewegung eine halbwegs klare Begrenzung erführe. Auf dieser Basis ist eine Zuordnung von Motiven kaum möglich.

Daher sind mehrteilige Geschehensakte nicht in ihren einzelnen Bestandteilen, sondern zusammengefasst als natürliche Handlungseinheit zu bewerten. Die *Achille Lauro* wurde von den palästinensischen Angreifern zunächst aus politischen, anti-israelischen Motiven angegriffen und entführt. Sämtliche Geschehnisse mitsamt der Tötung des Passagiers sind als Folge dieses politisch motivierten Angriffs aufzufassen. Insoweit darf hier eine Parallele zur strafrechtlichen Handlungslehre gezogen werden, die zur Beurteilung eines mehraktigen Geschehens nicht auf die einzelnen, zeitlich und räumlich zusammenhängenden Handlungen des Täters abstellt, sondern diese in einer kumulativ-zusammengefassten, lebenswirklichen Geschehens- und Handlungseinheit der Bewertung zugrunde legt.[442] Gleiches gilt im öffentlich-rechtlichen Polizeirecht.[443] Auch in der versicherungsrechtlichen Beurteilung sind verschiedene Handlungen zu einer Handlungseinheit zusammenzufassen, wenn eine Mehrheit relevanter Handlungen vorliegt, diese in einem unmittelbaren zeitlichen und räumlichen Zusammenhang stehen und sich das gesamte Tun objektiv, auch aus der Sicht eines Dritten, als ein einheitliches zusammengehöriges Geschehen darstellt.[444]

Unter dieser Prämisse ist der oben ausgeführten Auffassung *Halberstams* im *Achille Lauro* Fall entgegenzutreten und unter Berücksichtigung der eng miteinander verbundenen Handlungsabläufe von einem einheitlichen Geschehen auszugehen. Hätte dieser Fall einer versicherungsrechtlichen Beurteilung unterlegen, so wäre das gesamte Geschehen als politisch motivierte Gewalttat und nicht als Piraterie zu qualifizieren gewesen. Nach diesem Muster sind auch übrige Fälle mehraktiger Ereignisabläufe zu beurteilen.

---

[440] *Halberstam*, AJIL 82 (1988), 269 (282).
[441] *Halberstam*, AJIL 82 (1988), 269 (282).
[442] *BGH* NJW 1990, 2896; NStZ 1993, 234; NStZ 1985, 217; kritisch *Sternberg-Lieben/Bosch*, in: Schönke/Schröder, Vorb. §§ 52 ff., Rn. 22 ff.; *B. von Heintschel-Heinegg*, in: MüKo-StGB, § 52, Rn. 52 ff.
[443] Vgl. nur *BVerwG*, Beschl. v. 12.04.2006 – 7 B 30/06.
[444] *Veith*, in: Veith/Gräfe/Gebert, § 1, Rn. 317.

In Anbetracht der zweiten Kategorie ist der Frage nachzugehen, ob das jeweilige Endmotiv der Täter oder vielmehr das konkrete, der gegenwärtigen Handlung unmittelbar zugrundeliegende Motiv ausschlaggebend für die Bewertung aus versicherungsrechtlicher Perspektive ist. Richtigerweise ist in diesem Zusammenhang stets auf das konkrete, unmittelbare Motiv abzustellen. Für den Versicherungsfall maßgebend sind ausschließlich die Umstände, die ihm unmittelbar zugrunde liegen und einen direkten Bezug zu ihm aufweisen. Dies ist hinsichtlich einer späteren Verwendungsabsicht etwaig durch die Täter erlangter Lösegelder nicht der Fall. Dient ein Angriff zielgerichtet der Erbeutung finanzieller Mittel, so handelt es sich unabhängig von einer unter Umständen grundsätzlich vorhandenen politischen Motivation der Angreifer um einen Akt der Piraterie.[445] Beschaffungskriminalität politischer Gruppierungen ist wegen der wirtschaftlichen Interessenlage damit grundsätzlich keine politische Gewalthandlung, sondern Piraterie.[446] Die motivbezügliche *causa proxima* sind in diesen Fällen private Zwecke.

dd) Zwischenergebnis

Piraterie im seeversicherungsrechtlichen Sinne erfordert somit ein Handeln aufgrund privater Zwecke. Kriegshandlungen, terroristische Handlungen und sonstige politische Gewalthandlungen stellen versicherungsrechtlich keine Piraterie dar. Übergeordnet dient das Merkmal der Unterscheidung privater Zwecke von öffentlichen Zwecken. Für die Beurteilung mehrteiliger Akte ist zum einen auf das Prinzip der natürlichen Handlungseinheit zurückzugreifen und andererseits stets auf das unmittelbare Motiv für das zu beurteilende konkrete Ereignis abzustellen.

d) Das Zwei-Schiffe-Erfordernis

Das Zwei-Schiffe-Erfordernis ist nach dem völkerrechtlichen Pirateriebegriff ein gesetzlich festgelegtes Tatbestandsmerkmal. Ebenso wie das Element der Hohen See beruht es auf der begrenzten Regelungsbefugnis des Völkerrechts.[447] Gleichsam drängt sich zunächst der Gedanke auf, dass das Zwei-Schiffe-Erfordernis wegen dieses jurisdiktionellen Hintergrundes für den Bereich des Versicherungsrechts nicht von Bedeutung ist. Die Argumentation deckt sich insoweit im Grundsatz mit derjenigen zum Merkmal der Hohen See.

---

[445] Der Frachter *Baco-Liner 2* wurde 2007 von einer nigerianischen politischen Gruppierung an der Westküste Afrikas entführt. Unmittelbares Motiv war jedoch scheinbar die Erbeutung von Lösegeld. Siehe dazu *Obermayer/Much,* GDV – Positionen Juni 2007, S. 6.
[446] *Ehlers*, in: Thume/de la Motte/Ehlers, Teil 5, AVB-Güterversicherung, Rn. 128.
[447] Siehe *supra* S. 52 ff.

In diesem Sinne haben in der Vergangenheit bereits nationale schottische[448] und US-amerikanische[449] Gerichte das Zwei-Schiffe-Erfordernis nach nationalem Recht für entbehrlich gehalten.[450] Auch mit spezifisch versicherungsrechtlichem Bezug regelt der englische MIA, dass der Pirateriebegriff auch „Passagiere, die Meutern" umfasst.[451] Damit dürfte es äußerst schwer fallen, im Rahmen englischer Seekaskoversicherungsverträge die Ansicht zu vertreten, der Pirateriebegriff erfordere sowohl ein Piraten- als auch ein Opferschiff. Andererseits gilt es zu bedenken, dass die im MIA abgedruckte englische Standardpolice (*SG Policy*) bereits im 17. Jahrhundert entstand und heutzutage überhaupt nicht mehr verwendet wird. Seit dieser Zeit unterlag der Inhalt der Police einer ständigen – auch begrifflichen – Fortentwicklung.[452] Auf diese Weise erhielten viele Begriffe eine versicherungstechnische Bedeutung; die Piraterie scheint von dieser Entwicklung jedoch nicht erfasst worden zu sein.[453] Dies mag damit zusammenhängen, dass die Gefahr der Piraterie zumindest im vergangenen Jahrhundert von untergeordneter Bedeutung war und erst in jüngerer Zeit wieder in den Fokus gerückt ist.

Dennoch ist es die Mühe wert, für die Untersuchung des deutschen versicherungsrechtlichen Pirateriebegriffs in eine tiefere Analyse dieses Merkmals einzusteigen. Insbesondere die Meuterei – verstanden im Sinne einer Auflehnung der *Schiffsmannschaft* gegen den Kapitän – nimmt im allgemeinen Sprachgebrauch und auch aus historischer Sicht eine Bedeutung ein, die mit der Piraterie nicht gleichzusetzen ist.

aa) Bordinterne Angriffe

(1) Fallbeispiele

Außerhalb des Versicherungsrechts findet sich der rechtswissenschaftliche Diskurs um das Merkmal des Zwei-Schiffe-Erfordernisses stets bei den Fällen der *Santa Maria* und der *Achille Lauro* wieder. In beiden Fällen ereigneten sich bordinterne Angriffe und lösten eine heftige Debatte um die völkerrecht-

---

[448] *Cameron v. H.M. Advocate* [1971] SC 50 (55).

[449] *Harmony v. United States*, 2 How. 210 (1841).

[450] Siehe *O'Connell/Shearer*, International Law of the Sea, S. 971 f., wenngleich nicht in versicherungsrechtlichem, sondern strafrechtlichem Zusammenhang. Bezogen auf den jurisdiktionellen Hintergrund des Merkmals gilt diese Argumentation aber gleichsam für alle Bereiche nationaler Rechtssetzung. Siehe auch *Birnie*, Marine Policy 11 (1987), 163 (166–167).

[451] MIA 1906 Schedule I No. 8; siehe dazu auch die Entscheidungen *Court of Exchequer*, 07.05.1853, 8 EX. (1853), 739 (749–750) = 155 E.R. 1550. und *Court of Exchequer*, 03.07.1854, 10 EX. (1854), 382 (389) = 156 E.R. 492.

[452] *Thomas*, JIML 10 (2004), 355 (360).

[453] *Thomas*, JIML 10 (2004), 355 (360).

liche Haltbarkeit dieses Piraterienmerkmals aus.[454] Mit versicherungsrechtlichem Bezug sind die Entscheidungen des *Court of Exchequer*[455] im Fall *Naylor v. Palmer*[456] von Interesse. In dem diesen Entscheidungen zugrunde liegenden Fall sollten Tagelöhner (sog. Kulis) im Jahre 1851 per Schiff von China nach Peru befördert werden. Die sichere Ankunft der Tagelöhner war Gegenstand der streitigen Versicherungspolice. Während der Überfahrt töteten die chinesischen Tagelöhner den Kapitän und weitere Besatzungsmitglieder und brachten das Schiff unter ihre Gewalt. Im Anschluss steuerten sie das Schiff an Land und verweigerten die weitere Überfahrt zu dem Bestimmungshafen. Der *Court of Exchequer* subsumierte den Angriff der Tagelöhner unter den Begriff der Piraterie, jedenfalls aber, aufgrund fehlender *animus furandi*, unter einen Akt *eiusdem generis*.[457] Dementsprechend bestand bereits vor dem Inkrafttreten des MIA in England die Auffassung, dass unter den versicherungsrechtlichen Pirateriebegriff auch bordinterne Angriffe von Passagieren zu fassen sind. Mit einem offenbar anderen Verständnis wurde dieser Fall vom *High Court* in *Nishina Trading Co. v. Chiyoda Fire and Marine Insurance*[458] aufgefasst. Dort heißt es, in *Palmer v. Naylor* sei der Angriff der Kulis als ein Akt *eiusdem generis* qualifiziert worden, da die Kulis zunächst legal an Bord gelangt seien und daher nicht als Piraten eingestuft werden könnten.[459] Eine Differenzierung danach, ob die späteren Angreifer zunächst legal oder illegal an Bord gelangt sind, lässt sich der Entscheidung in *Palmer v. Naylor* jedoch nicht entnehmen. Die Zweifel an einem Akt der Piraterie ergaben sich damals – wie dargestellt – ausschließlich vor dem Hintergrund einer fehlenden *animus furandi*.[460] Auch unter Berücksichtigung der Definitionshilfen des MIA erscheint die Auffassung des *High Court* zweifelhaft. Dort heißt es nämlich ausdrücklich, dass als Piraten auch „Passagiere, die meutern" gelten.[461] Folglich bleibt es im Rahmen der englischen Seeversicherung für diese Fälle beim Wegfall des Zwei-Schiffe-Erfordernisses. Neben der klassischen Meuterei durch die Schiffsbesatzung und Angriffen durch Passagiere – die wohl beide von der Pirateriedefinition des MIA erfasst sind – kann ein bordinterner Angriff aber auch von „blinden Passagieren" verübt

---

[454] Siehe *supra* S. 49.
[455] Der Court of Exchequer ist ein ehemaliges Gericht für England und Wales zur Zeit Heinrichs I.
[456] *Court of Exchequer*, 07.05.1853, 8 EX. (1853), 739 = 155 E.R. 1550; *Court of Exchequer*, 03.07.1854, 10 EX. (1854), 382 = 156 E.R. 492.
[457] *Court of Exchequer*, 07.05.1853, 8 EX. (1853), 739 (750) = 155 E.R. 1550, bestätigt durch *Court of Exchequer*, 03.07.1854, 10 EX. (1854), 382 (389) = 156 E.R. 492.
[458] *High Court*, [1968] 1 W.L.R (1968), 1325.
[459] *High Court*, [1968] 1 W.L.R (1968), 1325 (1333).
[460] Dass eine *animus furandi* kein Wesensmerkmal der Piraterie ist, ist inzwischen unstrittig anerkannt, vgl. *supra* S. 46.
[461] Vgl. *supra* Teil 1 Fn. 451.

werden, die illegal an Bord gelangt sind. Inwieweit auch solche Angriffe dem Prateriebegriff des MIA unterfallen bleibt unklar.[462]

Für das deutsche Seeversicherungsrecht bieten die dargestellten Fälle überdies keine Erkenntnisse für die Behandlung des Zwei-Schiffe-Erfordernisses. Insoweit muss sich dieser Aufgabe abseits des Fallrechts durch Auslegung gewidmet werden.

(2) Auslegung

Es ist bereits angeklungen, dass die Begriffe der Meuterei und der Piraterie im allgemeinen Sprachgebrauch eigenständige Bedeutung haben und sich auf zwei unterschiedliche Phänomene beziehen. Die Meuterei bezeichnet einen verabredeten, gemeinsamen Widerstand oder tätlichen Angriff von Besatzungsangehörigen gegen die Schiffsführung.[463] Damit geht regelmäßig die Verweigerung gebotenen Gehorsams einher.[464] Als Pirat wird hingegen bezeichnet, wer fremde Schiffe überfällt und ausraubt.[465] Im allgemeinen Sprachgebrauch wird der Verwender dieser Begriffe daher weder den Meuterer als Pirat noch den Pirat als Meuterer bezeichnen. Dazu käme es wohl allenfalls, wenn ein Schiff zunächst durch eine Meuterei in die Gewalt der Meuternden gebracht würde und diese anschließend Angriffe auf andere Schiffe verübten. Dann sind die Betreffenden sowohl Meuterer als auch Piraten, freilich in Bezug auf zwei voneinander zu unterscheidende Akte.

Diese allgemeinsprachliche Unterscheidung bleibt aber auf die Meuterei als nur eine Kategorie bordinterner Angriffe beschränkt. In Bezug auf Angriffe durch (blinde) Passagiere erscheint die sprachliche Differenzierbarkeit bereits deutlich weniger klar. Mangels einer Gehorsamspflicht blinder Passagiere dürften diese auch nicht unter den Begriff der Meuterei zu fassen sein. Darüber hinaus sind zudem Fälle denkbar, in denen eine Meuterei – bei einem weiten Verständnis dieses Begriffes – das Zwei-Schiffe-Erfordernis erfüllt. So zum Beispiel, wenn es sich um eine Flotte mehrerer Schiffe handelt, und sich die Besatzung eines Schiffes gegen die auf einem anderen Schiff befindliche Oberbefehlsgewalt über die gesamte Flotte richtet. Unter der Voraussetzung, dass auch die übrigen Piraterimerkmale gegeben sind, kann es sich bei den Angreifern um Meuterer und Piraten zugleich handeln.[466]

---

[462] Diese Differenzierung lässt die Auffassung des Gerichts in *High Court*, [1968] 1 W.L.R (1968), 1325 noch unverständlicher erscheinen.

[463] *Claviez,* Seemännisches Wörterbuch, S. 216.

[464] *Kunkel-Razum,* Bedeutungswörterbuch, S. 619.

[465] *Kunkel-Razum,* Bcdcutungswörterbuch, S. 686.

[466] Problematisch dürfte in einem solchen Fall jedoch regelmäßig das Merkmal der privaten Zwecke sein, da die Auflehnung und Verweigerung des Gehorsams meist mit öffentlichen Zwecken zusammenhängen dürfte. Insoweit ließe sich argumentieren, dass ein Akt der Meuterei die gleichzeitige Qualifizierung als Piraterie nicht zulässt.

Die linguistischen Erwägungen sprechen somit zwar tendenziell dafür, bordinterne Angriffe vom Piraterieriebegriff – auch unabhängig vom jurisdiktionellen Hintergrund des Merkmals im Völkerrecht – auszuschließen.[467] Zwingend ist dies jedoch nicht.

Unter historischen Gesichtspunkten kann zur Frage des Zwei-Schiffe-Erfordernisses insbesondere auf die inzwischen aufgehobenen Vorschriften zur Seeversicherung im HGB zurückgegriffen werden. Das gesetzliche Pendant zu § 28 ADS und Ziff. 27 DTV-ADS war § 820 HGB a.F. Die Vorschrift setzte ebenso wie die vertraglichen Klauseln das Prinzip der Allgefahrendeckung fest und führte im Weiteren einen konkretisierenden Beispielkatalog an, der in § 820 Abs. 2 Nr. 4 HGB a.F. die Gefahr des Seeraubs, also Piraterie, beinhaltete. Daneben stellte die Vorschrift unter Nr. 6 aber auch auf die Gefahr der Unredlichkeit einer Person der Schiffsbesatzung ab. Unredlichkeit und Piraterie stellten danach unterschiedliche Gefahren dar. Meuternde Besatzungsmitglieder verhalten sich gegenüber dem Reeder als Versicherungsnehmer in der Tat unredlich. Der Begriff der Unredlichkeit stellt insoweit die versicherungstechnische Übersetzung des englischen Begriffes *barratry* dar, der eine unrechtmäßige Handlung der Schiffsbesatzung bezeichnet.[468] Damit fiel die Meuterei nach § 820 Abs. 2 HGB a.F. offenbar unter die Gefahr der Unredlichkeit der Schiffsbesatzung und nicht unter die Pirateriegefahr.[469] Ist insoweit von einer Differenzierung auszugehen, spricht einiges dafür, diese auch für alle übrigen Arten bordinterner Angriffe beizubehalten – ohne dass dies allerdings zwingend wäre. Weiterhin spricht diese historische Unterscheidung zunächst dafür, auch heute noch von dieser Differenzierung und Zuordnung der Gefahren auszugehen.

Stellt man jedoch die Vorschrift des § 820 Abs. 2 HGB a.F. den ADS oder den DTV-ADS gegenüber, so fällt auf, dass die Bestimmung über die Unredlichkeit der Schiffsbesatzung in den vertraglichen Klauseln fehlt. Dies könnte als Indiz verstanden werden, dass die im Gesetz vorgegebene Unterscheidung der Gefahren der Unredlichkeit und der Piraterie durch die Klauselgeber bewusst abbedungen oder als historisch überholt fallen gelassen wurde.

In der Tat wurde die Gefahr der Unredlichkeit bewusst nicht in die Klauseln aufgenommen, weil die gesetzliche Bestimmung zu Missverständnissen geführt hat.[470] Diese Entscheidung beruhte jedoch nicht auf einem abweichenden oder geänderten Verständnis des sachlichen Gehalts der Gefahren, insbesondere der Differenzierung zwischen Unredlichkeit der Besatzung und

---

[467] Dafür spricht insbesondere die Bedeutung des Begriffes Pirat, der *fremde* Schiffe überfällt, vgl. Teil 1 Fn. 465.
[468] *Ritter/Abraham*, ADS I, § 33 Anm. 35.
[469] Für die Frage der Haftung des Versicherers ist diese Differenzierung freilich unbedeutend, da beide Gefahren nach § 820 HGB a.F. unter die Deckung fallen.
[470] *Ritter/Abraham*, ADS I, § 28 Anm. 33.

Piraterie, sondern vielmehr auf den unterschiedlichen Möglichkeiten, die verschiedenen Gefahrereignisse einzuteilen. Zum einen lassen sich Gefahrereignisse nach ihrer *Herkunft* bestimmen, also danach, ob sie beispielsweise durch Naturgewalten oder (schuldhaftes) menschliches Verhalten herbeigeführt wurden.[471] Zum anderen kann eine Einteilung aber auch nach der *Art* der Gefahr erfolgen, z.B. Diebstahl, Brand, Piraterie, Schiffszusammenstoß, etc.[472] Durch diese unterschiedlichen Kategorisierungsmöglichkeiten besteht die Gefahr, dass bei einer Bestimmung der Haftung des Versicherers nach der *Herkunft* des Gefahrereignisses auch Ereignisse einbezogen werden, die ihrer *Art* nach von der Deckung ausgeschlossen sind.[473] So verleitete die Vorschrift des § 820 Abs. 2 Nr. 6 HGB a.F. zu der Annahme, dass beispielsweise ein durch Unredlichkeit oder Verschulden der Schiffsbesatzung herbeigeführter Feuerschaden vom Versicherer zu tragen sei, obwohl die Feuergefahr ihrer Art nach unter der Versicherung ausgeschlossen war.[474] Fehlschlüsse dieser Art waren der Grund, warum auf die Gefahr der Unredlichkeit oder des Verschuldens der Schiffsbesatzung in den ADS und DTV-ADS verzichtet wurde.[475] Insoweit steht das Fehlen dieser Gefahr in den heutigen Klauseln nicht der Annahme entgegen, dass die Meuterei und andere bordinterne Angriffe vom Pirateriebegriff im Seeversicherungsrecht nicht erfasst sind. Die Historie unterstützt damit die in der Wortlautauslegung ermittelte Tendenz zur Beibehaltung des Zwei-Schiffe-Erfordernisses.

In systematischer Hinsicht kann zunächst vorausgeschickt werden, dass neben dem Begriff der Piraterie auch der Begriff der Meuterei im Versicherungsrecht verwendet wird. So sind in § 8 Nr. 3 der Allgemeinen Bedingungen für die Versicherung von Rindern (AVR) durch Meuterei verursachte Schäden vom Versicherungsschutz ausgeschlossen. In der Seekaskoversicherung selbst findet sich der Begriff der Meuterei – überraschend – nicht. Es lässt sich jedoch die Überlegung anstellen, dass bordinterne Angriffe durch die Schiffsmannschaft eine Gefahrenquelle darstellen, die weitgehend dem Rechts- und Verantwortungskreis des Reeders als Versicherungsnehmer zuzuordnen ist. Die Schiffsmannschaft wird regelmäßig auf sein Geheiß tätig, er kann sie auswählen, kontrollieren und überwachen. Eine Meuterei stellt somit eine Gefahrenquelle dar, die der Reeder durch entsprechende Auswahl- und Überwachungsmaßnahmen zumindest zu einem gewissen Grad beeinflussen kann. Soweit die Systematik der Seekaskoversicherung es vorsähe, dass Ge-

---

[471] *Ritter/Abraham,* ADS I, § 28 Anm. 33.
[472] *Ritter/Abraham,* ADS I, § 28 Anm. 33.
[473] *Ritter/Abraham,* ADS I, § 28 Anm. 33.
[474] Siehe zu diesem und weiteren Beispielen *Ritter/Abraham,* ADS I, § 28 Anm. 33 sowie die entsprechenden Entscheidungen *HG Hamburg,* HGZ 1868, 178; HGZ 1864, 156.
[475] *Ritter/Abraham,* ADS I, § 28 Anm. 33; die in der gesetzlichen Bestimmung enthaltene Verschuldens- und Zurechnungsregelung ist heute in den § 33 Abs. 3 ADS bzw. Ziff. 34.2 DTV-ADS geregelt. Siehe dazu sogleich.

fahren oder Versicherungsfälle, die aus dem Verantwortungskreis des Versicherungsnehmers stammen, vom Versicherungsschutz ausgeschlossen sind, ließe sich dieser Gedanke im Rahmen der Bestimmung der Reichweite der Pirateriegefahr auf die Fälle der Meuterei übertragen und diese vom Pirateriebegriff ausschließen.[476] Sowohl die ADS (§ 33 Abs. 1) als auch die DTV-ADS (Ziff. 34.1) sehen einen Ausschluss des Versicherungsschutzes im Grundsatz jedoch nur dann vor, wenn der Versicherungsnehmer den Versicherungsfall grob fahrlässig oder vorsätzlich herbeigeführt hat. Darüber hinaus bestimmen § 33 Abs. 1 ADS und Ziff. 34.2 DTV-ADS, dass der Versicherungsnehmer das Verhalten der Schiffsbesatzung als solche nicht zu vertreten hat.[477] Dies gilt auch dann, wenn die Besatzung eine Gefahr verändert, insbesondere erhöht hat.[478] Damit steht fest, dass der Versicherer im Grundsatz auch solche Versicherungsfälle zu tragen hat, die durch die Schiffsmannschaft verursacht oder beeinflusst wurden. Im Lichte dieser systematischen Überlegungen lässt sich die Meuterei daher nicht aus dem Pirateriebegriff ausschließen.

Ein Ausschluss bordinterner Angriffe vom Pirateriebegriff könnte jedoch vor dem Hintergrund einer ansonsten eintretenden Veränderung der Risikostruktur aus teleologischen Gründen erforderlich sein. Die Risikostruktur spiegelt sich in der Versicherung stets in der Versicherungsprämie wider. Für die Prämienkalkulation in der Seekaskoversicherung sind zunächst sowohl objektive als auch subjektive Merkmale relevant.[479] Zu den objektiven Merkmalen zählen unter anderen die Bauart des Schiffes, dessen Ausrüstung, das Alter und die Größe. Erheblich ist daneben das subjektive Risiko des Versicherungsnehmers. Darunter fallen risikobestimmende Faktoren wie die zu durchfahrenden Gewässer und, im Hinblick auf die Gefahr der Piraterie, insbesondere die gesellschaftlichen und politischen Umstände in den betreffenden Regionen. Anhand dieser objektiven und subjektiven Kriterien kann der Versicherer unter Rückgriff auf Erfahrungswerte die Risikoweite zumindest hinreichend einschätzen und eine Prämienhöhe festlegen.[480]

Unter den DTV-ADS ist die Gefahr der Piraterie gemäß Ziff. 35.1.4 vom Versicherungsschutz in der Kaskoversicherung ausgeschlossen. Versiche-

---

[476] Zur Problematik des Anknüpfens an Gefahren der Art oder der Herkunft nach vgl. *supra* die Ausführungen zur historischen Auslegung und *Ritter/Abraham*, ADS I, § 28 Anm. 33.
[477] Ein Vertretenmüssen kommt allenfalls in Betracht, wenn es um das Verhalten des Kapitäns geht und dieser als unzweifelhafter Vertreter des Versicherungsnehmers gilt, siehe *Ritter/Abraham*, ADS I, § 33 Anm. 34 ff.
[478] *Ritter/Abraham*, ADS I, § 33 Anm. 36 m.w.N.; zur Gefahränderung durch den Kapitän *Ritter/Abraham*, ADS I, § 23 Anm. 24; zur Gefahränderung durch den Versicherungsnehmer allgemein *Ritter/Abraham*, ADS I, § 23 Anm. 9.
[479] *Enge*, Transportversicherung, S. 211.
[480] Zu den Grundsätzen der Prämienermittlung siehe *supra* S. 59 ff.

rungsschutz wird insoweit über die Kriegsversicherung unter Ziff. 84.1.6 oder über eine Wiedereinschlussklausel in die Kaskoversicherung gemäß Ziff. 35.1.4 S. 2 gegen eine Mehrprämie gewährt. Damit wird deutlich, dass die Gefahr der Piraterie nicht als irgendeine Gefahr in die Prämienkalkulation unter der Allgefahrendeckung einfließt, sondern vielmehr als besondere Gefahr eine eigene Prämie erfordert. Im Rahmen der Wiedereinschlussklausel ist dies die Mehrprämie. In der Kriegsversicherung fließt die Piraterie zusammen mit anderen besonderen Gefahren in die Prämie der eigenständigen Kriegsversicherung ein. In der Praxis zeigt sich, dass die Kalkulationsbasis dieser „Sonderprämie" für besondere Gefahren vorwiegend auf den oben genannten subjektiven Risikomerkmalen beruht. So bestimmt sich die Höhe der Kriegsversicherung zwar grundsätzlich auch nach Art, Alter und Größe des Schiffes. Im Vordergrund steht jedoch das subjektive Merkmal der zu befahrenden Gewässer. Denn die Kriegsgefahr ist je nach zu befahrendem Gewässer unterschiedlich groß. Gleiches gilt für die Pirateriegefahr. Entsprechend orientiert sich die Prämienhöhe vorwiegend an der subjektiven Nutzung des Schiffes durch den Versicherungsnehmer. Besonders deutlich ist dieses Prinzip Ziff. 83 DTV-ADS zu entnehmen, die den Geltungsbereich der Kriegsversicherung für bestimmte Gebiete ausschließt bzw. eine von Fall zu Fall gesondert zu vereinbarende Prämie für bestimmte Gebiete vorsieht.[481] Zu diesem Zweck deklarieren die Versicherer besonders risikoreiche Gebiete bisweilen zu sog. *high risk areas*, mit der Folge, dass für Durchfahrten dieser Gebiete Risikoaufschläge fällig werden. Der englische Versicherungsmarkt hat die Seegebiete um Somalia aufgrund der häufigen Angriffe als *high risk area* ausgewiesen.[482] Auch die Verschiebung der Pirateriegefahr aus der Allgefahrendeckung in die Kriegsversicherung in den DTV-ADS ist eine Konsequenz der zunehmenden Angriffe auf Schiffe im Seegebiet um Somalia in den vergangenen Jahren. Demgegenüber ist das Schadensrisiko durch die allgemeinen Seegefahren unabhängig vom Fahrgebiet etwa gleichbleibend und erlaubt daher eine stärker an objektiven Merkmalen ausgerichtete Orientierung.

Bordinterne Angriffe lassen sich systematisch dem Bereich der objektiven Merkmale zuordnen. Das Risiko bordinterner Angriffe bleibt unabhängig vom subjektiven Kriterium der zu durchfahrenden Gewässer gleich. Sie sind in den Gewässern um Somalia ebenso wahrscheinlich wie auf der Ostsee. Bezöge man nun bordinterne Angriffe in den Pirateriebegriff ein, so würde dies die Gefahr um eine potenzielle Schadensquelle erweitern, die vom subjektiven geografischen Merkmal unabhängig ist. Auf diesem geografischen Merkmal fußt jedoch, wie dargestellt, zum wesentlichen Teil die Risikoschätzung

---

[481] Zu diesem Prinzip am Beispiel der Minenklausel siehe *Enge,* Transportversicherung, S. 315.
[482] *Schwampe,* TranspR 2009, 462 (466); *Berg/Artmann/Kratz u.a.,* Münchener Rück, Piraterie – Neue Dimension, S. 21.

und die Prämienkalkulation für die Versicherung der Pirateriegefahr. Der Einschluss bordinterner Angriffe in den Pirateriebegriff hätte somit zur Folge, dass ein vom Versicherer zu tragendes erweitertes Risiko entstünde, das als Grundlage zur Angebotskalkulation nicht bestimmend war. Besonders deutlich wird dieses Verhältnis auch durch die Wiedereinschlussmöglichkeit der Piraterie in die Kaskoversicherung gegen Mehrprämie. Die Mehrprämie reflektiert ausschließlich das Piraterierisiko und orientiert sich der Höhe nach wesentlich an den zu durchfahrenden Gewässern und der dort bestehenden Risikolage.[483] Diese Überlegungen sprechen daher gegen die Einbeziehung bordinterner Angriffe in den Pirateriebegriff.

Insgesamt sprechen damit die überwiegenden Argumente dafür, die Piraterie ausschließlich als Gefahr externer Angriffe zu begreifen. Auch im Seeversicherungsrecht ist daher auf das Zwei-Schiffe-Erfordernis abzustellen.

bb) Luftfahrzeuge als Angriffsvehikel

Die grundsätzliche Beibehaltung des Zwei-Schiffe-Erfordernisses führt zu der Folgefrage, ob es sich bei dem Piratenschiff auch zwingend um ein Schiff handeln muss oder ob nicht vielmehr auch Luftfahrzeuge wie beispielsweise Hubschrauber als Angriffsvehikel in Betracht kommen. Art. 101 SRÜ stellt Luftfahrzeuge den Schiffen insoweit gleich und macht damit deutlich, dass völkerrechtlich auch Angriffe aus der Luft den Tatbestand der Piraterie erfüllen. Darüber hinaus lässt die Definition auch als Opfervehikel ein Luftfahrzeug genügen. Für den Bereich des Seeversicherungsrechts sind jedoch ausschließlich Angriffe gegen Schiffe relevant. Eine Gleichstellung besteht auch im deutschen Strafrecht in § 316c StGB, der sowohl Angriffe auf den See- als auch auf den Luftverkehr erfasst.

In beiden Rechtsgebieten ist die Einbeziehung von Luftfahrzeugen eine Konsequenz des wissenschaftlichen und technischen Fortschritts. Während ein Piratenangriff vor etwa 200 Jahren ausschließlich per Schiff denkbar war, schafft die Entwicklung der zivilen Luftfahrt heutzutage die Möglichkeit eines Luftangriffs. Der grundlegende Typus des Angriffs erfährt dadurch jedoch keine Änderung, sodass die rechtlichen Vorschriften der tatsächlichen Entwicklung angepasst wurden. Das ist auch angemessen.

Für den Bereich des Seeversicherungsrechts sollte nichts anderes gelten. Schließlich ist es insbesondere vor dem Hintergrund der derzeitigen Lage in Somalia nicht auszuschließen, dass die somalischen Piraten in Zukunft auch den Luftraum in ihre Strategie einbeziehen werden. Mit Sicherheit investieren

---

[483] *Schwampe*, TranspR 2009, 462 (466); danach haben sich seit Mitte 2008 die Mehrprämien für eine einfache Durchfahrt verdrei- bis verfünffacht. Allgemein zur Anknüpfung an geographische Begebenheiten in der Transportversicherung (Kündigungsrecht des Versicherers) siehe auch *Enge,* Transportversicherung, S. 314; *Obermayer/Much,* GDV – Positionen Juni 2007, S. 8.

die somalischen Piraten Teile der erbeuteten Lösegelder in neue und verbesserte Ausrüstung. Dies ist aus Sicht der Piraten schon deshalb zwingend, weil sowohl die internationale Staatengemeinschaft durch Marineeinsätze als auch die Privatwirtschaft durch Präventionsstrategien den Druck auf die Piraten stetig erhöht. Jüngst verabschiedete der Deutsche Bundestag auf Vorschlag der Regierung eine Verlängerung der deutschen Beteiligung an der Mission ATALANTA und erweiterte das Mandat zudem um die Möglichkeit, Ziele bis zu zwei Kilometer landeinwärts anzugreifen.[484] Auch die Vorgehensweise der Marine wurde in den vergangenen Jahren stetig optimiert. Die Angriffsmuster der Piraten werden sich künftig jedoch verändern. Schon jetzt verlagern sie die Tatorte mehr und mehr von den Küstengewässern auf die Hohe See, um die faktische Unkontrollierbarkeit der riesigen Seegebiete zu nutzen. Eine Anpassung der Strategie ist auch in Hinsicht auf Technik und Ausrüstung zu erwarten. Nach Schätzungen betrug die Summe gezahlter Lösegelder im Jahr 2008 etwa 80 Millionen US-Dollar.[485] In den Jahren 2009–2011 dürften die Beträge noch höher ausgefallen sein. Für die Piraten also genug Geld, um beispielsweise über die Beschaffung von Kleinhubschraubern nachzudenken, deren Verwendung die Marinemissionen und die Schifffahrtsbranche vor eine ganz neue Herausforderung stellen dürfte.

Die Art des Angriffsvehikels ist somit maßgebend durch den Stand der technischen Entwicklung, die finanzielle Leistungsfähigkeit und die tatsächlichen Möglichkeiten zur Beschaffung und Verwendung der Vehikel geprägt. Die Charakterisierung des Angriffs im Sinne einer versicherungsrechtlichen Gefahr erfährt dadurch keine Änderung. Es ist daher angebracht, unter den Begriff der Piraterie auch Angriffe zu fassen, die mit Luftfahrzeugen gegen Schiffe geführt werden.

cc) Zwischenergebnis

Das Zwei-Schiffe-Erfordernis ist auch für den versicherungsrechtlichen Pirateriebegriff relevant. Obgleich das Merkmal in der völkerrechtlichen Definition in Art. 101 SRÜ einen jurisdiktionellen Hintergrund hat, der für das Seeversicherungsrecht unbeachtlich ist, spricht das Auslegungsergebnis für eine Aufrechterhaltung dieses Merkmals in der seeversicherungsrechtlichen Pirateriedefinition. Dieses Ergebnis ist insbesondere auf die Bedeutung des Merkmals für die Risikostruktur und die Prämienkalkulation in der Seeversicherung zu stützen. Neben Schiffen sind zudem auch Luftfahrzeuge geeignete Angriffsvehikel.

---

[484] BT-Drs. 17/9598 vom 09.05.2012.
[485] *Berg/Artmann/Kratz u.a.*, Münchener Rück, Piraterie – Neue Dimension, S. 20.

3. Ergebnis

Nach alledem darf Piraterie in der Seeversicherung als ein seebezogener, gewaltsamer Angriff der Insassen eines Schiffes oder Luftfahrzeuges auf ein anderes Schiff zu privaten Zwecken verstanden werden. Aus dem Vorgenannten ergeben sich damit zwei wesentliche Unterschiede zum völkerrechtlichen Pirateriebegriff. Einerseits erstreckt sich die Piraterie im seeversicherungsrechtlichen Sinne nicht nur auf die Hohe See, sondern auf die gesamte See. Zum anderen fußt das Zwei-Schiffe-Erfordernis im Seeversicherungsrecht nicht auf einer jurisdiktionellen, sondern vielmehr auf einer versicherungsspezifischen Grundlage.

Teil 2

Piraterie in der Seeversicherung

A. Einleitung

Nachdem im vorstehenden Kapitel die begriffliche Bedeutung der Piraterie in Seeversicherungsbedingungen einer eingehenden Untersuchung unterzogen wurde und im Ergebnis eine merkmalbezogene Eingrenzung erfahren hat, soll im Folgenden die Gefahr der Piraterie in den Bedingungswerken der einzelnen Versicherungszweige der Seeversicherung systematisch untersucht werden. Das Hauptaugenmerk soll dabei auf der Seekaskoversicherung liegen. Daneben werden die *Protection and Indemnity*-Versicherung (P&I-Versicherung) sowie die Nebeninteressen- und Ertragsausfallversicherung des Reeders einbezogen. Darüber hinaus befasst sich dieser Teil auch mit der neuartigen Deckungsform der *Kidnap and Ransom*-Versicherung (K&R-Versicherung). Andere Versicherungszweige werden nicht berücksichtigt.

Zweck dieses zweiten Teils ist es insbesondere, die Gefahr der Piraterie im Gefüge der Seekaskoversicherung zu untersuchen und die durch das moderne Pirateriewesen aufgeworfenen rechtlichen Fragestellungen zu beleuchten. Zentral ist dabei die Frage, ob eine an Piraten geleistete Lösegeldzahlung zur Auslösung eines entführten Schiffes durch den Reeder unter die Deckung der Seekaskoversicherung fällt. Dieselbe Frage stellt sich auch für die Versicherungen anderer Interessen des Reeders. Darüber hinaus ist auch das Verhältnis dieser Versicherungen zueinander von besonderer Bedeutung, da sie sich zwar auf unterschiedliche Interessen beziehen, diese Interessen aber im Schiffsentführungsfall zu einer Art Schicksalsgemeinschaft verbunden sind. Hinzu kommt, dass häufig auch (versicherte) Fremdinteressen zu dieser Schicksalsgemeinschaft gehören. Augenfällig ist dies, wenn Lösegelder zur Errettung von Schiff, Ladung und Mannschaft vom Reeder bezahlt werden. Wie verhalten sich die möglichen Deckungspflichten der verschiedenen Versicherer zueinander? Diesem Bereich wird ein eigener Abschnitt in diesem zweiten Teil der Arbeit gewidmet.

B. Piraterie in der Seekaskoversicherung

Die Ausführungen zur Systematik der Seeversicherungsbedingungen im ersten Teil der Arbeit bilden die Grundlage für die nun folgende Untersuchung der Gefahr der Piraterie in den unterschiedlichen Bedingungswerken. Das Hauptaugenmerk wird dabei auf die Seekaskoversicherung gerichtet. Im Anschluss wird der Blick auch auf die P&I-, die Nebeninteressen- sowie auf die Ertragsausfallversicherung gerichtet.

I. Piraterie als versicherte Gefahr unter den ADS/DTV-Kaskoklauseln

1. Piraterie unter der Allgefahrendeckung

Die deutsche Seekaskoversicherung ist vom Grundsatz der Allgefahrendeckung geprägt. In § 28 der Allgemeinen Deutschen Seeversicherungsbedingungen von 1919 (ADS) steht zum Umfang der Haftung im Allgemeinen geschrieben, dass der Versicherer alle Gefahren trägt, denen das Schiff während der Dauer der Versicherung ausgesetzt ist. Dies bedeutet, dass der Versicherer alle Gefahren der Seeschifffahrt trägt.[1] Die Rechtsprechung geht seit jeher von einem weiten Begriff der Seegefahren aus. Ausgeschlossen sind nur solche Gefahren, die mit der Seeschifffahrt, dem Schiff als solchem und der versicherten Unternehmung schlichtweg nichts zu tun haben.[2] Dies trifft beispielsweise auf die Binnenschifffahrt zu. Die Piraterie stellt hingegen eine unmittelbare Gefahr der Seeschifffahrt dar. Daran lässt § 28 ADS, der trotz des ihm innewohnenden Grundsatzes der Allgefahrendeckung einige Gefahren aufzählt, die der Versicherer *insbesondere* trägt, keinen Zweifel. In dieser Aufzählung findet sich nämlich auch die Gefahr des Seeraubes – synonym für Piraterie. Für die Aufzählung bestimmter Gefahren besteht aufgrund der Konzeption des § 28 ADS grundsätzlich keine Notwendigkeit; dennoch können die Beispiele im Einzelfall eine gewisse Hilfestellung bieten. Damit ist die Piraterie unter den ADS grundsätzlich eine durch den Seekaskoversicherer versicherte Gefahr.[3]

---

[1] *Ritter/Abraham,* ADS I, § 28 Anm. 11; vgl. auch § 1 Abs. 1 ADS, der als Seeversicherung nur die Versicherung gegen die Gefahren der Seeschifffahrt bezeichnet.

[2] Bereits *OLG Hamburg* HGZ 1920, 217 (218).

[3] Dasselbe gilt auch für die Gütertransportversicherung unter Einbeziehung der ADS/ADS-Güter, da § 28 ADS zu den allgemeinen Bestimmungen zählt, die für alle in den ADS genannten Arten der Seeversicherung gelten. § 28 ADS spricht insoweit nicht nur von den Gefahren, denen das Schiff ausgesetzt ist, sondern auch von den Gefahren, denen die Güter während der Dauer der Versicherung ausgesetzt sind.

2. Kündigungsrecht des Versicherers unter den ADS/DTV-KKl[4]

Die ADS/DTV-KKl enthalten im Hinblick auf die Gefahr der Piraterie keine besondere Ausschlussklausel, sondern behalten die Piraterie unter der Allgefahrendeckung als versicherte Gefahr bei. Dennoch ergibt sich aus den DTV-Kaskoklauseln (DTV-KKl) gegenüber den Grundbedingungen der ADS eine Änderung. Gemäß Ziff. 15 S. 1 DTV-KKl steht dem Versicherer für die Gefahren der politischen Gewalthandlungen, der Arbeitsunruhen, des Aufruhrs, der inneren Unruhen und der Piraterie ein jederzeitiges Kündigungsrecht zu. Der Versicherer kann diese Gefahren einzeln oder insgesamt mit einer Frist von 14 Tagen aus dem Versicherungsschutz ausschließen. Kündigt der Versicherer aufgrund der Ziff. 15 DTV-KKl, gilt der Versicherungsvertrag im Übrigen fort.[5] In der Praxis wurde seitens der Versicherer wegen des verstärkten Pirateriaufkommens seit Mitte des vergangenen Jahrzehnts beträchtlicher Gebrauch von dieser Klausel gemacht.[6] Einige Versicherer nutzten die Kündigungsmöglichkeit offenbar auch dazu, für bereits bestehende Versicherungsverträge eine nachträgliche Zuschlagprämie zu erwirken. Verbunden mit der Kündigung übermittelten sie dem Versicherungsnehmer ein Vertragsänderungsangebot, das den Wiedereinschluss der gekündigten Gefahr gegen eine Mehrprämie sowie mit verringertem Sublimit[7] vorsah.[8]

Das einseitige Kündigungsrecht des Versicherers für die benannten Gefahren fußt auf dem Hintergrund, dass es sich bei politischen Gewalthandlungen, Arbeitsunruhen, Aufruhr und inneren Unruhen jeweils um Gefahren handelt, die auf Instabilitäten und Spannungszustände politischer Art zurückzuführen sind.[9] Sie können bisweilen unvermittelt und unvorhergesehen auftreten und in bestimmten Regionen für eine erhebliche Risikoerhöhung sorgen. Entladen sich die Gefahren in Gewalthandlungen, so können sich Kumulrisiken verwirklichen, deren Ausmaß schwer kalkulierbar ist.[10] Das durch diese Gefahren hervorgerufene erhöhte Risiko wird dann nicht mehr durch die Versiche-

---

[4] Die Bezeichnung ADS/DTV-KKl verweist auf die ADS in Verbindung mit den DTV-KKl, siehe *supra* S. 23.

[5] *Enge/Schwampe,* Transportversicherung, S. 355 f.

[6] *Schwampe*, TranspR 2009, 462 (473).

[7] Als Sublimit wird eine innerhalb eines Versicherungsvertrages von der Versicherungssumme abweichende Obergrenze der Deckungssumme für bestimmte Versicherungsfälle bezeichnet. Beispielsweise kann die Versicherungssumme in einem Seekaskovertrag auf EUR 10 Mio. beziffert, die Deckungsgrenze für Piraterieschäden aber auf EUR 100.000 (Sublimit) begrenzt sein.

[8] *Schwampe*, TranspR 2009, 462 (473).

[9] Zum Inhalt der jeweiligen Gefahr vgl. *Schwampe*, in: Thume/de la Motte/Ehlers, Teil 6, AVB-Kaskoversicherung, Rn. 139–142; *Enge/Schwampe,* Transportversicherung, S. 352 f.

[10] *Schwampe,* Seekaskoversicherung, § 15, Rn. 4; *Schwampe*, in: Thume/de la Motte/Ehlers, Teil 6, AVB-Kaskoversicherung, Rn. 144.

rungsprämie reflektiert. Diesem Missverhältnis wird durch das Teilkündigungsrecht des Versicherers Rechnung getragen. Die Gefahr der Piraterie bildet demgegenüber eine eigene Kategorie. Sie ist nicht als politische Gewalttat einzuordnen, da Piraterie definitionsgemäß private Zwecke voraussetzt.[11] Dennoch wohnt der Piraterie ein ähnliches Risikoerhöhungspotenzial inne wie den in Ziff. 15 DTV-KKl genannten politischen Gefahren. In der Vergangenheit hat sich gezeigt, dass Piraterie zumeist in ganz bestimmten Regionen oder Gebieten aufkeimt und sich lokal intensiviert. So wurden beispielsweise die Straße von Malakka in Südostasien und nunmehr der Golf von Aden zum *hotspot* der Piraterie. In ihrer risikoerhöhenden Wirkung kann Piraterie politischen Unruhen insoweit gleichkommen. Dies rechtfertigt die Erstreckung des Teilkündigungsrechts auf die Pirateriegefahr.

Soweit der Versicherer von seinem Teilkündigungsrecht Gebrauch macht, bietet Ziff. 15 S. 2 DTV-KKl dem Versicherungsnehmer das Recht zur Anschlusskündigung des gesamten Vertrags mit einer Frist von einer Woche. Der Versicherungsnehmer ist damit nicht gezwungen, an einem – durch den Versicherer einseitig – zu seinen Ungunsten veränderten Versicherungsvertrag mit eingeschränktem Deckungsumfang festzuhalten. Vielmehr kann er das Versicherungsverhältnis auch ganz beenden und sich nach einem alternativen Versicherungsangebot umsehen. Wird durch die Einräumung des Teilkündigungsrechts für den Versicherer dessen Interesse an einer ausgeglichenen Risikoverteilung Rechnung getragen, so stellt das Recht zur Anschlusskündigung für den Versicherungsnehmer einen angemessenen Interessenausgleich zwischen den Parteien wieder her. Verzichtet der Versicherungsnehmer auf die Anschlusskündigung, bleibt für ihn die aus der Teilkündigung resultierende Veränderung der Beweislast nachteilig. Ihm obliegt nunmehr nicht nur die in der Allgefahrendeckung übliche Beweislast, dass sich die Gefahr während der Dauer der Versicherung verwirklicht hat; vielmehr muss er zudem beweisen, dass der Schaden nicht auf einer vom Versicherer gekündigten Gefahr beruht.[12] Den Versicherer trifft im Rahmen der Allgefahrendeckung nämlich nur die Beweislast für Gefahrausschlüsse. Die gekündigten Gefahren stellen jedoch keine ausgeschlossenen Gefahren, sondern schlichtweg nicht versicherte Gefahren dar.[13]

---

[11] Siehe dazu *supra* S. 83 ff. Demgegenüber spricht *Schwampe*, in: Thume/de la Motte/Ehlers, Teil 6, AVB-Kaskoversicherung, Rn. 143 von politisch motivierter Piraterie. Soweit er damit eine mittelbare politische Motivation im Sinne eines mehrteiligen Aktes (vgl. *supra* S. 87 ff.) meint, bietet die gewählte Formulierung zumindest Anlass zum Missverständnis. Soll jedoch zum Ausdruck gebracht werden, dass Piraterie auch dann vorliegen kann, wenn die unmittelbaren Motive der Täter politischer Natur sind, so ist diese Auffassung abzulehnen.
[12] *Enge/Schwampe,* Transportversicherung, S. 356.
[13] *Enge/Schwampe,* Transportversicherung, S. 356.

Das Teilkündigungsrecht bietet dem Versicherer die Möglichkeit, die genannten Gefahren gemeinsam oder einzeln zu kündigen. Dieses Wahlrecht zeigt deutlich, wie wichtig eine genaue Bestimmung und Abgrenzung der Piraterie zu anderen Gefahren in der Seeversicherung ist. Denn anders als bei einer Ausschlussklausel, die einen Katalog an Gefahren aus dem Deckungsumfang ausschließt, muss bei der Teilkündigungsklausel nicht nur die Außengrenze der Klausel ermittelt werden, sondern für den Fall der Einzelkündigung der Piraterie auch die innerhalb der Klausel verlaufende Grenze zwischen der Pirateriegefahr und den übrigen, politischen Gefahren.[14]

Während der Dauer der 14-tägigen Teilkündigungsfrist bleibt die jeweilig gekündigte Gefahr versichert. Der Versicherungsnehmer kann somit sein Schiff auch in den von der gekündigten Gefahr betroffenen Gebieten weiter einsetzen. Dabei obliegt ihm keine Anzeigepflicht wegen Gefahrerhöhung gemäß § 26 ADS; ebenso steht dem Versicherer während der Dauer der Frist keine Mehrprämie zu, da die gekündigte Gefahr bis zum Fristablauf zu dem vom Versicherer zunächst übernommenen Risiko zählt.[15]

3. Ergänzung durch das Seekaskodruckstück 2002/2

Unabhängig von den in der Klausel verankerten Kündigungsrechten enthält das Seekaskodruckstück 2002/2 eine Ergänzung zu Ziff. 15 DTV-KKl. Für die kündbaren Gefahren wird eine summenmäßige Begrenzung auf die Kaskotaxe, höchstens aber 2,5 Mio. Euro, festgesetzt.[16] Die Piraterie ist von dieser Begrenzung jedoch explizit ausgenommen, weshalb diese Bestimmung des Druckstückes nicht weiter vertieft werden muss.

Darüber hinaus – und das betrifft auch den Versicherungsschutz gegen Piraterie – erklärt das Seekaskodruckstück 2002/2 die Kaskoversicherung für die in Ziff. 15 DTV-KKl genannten Gefahren dem Grunde und der Höhe nach für subsidiär. Eine Leistung des Kaskoversicherers kommt damit nur in Betracht, wenn die Gefahr nicht unter einer anderen Versicherung gedeckt ist.[17]

---

[14] Vgl. *Schwampe*, Seekaskoversicherung, § 15, Rn. 4. Es ist deshalb gerade an dieser Stelle bedenklich von politisch motivierter Piraterie zu sprechen, so aber *Schwampe*, in: Thume/de la Motte/Ehlers, Teil 6, AVB-Kaskoversicherung, Rn. 143.

[15] *Schwampe,* Seekaskoversicherung, § 15, Rn. 3.

[16] Die Beschränkung gilt nur für Kaskoschäden am eigenen Schiff. Der Haftpflichtversicherungsschutz aus Ziff. 34.8 DTV-KKl (in Abänderung von § 37 ADS) ist vom Seekaskodruckstück 2002/2 ausdrücklich nicht betroffen.

[17] Zur Problematik der Doppelversicherung und konkurrierenden Subsidiaritätsklauseln siehe *infra* S. 109 ff. und zu den ADS/DTV-KKl insbesondere S. 137 f.

II. Piraterie als versicherte Gefahr unter den DTV-ADS 2009

1. Prinzip der Allgefahrendeckung

Auch die neueren Allgemeinen Deutschen Seeschiffsversicherungsbedingungen 2009 (DTV-ADS) gehen weiterhin vom Prinzip der Allgefahrendeckung aus. Ziff. 27 DTV-ADS wiederholt nahezu wortgleich die Bestimmung des § 28 ADS. Abweichend ist die neue Bestimmung zum einen, indem sie sich nunmehr ausschließlich auf das Schiff bezieht und nicht mehr auch auf die Güter. Die DTV-ADS sind im Gegensatz zu den ADS ein reines Bedingungswerk für die Seeschiffsversicherung. Zum anderen findet sich in Ziff. 27 S. 2 DTV-ADS ein – zumindest deklaratorisch– entscheidender Unterschied zu § 28 S. 2 ADS. Im Rang der beispielhaft aufgelisteten versicherten Gefahren ist der Seeraub weggefallen und wird nicht mehr genannt. Betrachtet man diesen Umstand isoliert, so ergibt sich daraus zunächst kein bedeutsamer Unterschied zwischen den beiden Bedingungswerken. Denn aufgrund der Allgefahrendeckung kommt der Auflistung in § 28 S. 2 ADS und Ziff. 27 S. 2 DTV-ADS keine konstituierende Bedeutung zu.

Der Wegfall des Seeraubes in der Aufzählung ist jedoch keineswegs zufällig. Seine Bedeutung erschließt sich aber erst vor dem Hintergrund weiterer Bestimmungen. Sowohl § 28 ADS als auch Ziff. 27 DTV-ADS sprechen die grundsätzliche Haftung des Versicherers für alle Gefahren der Seeschifffahrt nur aus, soweit nichts anderes bestimmt ist. Der Grundsatz der Allgefahrendeckung kommt demnach nur soweit zum Tragen, als er nicht durch eine prioritäre Bestimmung – etwa eine Ausschlussklausel – eingeschränkt wird. Hinsichtlich der Piraterie sind die DTV-ADS von der Teilkündigungsmöglichkeit in der Seekaskoversicherung abgerückt und beschreiten einen anderen Weg.

2. Piraterie als Kriegsgefahr

Mit den DTV-ADS hat sich die Landschaft in der Seekaskoversicherung in Bezug auf die Piraterie strukturell verändert. Ziff. 35.1.4 DTV-ADS schließt die Pirateriegefahr nunmehr explizit von den versicherten Gefahren der Seekaskoversicherung aus. Reflektiert wird dieser Ausschluss in den Klauseln der Kriegskaskoversicherung im Sechsten Abschnitt der DTV-ADS: Dort erfasst Ziff. 84.1.6 DTV-ADS-KrKl[18] unter den versicherten Gefahren der Kriegsversicherung die Piraterie.[19] Sie wird damit fortan nicht mehr als reguläre Seegefahr, sondern vielmehr als Kriegsgefahr klassifiziert.

---

[18] Die Bezeichnung DTV-ADS-KrKl verweist auf die Kriegskaskoklauseln der DTV-ADS siehe *supra* S. 28.

[19] Die Versicherung für Kriegsgefahren ist im Gegensatz zur normalen Seekaskoversicherung keine Allgefahren-, sondern eine Einzelgefahrenversicherung.

Die Kriegsklauseln der DTV-ADS stellen insgesamt eine Neuerung dar. Bis zu ihrer Herausgabe 2010 deckten sich die Reedereien auf dem englischen Markt gegen Kriegsrisiken ein.[20] Nunmehr wird die Kriegsversicherung auch im deutschen Markt wieder unter deutschen Bedingungen angeboten. Trotz des einheitlichen Bedingungswerkes fügen sich die Bestimmungen über die Kriegsversicherung jedoch nicht ohne Reibung in das Kaskoversicherungsgefüge ein. Nimmt man eine kategorische Unterscheidung zwischen normalen Seegefahren, die unter die Kaskoversicherung fallen, und Kriegsgefahren, die unter die Kriegsdeckung fallen vor, so erschiene es vernünftig, wenn sich die Bedingungen beider Versicherungen komplementär zueinander verhielten. Dies würde bedeuten, dass Gefahren, die unter den normalen Kaskobedingungen ausgeschlossen sind, in der Kriegsdeckung eingeschlossen sind und umgekehrt. So verhält es sich etwa bei den englischen *Institute Time Clauses – Hulls* (ITCH) und den *Institute War and Strikes Clauses – Hulls* (IWSC).[21] Dieser Logik ist der Gesamtverband der Deutschen Versicherungswirtschaft (GDV) im Rahmen der Beratungen zu den DTV-ADS jedoch nicht gefolgt. Gleicht man die Kaskobedingungen mit den Kriegskaskobedingungen ab, so ergibt sich, dass Gefahren zum Teil unter der Kriegsdeckung erfasst sind, obwohl sie in den normalen Kaskobestimmungen gar nicht ausgeschlossen sind. Dies ist beispielsweise bei terroristischen Gewalthandlungen der Fall, die im Grundsatz sowohl unter die normale Kasko- als auch unter die Kriegskaskodeckung fallen.[22] Gleiches gilt für die Gefahr des Aufruhrs. Diese Überlappung des Versicherungsschutzes mag überraschen; sie lässt sich aber mit marktpolitischen Erwägungen begründen. Die englischen IWSC waren über Jahrzehnte die von den Reedern gewohnte Bedingungsgrundlage für die Kriegsversicherung und schrieben den Marktstandard fest. Sie schließen eben diese Lücken, die die ITCH offen lassen und erfüllen damit innerhalb der englischen Regelungen eine Komplementärfunktion. Im Gegensatz zur deutschen Allgefahrendeckung in der normalen Kaskodeckung, folgt die englische Seekaskoversicherung dem Prinzip der enumerativen Gefahrendeckung. Versichert sind ausschließlich diejenigen Gefahren, die in den Bedingungen explizit genannt werden. Im Vergleich zu den deutschen DTV-ADS fällt der Deckungsumfang der Seekaskoversicherung in den ITCH daher geringer aus. Da die IWSC wie beschrieben eine Komplementär-

---

[20] Viele Reedereien machen dies auch heute noch so. Die fehlende Marktdurchdringung der DTV-ADS wurde bereits angesprochen. Erstmals seit dem Zweiten Weltkrieg besteht nun aber zumindest die Möglichkeit, die Kriegsrisikodeckung im deutschen Markt unter deutschen Bedingungen zu zeichnen.

[21] Siehe *supra* S. 30.

[22] Ein Ausschluss für terroristische Gewalthandlungen ist im Ersten Abschnitt der DTV-ADS nicht enthalten. Die Subsidiaritätsklausel in Ziff. 37.1 DTV-ADS bestätigt vielmehr positiv die Deckung. Gleichzeitig listet Ziff. 84.1.5 DTV-ADS im Sechsten Abschnitt Terrorismus als gedeckte Gefahr in der Kriegsversicherung auf.

funktion ausüben, haben sie folglich einen größeren Deckungsradius, als ihn die deutschen Kriegsklauseln hätten, wenn auch diese komplementär zur Kaskodeckung unter den DTV-ADS ausgestaltet wären. Das Mehr der Deckung unter den DTV-ADS gegenüber den englischen ITCH in der normalen Kaskodeckung spiegelte sich gleichsam in einem Deckungsminus der deutschen Komplementärkriegsklauseln gegenüber den IWSC wieder.

Aufgrund der marktbeherrschenden Stellung der IWSC in der Seekriegsversicherung befürchtete der GDV, dass die Marktakteure die neuen deutschen Klauseln mit den IWSC vergleichen würden und erstere aufgrund des geringeren Deckungsumfangs schlicht keine Durchsetzungschance auf dem Markt hätten.[23] Insbesondere wäre die deutsche Kriegsdeckung für solche Versicherungsnehmer uninteressant gewesen, die ihre normale Kaskodeckung unter den ITCH zeichnen. Kombiniert mit den deutschen Kriegsklauseln wären dadurch Lücken im Versicherungsschutz entstanden. Interessant wären die Kriegsklauseln lediglich für Versicherungsnehmer gewesen, die auch die Kaskodeckung unter den DTV-ADS zeichnen. Der GDV wollte aber gerade auch für andere Marktakteure eine Alternative zu den IWSC anbieten.[24] Aus diesen Gründen entschied man sich für eine strukturell zwar unsaubere, aber dafür im Markt aussichtsreichere Variante und konzipierte die Kriegsklauseln materiell-rechtlich am Vorbild der IWSC.[25] Damit erfüllen die deutschen Kriegsklauseln vielmehr eine Komplementärfunktion zu den englischen ITCH.

Dies führt innerhalb der DTV-ADS bei entsprechender Eindeckung zu einer Doppelversicherung. Auch durch die Kombination aus deutschem und englischem Versicherungsschutz kann es zu einer Doppelversicherung kommen.[26]

3. Wiedereinschlussmöglichkeit in die Seekaskodeckung

Die Piraterie muss in den DTV-ADS trotz der grundsätzlichen Qualifikation als Kriegsgefahr nicht zwangsläufig als solche versichert werden. Neben der Möglichkeit zur Deckung unter den DTV-ADS-KrKl bietet die Ausschlussklausel der Ziff. 35.1.4 DTV-ADS in Satz 2 eine alternative Deckungsmöglichkeit an. Danach können die Parteien bei Fehlen einer Kriegsversicherung die Pirateriegefahr gegen eine Mehrprämie und unter Vereinbarung eines Sublimits wieder in die Seekaskodeckung aufnehmen. Die Klausel schafft damit auch unter den DTV-ADS die Möglichkeit, Piraterie wie zuvor unter

---

[23] *Schwampe*, in: Thume/de la Motte/Ehlers, Teil 6, AVB-Kaskoversicherung, Rn. 575w.
[24] *Schwampe*, VersR 2010, 1277 (1281).
[25] *Schwampe*, VersR 2010, 1277 (1281); *Schwampe*, in: Thume/de la Motte/Ehlers, Teil 6, AVB-Kaskoversicherung, Rn. 575w.
[26] Zur Behandlung dieser Problematik bezüglich der Pirateriegefahr siehe *infra* S. 109 ff.

den ADS/DTV-KKl als normale Seegefahr zu versichern. Das ist insbesondere für Versicherungsnehmer interessant, die wegen ihrer Fahrtrouten ohne volle Kriegsdeckung auskommen, aber dennoch gegen die Gefahren der Piraterie versichert sein möchten.[27] Allerdings wird die Prateriegefahr, sofern sie unter Ziff. 35.1.4 DTV-ADS wiedereingeschlossen wurde, gemäß Ziff. 37.1 DTV-ADS nur subsidiär versichert. Soweit Versicherungsschutz auch unter einem anderen Versicherungsvertrag besteht, leistet der Kaskoversicherer in Anbetracht der Piraterie keinen Ersatz.[28] Weitergehend greift auch Ziff. 37.2 DTV-ADS auf das System der ADS/DTV-KKl zurück und gewährt dem Versicherer ein Teilkündigungsrecht für die Piraterie mit einer Frist von 14 Tagen. Wiederum steht dem Versicherungsnehmer nach Ziff. 37.3 DTV-ADS ein Anschlusskündigungsrecht zu.[29] Die DTV-ADS bieten den Vertragsparteien im Hinblick auf die Piraterie letztlich zwei Deckungsmöglichkeiten: Standardmäßig ist die Piraterie als Kriegsgefahr versichert und deshalb unter den normalen Seegefahren ausgeschlossen; alternativ können die Parteien trotz Verwendung der DTV-ADS für die Gefahr der Piraterie an der Systematik der ADS/DTV-KKl festhalten.

III. Piraterie als versicherte Gefahr unter den ITCH und IWSC

In den englischen Seekaskobedingungen ist die Prateriegefahr seit Herausgabe der ITCH 1983 im Grundsatz als normale Seegefahr qualifiziert.[30] Mit der erheblichen Zunahme der modernen Piraterie, insbesondere vor Somalia, hat jedoch auch der englische Versicherungsmarkt reagiert und führt die Prateriegefahr seit 2009 faktisch als Kriegsgefahr.[31] In England wurde jedoch ein etwas anderer Weg beschritten als in Deutschland. Anstatt die ITCH und die IWSC entsprechend zu überarbeiten und anzupassen, wurden die Grundbedingungen unberührt gelassen. Stattdessen wurden Zusatzklauseln, eine Piraterieausschlussklausel für die ITCH[32] und eine Piraterieeinschlussklausel für

---

[27] *Schwampe*, in: Thume/de la Motte/Ehlers, Teil 6, AVB-Kaskoversicherung, Rn. 575p; nach demselben Prinzip kann die im Fünften Abschnitt verankerte Minenklausel als Minus zur vollen Kriegsdeckung gezeichnet werden, vgl. *Schwampe*, in: Thume/de la Motte/Ehlers, Teil 6, AVB-Kaskoversicherung, Rn. 575v.

[28] Näheres zu dieser Subsidiaritätsklausel *infra* auf S. 109 ff.

[29] Insoweit kann auf die Ausführungen zu den Kündigungsrechten *supra* S. 102 ff. verwiesen werden.

[30] Zuvor galt die Piraterie seit 1937 aufgrund der Ereignisse im spanischen Bürgerkrieg als Kriegsgefahr, vgl. *Berg/Artmann/Kratz u.a.*, Münchener Rück, Piraterie – Bedrohung auf See, S. 35.

[31] *Parker*, Lloyd's Shipping Economist June 2009, 22; *Berg/Funke/Kratz u.a.*, Munich RE, Piraterie – Gewalt auf See eskaliert, S. 22.

[32] Piracy Exclusion Clause for ITCH 1983 JH2005/046 herausgegeben von der International Underwriting Association (IUA).

die IWSC[33] auf den Markt gebracht. Die Verwendung dieser Klauseln stellt mittlerweile Marktstandard dar. Unter englischen Kaskoversicherungsverträgen ist die Pirateriegefahr damit regelmäßig als Kriegsgefahr unter den IWSC erfasst.

IV. Zusammenfassung

Die Pirateriegefahr ist eine unter deutschen und englischen Seekaskoversicherungsbedingungen versicherbare Gefahr. Im Grundsatz ist die Piraterie nur noch unter den ADS/DTV-KKl als gewöhnliche Seegefahr qualifiziert. Sie ist dort aber als Einzelgefahr kündbar. Die DTV-ADS behandeln die Pirateriegefahr hingegen grundsätzlich als Kriegsgefahr, bieten aber die Möglichkeit des gesonderten Einschlusses in die Seekaskoversicherung, soweit Piraterie ohne den Abschluss einer separaten Kriegskaskoversicherung gedeckt sein soll. An der Entwicklung der Einordnung der Pirateriegefahr in den deutschen Bedingungen lässt sich auch die Zunahme der (modernen) Piraterie ablesen. Je mehr die Piraterie für die Seehandels- und Seeversicherungsbranche zur Belastung wurde, desto weiter wurde die Pirateriegefahr in Richtung der Kriegsversicherung verschoben, die insoweit eine flexiblere, risikoadäquate Prämienerhebung sowie zusätzliche Durchfahrtsprämien bei ausgewiesenen sog. *high risk areas* erlaubt.[34] Auch auf dem englischen Markt ist die Pirateriegefahr durch die verstärkte Verwendung von Zusatzklauseln seit 2009 faktisch zur Kriegsgefahr geworden,[35] obwohl sie unter den ITCH und IHC eigentlich als Seegefahr geführt wird.

V. Doppelversicherung der Pirateriegefahr durch Seekasko- und Kriegskaskoversicherung

Im ersten Teil der Arbeit wurde bereits auf die Möglichkeiten zur Kombination der verschiedenen Deckungskonzepte in einem freien und globalen Seeversicherungsmarkt hingewiesen.[36] Aus den einleitenden Darstellungen zu den Regimen der Seeversicherungsbedingungen lassen sich darüber hinaus systematische Verschiedenheiten zwischen den Bedingungswerken erkennen. Auch die spezifische Einordnung der Pirateriegefahr ist in den Bedingungs-

---

[33] Piracy Extension Clause for IWSC 1983 JH2005/002 (IUA).
[34] Vgl. *Berg/Artmann/Kratz u.a.*, Münchener Rück, Piraterie – Neue Dimension, S. 21; *Spencer*, in: Newsletter of the Committee on Marine Insurance and General Average, S. 3; *Parker*, Lloyd's Shipping Economist June 2009, 22; *Douse*, Tul. Mar. L. J. 35 (2010), 267 (279).
[35] *Berg/Artmann/Kratz u.a.*, Münchener Rück, Piraterie – Neue Dimension, S. 20 f. sprechen von der Verschiebung der Pirateriegefahr in die Kriegsdeckung in 80% aller Fälle (Stand 2009). Ebenso *Allianz Global Corporate & Specialty,* Piracy – An ancient risk with modern faces, S. 9.
[36] Siehe *supra* S. 35 f.

werken unterschiedlich. Deshalb kann es bei einer entsprechenden Kombination von See- und Kriegskaskoversicherung bezüglich der Piraterie, aber auch hinsichtlich anderer Gefahren, zu einer Doppelversicherung[37] kommen.[38] Eine Doppelversicherung liegt vor, wenn für ein und dasselbe Interesse Versicherungsschutz gegen dieselbe Gefahr unter mehr als einem Versicherungsvertrag besteht, die versicherten Zeiträume identisch sind und die Versicherungssummen kumuliert den Versicherungswert übersteigen.[39] Problematisch ist diese Situation insbesondere für die beteiligten Versicherer, weil die Gefahr besteht, dass der Versicherungsnehmer mit dem mehrfach versicherten Interesse besonders sorglos umgeht oder gar auf den Eintritt des Versicherungsfalls abzielt. Der Versicherungsnehmer wäre nämlich in der Lage, sich am Versicherungsereignis dadurch zu bereichern, dass er einen einmal eingetretenen Schaden von mehreren Versicherern ersetzt verlangen könnte.[40] Um dieser Gefahr entgegenzuwirken, treffen die §§ 78, 79 VVG Vorkehrungen, die sich – daran angelehnt – auch in den §§ 10 ff. ADS und den Ziff. 13 und 14 DTV-ADS wiederfinden. Nach diesen Vorschriften bleibt die Wirksamkeit der einzelnen Versicherungsverträge zwar im Grundsatz unberührt. Nichtig sind die abgeschlossenen Verträge gemäß § 78 Abs. 3 VVG bzw. Ziff. 13.3 DTV-ADS und § 10 Abs. 3 ADS nur ausnahmsweise, wenn der Versicherungsnehmer die Doppelversicherung in der Absicht geschlossen hat, sich dadurch einen rechtswidrigen Vermögensvorteil zu verschaffen (sog. betrügerische Doppelversicherung). Der Hintergrund dieser gesetzgeberischen Entscheidung ist, dass es für die Begründung einer Doppelversicherung auch rechtlich billigenswerte Motive gibt.[41] So kann der Versicherungsnehmer berechtigte Zweifel an der Leistungsfähigkeit des Versicherers aus dem zuerst geschlossenen Vertrag haben.[42] Darüber hinaus kann es Fälle geben, in denen der Versicherungsnehmer überhaupt keine Kenntnis von der Doppelversicherung hat und diese unbeabsichtigt zustande kommt, etwa bei Versicherungsverträgen zugunsten Dritter oder einem Irrtum des Versicherungsnehmers.[43] Es ist daher ausreichend, der beschriebenen Gefahr der Doppelversicherung durch die Beschränkung der aus den einzelnen Versicherungs-

---

[37] Das VVG hat den Begriff der Doppelversicherung indes gegen den Begriff der Mehrfachversicherung ausgetauscht. Die DTV-ADS sprechen in Ziff. 13 jedoch weiterhin von der Doppelversicherung, weshalb diese Terminologie hier beibehalten wird.
[38] Siehe *supra* S. 105 ff.
[39] *Armbrüster*, in: Beckmann/Matusche-Beckmann, § 6, Rn. 17 und 19 ff.; *Armbrust*, Subsidiaritätsabreden, S. 7 f.; *Koppenfels-Spies*, in: Looschelders/Pohlmann, § 78, Rn. 5; *Vogel*, ZVersWiss 1973, 563 (564); vgl. auch Ziff. 13.1 DTV-ADS.
[40] *Schnepp*, in: Bruck/Möller, § 78, Rn. 5.
[41] *Schnepp*, in: Bruck/Möller, § 78, Rn. 6; siehe dazu auch *Ritter/Abraham*, ADS I, § 10 Anm. 7.
[42] *Schnepp*, in: Bruck/Möller, § 78, Rn. 6.
[43] *Armbrüster*, in: Beckmann/Matusche-Beckmann, § 6, Rn. 49.

verträgen erzielbaren Versicherungsleistungen mittels einer entsprechenden Regelung entgegen zu wirken, die auch das Innenverhältnis der Versicherer berücksichtigt.[44] Der Gesetzgeber ordnet in § 78 Abs. 1 und 2 VVG eine Gesamtschuld der Versicherer an und beschränkt damit zugleich die vom Versicherungsnehmer zu erlangende Versicherungsleistung. Dem sind die Klauselgeber in § 10 Abs. 1 und 2 ADS sowie Ziff. 13.1 und 13.2 DTV-ADS gefolgt. Diese Vorschriften sind jedoch dispositiv. Die Parteien sind somit befugt, eigenständige Regelungen zur Leistungspflicht bei Doppelversicherung zu vereinbaren. In der Praxis wird dies problematisch, wenn mehrere Versicherer derartige Regelungen mit dem Versicherungsnehmer treffen – zumeist durch Subsidiaritätsklauseln – und diese aufeinandertreffen. Entscheidend ist dann die Frage, ob und in welcher Höhe die unterschiedlichen Versicherer im Versicherungsfall leistungspflichtig sind.[45]

Die Kombinationsmöglichkeiten, die zu einer Doppelversicherung hinsichtlich der Pirateriegefahr führen können, werden an dieser Stelle untersucht; gleichzeitig widmet sich dieser Abschnitt den rechtlichen Fragestellungen, die sich hinsichtlich der Auflösung der Doppelversicherungsproblematik durch die in den Bedingungswerken festgeschriebenen Subsidiaritätsklauseln ergeben. Zunächst gilt das Augenmerk möglichen Doppelversicherungen hinsichtlich der Piraterie innerhalb des deutschen Seekaskoregimes. Anschließend werden Kombinationen zwischen deutschen und englischen See- und Kriegskaskoversicherungen untersucht.

1. Doppelversicherung innerhalb der deutschen Bedingungen

Innerhalb der deutschen Seekaskoversicherungsbedingungen gibt es zwei Kombinationsmöglichkeiten, die zu einer Doppelversicherung der Pirateriegefahr durch See- und Kriegskaskoversicherung führen können. Zum einen ist dies die Kombination aus den DTV-ADS und den DTV-ADS-KrKl. Zum anderen die Kombination aus den ADS/DTV-KKl und den DTV-ADS-KrKl.

a) Kombination aus DTV-ADS und DTV-ADS-KrKl

aa) Das Potenzial für eine Doppelversicherung

Innerhalb des Regimes der DTV-ADS könnte es im Hinblick auf bestimmte Gefahren einschließlich der Piraterie zur einer Doppelversicherung kommen, wenn der Versicherungsnehmer neben der See- auch eine Kriegskaskoversicherung unter den DTV-ADS abschließt. Die materiell-rechtliche Ausrichtung der DTV-ADS-KrKl an den englischen IWSC führt dazu, dass bestimmte Gefahren unter der Kriegskaskoversicherung gedeckt sind, die unter den

---

[44] *Schnepp*, in: Bruck/Möller, § 78, Rn. 6; *Armbrüster*, in: Prölss/Martin, § 78, Rn. 1; vgl. auch *Armbrüster*, in: Beckmann/Matusche-Beckmann, § 6, Rn. 55.

[45] Vgl. *Armbrüster*, in: Beckmann/Matusche-Beckmann, § 6, Rn. 17.

Seekaskobestimmungen nicht ausgeschlossen sind.[46] Namentlich sind die Gefahren der Revolution, Rebellion, des Aufruhrs und bürgerlicher Unruhen, des Streikes und ausgesperrter Arbeiter sowie der Arbeitskämpfe, des Terrorismus und politischer Gewalthandlungen von der Allgefahrendeckung der DTV-ADS nicht explizit ausgeschlossen, sondern zum Teil lediglich nach Ziff. 37.2 DTV-ADS kündbar. Gleichwohl befinden sie sich im Deckungskatalog von Ziff. 84 DTV-ADS-KrKl. Zeichnet ein Versicherungsnehmer neben der Seekaskoversicherung auch die Kriegsversicherung nach den DTV-ADS, ist er hinsichtlich der genannten Gefahren doppelversichert. Grundsätzlich richten sich die Rechtsfolgen der Doppelversicherung nach Ziff. 13 DTV-ADS. Im Außenverhältnis sind die Versicherer – soweit die Versicherungsverträge mit unterschiedlichen Versicherern geschlossen wurden – gemäß Ziff. 13.1 DTV-ADS als Gesamtschuldner in der Weise verpflichtet, dass jeder dem Versicherungsnehmer für den Betrag haftet, dessen Zahlung ihm nach seinem Vertrag obliegt, jedoch der Versicherungsnehmer im Ganzen nicht mehr als den Betrag des Schadens verlangen kann.[47] Durch diese Regelung soll verhindert werden, dass sich der Versicherte durch den Versicherungsfall bereichert, indem er Ersatz des Schadens von mehreren Versicherern beansprucht. Der Ausgleich im Innenverhältnis der Versicherer ist in Ziff. 13.2 DTV-ADS geregelt. Die Regelungen der Ziff. 13 DTV-ADS bleiben jedoch dann außen vor, wenn die Doppelversicherung bereits durch eine Subsidiaritätsklausel vermieden wird.[48]

bb) Systemische Vermeidung der Pirateriedoppelversicherung

Hinsichtlich der Pirateriegefahr scheint die Problematik der Doppelversicherung innerhalb der DTV-ADS zunächst nicht relevant zu sein. In der Grundkonstellation aus DTV-ADS Seekasko- und Kriegskaskoversicherung kommt es nicht zu einer Doppelversicherung der Pirateriegefahr, weil diese gemäß Ziff. 35.1.4 DTV-ADS von der Allgefahrendeckung ausgeschlossen, und daher ausschließlich unter Ziff. 84.1.6 DTV-ADS-KrKl als Kriegsgefahr versichert ist.

Zu einer Doppelversicherung kann es jedoch dann kommen, wenn die Gefahr der Piraterie unter den Seekaskobedingungen in den Deckungsschutz gemäß Ziff. 35.1.4 S. 2 DTV-ADS wieder aufgenommen wurde, und der

---

[46] Siehe *supra* S. 105 ff.
[47] Die Bestimmung entspricht inhaltlich etwa § 78 VVG.
[48] Nach *BGH* VersR 2004, 994 verhindert die Subsidiaritätsklausel die Entstehung einer echten Doppelversicherung; ebenso *Vogel*, ZVersWiss 1973, 563 (567); *Martin*, VersR 1973, 691; a.A. *Armbrüster*, in: Prölss/Martin, § 78, Rn. 30 der davon ausgeht, dass durch die Subsidiaritätsklausel lediglich der in § 78 Abs. 2 VVG geregelte Innenausgleich zwischen den Versicherern abbedungen wird. Die Argumentation ließe sich entsprechend auf Ziff. 13 DTV-ADS übertragen.

Versicherungsnehmer zudem eine Kriegsversicherung gezeichnet hat. Auch dies vermag wohl nur theoretisch zu einer Doppelversicherung der Pirateriegefahr führen. Sofern der Versicherungsnehmer nämlich eine Kriegsversicherung zeichnet, besteht für ihn keinerlei Notwendigkeit mehr, die Pirateriegefahr gegen Zahlung einer Mehrprämie wieder in die normale Seekaskoversicherung einzubeziehen. Bei näherer Betrachtung dürfte zudem bereits der Wortlaut von Ziff. 35.1.4 S. 2 DTV-ADS eine Doppelversicherung der Pirateriegefahr verhindern. Die Vereinbarung des Piraterieewiedereinschlusses kann von den Vertragsparteien danach nämlich nur getroffen werden, wenn „keine Versicherung nach dem Sechsten Abschnitt [besteht]". Besteht eine solche hingegen, so erfolgt nach dem Klauselwortlaut grundsätzlich kein Wiedereinschluss und es bleibt bei der beschriebenen Grundkonstellation, die die Entstehung einer Doppelversicherung nicht zulässt. Der GDV hat damit eine Regelung getroffen, die bei voller See- und Kriegskaskodeckung die Pirateriegefahr entweder der einen oder der anderen, nicht aber beiden Versicherungen gleichzeitig zuordnet. Allerdings geht diese Systematik von einer bestimmten zeitlichen Reihenfolge der Vertragsabschlüsse aus. Der genannte Wortlaut verhindert eine Doppelversicherung nämlich nur dann, wenn eine Kriegskaskodeckung zum Zeitpunkt der Beurteilung des Wiedereinschlusses der Piraterie in die Seekaskodeckung nicht besteht. Denkbar wäre eine Doppelversicherung der Piraterie trotzdem, wenn der Versicherungsnehmer zunächst nur eine Seekaskoversicherung mit Piraterieewiedereinschluss abschließt und sich zu einem späteren Zeitpunkt entscheidet, zusätzlich eine Kriegskaskoversicherung zu zeichnen. Für eine nachträgliche Reduzierung des Deckungsumfanges der Seekaskoversicherung zur Vermeidung einer Doppelversicherung bieten die DTV-ADS in diesem Fall keine Handhabe.⁴⁹ Allenfalls wenn die Kriegsversicherung beim gleichen Versicherer eingedeckt wird wie zuvor die Seekaskoversicherung, besteht gegebenenfalls die Möglichkeit, das „Gesamtpaket" mit dem Versicherer vertraglich so abzustimmen, dass es zu keiner Pirateriedoppelversicherung kommt. Handelt es sich jedoch um zwei verschiedene Versicherer, bietet die vom GDV entwickelte Systematik in Ziff. 35.1.4 S. 2 DTV-ADS keine Lösung zur Vermeidung der Doppelversicherung.⁵⁰

---

⁴⁹ Ziff. 14.2 DTV-ADS bietet dem Versicherungsnehmer lediglich bei unbewusst verursachter Doppelversicherung die Möglichkeit, eine anteilige Herabsetzung von Versicherungssumme und Prämie von den Versicherern zu verlangen, um die Doppelversicherung zu beseitigen. Das Recht gilt zudem nur, solange die Versicherung noch nicht begonnen hat. Etwas anders ist demgegenüber § 79 VVG ausgestaltet, der auch ein Aufhebungsverlangen bezüglich des später geschlossenen Versicherungsvertrages gestattet.
⁵⁰ Dies gilt jedenfalls dann, wenn die DTV-ADS in unveränderter Form zur Grundlage der Versicherungsverträge werden. Über Individualvereinbarungen mit dem Kriegsversicherer kann eine Pirateriedoppelversicherung freilich verhindert werden.

Eine Doppelversicherung der Prateriegefahr durch DTV-ADS und DTV-ADS-KrKl ist nach alledem in der Praxis zwar unwahrscheinlich, aber dennoch möglich. Da die Behandlung der Doppelversicherung der Piraterie zudem auch für die übrigen Kombinationsmöglichkeiten aus See- und Kriegskaskobedingungen relevant ist, soll eine Besprechung der Problematik bereits an dieser Stelle erfolgen. Häufiger dürfte das Problem der Doppelversicherung hinsichtlich der übrigen in Ziff. 37.1 DTV-ADS genannten kündbaren Gefahren auftreten, die grundsätzlich sowohl unter die Seekasko- als auch unter die Kriegskaskodeckung fallen.[51]

cc) Vermeidung der Doppelversicherung durch Subsidiaritätsklauseln

Die Entstehung einer Doppelversicherung kann auch durch die Verwendung von Subsidiaritätsklauseln vermieden werden.[52] Eine Subsidiaritätsklausel stellt Ziff. 35.3 DTV-ADS dar. Sie bestimmt, dass der Versicherer der Seekaskoversicherung keinen Ersatz leistet, soweit die versicherten Gefahren dem Grunde oder der Höhe nach durch eine Kriegsversicherung gedeckt sind oder nur deshalb nicht gedeckt sind, weil unter der Kriegsversicherung wegen der Existenz der hier geregelten Versicherung kein Versicherungsschutz besteht. Die Bestimmung legt damit eine grundsätzliche Subsidiarität der Leistung des Seekasko- gegenüber dem Kriegskaskoversicherer fest.

Eine weitere Subsidiaritätsklausel enthalten die Seekaskobestimmungen in Ziff. 37.1 DTV-ADS. Danach besteht Versicherungsschutz gegen Piraterie unter der Seekaskoversicherung nur insoweit, als für diese Gefahr nicht Versicherungsschutz unter einem anderen Versicherungsvertrag besteht.[53] Die Klausel unterscheidet sich in ihrer Reichweite von der Subsidiaritätsklausel in Ziff. 35.3 DTV-ADS in mehrfacher Hinsicht und hat daher einen eigenen Anwendungsbereich. Einerseits ist Ziff. 37.1 DTV-ADS gegenüber Ziff. 35.3 DTV-ADS hinsichtlich der erfassten Gefahren speziell: Während letztere sämtliche Gefahren erfasst, beschränkt sich erstere auf die enumerativ genannten Gefahren, namentlich auch Piraterie. Andererseits ist Ziff. 35.3 DTV-ADS gegenüber Ziff. 37.1 DTV-ADS insoweit speziell, als sie ausschließlich das Verhältnis zu einer bestehenden Kriegsversicherung regelt, während Ziff. 37.1 DTV-ADS generell auf jeden anderen Versicherungsvertrag Bezug nimmt, der die Gefahr der Piraterie abdeckt.

Neben den Subsidiaritätsklauseln der Seekaskobedingungen beinhalten jedoch auch die DTV-ADS-KrKl eine Subsidiaritätsbestimmung. Ziff. 86.3 DTV-ADS-KrKl ordnet an, dass eine Haftung unter der Kriegsversicherung

---

[51] Siehe *supra* S. 111.

[52] Zur dogmatischen Wirkung der Subsidiaritätsklauseln siehe die Nachweise in Teil 2 Fn. 48.

[53] Neben der Gefahr der Piraterie umfasst die Klausel auch die Gefahren von terroristischen oder politischen Gewalthandlungen, Arbeitsunruhen, Aufruhr und inneren Unruhen.

nicht besteht, wenn und soweit der Versicherungsnehmer Versicherungsschutz unter einer anderen Versicherung hat oder hätte, wenn diese Versicherung nicht bestehen würde. Folglich ist auch die Haftung des Kriegsversicherers subsidiär, wenn es ohne die Subsidiaritätsklausel zu einer Doppelversicherung käme. Damit stehen sich innerhalb der DTV-ADS mehrere Subsidiaritätsklauseln gegenüber, die die jeweilige Haftung der Versicherer wegen der Deckung der jeweils anderen Versicherung ausschließen. Daneben steht ein Versicherungsnehmer, der unter Umständen an beide Versicherer eine Prämie bezahlt hat und einen Deckungsanspruch erwartet. Dieses Spannungsverhältnis zwischen Versicherern und Versicherungsnehmer gilt es aufzulösen.

dd) Aufeinandertreffen konkurrierender Subsidiaritätsklauseln

Schwampe, der sich – soweit ersichtlich – bisher als einziger eingehender mit den DTV-ADS befasst hat, geht auf das Aufeinandertreffen der gegenseitigen Subsidiaritätsklauseln innerhalb der DTV-ADS nicht ein.[54] Er merkt lediglich an, dass Ziff. 86.3 DTV-ADS eine drohende Doppelversicherung zugunsten des Kriegsversicherers verhindere.[55] An anderer Stelle sprechen *Enge/ Schwampe* von einer Vermeidung der Doppelversicherung innerhalb der DTV-ADS durch Ziff. 37.1 DTV-ADS.[56] Dies erscheint insoweit widersprüchlich, als Ziff. 37.1 DTV-ADS die Problematik der Doppelversicherung zugunsten des normalen Seekaskoversicherers aufzulösen versucht. Die Bestimmung in Ziff. 35.3 DTV-ADS bleibt gänzlich unerwähnt. Letztlich kann beiden Aussagen – soweit sie ohne jegliche Berücksichtigung der Gegenseitigkeit der Subsidiaritätsklauseln getroffen werden – nicht zugestimmt werden. Vielmehr sind die verschiedenen Subsidiaritätsklauseln zunächst genau zu untersuchen und auszulegen, um sie sodann zueinander in Verhältnis zu setzen.[57] Erst dann kann eine Aussage darüber getroffen werden, wie es sich mit der Leistungspflicht der beteiligten Versicherer verhält.

(1) Bestimmung der Natur der Subsidiaritätsklauseln

Für die Auflösung der Konkurrenz zwischen gegenseitigen Subsidiaritätsklauseln ist die Natur der jeweiligen Klauseln von besonderer Bedeutung. Aus ihr ergibt sich in der Regel die Reichweite der gewollten Subsidiaritätswirkung, die wiederum das Verhältnis zur konkurrierenden Klausel bestimmt.

---

[54] Einen kurzen, inhaltlich knappen Beitrag gibt es auch von *Gerhard*, TranspR 2011, 67.
[55] *Schwampe*, VersR 2010, 1277 (1281); *Schwampe*, in: Thume/de la Motte/Ehlers, Teil 6, AVB-Kaskoversicherung, Rn. 575w.
[56] *Enge/Schwampe,* Transportversicherung, S. 356.
[57] Im Kontext der DTV-KKl und IWSC bespricht *Schwampe* die Problematik konkurrierender Subsidiaritätsklauseln und ermittelt durch Auslegung der Klauseln deren Reichweite, vgl. *Schwampe*, Seekaskoversicherung, § 15, Rn. 18.

In der versicherungsrechtlichen Praxis ist zwischen zwei Formen von Subsidiaritätsklauseln zu unterscheiden.[58] Zum einen gibt es sog. einfache Subsidiaritätsklauseln, die auch als eingeschränkte Subsidiaritätsklauseln bezeichnet werden.[59] Eine solche einfache Subsidiaritätsklausel liegt vor, wenn der die Klausel verwendende Versicherer – der Subsidiärversicherer – nur dann nicht leistungspflichtig sein will, wenn ein Anspruch gegen den anderen Versicherer – den Primärversicherer – besteht und dieser nach seinen eigenen Vertragsbedingungen auch tatsächlich leisten muss.[60] Zum anderen wird von einer qualifizierten oder auch uneingeschränkten Subsidiaritätsklausel gesprochen, wenn es lediglich auf das Bestehen eines anderen Versicherungsvertrages ankommt.[61] Die subsidiäre Haftung des verwendenden Versicherers kommt also bereits dann zum Tragen, wenn für das betreffende Interesse ein weiterer Versicherungsvertrag besteht, unabhängig davon, ob der andere Versicherer im konkreten Fall zur Leistung verpflichtet ist oder nicht.[62]

Soweit sich der Charakter der Subsidiaritätsklausel nicht eindeutig aus dem Wortlaut ergibt, ist er durch Auslegung der Klausel zu ermitteln.[63] Als eine übliche einfache Subsidiaritätsklausel führt *Armbrüster* folgenden Wortlaut an:

„Entschädigung wird nur geleistet, soweit Entschädigung nicht aus einem anderen Versicherungsvertrag beansprucht werden kann."[64]

Als Beispiel für eine unmissverständliche qualifizierte Subsidiaritätsabrede führt hingegen *Armbrust* an:

„Der Versicherer gewährt keinen Versicherungsschutz für Sachen, für welche z.Zt. des Schadeneintritts ein anderweitiger Versicherungsvertrag besteht, und zwar unabhängig von der Leistungspflicht des anderweitigen Versicherers im Schadenfall."[65]

---

[58] *Armbrust,* Subsidiaritätsabreden, S. 3 ff. differenziert die Erscheinungsformen von Subsidiaritätsklauseln zusätzlich nach weiteren Kriterien. Diese sind für die vorliegende Untersuchung jedoch nicht von Bedeutung, sodass sich die hiesigen Ausführungen in der Unterscheidung zwischen einfachen und qualifizierten Subsidiaritätsklauseln erschöpfen.

[59] Zur Terminologie vgl. *Schnepp,* in: Bruck/Möller, § 78, Rn. 173.

[60] *BGH* VersR 2004, 994 (995); *Schnepp,* in: Bruck/Möller, § 78, Rn. 174; *Armbrüster,* in: Beckmann/Matusche-Beckmann, § 6, Rn. 84; *Armbrüster,* in: Prölss/Martin, § 78, Rn. 30; *Schwampe,* in: Thume/de la Motte/Ehlers, Teil 7, AVB-Verkehrshaftungs-Bedingungen, Rn. 629; ausführlich zu einfachen Subsidiaritätsklauseln *Armbrust,* Subsidiaritätsabreden, S. 7 ff.

[61] Zur Terminologie vgl. abermals *Schnepp,* in: Bruck/Möller, § 78, Rn. 173.

[62] *Schnepp,* in: Bruck/Möller, § 78, Rn. 178; *Armbrüster,* in: Prölss/Martin, § 78, Rn. 31; *Armbrüster,* in: Beckmann/Matusche-Beckmann, § 6, Rn. 86.

[63] *Schnepp,* in: Bruck/Möller, § 78, Rn. 178; *Armbrust,* Subsidiaritätsabreden, S. 73 ff.

[64] *Armbrüster,* in: Prölss/Martin, § 78, Rn. 30; weitere Formulierungsbeispiele finden sich bei *Armbrust,* Subsidiaritätsabreden, S. 29.

[65] *Armbrust,* Subsidiaritätsabreden, S. 72.

Mit dem Wortlaut dieser Beispielsklauseln decken sich weder die genannten Subsidiaritätsklauseln der Seekasko- noch die der Kriegskaskobedingungen.

Neben dem Wortlaut sind für die Auslegung von Subsidiaritätsklauseln aber auch ihr Sinn und Zweck heranzuziehen, soweit diese in der Klausel zumindest unvollkommen zum Ausdruck kommen.[66] Aufgrund der besonderen Entstehungsgeschichte der DTV-ADS dürfen Sinn und Zweck, ähnlich wie bei der Auslegung von Gesetzen, durchaus in erheblicherem Umfang berücksichtigt werden, als dies bei AVB im Allgemeinen der Fall ist.[67] Tragend ist in diesem Zusammenhang insbesondere die wirtschaftliche Motivation, die der Aufnahme der Subsidiaritätsklausel in die Versicherungsbedingungen zugrunde liegt.[68] Ein eindrückliches Model zur Berücksichtigung der wirtschaftlichen Hintergründe und deren Korrelation zur Prämienhöhe hat *Armbrust* entwickelt.[69] Er unterscheidet darin zwischen zwei handlungsbestimmenden Motiven für die Aufnahme von Subsidiaritätsklauseln in Versicherungsbedingungen. Zum einen sei dies die rein intrinsische Motivation des Versicherers, seine Ersatzpflicht auf andere Versicherer abzuwälzen.[70] Zum anderen könne eine gemeinsame Motivation von Versicherer und Versicherungsnehmer bestehen, eine Doppelversicherung zu vermeiden; nämlich dann, wenn sich der durch die Subsidiaritätsklausel verringerte Deckungsumfang zugleich in einer konkreten Prämienersparnis zugunsten des Versicherungsnehmers niederschlägt.[71] Ist diese Motivation für die Vertragsparteien leitend, spreche dies für die Annahme einer qualifizierten Subsidiaritätsklausel; dies gelte insbesondere dann, wenn in der Klausel auf eine namentlich benannte Spezialversicherung Bezug genommen werde.[72] Der Subsidiärversicherer habe dann nämlich gerade wegen des Bestehens der Spezialversicherung ein bestimmtes Risiko für subsidiär erklärt und dem Versicherungsnehmer deshalb eine Prämienersparnis ermöglicht. Müsste er für dieses Risiko nunmehr haften, weil der Spezialversicherer *in concreto* nicht leisten muss, entspräche dies nicht mehr einer risikogerechten Prämienerhebung.[73] Interessengerecht sei daher die Annahme einer qualifizierten Subsidiaritätsklausel,

---

[66] *Armbrust*, Subsidiaritätsabreden, S. 81; siehe auch *supra* S. 63 ff.
[67] Siehe *supra* S. 63 ff.
[68] *Martin*, VersR 1973, 691; *Armbrust*, Subsidiaritätsabreden, S. 90; *Segger/Degen*, r+s 2012, 422 (423).
[69] *Armbrust*, Subsidiaritätsabreden, S. 90 ff.
[70] *Armbrust*, Subsidiaritätsabreden, S. 90.
[71] *Armbrust*, Subsidiaritätsabreden, S. 90 ff.
[72] *Armbrust*, Subsidiaritätsabreden, S. 90 f.
[73] *Armbrust*, Subsidiaritätsabreden, S. 92.

die bereits bei Bestehen einer anderweitigen Versicherung greift und letztlich die Funktion einer Ausschlussklausel einnimmt.[74]

Handelt es sich hingegen um eine rein intrinsische Motivation des Versicherers – namentlich die Vermeidung von Ausgleichsansprüchen anderer Versicherer – so sei regelmäßig von einer einfachen Subsidiaritätsklausel auszugehen.[75] In diesem Fall erhalte der Versicherer nämlich zumeist die volle Prämienhöhe, sodass es interessengerecht sei, dass er auch das entsprechende Risiko trüge, wenn kein anderer Versicherer im konkreten Versicherungsfall zur Leistung verpflichtet ist.[76] Dies wird durch eine einfache Subsidiaritätsklausel gewährleistet.

Nach diesem Modell scheinen die Subsidiaritätsklauseln nach einem klar strukturierten Muster unterscheidbar. In dieser Klarheit kann eine Auslegung von Subsidiaritätsklauseln jedoch letztlich nicht erfolgen. Eine solche Kategorisierung führt zwangsläufig auch zu einer Pauschalisierung, die einer angemessenen Behandlung von Subsidiaritätsklauseln nicht immer gerecht wird.[77] Insbesondere die Korrelation zur Prämienschuld des Versicherungsnehmers vermag in ihrer grundsätzlichen Bedeutung nicht durchweg zu überzeugen. Nach der Überlegung *Armbrusts* wird bei der beidseitig gewollten Subsidiaritätsklausel ein Risiko aus dem Deckungsbereich der Versicherung zulasten einer Spezialversicherung eliminiert, sodass der Versicherungsnehmer eine nunmehr geminderte Versicherungssumme decken muss.[78] Dies hat zur Folge, dass sich auch seine Prämienschuld mindert.[79] Dieser Mechanismus funktioniert jedoch nur dann, wenn die verwendete Subsidiaritätsklausel hinsichtlich des relevanten Risikos an bestimmte Gegenstände anknüpft und diese als solche unter die Subsidiärversicherung stellt. Dies ist regelmäßig bei der Sachinbegriffsversicherung der Fall.[80] So zum Beispiel, wenn die Hausratversicherung für wertvolle Kunstgegenstände subsidiär zur speziellen Versicherung für Kunstgegenstände sein soll. Ist in diesem Sinne ein wertvolles Gemälde spezialversichert, so muss es bei der Bemessung der Versicherungs-

---

[74] *Armbrust*, Subsidiaritätsabreden, S. 91 f. Danach hat eine qualifizierte Subsidiaritätsklausel gegenüber einer Ausschlussklausel den Vorteil größerer Flexibilität, und sie vermag im Einzelfall ungewollte Deckungslücken zu vermeiden.

[75] *Armbrust*, Subsidiaritätsabreden, S. 93.

[76] *Armbrust*, Subsidiaritätsabreden, S. 93.

[77] In dieser Form ablehnend wohl auch *Schnepp*, in: Bruck/Möller, § 78, Rn. 178 und dort Fn. 342. *Martin*, VersR 1973, 691 (694 ff.) führt dieselben Beispiele wie *Armbrust* an, bemerkt aber zutreffend, dass es sich dabei nur um eine beispielhafte Fallgruppe für die Annahme qualifizierter Subsidiarität handelt, ohne darin einen generellen Auslegungsgrundsatz zu erblicken (S. 696).

[78] *Armbrust*, Subsidiaritätsabreden, S. 90 f.

[79] *Armbrust*, Subsidiaritätsabreden, S. 90 f.

[80] Siehe dazu die mit *Armbrust* übereinstimmende abstrakte Darstellung bei *Martin*, VersR 1973, 691.

summe der Hausratversicherung nicht berücksichtigt werden, obwohl es eigentlich zum Hausrat gehört. Der sonach verringerten Versicherungssumme folgt eine proportional verringerte Prämie für die Hausratversicherung.[81] Ziff. 35.3 DTV-ADS knüpft die Subsidiarität der Kaskoversicherung jedoch nicht an bestimmte Gegenstände, sondern an bestimmte Gefahren, die für einen Versicherungsfall ursächlich sein können. Durch diese Art der Subsidiarität verringern sich aber nicht der Versicherungswert und damit auch nicht die Versicherungssumme in einer Allgefahrenversicherung. Folglich kann insoweit auch keine konkrete Prämienersparnis zugunsten des Versicherungsnehmers erfolgen.

Zu einer Prämienersparnis kann es allenfalls durch eine veränderte Risikostruktur aufgrund eines verringerten Gefahrenkataloges kommen. Konkret tritt die Einschränkung des Gefahrenkataloges allerdings erst dann ein, wenn eine Kriegsversicherung auch tatsächlich besteht. Ist dies zum Zeitpunkt des Vertragsschlusses mit dem Kaskoversicherer noch nicht der Fall, so kann dieser wohl kaum eine konkrete, auf die Subsidiaritätsklausel zurückzuführende Prämienreduzierung gewähren, weil die Klausel in diesem Zeitpunkt mangels anderweitiger Deckung der Gefahr noch überhaupt nicht greift. Ihm bleibt kaum etwas übrig, als die Gefahr trotz der Subsidiaritätsklausel zunächst in die Prämie einzupreisen. Eine Berücksichtigung der Subsidiaritätsklausel bei der Prämienberechnung kann in diesen Fällen allenfalls aufgrund eines erfahrungsgemäß ermittelten Prozentsatzes erfolgen, in dem wegen der Subsidiarität eine Entlastung des Versicherers eintritt.[82] Dies ist jedoch keine konkrete, sondern eine – *Armbrust* selbst nennt sie so – pauschale Prämienersparnis.[83] Die zeitliche Abfolge der Vertragsabschlüsse kann von Einzelfall zu Einzelfall variieren. Damit variiert auch die Möglichkeit einer konkreten Prämienersparnis. Deshalb kann diese nicht pauschal als Kriterium für die Auslegung standardisierter Subsidiaritätsklauseln in Versicherungsbedingungen gereichen.[84] Denn letztlich ist eine konkrete Prämienersparnis nur dann

---

[81] Zu einem ähnlichen Beispiel vgl. *Martin*, VersR 1973, 691 (692).
[82] *Vogel*, ZVersWiss 1973, 563 (567).
[83] *Armbrust*, Subsidiaritätsabreden, S. 93.
[84] Auch *Armbrüster*, in: Prölss/Martin, § 78, Rn. 30 und 32 weist im Zusammenhang mit einfachen und qualifizierten Subsidiaritätsklauseln auf die Möglichkeit einer Prämienersparnis hin. Dem ist wohl zu entnehmen, dass er dem Kriterium der Prämienersparnis keine Unterscheidungsgewalt hinsichtlich des Charakters der Klausel zuspricht. Gleichwohl unterscheidet er dabei nicht zwischen pauschaler und konkreter Prämienersparnis. *Vogel*, ZVersWiss 1973, 563 (567) scheint insgesamt davon auszugehen, dass Subsidiaritätsabreden nur zu einer pauschalen Prämienersparnis führen können, wohingegen die gesetzliche Minderung der Prämie gemäß § 79 Abs. 1 VVG eine tatsächliche und damit konkrete Prämienersparnis darstellt. Anders läge der Fall auch nach *Vogel* wohl nur dann, wenn im Zeitpunkt des Vertragsschlusses der Subsidiärversicherung das Eingreifen der Subsidiaritätsklausel bereits sicher ist, vgl. *Vogel*, ZVersWiss 1973, 563 (577). Denn dann kann der Subsidiärversicherer getrost der gesetzlichen Rechtsfolge des

möglich, wenn zum Zeitpunkt des Vertragsschlusses über die Subsidiärversicherung bekannt ist, dass bereits eine anderweitige Versicherung besteht, mit der es ohne die Verwendung der Subsidiaritätsklausel zu einer Doppelversicherung käme. In diesem Fall hat die Subsidiaritätsklausel dieselbe Wirkung wie ein Risikoausschluss. Wird die Subsidiaritätsklausel aber in AVB verwendet, so ist sie ohne Berücksichtigung der besonderen zeitlichen und tatsächlichen Umstände des Einzelfalls objektiv auszulegen. Ob es aber eine konkrete Prämienersparnis gibt, ist nach dem Gesagten eine Frage individueller, zeitlicher und tatsächlicher Umstände.[85] Darüber hinaus dürfte die Vermeidung von Deckungslücken für den Versicherungsnehmer insgesamt eine größere Rolle spielen als das Ziel der Prämienersparnis.[86] Insoweit kann dem Versicherungsnehmer zumeist ein Interesse an einer einfachen Subsidiaritätsabrede beschieden werden.

Folglich ist die Einordnung der in den DTV-ADS vorhandenen Subsidiaritätsklauseln im Ergebnis nicht streng nach dem dargestellten Modell, sondern vielmehr unabhängig von Kategorisierungen nach ihrem Sinn und Zweck vorzunehmen. Nichtsdestotrotz können die von *Armbrust* angestellten Erwägungen dabei durchaus eine Rolle spielen.

a. Auslegung von Ziff. 35.3 DTV-ADS

Die Bestimmung in Ziff. 35.3 DTV-ADS betrifft das Verhältnis zur Kriegsversicherung:

„Die Versicherer dieser Police leisten keinen Ersatz, soweit durch diese Police versicherte Gefahren dem Grunde oder der Höhe nach durch eine Kriegsversicherung gedeckt sind oder nur deshalb nicht gedeckt sind, weil unter der Kriegsversicherung wegen der Existenz der hier geregelten Versicherung kein Versicherungsschutz besteht."

Allein vom Wortlaut der Klausel ausgehend lässt sich nicht hinreichend sicher bestimmen, ob es sich um eine einfache oder qualifizierte Subsidiaritätsklausel handelt. Dies gilt jedenfalls, wenn man die Betrachtung der Klausel zunächst auf den ersten Teil beschränkt, der eine Leistung des Kaskoversicherers ausschließt, soweit die versicherte Gefahr durch eine Kriegsversicherung gedeckt *ist*. Der Wortlaut bietet nämlich zwei gleichrangige Verständnisalternativen an.[87] Einerseits ließe sich die Klausel als qualifizierte Subsidiaritäts-

---

§ 79 Abs. 1 VVG zuvorkommen und von vornherein eine konkrete Prämienersparnis gewähren.

[85] Den Generalisierungseffekt einer Subsidiaritätsklausel in AVB sieht *Armbrust*, Subsidiaritätsabreden, S. 143 im Rahmen der AGB-rechtlichen Wirksamkeitsprüfung von qualifizierten Subsidiaritätsklauseln dann auch selbst.

[86] *Armbrüster*, in: Prölss/Martin, § 78, Rn. 35.

[87] *Armbrust*, Subsidiaritätsabreden, S. 94 führt ein ähnlich formuliertes Beispiel einer Subsidiaritätsklausel aus der Reisegepäck-Neuwertversicherung an, ordnet die Klausel aber allein aufgrund des Wortlauts eindeutig dem Bereich qualifizierter Subsidiaritätsklauseln

klausel verstehen, da eine Deckung durch eine Kriegsversicherung grundsätzlich gegeben ist, sobald eine solche unter Berücksichtigung der relevanten Gefahr rechtswirksam abgeschlossen wurde. Auf diese Auslegungsvariante könnte es hindeuten, dass Deckung durch eine Kriegsversicherung *dem Grunde nach* genügt. Ob diese im Grunde bestehende Deckung im Einzelfall, beispielsweise aufgrund einer Obliegenheitsverletzung des Versicherungsnehmers entfällt, spielte demnach keine Rolle. Andererseits lässt der Wortlaut ohne Weiteres auch die Annahme einer einfachen Subsidiaritätsklausel zu. Dafür spricht wiederum die Wendung, „*soweit* […] versicherte Gefahren […] durch eine Kriegsversicherung *gedeckt sind*".[88] Sie legt nahe, dass Voraussetzung für die Subsidiarität der Kaskoversicherung die *tatsächliche* Deckung durch den Kriegsversicherer im *konkreten* Versicherungsfall ist. Die Verwendung des Begriffes „soweit" spricht zudem dafür, dass es für die Anwendung der Subsidiarität auch auf die tatsächliche Deckung *der Höhe nach* im konkreten Versicherungsfall ankommen soll. Eine eindeutige Zuordnung erlaubt der Wortlaut der ersten Variante der Subsidiaritätsklausel also nicht, wenngleich die verwendete Formulierung nach hier vertretener Auffassung tendenziell eher auf eine einfache Subsidiaritätsklausel hindeutet.[89] Für den Charakter einer einfachen Subsidiaritätsklausel spricht sich – wenngleich ohne nähere Begründung – wohl auch *Schwampe* aus, wenn er anführt, dass die Subsidiarität erst dann eintrete, wenn die anderweitige Versicherung leiste.[90] Zwar bezieht sich dessen Aussage nicht unmittelbar auf Ziff. 35.3 DTV-ADS, jedoch auf die mit der ersten Variante von Ziff. 35.3 DTV-ADS nahezu wortlautidentische Fassung der Ergänzung zu Ziff. 15 DTV-KKl im Seekaskodruckstück 2002/2.[91] Sie lässt sich insoweit auf die hiesige Klausel übertragen. Darüber hinaus votiert die wohl herrschende Ansicht insgesamt für eine enge Auslegung von Subsidiaritätsklauseln, wonach im Zweifel von einer einfachen, für den Versicherten günstigeren Subsidiaritätsklausel auszu-

---

zu. Zu einem gegenteiligen Ergebnis kommt *Armbrust* erst nach Berücksichtigung von Sinn und Zweck der Klausel. Nach hier vertretener Auffassung kann jedenfalls Ziff. 35.3 DTV-ADS nach Auslegung des Wortlautes nicht eindeutig zugeordnet werden.

[88] Ziff. 35.3 DTV-ADS; Hervorhebungen hinzugefügt. Auch *Martin*, VersR 1973, 691 (692) scheint die Verwendung des Begriffes „soweit" in Subsidiaritätsklauseln als Hinweis auf eine einfache Subsidiaritätsklausel zu deuten.

[89] A.A. wohl *Armbrust,* Subsidiaritätsabreden, S. 94, zumindest soweit man die dort besprochene Klausel mit Ziff. 35.3 Var. 1 DTV-ADS für vergleichbar hält.

[90] *Schwampe,* Seekaskoversicherung, § 15, Rn. 18.

[91] Siehe dazu bereits *supra* S. 104. Gleichwohl ist zu bemerken, dass sich die Subsidiaritätsklausel des Seekaskodruckstücks 2002/2 nicht explizit auf die Kriegsversicherung, sondern genereller auf irgeneine andere Versicherung bezieht.

gehen ist.[92] Gegen qualifizierte Subsidiaritätsklauseln in AVB werden zudem auch AGB-rechtliche Bedenken erhoben.[93]

Bezieht man die zweite Variante der Subsidiaritätsklausel in Ziff. 35.3 DTV-ADS in die Betrachtung ein, so ergibt sich ein anderes Bild. Die Subsidiarität des Kaskoversicherers tritt danach auch dann ein, wenn der Kriegsversicherer gerade wegen des Bestehens der Kaskoversicherung keinen Versicherungsschutz gewährt. Dies ist dann der Fall, wenn die Bedingungen der Kriegsversicherung ihrerseits eine Subsidiaritätsklausel vorsehen.[94] Aus dieser Variante ergibt sich deutlich, dass es aus der Perspektive des Kaskoversicherers nicht darauf ankommt, nur dann Subsidiärversicherer zu sein, wenn die Kriegsversicherung tatsächlich leistet. Vielmehr tritt die Subsidiarität des Kaskoversicherers auch dann ein, wenn der Kriegsversicherer seinerseits nicht beansprucht werden kann. Insoweit ergibt sich aus dem Wortlaut unmittelbar, dass jedenfalls die zweite Variante der Ziff. 35.3 DTV-ADS keine einfache Subsidiaritätsklausel darstellt. Andererseits ist der Formulierung jedoch nicht der typische Charakter einer qualifizierten Subsidiaritätsklausel zu entnehmen, da sie den Versicherungsschutz nicht wegen des bloßen Bestehens der Kriegsversicherung für subsidiär erklärt, sondern lediglich wegen eines ganz bestimmten Inhalts der Kriegsversicherungsbedingungen, nämlich der ihrerseits bestehenden Subsidiarität gegenüber der Kaskoversicherung. Entfällt die Einstandspflicht des Kriegsversicherers hingegen aus einem anderen Grund als dem eben genannten, beispielsweise wegen einer Obliegenheitsverletzung, so wird – einmal unterstellt, dass die erste Variante als einfache Subsidiaritätsklausel einzuordnen ist – die Kaskoversicherung gemäß Ziff. 35.3 Var. 2 DTV-ADS deshalb nicht zur Subsidiärversicherung. Damit scheint es sich bei Ziff. 35.3 DTV-ADS dem Wortlaut nach insgesamt weder um eine klassische einfache noch um eine qualifizierte Subsidiaritätsklausel zu handeln. Vielmehr lässt der Wortlaut eine Mischform vermuten, die als teilqualifizierte Subsidiaritätsklausel bezeichnet werden könnte.[95]

---

[92] *Schnepp*, in: Bruck/Möller, § 78, Rn. 178; *Armbrüster*, in: Beckmann/Matusche-Beckmann, § 6, Rn. 82; *Armbrüster*, in: Prölss/Martin, § 78, Rn. 35.

[93] Vgl. *Armbrust*, Subsidiaritätsabreden, S. 138 ff.; vgl. auch *Schnepp*, in: Bruck/Möller, § 78, Rn. 179 f.

[94] Insoweit kommt es zu dem Phänomen aufeinandertreffender, konkurrierender Subsidiaritätsklauseln. Die Auflösung dieser Konkurrenz wird in den folgenden Abschnitten behandelt. Der Wortlaut der Ziff. 35.3 DTV-ADS legt es nahe, dass die zweite Variante nur dann zur Subsidiarität des Kaskoversicherers führt, wenn die Kriegsversicherungsbedingungen eine qualifizierte Subsidiaritätsklausel enthalten: „wegen der *Existenz* der hier geregelten Versicherung [...]" (Hervorhebung hinzugefügt). Zwingend ist dies allerdings nicht.

[95] Vorsicht ist bei dieser Einordnung im Rahmen der Wortlautauslegung aber deshalb geboten, weil allein der Wortlaut der ersten Variante keine eindeutige Charakterisierung als einfache Subsidiaritätsklausel zulässt. Deshalb sind Sinn und Zweck der Klausel heranzuziehen.

In Anbetracht von Sinn und Zweck der Subsidiaritätsklausel in Ziff. 35.3 DTV-ADS dient sie der Deckungsbeschränkung des Kaskoversicherers und der Risikoabgrenzung zur speziellen Kriegsversicherung. Für eine weite Auslegung der Klausel, also die Annahme einer qualifizierten Subsidiarität, spricht, dass sich die Klausel explizit und ausschließlich auf das Verhältnis zur Kriegsversicherung bezieht, die insoweit als Spezialversicherung für gewisse Gefahren anzusehen ist.[96] Auch ist das Zusammentreffen zwischen normaler Seekaskoversicherung und Kriegsversicherung für gewisse Fahrgebiete ein übliches Phänomen, sodass die Abgrenzung der Risikobereiche zwischen den beiden Deckungen eine typische Notwendigkeit ist. Dies kann ebenfalls als Hinweis gedeutet werden, dass mit Ziff. 35.3 DTV-ADS eine klare und grundsätzliche Risikobereichsabgrenzung im Sinne qualifizierter Subsidiarität vorgenommen werden soll.[97] Darüber hinaus liefert auch die systematische Stellung der Klausel innerhalb der Ziff. 35 DTV-ADS ein Indiz für ein solches Verständnis. Die Ziff. 35.1.1 bis 35.1.4 DTV-ADS regeln insoweit nämlich Gefahrenausschlüsse aus der Kaskoversicherung. Diese dienen eindeutig der Risikobegrenzung des Kaskoversicherers und haben zur Folge, dass für den Versicherungsnehmer eine geringere Prämienschuld entsteht. Die ausgeschlossenen Gefahren finden sich im Gegenzug in den Bedingungen über die Kriegsversicherung wieder. Auf diese Weise wird für die genannten Gefahren eine Doppelversicherung starr vermieden. Die jeweiligen Risikobereiche sind klar abgegrenzt. In diesem Lichte betrachtet, ließe sich die Subsidiaritätsklausel als abschließende Bestimmung der Ziff. 35 DTV-ADS als eine Art Auffangklausel verstehen, die den Schutz des Kaskoversicherers insoweit vervollständigt, als die vorgenannten Gefahrenausschlüsse in ihrer Bedeutung oder Kontur nicht eindeutig sein könnten oder in den Randbereichen der ausgeschlossenen Gefahren eine gewisse Zuordnungsproblematik besteht.[98] Letztlich hätte die Subsidiaritätsklausel damit die gleiche Funktion wie die vorhergehenden Ausschlussklauseln, sodass jedenfalls alle Gefahren ausgeschlossen wären, die unter eine bestehende Kriegsversicherung fallen.

Dennoch kann trotz dieser Überlegungen keine qualifizierte Subsidiaritätsklausel angenommen werden. Dies ergibt sich aus der internen Struktur der Klausel. Mit Ziff. 35.3 Var. 2 DTV-ADS spricht die Klausel nämlich einen

---

[96] Vgl. *Armbrust*, Subsidiaritätsabreden, S. 90, der in der Bezugnahme auf eine Spezialversicherung ein Indiz für die Annahme einer qualifizierten Subsidiaritätsklausel sieht.
[97] Vgl. insoweit *Armbrust*, Subsidiaritätsabreden, S. 90.
[98] *Schwampe*, in: Thume/de la Motte/Ehlers, Teil 6, AVB-Kaskoversicherung, Rn. 152 sieht in der Vorgängerklausel in Ziff. 16.3 DTV-KKl hingegen einen Fremdkörper, da sich die Bestimmung mit *nicht* ausgeschlossenen Gefahren befasst, obwohl Ziff. 16 DTV-KKl gerade die vom Seekaskoschutz ausgeschlossene Kriegsgefahr zum Gegenstand hat. Der Grund für die Verortung der Klausel in Ziff. 16 DTV-KKl kann danach wohl nur ihr direkter Bezug zur Kriegsversicherung sein.

ganz bestimmten, in den Kriegsversicherungsbedingungen geregelten Fall an. Subsidiarität soll danach dann eintreten, wenn die Bedingungen der Kriegsversicherung gegenüber der Kaskoversicherung ebenfalls eine Subsidiaritätsklausel vorsehen.[99] Ziff. 35.3 Var. 2 DTV-ADS antizipiert damit den Fall konkurrierender Subsidiaritätsklauseln. Diese explizite Regelung wäre aber ohne eigenständige Bedeutung und damit überflüssig, läge in Ziff. 35.3 DTV-ADS insgesamt eine qualifizierte Subsidiaritätsklausel. Diese griffe nämlich bereits dann ein, wenn eine Kriegsversicherung auch nur rechtswirksam bestünde. Ob die Bedingungen dieser Kriegsversicherung ihrerseits eine Subsidiaritätsklausel enthielten wäre irrelevant, weil dieser Fall bereits im bloßen Bestehen der Kriegsversicherung erfasst wäre. Es ist insoweit nicht anzunehmen, dass der GDV in seinen Beratungen eine Regelung beschließen wollte, der keinerlei eigenständige Regelungswirkung zukommt. Der Zweck von Ziff. 35.3 DTV-ADS besteht demnach vielmehr darin, eine Doppelversicherung zu vermeiden, aber dennoch für einen lückenlosen Versicherungsschutz zu sorgen. Darin kommt zum Ausdruck, dass der Kaskoversicherer nur dann nicht haften, sondern das Risiko auf den Kriegsversicherer abwälzen will, wenn dieser *in concreto* leistet. Ist dies nicht der Fall, soll der Kaskoversicherer für das Risiko weiterhin aufkommen. Lediglich dann, wenn der Kriegsversicherer die Leistung nach den unter der Kriegsversicherung geltenden Bedingungen *in concreto* gerade *wegen* des Bestehens der Kaskoversicherung verweigern darf, soll auch der Kaskoversicherer nicht leisten müssen. Dahinter steht der Gedanke, dass der Kaskoversicherer den Versicherten grundsätzlich nicht schutzfrei stellen möchte, jedoch auch nicht aufgrund einer gewillkürten Subsidiarität des Kriegsversicherers allein leistungspflichtig sein will. Somit stellt die Klausel eine Art Abwehrmechanismus gegen die Verwendung von Subsidiaritätsklauseln durch andere Versicherer dar.

Ziff. 35.3 DTV-ADS kann auch deshalb nicht der Charakter einer qualifizierten Subsidiaritätsklausel beigemessen werden, weil dies im Falle einer bestehenden Kriegsversicherung zu einem vollständigen Verlust der Deckung aus der Kaskoversicherung führen würde. Die Klausel ist in ihrer Wirkung nämlich nicht auf bestimmte Gefahren begrenzt, sondern erfasst alle in der Seekaskoversicherung gedeckten Gefahren. Mit anderen Worten ginge der Versicherte durch das bloße bestehen einer Kriegsversicherung auch desjenigen Versicherungsschutzes verlustig, den die Kriegsversicherung bedingungsgemäß von vornherein nicht bietet. Dieses Ergebnis wäre nicht systemgerecht und interessenwidrig.

Die teleologische Auslegung, verbunden mit den genannten systematischen Erwägungen, bestätigt damit das Ergebnis der Wortlautauslegung. Bei Ziff. 35.3 DTV-ADS handelt es sich im Ergebnis weder um eine einfache

---

[99] Siehe *supra* Teil 2 Fn. 94.

noch um eine qualifizierte, sondern um eine teilqualifizierte Subsidiaritätsklausel.

b. Auslegung von Ziff. 37.1 DTV-ADS

Die Subsidiaritätsklausel in Ziff. 37.1 DTV-ADS gewährt Versicherungsschutz unter der Kaskoversicherung für die genannten Gewalthandlungen und Piraterie nur insoweit, als für diese Gefahren nicht Versicherungsschutz unter einem anderen Versicherungsvertrag besteht:

> „Versicherungsschutz gegen die Gefahren von terroristischen oder politischen Gewalthandlungen, Arbeitsunruhen, Aufruhr, inneren Unruhen und der Piraterie, letztere soweit gemäß Ziff. 35.1.4 mitversichert, besteht nur insoweit, als für diese Gefahren nicht Versicherungsschutz unter einem anderen Versicherungsvertrag besteht."

Die Klausel bezieht sich damit nur auf enumerativ aufgezählte Gefahren, regelt aber das Verhältnis zu allen übrigen denkbaren Versicherungen für diese Gefahren. Sie ist damit einerseits enger, andererseits aber auch weiter gefasst als Ziff. 35.3 DTV-ADS. Auch hier ist der Wortlaut mehrdeutig. Ob Versicherungsschutz unter einem anderen Versicherungsvertrag besteht, lässt sich einerseits konkret bestimmen. Dann läge eine einfache Subsidiaritätsklausel vor. Andererseits kann diese Frage auch abstrakt verstanden werden, wobei Versicherungsschutz dann besteht, wenn ein anderer Versicherungsvertrag wirksam zustande gekommen ist.

Aus teleologischer Sicht sprechen hingegen gewichtige Argumente gegen eine qualifizierte Subsidiaritätsklausel. Zum einen setzt die Klausel in ihrer Abgrenzungsfunktion breit an und bezieht sich nicht konkret auf eine bestimmte Spezialversicherung mit der typischerweise Schnittmengen entstehen können.[100] Darüber hinaus kann die Klausel allenfalls zu einer pauschalen, jedoch nicht zu einer konkreten Prämienersparnis führen. Dies lässt sich am Beispiel der Piraterie deutlich erkennen. Die Gefahr der Piraterie ist unter der Kaskoversicherung nämlich nur dann inkludiert, wenn sie nach Ziff. 35.1.4 S. 2 DTV-ADS ausdrücklich und *gegen Mehrprämie* einbezogen wird. Für die grundsätzliche Deckung der Piraterie ist also trotz subsidiärer Haftung des Kaskoversicherers eine Mehrprämie zu entrichten. Von einer konkreten Prämienersparnis aufgrund der Subsidiaritätsklausel kann folglich keine Rede sein. Vielmehr bedeutet dies umgekehrt, dass der Versicherer wegen des ausdrücklichen Prämienzuwachses für Verluste aufgrund von Piraterie Ersatz leisten muss, soweit nicht ein anderer Versicherer konkret leistet. Anderenfalls würde dies bedeuten, dass der Versicherer für eine faktisch aus-

---

[100] Vgl. *Armbrust*, Subsidiaritätsabreden, S. 90.

geschlossene Gefahr eine Mehrprämie erhielte.[101] Mithin ist Ziff. 37.1 DTV-ADS eine einfache Subsidiaritätsklausel.

c. *Auslegung von Ziff. 86.3 DTV-ADS-KrKl*

Die Subsidiaritätsklausel der DTV-ADS-KrKl enthält einen ähnlichen Wortlaut wie schon Ziff. 37.1 DTV-ADS, ohne allerdings bestimmte Gefahren aufzulisten.

„Unter die Versicherung fallen keine Schäden, [...] wenn und soweit der Versicherungsnehmer Versicherungsschutz unter einer anderen Versicherung hat oder hätte, wenn diese Versicherung nicht bestehen würde."

Dieser Wortlaut spricht sogar deutlicher als Ziff. 37.1 DTV-ADS für eine einfache Subsidiarität, weil diese nur eingreift, wenn der Versicherungsnehmer anderweitigen Versicherungsschutz *hat*. Dies legt ein konkretes Verständnis nahe. Erweitert wird die Klausel wie schon Ziff. 35.3 DTV-ADS um das qualifizierende Element der subsidiären Haftung auch dann, wenn der andere Versicherer aufgrund einer seinerseits verwendeten Subsidiaritätsklausel nicht haften muss.

Darüber hinaus erlaubt auch die Funktion der Kriegsversicherung als Spezialversicherung für Kriegsrisiken kein anderes Verständnis. Sie dient dazu, gerade besondere Risiken abzudecken, die unter der Kaskoversicherung regelmäßig ausgeschlossen oder lediglich subsidiär mitversichert sind. Würde nun das Bestehen einer Kaskoversicherung bereits zur Subsidiärhaftung des Kriegsversicherers für diese speziellen Gefahren führen, wäre die Kriegsversicherung erheblich entwertet und die Prämie weitgehend ungerechtfertigt. Gerade für die Deckung dieser speziellen Risiken zeichnet der Versicherungsnehmer nämlich die Kriegsdeckung als Ergänzung zur Seekaskoversicherung und entrichtet dafür eine zusätzliche Prämie. Auch Ziff. 86.3 DTV-ADS-KrKl ist daher – wie Ziff. 35.3 DTV-ADS – eine teilqualifizierte Subsidiaritätsklausel, die lediglich in der intrinsischen Motivation der Risikoabwälzung des Kriegsversicherers auf einen anderen Versicherer begründet liegt, letztlich aber nicht zulasten des Versicherten gehen soll.

(2) Spezialitätsverhältnis zwischen den Subsidiaritätsklauseln innerhalb der Kaskoversicherung?

Nachdem die Natur der Subsidiaritätsklauseln bestimmt wurde, stellt sich – bevor es zur Auflösung der Konkurrenz zwischen den Subsidiaritätsklauseln kommen kann – die Frage, welche der Klauseln innerhalb der DTV-ADS überhaupt miteinander konkurrieren. Auf Seiten der Kriegsversicherung ist

---

[101] Zur Funktion von Subsidiaritätsklauseln als Risikoausschluss siehe *Armbrust*, Subsidiaritätsabreden, S. 90 ff.

dies Ziff. 86.3 DTV-ADS-KrKl. In den Seekaskobedingungen stehen hingegen sowohl Ziff. 35.3 als auch Ziff. 37.1 DTV-ADS zur Verfügung. Klärungsbedürftig ist daher zunächst, ob zwischen den beiden letztgenannten Klauseln ein Spezialitätsverhältnis besteht und wie dieses ausgestaltet ist, sofern beide Klauseln tatbestandlich gleichzeitig erfüllt sind.

Tatbestandlich kann es zu einer Überschneidung der Anwendungsbereiche der Klauseln nur im Verhältnis zur Kriegsversicherung kommen. Andernfalls ist Ziff. 35.3 DTV-ADS nicht anwendbar. Zudem muss es sich bei der in Rede stehenden Gefahr um Piraterie oder eine der anderen in Ziff. 37.1 DTV-ADS genannten Gefahren handeln, da ansonsten der Anwendungsbereich dieser Klausel nicht eröffnet ist. Bedeutsam ist die Bestimmung einer etwaigen Spezialität einer der beiden Klauseln insbesondere deshalb, weil sie sich in ihrer Qualität unterscheiden. Während Ziff. 37.1 DTV-ADS eine einfache Subsidiarität vorsieht, ist diese in Ziff. 35.3 DTV-ADS um ein qualifizierendes Element ergänzt und deshalb weitreichender. Die Reichweite der Subsidiarität spielt im Hinblick auf die Konkurrenz zur Subsidiaritätsklausel der Kriegsversicherung eine bedeutende Rolle.

Man könnte zum einen die in Rede stehende Gefahr – die Piraterie – ins Licht rücken und zu der Ansicht gelangen, dass Ziff. 37.1 DTV-ADS innerhalb der Kaskobestimmungen die speziellere Subsidiaritätsklausel darstellt, da sie im Gegensatz zu Ziff. 35.3 DTV-ADS die Gefahr der Piraterie ausdrücklich nennt und nicht pauschal auf alle versicherten Gefahren verweist. In der Folge wäre bei konkurrierenden Subsidiaritätsklauseln bezüglich der Pirateriegefahr seitens der Kaskobedingungen lediglich Ziff. 37.1 DTV-ADS anwendbar.

Verlagert man den Fokus der Betrachtung hingegen von der relevanten Gefahr hinüber zu dem relevanten, konkurrierenden Versicherungstypus, ergäbe sich das Gegenteil: der Anwendungsvorrang von Ziff. 35.3 DTV-ADS. Die Klausel regelt nämlich explizit nur das Verhältnis der Kaskoversicherung zur Kriegsversicherung und ist damit gegenüber Ziff. 37.1 DTV-ADS speziell, weil letztere Vorschrift allgemein auf andere Versicherungsverträge verweist.

Eine dritte Möglichkeit bestünde darin, auf ein kaskointernes Spezialitätsverhältnis zu verzichten und stets beide Klauseln gegen die Subsidiaritätsbestimmung in den Kriegsversicherungsbedingungen anzuführen.

Richtigerweise genießt Ziff. 35.3 DTV-ADS für den Bereich der Konkurrenz mit der Kriegsversicherung gegenüber Ziff. 37.1 DTV-ADS Anwendungsvorrang. Die Bestimmung stellt nämlich den umfassenden Grundsatz auf, dass die Haftung für alle versicherten Gefahren der Kaskoversicherung gegenüber einer Kriegsversicherung subsidiär sein soll und zwar auch dann, wenn der Kriegsversicherer gerade wegen der Existenz der Kaskoversicherung *in concreto* nicht leisten muss. Ließe man nun in Fällen, in denen die Pirateriegefahr im Grundsatz sowohl unter der Kasko- als auch unter der Kriegsversicherung gedeckt ist die Anwendung von Ziff. 37.1 DTV-ADS zu, so würde dies den von Ziff. 35.3 DTV-ADS aufgestellten Grundsatz wieder abschwächen bzw. relativieren, da Ziff. 37.1 DTV-ADS kein qualifizierendes Element enthält. Eine derartige Relativierungsfunktion kann dieser Bestimmung aber aufgrund ihrer systematischen Stellung in den DTV-ADS nicht zuerkannt werden. Das Verhältnis zwischen See- und Kriegskaskoversicherung ist in Ziff. 35 DTV-ADS nämlich umfassend geregelt. Die einfache Subsidiaritätsklausel in Ziff. 37.1 DTV-ADS ist hingegen in einem separaten Bereich – nämlich in Ziff. 37 DTV-ADS – verortet. Die Vorschrift regelt zum einen die bereits besprochenen Kündigungsrechte für besondere Gefahren, zum anderen aber auch das Verhältnis zwischen Kasko- und sonstigen Versicherungen, nicht aber das Verhältnis zur Kriegsversicherung. Sie ist damit systematisch nicht als spezielle Ausnahme zu Ziff. 35.3 DTV-ADS gestaltet. Ansonsten hätte sie, wenn sie auch für das Verhältnis zur Kriegsversicherung hätte gelten sollen, innerhalb von Ziff. 35.3 DTV-ADS angesiedelt werden müssen.[102] Einen eigenen Anwendungsbereich hat Ziff. 37.1 DTV-ADS damit nur im Verhältnis zu anderen Versicherungsverträgen.

Dieses Ergebnis zeigt sich auch bestätigt, wenn die oben aufgezeigte dritte Möglichkeit einmal durchexerziert wird, die keiner der beiden Klauseln eine systembedingte Spezialität einräumt, sondern beide Klauseln gegen die konkurrierende Subsidiaritätsklausel der Kriegsversicherung zur Anwendung bringt. Einmal unterstellt, dass sich die in der Kriegsversicherung enthaltene Subsidiaritätsklausel aufgrund ihrer Ausgestaltung gegen eine einfache Subsidiaritätsklausel durchsetzt,[103] so würde Ziff. 37.1 DTV-ADS als einfache Subsidiaritätsklausel derjenigen aus der Kriegsversicherung unterliegen. Anschließend käme es für das endgültige Resultat darauf an, ob sich Ziff. 35.3 DTV-ADS als teilqualifizierte Subsidiaritätsklausel gegen die Klausel der Kriegsversicherung durchsetzen kann. Dasselbe gilt, wenn unterstellt wird, dass Ziff. 37.1 DTV-ADS mit der Subsidiaritätsklausel aus der Kriegsversicherung gleichrangig ist. Unter dieser Annahme würde die anschließende Anwendung von Ziff. 35.3 DTV-ADS dazu führen, dass sich die Subsidiaritätsanordnung der Seekaskoversicherung gegenüber derjenigen aus der Kriegskaskoversicherung durchsetzt, weil sie ein qualifizierendes Element enthält. Jedenfalls aber würde sie das gleiche Ergebnis wie Ziff. 37.1 DTV-ADS hervorbringen, auch wenn das qualifizierende Element nicht zum Tragen kommt. Daraus zeigt sich, dass jeglicher Anwendungsfall von Ziff. 37.1 DTV-ADS hinsichtlich der Pirateriegefahr im Verhältnis zur Kriegsversicherung bereits von Ziff. 35.3 DTV-ADS abgedeckt ist und der

---

[102] Alternativ hätte in Ziff. 35.3 DTV-ADS auch der Hinweis genügt, dass die Gefahren der Ziff. 37.3 DTV-ADS unberücksichtigt bleiben, oder innerhalb von Ziff. 37.1 DTV-ADS, dass die Vorschrift ohne Rücksicht auf Ziff. 35.3 DTV-ADS gilt.

[103] Die Auflösung der Konkurrenz zwischen den Klauseln wird eingehend folgend auf den S. 129 ff. besprochen.

Anwendungsbereich von Ziff. 37.1 DTV-ADS in diesem Fall vollständig konsumiert wird.

Folglich ist Ziff. 35.3 DTV-ADS gegenüber Ziff. 37.1 DTV-ADS speziell, soweit es um die Pirateriegefahr und das Verhältnis zur Kriegsversicherung geht. Hinsichtlich der Piraterie kommt Ziff. 37.1 DTV-ADS lediglich in Bezug auf andere Versicherungstypen ein eigener Anwendungsbereich zu.

Für die Auflösung der konkurrierenden Subsidiaritätsklauseln innerhalb der DTV-ADS sind damit für die Seekaskoversicherung Ziff. 35.3 DTV-ADS und für die Kriegskaskoversicherung Ziff. 86.3 DTV-ADS-KrKl maßgeblich.

(3) Auflösung der Konkurrenz gegenseitiger Subsidiaritätsklauseln in den DTV-ADS und DTV-ADS-KrKl

Die Auflösung der Konkurrenz gegenseitiger Subsidiaritätsklauseln erfolgt in erster Linie nach den in den Bedingungen oder sonst im Vertrag festgelegten Bestimmungen. An solchen ausdrücklichen Bestimmungen fehlt es jedoch in aller Regel.[104] Deshalb ist die Lösung im Wege der ergänzenden Vertragsauslegung zu ermitteln.[105] Das Aufeinandertreffen konkurrierender Subsidiaritätsklauseln ist im Versicherungsrecht ein altbekanntes Problem. In der Literatur wurden daher schematische Lösungsansätze entwickelt, die an die Natur der jeweiligen Subsidiaritätsklauseln anknüpfen.

Nach der im Schrifttum überwiegenden Auffassung ergibt sich für die Kollision konkurrierender Subsidiaritätsklauseln im Versicherungsrecht regelmäßig folgendes Bild: Konkurrieren zwei qualifizierte Subsidiaritätsklauseln miteinander, so führt dies im Ergebnis dazu, dass keiner der Versicherer leistungspflichtig ist.[106] Dieses Ergebnis erscheint für den Versicherungsnehmer zunächst besonders nachteilig, weil er trotz des Abschlusses zweier Versicherungen nunmehr gar keinen Versicherungsschutz genießt. Insoweit wird die herrschende Auffassung bisweilen kritisiert und die Kollision nach dem Prioritätsprinzip zulasten des Versicherers des älteren Vertrages aufgelöst.[107] Dieser Lösung kann indes nicht gefolgt werden. Die Schutzlosigkeit des Versicherungsnehmers spiegelt lediglich das in der Verwendung qualifizierter Subsidiaritätsabreden liegende Risiko wieder, das sich im Falle zweier sol-

---

[104] *Armbrüster*, in: Beckmann/Matusche-Beckmann, § 6, Rn. 88; *Armbrüster*, in: Prölss/Martin, § 78, Rn. 33.

[105] *Armbrüster*, in: Beckmann/Matusche-Beckmann, § 6, Rn. 88; *Armbrüster*, in: Prölss/Martin, § 78, Rn. 33; *Martin*, VersR 1973, 691 (693); *Segger/Degen*, r+s 2012, 422 (423).

[106] *Schnepp*, in: Bruck/Möller, § 78, Rn. 185; *Armbrüster*, in: Beckmann/Matusche-Beckmann, § 6, Rn. 88; *Armbrüster*, in: Prölss/Martin, § 78, Rn. 35; *Armbrust*, Subsidiaritätsabreden, S. 174 f.; *Martin*, VersR 1973, 691 (694, 699).

[107] *Vollmar*, VersR 1987, 735 (739).

cher Klauseln verwirklicht.[108] Eine qualifizierte Subsidiaritätsklausel zeigt dem Versicherungsnehmer an, dass der Versicherer bei Bestehen eines weiteren Versicherungsvertrages nicht leistungspflichtig sein will, und zwar ohne Rücksicht auf eine tatsächliche Leistungspflicht eines anderen Versicherers. Dass dieser Wille auch bei dem zweiten Versicherer vorliegt, kann an dem entstehenden Ergebnis nichts ändern – weder in Bezug auf den ersten noch in Bezug auf den zweiten Vertrag. Beide Verträge genießen rechtlich das gleiche Gewicht.[109] Eine Auflösung nach dem Prioritätsprinzip verstieße darüber hinaus gegen das Prinzip der Vertragsfreiheit, weil es den für den durchschnittlichen Versicherungsnehmer erkennbaren Willen des ersten Versicherers – mit dem sich der Versicherungsnehmer einverstanden erklärt hat – missachtet.[110] Für den Versicherungsnehmer ist dies auch nicht unbillig, weil die Verwendung einer qualifizierten Subsidiaritätsklausel regelmäßig zu einer Prämienersparnis führen dürfte. Letztlich sind qualifizierte Subsidiaritätsklauseln in AVB selten anzutreffen. Umso unwahrscheinlicher ist damit auch die Kollision zweier derartiger Klauseln.[111]

Trifft eine qualifizierte auf eine einfache Subsidiaritätsklausel, so hat nach einhelliger Auffassung die qualifizierte Klausel den Vorrang.[112] Der Versicherer mit der einfachen Subsidiaritätsklausel will nämlich nur dann nicht haften, wenn ein anderer Versicherer konkret zur Leistung verpflichtet ist. Dies ist hinsichtlich des qualifiziert subsidiären Versicherers nicht der Fall, da seine Einstandspflicht bereits wegen des Bestehens des anderen Vertrages entfällt. Der einfach subsidiär haftende Versicherer muss den Schaden somit alleine decken.

Strittig ist im Schrifttum hingegen die Behandlung zweier aufeinandertreffender einfacher Subsidiaritätsklauseln. Bisweilen wird die Auffassung vertreten, dass es auch hier auf das Prioritätsprinzip ankomme und der zeitlich früher abgeschlossene Vertrag die alleinige Leistungsgrundlage darstelle.[113]

---

[108] *Armbrüster*, in: Beckmann/Matusche-Beckmann, § 6, Rn. 88.
[109] *Halbach*, in: MüKo-VVG, § 78, Rn. 23; *Armbrüster*, in: Prölss/Martin, § 78, Rn. 35.
[110] *Halbach*, in: MüKo-VVG, § 78, Rn. 23; *Armbrüster*, in: Prölss/Martin, § 78, Rn. 35; insoweit ließe sich allenfalls erwägen, dass die qualifizierte Subsidiarität im Rahmen von AVB zu einem überraschenden Ergebnis gem. § 305c Abs. 1 BGB führt und die Klausel deshalb nicht Vertragsbestandteil geworden ist. Im Ergebnis ablehnend *Armbrüster*, in: Prölss/Martin, § 78, Rn. 35; *Armbrust*, Subsidiaritätsabreden, S. 138 ff. und 194 hält qualifizierte Subsidiaritätsklauseln in AVB grundsätzlich nur für zulässig, soweit sie funktionell einen Risikoausschluss ersetzen, mit einer konkreten Prämienersparnis für den Versicherungsnehmer verbunden sind und die Gefahr fehlenden Versicherungsschutzes deutlich herausstellen. Vgl. zum Ganzen auch *Schnepp*, in: Bruck/Möller, § 78, Rn. 179 f.
[111] *Martin*, VersR 1973, 691 (699); *Armbrust*, Subsidiaritätsabreden, S. 175.
[112] *Armbrüster*, in: Prölss/Martin, § 78, Rn. 34; *Armbrüster*, in: Beckmann/Matusche-Beckmann, § 6, Rn. 88; *Armbrust*, Subsidiaritätsabreden, S. 168; *Schnepp*, in: Bruck/Möller, § 78, Rn. 183.
[113] *Vollmar*, VersR 1987, 735 (738); *Martin*, VersR 1973, 691 (696 ff.).

Der Versicherer des jüngeren Vertrages könne schließlich die Existenz des älteren Vertrages bei der Prämienberechnung berücksichtigen und diese entsprechend geringer ansetzen.[114] Der Versicherer des älteren Vertrages könne dies nicht und habe das Risiko deshalb in seine Prämie eingepreist. Zu Recht wird diese Auffassung weitgehend kritisiert. Der Zweitversicherer kann einen Prämiennachlass bei Kenntnis der Erstversicherung nämlich nicht risikolos gewähren, denn bei Abschluss des Versicherungsvertrages ist für ihn nicht absehbar, ob zum Zeitpunkt des Versicherungsfalls die Deckung des Erstvertrages überhaupt noch fortbesteht.[115] Ist dies nicht der Fall, hätte der zweite Versicherer, in der Annahme leistungsfrei zu sein, eine geringere Prämie gewährt, müsste aber gleichwohl haften.

Zudem ist die zeitliche Abfolge der Vertragsschlüsse in gewisser Hinsicht zufällig und es ist eine Frage des Einzelfalles, ob der Zweitversicherer von der Existenz der Erstversicherung überhaupt Kenntnis erlangt und darüber hinaus diese Kenntnis auch zu einer Prämienreduktion im Gegenzug für den Vorrang seiner Subsidiaritätsklausel nutzen will. Für die Auslegung der Reichweite einer Subsidiaritätsklausel in AVB kann dies alles keine Rolle spielen, denn dieselbe Klausel ist mal Bestandteil eines zuerst geschlossenen und mal eines zuletzt geschlossenen Vertrages.[116] Im Rahmen von AVB muss die Klausel aber unabhängig vom Einzelfall einheitlich ausgelegt werden. Die hinter dieser Auffassung stehenden wirtschaftlichen Erwägungen ließen sich folglich allenfalls für individuell vereinbarte Subsidiaritätsklauseln anführen. Es überzeugt auch nicht, diese Argumentation mit der Annahme abzuweisen, die Klauseln würden einheitlich ausgelegt und der Unterschied ergebe sich lediglich bei der Durchsetzungskraft. Denn die Durchsetzungskraft einer Subsidiaritätsklausel ist Bestandteil ihres Inhalts und dieser wird gerade durch die Auslegung der Klausel ermittelt.

Darüber hinaus führt der Prioritätsansatz zu besonderen Schwierigkeiten, wenn zwar Identität des Versicherten besteht, es sich jedoch um verschiedene Versicherungsnehmer handelt. Unter Umständen weiß nämlich nicht einmal der Versicherte selbst um das Bestehen einer zu seinen Gunsten von einem Dritten gezeichneten Versicherung, wenn der Versicherte schließlich selbst einen weiteren, zur Doppelversicherung führenden Vertrag abschließt. Folglich kann dies vom Versicherer des späteren Vertrages auch nicht berücksichtigt werden.

Weit überwiegend wird daher vertreten, dass sich zwei einfache Subsidiaritätsklauseln gegenseitig aufheben und es zur Anwendung von § 78 VVG

---

[114] *Vollmar*, VersR 1987, 735 (738).
[115] *Brambach*, in: Rüffer/Halbach/Schimikowski, § 77, Rn. 36.
[116] So wohl auch *Armbrust*, Subsidiaritätsabreden, S. 177 ff.; siehe auch *LG Hamburg* VersR 1978, 933 (934).

kommt.[117] Dieses Ergebnis entspricht den im Wege der ergänzenden Vertragsauslegung zu ermittelnden Parteiinteressen.[118] Vordergründiges Interesse der Versicherungsnehmer ist es nämlich zum einen Deckungslücken zu vermeiden und zum anderen eine insgesamt möglichst vorteilhafte Regelung zu erreichen.[119] Diese erlangen die Versicherungsnehmern bei einer gesamtschuldnerischen Haftung der Versicherer. Zum selben Ergebnis führt die Betrachtung der Interessenlage der Versicherer. Durch die Verwendung einer einfachen Subsidiaritätsklausel bringt der Versicherer zum Ausdruck, dass er sich des relevanten Risikos nicht vollständig entledigen, sondern vielmehr einstandspflichtig bleiben will, wenn der Versicherte ansonsten ohne Deckung bliebe. Daraus geht hervor, dass es jedenfalls interessengerecht ist, dass der Versicherte im Ergebnis nicht schutzlos bleibt.[120] Sichergestellt werden kann dieses Ergebnis im Falle des Aufeinandertreffens einfacher Subsidiaritätsklauseln nur, wenn die Wirkung beider Klauseln nicht eintritt und es zu einer gesamtschuldnerischen Haftung der Versicherer kommt.[121] Nur dieses Ergebnis gewährleistet auch eine einheitliche, vom Einzelfall und zeitlichen Umständen unabhängige Auslegung der Subsidiaritätsklauseln.

Zweifeln ließe sich an diesem Ergebnis unter Berücksichtigung der Interessen der Versicherer allenfalls deshalb, weil letztlich eine Doppelversicherung eintritt, obwohl es gerade dem Wesen einer Subsidiaritätsklausel entspricht, diese zu verhindern. Doch auch dies ist im Ergebnis interessengerecht. Einfache Subsidiaritätsklauseln sind in ihrer Zweckrichtung grundsätzlich darauf ausgelegt, das Verhältnis zu anderweitigen Verträgen zu regeln, die selbst keine Subsidiaritätsklausel enthalten. Ist dies aber der Fall, verfehlen sie im Grunde ihre Wirkung. Für sich genommen bestünde nämlich aus der Perspektive jedes Versicherers wegen der Subsidiaritätsklausel des konkurrierenden Versicherungsvertrages hinsichtlich des relevanten Schadens keine anderweitige Deckung.[122] In der Folge müsste jeder Versicherer auf den vollen Schaden leisten. Gerade dann entsteht jedoch auch Doppelversicherung, die es nach dem Willen der Vertragsparteien zu vermeiden, jedenfalls aber in Einklang mit § 78 VVG zu beseitigen gilt. In Ermangelung einer ausdrücklichen Kollisionsbestimmung ergeben die vorstehenden vertragsergänzenden Erwägungen deshalb, dass es wohl auch dem Interesse der Versicherer entspricht, wenn eine Doppelversicherung, wenn schon nicht vermieden, so wenigstens beseitigt und die jeweilige Haftung der Versicherer durch einen

---

[117] *LG Hamburg* VersR 1978, 933 (935); *Schnepp*, in: Bruck/Möller, § 78, Rn. 184; *Armbrüster*, in: Prölss/Martin, § 78, Rn. 36; *Armbrüster*, in: Beckmann/Matusche-Beckmann, § 6, Rn. 88; *Armbrust,* Subsidiaritätsabreden, S. 189 ff.
[118] *Schnepp*, in: Bruck/Möller, § 78, Rn. 184.
[119] *Schnepp*, in: Bruck/Möller, § 78, Rn. 184.
[120] *LG Hamburg* VersR 1978, 933; *Armbrüster*, in: Prölss/Martin, § 78, Rn. 36.
[121] *Armbrust,* Subsidiaritätsabreden, S. 190.
[122] So auch *Armbrust,* Subsidiaritätsabreden, S. 191.

B. Piraterie in der Seekaskoversicherung   133

Ausgleich im Innenverhältnis verringert wird.[123] Interessengerecht ist dieses Ergebnis auch deshalb, weil beide Versicherer für sich genommen das volle Risiko übernommen und dafür auch eine entsprechende Prämie erhalten haben.[124]

Die Kollision zweier einfacher Subsidiaritätsklauseln ist im Grundsatz damit richtigerweise im Wege einer gesamtschuldnerischen Haftung nach § 78 VVG aufzulösen.

Die Kollision der in den DTV-ADS verwendeten Subsidiaritätsklauseln lässt sich jedoch nicht ohne Weiteres unter diese Kategorien subsumieren, weil es sich bei Ziff. 35.3 DTV-ADS und Ziff. 86.3 DTV-ADS-KrKl um eine Sonderform – namentlich um teilqualifizierte Subsidiaritätsklauseln – handelt. Die Grundlage beider Klauseln bildet allerdings das Modell einer einfachen Subsidiaritätsklausel, sodass eine vorwiegende Bezugnahme auf das vorgehend zuletzt genannte Kollisionsmodel angemessen erscheint.

Unter Anwendung des Kollisionsmodels für einfache Subsidiaritätsklauseln ergäbe sich bei einer Doppelversicherung der Pirateriegefahr in See- und Kriegskaskoversicherung eine gegenseitige Aufhebung der Subsidiaritätsklauseln und im Ergebnis eine gesamtschuldnerische Haftung. Die Übertragbarkeit dieses Modells auf das Seeversicherungsrecht lässt sich trotz der Unanwendbarkeit von § 78 VVG mit Ziff. 13.1 DTV-ADS begründen. Die Bestimmung ordnet bei Doppelversicherung eine Gesamtschuld der Versicherer an. Insoweit müssten See- und Kriegskaskoversicherer für Pirateriegefahr im Außenverhältnis gemäß Ziff. 13.1 DTV-ADS nach den Bedingungen ihres Vertrages an den Versicherten leisten und wären einander im Innenverhältnis nach Ziff. 13.2 DTV-ADS *pro rata* zum Ausgleich verpflichtet.

Nunmehr bestimmen beide Subsidiaritätsklauseln über den üblichen Wortlaut einfacher Subsidiarität hinaus, dass eine Haftung auch dann nicht bestehen soll, wenn der jeweils andere Versicherer nur wegen des konkurrierenden Versicherungsvertrages leistungsfrei ist. Mit anderen Worten soll eine Leistungspflicht entfallen, wenn auch der andere Versicherungsvertrag eine Subsidiaritätsklausel enthält. Welche Auswirkung dieses qualifizierende Element auf das Ergebnis der Kollisionsfrage hat, und inwieweit die Anwendung des dargestellten Kollisionsmodells für einfache Subsidiaritätsklauseln angemessen ist, ist wiederum durch eine objektivierte interessengerechte Auslegung zu ermitteln.

Denkbar ist es insoweit, in dem qualifizierenden Element der Ziff. 35.3 und 86.3 DTV-ADS eine bewusste Kollisionsbestimmung zu sehen; also eine Bestimmung, die gerade für den Fall des Aufeinandertreffens konkurrierender

---

[123] Einer teilweise befürworteten *pro-rata*-Haftung im Außenverhältnis steht die ergänzende Vertragsauslegung entgegen. Siehe dazu *LG Hamburg* VersR 1978, 933 (934) und *Armbrust*, Subsidiaritätsabreden, S. 155 ff.

[124] *LG Hamburg* VersR 1978, 933 (935).

Subsidiaritätsklauseln eine Regelung treffen soll. Das qualifizierende Element der Klauseln greift nämlich gerade dann ein und erklärt die Haftung des Versicherers für subsidiär, wenn auch der Versicherer des sonst zur Doppelversicherung führenden Vertrages nach seinen Bedingungen nur subsidiär haftet – wenn also auch der konkurrierende Versicherungsvertrag eine Subsidiaritätsklausel aufweist. Ruft man sich nunmehr das zuvor Gesagte ins Gedächtnis, nämlich dass zwei Versicherer konkurrierender Verträge bei beidseitiger Verwendung einfacher Subsidiaritätsklauseln theoretisch beide auf die volle Summe haften, weil der jeweils andere Versicherer wegen der Subsidiarität *in concreto* nicht leisten muss,[125] so ließe sich das qualifizierende Element als eine Bestimmung lesen, die genau an diesem Punkt ansetzt und das daraus resultierende Ergebnis der gesamtschuldnerischen Haftung verhindern soll. Anders gewendet verhindert das qualifizierende Element nach diesem Verständnis die gegenseitige Aufhebung der einfachen Subsidiaritätsklauseln und die daraus resultierende Anwendung von Ziff. 13 DTV-ADS in Anlehnung an § 79 VVG. Aus der Perspektive der Versicherer wäre dies auch interessengerecht, da auf diese Weise die Durchsetzungskraft der verwendeten Subsidiaritätsklausel verstärkt wird. Sie greift dann nämlich nicht nur ein, wenn der konkurrierende Versicherungsvertrag keine Subsidiaritätsklausel aufweist, sondern auch dann, wenn eine solche besteht und es zu einer Kollision kommt.

Die Verstärkung der Durchsetzungskraft der Subsidiaritätsklausel erfolgt in diesem Sinne jedoch zulasten des Versicherungsnehmers, respektive zulasten des Versicherten. In dem hier besprochenen Fall des Aufeinandertreffens zweier solcher Klauseln führt diese Auslegung zu einer Deckungslücke, sodass der Versicherte schlussendlich gänzlich ohne Versicherungsschutz dastünde. Beide Versicherer erklären die eigene Haftung für subsidiär und verhindern gleichzeitig das Leerlaufen ihrer Klauseln und die Anwendung gesamtschuldnerischer Haftung. Aus Versicherungsnehmerperspektive ist dieses Ergebnis keineswegs interessengerecht. Obwohl er beiden Versicherern volle Prämie leistet und obgleich beide Versicherer das Risiko der Piraterie an und für sich übernommen haben, bleibt er in diesem besonderen Fall schutzlos. Letztlich entspricht dieses Ergebnis demjenigen der Kollision zweier qualifizierter Subsidiaritätsklauseln. Da aber eine Prämienersparnis zugunsten der Versicherungsnehmer durch die in Ziff. 35.3 und Ziff. 86.3 DTV-ADS verwendeten Klauseln allenfalls pauschal gewährt werden kann, ist die dargestellte Rechtsfolge und damit auch diese Auslegungsvariante nicht angemessen.

Doch auch im Hinblick auf die Interessenlage der Versicherer ist im Ergebnis eine andere Ansicht vorzugswürdig. Schon die Verwendung einer einfachen Subsidiaritätsklausel zielt weniger darauf ab, die Lage des Versi-

---

[125] Siehe *supra* S. 132.

cherungsnehmers zu verschlechtern. Der Versicherer will in diesem Fall vielmehr das Risiko übernehmen und bezieht es entsprechen in die Prämienkalkulation ein. Zudem bringt er zum Ausdruck, dass er den Versicherungsnehmer jedenfalls nicht schutzlos stellen will. Vorwiegender Zweck einer einfachen Subsidiaritätsklausel ist vielmehr der Versuch, im Falle einer drohenden Doppelversicherung die eigene Last nicht zuungunsten des *Versicherungsnehmers*, sondern zulasten des anderen *Versicherers* zu verringern. Dies gelingt mittels einfacher Subsidiarität immer dann, wenn der andere Versicherer keinerlei Subsidiaritätsklausel verwendet. Es gelingt hingegen nicht (vollständig), wenn auch der andere Versicherer mit einer einfachen Subsidiarität arbeitet. Dann kommt es zu einer Gesamtschuld. Der Versicherungsnehmer bleibt aber in jedem Fall geschützt.

Die Verwendung einer einfachen Subsidiaritätsklausel genügt in der Auseinandersetzung *unter den Versicherern* um die Verteilung der Lasten bei drohender Doppelversicherung hingegen nicht, wenn der konkurrierende Vertrag eine teilqualifizierte oder qualifizierte Subsidiaritätsklausel enthält. In diesem Fall setzt sich letztere Subsidiaritätsklausel als weitergehende Bestimmung gegen die einfache Subsidiaritätsklausel durch, sodass im Ergebnis nur der einfache Subsidiärversicherer haftet.[126] Die Verwendung teilqualifizierter Subsidiaritätsklauseln zielt damit darauf ab, über die von anderen Versicherern verwendeten einfachen Subsidiaritätsklauseln hinauszugehen und – quasi auf zweiter Stufe – doch noch eine vollständige Abwälzung der Haftung auf den anderen Versicherer zu erreichen. Diese Art von Subsidiaritätsklausel verfolgt damit im Grunde denselben Zweck wie auch eine einfache Subsidiaritätsklausel. Das hinzukommende qualifizierende Element macht sie lediglich zu einem „schärferen Schwert", da sie sich nunmehr gegen Verträge ohne Subsidiaritätsklausel und gegen Verträge mit einfacher Subsidiaritätsklausel durchsetzt. Dieses „Schwert" ist aber vorwiegend gegen den anderen Versicherer und nicht gegen den Versicherungsnehmer gerichtet. Dieser soll auch bei Verwendung teilqualifizierter Subsidiaritätsklauseln nicht unter der Entstehung von Deckungslücken leiden.

In diesem Sinne dürfen derartige Klauseln insbesondere auch unter Berücksichtigung der Genese der DTV-ADS gesehen werden. Die DTV-ADS-

---

[126] Dieses Ergebnis wird an folgendem Beispiel anschaulich: Vertrag A ist mit einer einfachen Subsidiaritätsklausel versehen. Vertrag B enthält eine teilqualifizierte Subsidiaritätsklausel. Aus Vertrag A ergibt sich eine volle Einstandspflicht des Versicherers, weil der Versicherer von Vertrag B wegen der Subsidiaritätsklausel nicht *in concreto* leisten muss. Aus Vertrag B ergibt sich hingegen Leistungsfreiheit des Versicherers, weil im Vertrag ausbedungen ist, dass er auch dann nicht leisten muss, wenn der Versicherer von Vertrag A nach den dortigen Bedingungen nur wegen des Bestehens von Vertrag B nicht *in concreto* leisten muss. Genau dies ist hier der Fall. Im Ergebnis wird eine Doppelversicherung vermieden, weil nur Vertrag A zur Leistung verpflichtet ist. Aus Vertrag B ergibt sich hingegen keine Leistungspflicht.

KrKl wurden am Vorbild der englischen IWSC ausgerichtet, um die Wettbewerbsfähigkeit der deutschen Bedingungen zu sichern.[127] In den englischen Klauseln war die Verwendung teilqualifizierter Subsidiaritätsklauseln schon länger Praxis. Es spricht also einiges dafür, dass diese Modalität abseits der übernommenen Rahmenkonzeption als inhaltliche Verbesserung der Bedingungen ebenfalls übertragen wurde. Unter den ADS/DTV-KKl und den Seekaskodruckstücken wurden zuvor lediglich einfache Subsidiaritätsklauseln verwendet. Dies hat dazu geführt, dass es bei der Kombination deutscher Seekasko- und englischer Kriegskaskobedingungen im Kollisionsfall regelmäßig zur alleinigen Haftung des deutschen Kaskoversicherers kam.[128] Eine Abwälzung der Haftung auf die deutschen Versicherer wird nunmehr durch die entgegengesetzte Verwendung teilqualifizierter Subsidiaritätsklauseln in den DTV-ADS verhindert. Insoweit kommt es wie schon zuvor bei kollidierenden einfachen Subsidiaritätsklauseln zu einem Patt.

Aus dem Vorstehenden ergibt sich somit, dass eine Auslegung der Klauseln im Falle ihrer Kollision jedenfalls nicht zulasten des Versicherungsnehmers gereichen darf, weil ihr Zweck nicht der Begrenzung des Versicherungsschutzes, sondern vielmehr als Mittel zur Auseinandersetzung unter den Versicherern dient. Es ist daher angemessen, in den Fällen der Kollision zweier teilqualifizierter Subsidiaritätsklauseln auf das Kollisionsmodel für einfache Subsidiaritätsklauseln zurückzugreifen.[129] So entstehen dem Versicherungsnehmer keine unerwünschten Deckungslücken und die Versicherer können ihre Haftung für das übernommene Risiko letztlich auf eine anteilige Haftung im Innenverhältnis der Versicherer reduzieren.

ee) Zusammenfassung

In der Zusammenfassung ergibt sich für die Problematik der Pirateriedoppelversicherung in der Kombination aus DTV-ADS und DTV-ADS-KrKl folgendes Bild:

Die grundsätzliche Versicherbarkeit der Pirateriegefahr unter der Seekasko- sowie unter der Kriegskaskoversicherung bietet das Potenzial für die Entstehung einer Doppelversicherung. Diese soll zwar durch die systematische Konstruktion des Bedingungswerkes vermieden werden; dennoch bestehen in Einzelfällen abhängig von der zeitlichen Abfolge der Versicherungs-

---

[127] Siehe *supra* S. 106 ff.
[128] Siehe insoweit *Schwampe,* Seekaskoversicherung, § 15, Rn. 18.
[129] Anders als bei der Kollision einfacher Subsidiaritätsklauseln lässt sich dieses Ergebnis nicht auch damit begründen, dass sich beide Klauseln bei stringenter Anwendung gegenseitig aufhöben und damit ins Leere liefen. Zwei teilqualifizierte Subsidiaritätsklauseln führten bei uneingeschränkter Anwendung zur Schutzlosigkeit des Versicherungsnehmers. Dieses Ergebnis ist durch die an Sinn und Zweck ausgerichtete, interessenbezogene ergänzende Vertragsauslegung zu korrigieren.

vertragsabschlüsse Lücken, die wiederum durch die verankerten Subsidiaritätsklauseln geschlossen werden sollen. Da aber sowohl die See- als auch die Kriegskaskoversicherungsbedingungen Subsidiaritätsklauseln vorsehen, kann es zu einer Kollision der entgegengesetzten Klauseln kommen. Auf Seiten der Kaskoversicherung stehen dabei zum einen Ziff. 35.3 DTV-ADS, die als eine teilqualifizierte Subsidiaritätsklausel einzuordnen ist und zum anderen Ziff. 37.1 DTV-ADS, die eine einfache Subsidiaritätsklausel darstellt. Im Verhältnis zur Kriegskaskoversicherung genießt Ziff. 35.3 DTV-ADS jedoch Anwendungsvorrang. Die Bestimmung konkurriert insoweit mit Ziff. 86.3 DTV-ADS-KrKl – ebenfalls eine teilqualifizierte Subsidiaritätsklausel.

Da dieser Klauseltyp vorrangig zur Abwälzung der eigenen Leistungspflicht des Versicherers auf einen anderen Versicherer dient, und sich nicht gegen den Versicherungsnehmer richtet, ist die Kollision zweier derartiger Klauseln nach dem Vorbild des Kollisionsmodells für einfache Subsidiaritätsklauseln aufzulösen. Entsprechend Ziff. 13.1 DTV-ADS haften damit der See- und der Kriegskaskoversicherer für die Gefahr der Piraterie gesamtschuldnerisch in der Weise, dass jeder Versicherer dem Versicherungsnehmer für den Betrag haftet, dessen Zahlung ihm nach seinem Vertrag obliegt. Im Ganzen erhält der Versicherungsnehmer aber nicht mehr, als den Betrag seines Schadens. Im Innenverhältnis der Versicherer gilt das Prinzip der Anteilshaftung entsprechend Ziff. 13.2 DTV-ADS. Der Versicherungsschutz des Versicherungsnehmers wird durch die Kollision der Subsidiaritätsklauseln nicht geschmälert.

b) Kombination aus ADS/DTV-KKl und DTV-ADS-KrKl

Auch die Kombination aus einer Kaskoversicherung unter den ADS/DTV-KKl und einer Kriegsversicherung unter den DTV-ADS-KrKl bietet Potenzial für die Entstehung einer Piraterriedoppelversicherung.

Im Rahmen der ADS/DTV-KKl ist die Piratriegefahr als Seegefahr grundsätzlich gedeckt, soweit der Versicherer nicht von seinem Kündigungsrecht nach Ziff. 15 DTV-KKl Gebrauch gemacht hat. Nimmt der Versicherungsnehmer eine Kriegsversicherung nach den Bestimmungen der DTV-ADS-KrKl, entstünde eine Doppelversicherung, da die Piratriegefahr insoweit als Kriegsgefahr klassifiziert ist. Auch in dieser Kombination sind beide Versicherer bestrebt, eine Doppelversicherung durch Subsidiaritätsklauseln zu vermeiden. Seitens der Kriegsversicherung greift wiederum die teilqualifizierte Subsidiaritätsklausel aus Ziff. 86.3 DTV-ADS-KrKl; auf Seiten der Kaskoversicherung bestehen unter Berücksichtigung des Seekaskodruckstückes 2002/2 erneut zwei Subsidiaritätsklauseln. Zum einen ist dies Ziff. 16.3 DTV-KKl, die als Vorgängervorschrift zu Ziff. 35.3 DTV-ADS das Verhältnis zur Kriegsversicherung regelt. Zum anderen ordnet die Ergänzung von Ziff. 15 DTV-KKl im Seekaskodruckstück 2002/2 für die Gefahr der

Piraterie und andere Gewalthandlungen eine subsidiäre Haftung an. Diese Bestimmung darf als Vorgängervorschrift zu Ziff. 37.1 DTV-ADS gesehen werden.

Innerhalb der Kaskoversicherung geht Ziff. 16.3 DTV-KK1 der Subsidiaritätsklausel des Seekaskodruckstückes vor, da die Bestimmung das Verhältnis zur Kriegsversicherung speziell regelt. Für die Begründung kann insoweit auf die Ausführungen zur Kombination aus DTV-ADS und DTV-ADS-KrKl verwiesen werden.[130] An dieser Stelle kommt es auf ein kaskointernes Spezialitätsverhältnis allerdings weniger an, da sich beide Subsidiaritätsklauseln trotz unterschiedlicher Satzstellung inhaltlich gleichen. Sie sind beide als einfache Subsidiaritätsklauseln zu charakterisieren.[131]

Somit ist in dieser Versicherungskombination die Kollision zwischen Ziff. 16.3 DTV-KK1 und Ziff. 86.3 DTV-ADS-KrKl aufzulösen. Bezugnehmend auf die vorangegangenen Ausführungen zu den Kollisionsmodellen ist im Ergebnis eine alleinige Haftung des Seekaskoversicherers für die Pirateriegefahr festzusetzen. Die teilqualifizierte Subsidiaritätsklausel aus der Kriegskaskoversicherung setzt sich nämlich gegen die einfache Subsidiaritätsklausel der DTV-KK1 durch. Aus Sicht des Seekaskoversicherers besteht eine Einstandspflicht deshalb, weil der Kriegskaskoversicherer aufgrund seiner Subsidiaritätsklausel nicht haften muss. Aus der Perspektive des Kriegskaskoversicherers besteht hingegen keine Einstandspflicht, weil Ziff. 86.3 DTV-ADS-KrKl bedingt, dass die Haftung auch dann entfällt, wenn der konkurrierende Seekaskoversicherer gerade wegen der Verwendung einer Subsidiaritätsklausel nach seinen Bedingungen eigentlich nicht beansprucht werden kann.[132] Dies ist hier der Fall. Die Kollisionsproblematik ist in dieser Versicherungskombination folglich zulasten des Seekaskoversicherers aufzulösen. Die Haftung für Pirateriegefahren trifft den Seekaskoversicherer allein.[133]

---

[130] Siehe *supra* S. 126 ff.

[131] Diese Charakterisierung lässt sich aus den obigen Ausführungen zur Auslegung von Ziff. 35.3 DTV-ADS entnehmen, die den hiesigen Klauseln weitestgehend entspricht und lediglich um ein qualifizierendes Element ergänzt ist. Siehe *supra* S. 120 ff.

[132] Vgl. insoweit auch die Ausführungen auf S. 135.

[133] Die Situation ist mit der von *Schwampe,* Seekaskoversicherung, § 15, Rn. 18 beschriebenen Kollision zwischen DTV-KK1 i.V.m. Seekaskodruckstück 2002/2 und den englischen IWSC vergleichbar, wenngleich *Schwampe* die Subsidiaritätsklausel aus dem Seekaskodruckstück heranzieht und offenbar nicht von einer Spezialität der Ziff. 16.3 DTV-KK1 ausgeht.

2. Doppelversicherung bei gemischten deutschen und englischen Bedingungen

Die Piraterie wird als versicherbare Gefahr in den englischen Bedingungen bisweilen anders charakterisiert als in den deutschen.[134] Dadurch kann es auch bei der Kombination deutscher und englischer Bedingungen für die See- und Kriegskaskoversicherung zu einer Doppelversicherung der Pirateriegefahr kommen. Dabei können sich ebenfalls Kollisionsfragen hinsichtlich der verankerten Subsidiaritätsklauseln ergeben.

a) Kombination aus DTV-ADS und IWSC

Die Entstehung einer Pirateriedoppelversicherung bei einer Seekaskoversicherung unter den deutschen DTV-ADS und einer Kriegskaskoversicherung unter den IWSC dürfte in der Praxis kaum relevant werden. In der Grundkonstellation beider Bedingungswerke droht dem Versicherungsnehmer vielmehr im Gegenteil eine Deckungslücke hinsichtlich der Piraterie. Denn sowohl die DTV-ADS als Seekaskobedingungen als auch die IWSC als Kriegskaskobedingungen schließen die Pirateriegefahr aus ihrem Deckungsbereich aus. Trotz vermeintlich „voller" Deckung bliebe Piraterie somit unversichert. Dieser Zustand wird verhindert, indem entweder unter den DTV-ADS gemäß Ziff. 35.1.4 S. 2 der Wiedereinschluss gegen Mehrprämie erfolgt oder die Piraterie unter den IWSC durch die 2005 in den Markt eingeführte Zusatzklausel in die Deckung aufgenommen wird.[135]

Zur Doppelversicherung kann es demnach bei dieser Kombination wohl nur theoretisch kommen, nämlich dann, wenn unter den deutschen Bedingungen und unter den englischen IWSC ein Einschluss der Pirateriegefahr in die Deckung vereinbart wird. In diesem Fall stünden sich die Subsidiaritätsklauseln aus Ziff. 35.3 DTV-ADS und cl. 4.3 IWSC gegenüber.[136]

Letztere bestimmt, dass vom Versicherungsschutz ausgeschlossen ist:

„any claim for any sum recoverable under any other insurance on the Vessel or which would be recoverable under such insurance but for the existence of this insurance, [...]".

Diese Klausel bildet im Wesentlichen ab, was auch Ziff. 86.3 DTV-ADS-KrKl bestimmt. Die Haftung des Kriegsversicherers wird unter eine einfache Subsidiarität gestellt, um eine Doppelversicherung zu verhindern und weist darüber hinaus das qualifizierende Element auf, dass eine Haftung auch dann nicht begründet wird, wenn ein konkurrierender Versicherer aufgrund der Verwendung einer Subsidiaritätsklausel seinerseits nicht haften muss. Auch

---

[134] Siehe dazu *supra* S. 108 f.
[135] Seit 2009 ist die Verschiebung der Piraterie von den See- zu den Kriegsgefahren Marktstandard, siehe insoweit auch *supra* S. 108 f.
[136] Die Darstellung bezieht sich auf die IWSC 1983. In der Version von 1995 findet sich dieselbe Klausel in cl. 5.4.

cl. 4.3 IWSC stellt eine teilqualifizierte Subsidiaritätsklausel dar. Am Modell dieser Bestimmung dürften die Subsidiaritätsklauseln in den Ziff. 35.3 und 86.3 DTV-ADS im Rahmen der Reform der Verbandsbedingungen entwickelt worden sein. Insoweit kann auf die obigen Ausführungen zur Auslegung dieser Bestimmungen verwiesen werden.

Für die Kollision der Bestimmungen ergibt sich damit auch eine entsprechende Anwendung des bereits besprochenen Lösungsmodels für konkurrierende teilqualifizierte Subsidiaritätsklauseln.[137] Für Piraterieschäden haften nach deutschem Recht dementsprechend See- und Kriegskaskoversicherer gesamtschuldnerisch.

b) Kombination aus ITCH und DTV-ADS-KrKl

Werden umgekehrt die Seekaskoversicherung unter den englischen ITCH und die Kriegskaskoversicherung unter den DTV-ADS-KrKl kombiniert, so entstünde in der Grundkonstellation eine Doppelversicherung, da Piraterie unter den ITCH standardmäßig als Seegefahr und unter den DTV-ADS-KrKl als Kriegsgefahr versichert ist. Praktisch dürfte es aber auch dann in der Mehrzahl der Fälle kaum mehr zu einer Doppelversicherung kommen, da die Pirateriegefahr im englischen Markt inzwischen durch die weit verbreitete *piracy exclusion clause* aus dem Deckungsumfang der Kaskoversicherung ausgeschlossen und damit faktisch als Kriegsgefahr angesehen wird.[138]

In den übrigen Fällen wird die Doppelversicherung allein durch die Subsidiaritätsklausel in Ziff. 86.3 DTV-ADS-KrKl vermieden. Die ITCH beinhalten selbst nämlich keine Subsidiaritätsklausel, sodass es zu keiner Kollision kommt. Insoweit ist der englische Seekaskoversicherer allein einstandspflichtig für die Pirateriegefahr.

c) Kombination aus ADS/DTV-KKl und IWSC

Für die Kombination einer Seekaskoversicherung unter den ADS/DTV-KKl in Verbindung mit den Seekaskodruckstücken und einer Kriegskaskoversicherung unter den englischen IWSC gelten die Ausführungen zur Kombination aus ADS/DTV-KKl und den DTV-ADS-KrKl entsprechend.[139] Aufgrund der teilqualifizierten Subsidiaritätsklausel in cl. 4.3 IWSC haftet allein der Seekaskoversicherer nach den ADS/DTV-KKl.[140]

---

[137] Siehe *supra* S. 133 ff.
[138] Siehe *supra* S. 108 f.
[139] Siehe insoweit *supra* S. 137 f.
[140] So im Ergebnis auch *Schwampe*, Seekaskoversicherung, § 15, Rn. 18. Vgl. dazu aber auch Teil 2 Fn. 133.

VI. Die piraterierelevanten Versicherungsereignisse

In den vorangehenden Abschnitten wurde die Piraterie als versicherbare Gefahr in der Seekaskoversicherung eingehend behandelt. Für das Eintreten einer Ersatzpflicht des Seekaskoversicherers ist es Voraussetzung, dass die Piraterie im Katalog der versicherten Gefahren enthalten ist oder unter die Allgefahrendeckung fällt. Ist dies nicht der Fall, so ist der Versicherer in Bezug auf Piraterieschäden leistungsfrei. Allerdings ist die Versicherung der Pirateriegefahr allein keine hinreichende Voraussetzung für die Begründung einer Ersatzpflicht des Seekaskoversicherers. Diese ist nämlich nicht nur durch die Gefahr als die Schadensquelle, sondern auch durch die Art des Schadens bedingt. Mit anderen Worten wird eine Leistungspflicht des Versicherers erst dann begründet, wenn das Ereignis auf einer versicherten Gefahr beruht und sich diese Gefahr auch in einem versicherten Schaden – z.B. Einem Substanzschaden am Schiff – realisiert. Die Gefahr ist damit nur die Möglichkeit des Eintritts eines ungewissen Ereignisses, das sich negativ auf das Interesse des Versicherungsnehmers am Schiff auswirken kann.[141] Der Schaden ist hingegen die nach außen hin erkennbare Folge der Realisierung der Gefahr.[142]

Die in der Seekaskoversicherung versicherten piraterierelevanten Ereignisse werden in diesem Abschnitt besprochen. Das Augenmerk liegt dabei insbesondere auf der in Schrifttum und Praxis[143] im Zusammenhang mit der Piraterie wohl vorherrschenden Lösegeldproblematik.[144] Zuvor werden jedoch die übrigen relevanten Ereignisse einer Untersuchung unterzogen. Soweit in diesem Zusammenhang von einer Einbuße die Rede ist, so ist dies als Oberbegriff zu verstehen, der jegliche Art von Schäden und Aufwendungen erfasst. Als Schaden gelten unter den ADS und den DTV-ADS der Totalverlust[145], der Teilschaden[146], die Verschollenheit[147] sowie die Reparaturunfähigkeit und -unwürdigkeit[148].[149] Wird im Folgenden Bezug zur Kaskoversicherung genommen, so kann damit sowohl die See- als auch die Kriegskaskoversicherung gemeint sein, je nachdem welche der Versicherungen die Pirateriegefahr im Einzelfall deckt.

---

[141] *Enge/Schwampe*, Transportversicherung, S. 59.
[142] *Enge/Schwampe*, Transportversicherung, S. 59.
[143] Vgl. *Pfeifle*, in: Drees/Koch/Nell, S. 107 (113); *Ebert/Endriß/Loos u.a.*, Munich RE, Schadenspiegel 2/2009, S. 37.
[144] Siehe dazu *infra* ab S. 159.
[145] § 71 ADS; Ziff. 60.1 DTV-ADS.
[146] § 74 ADS; Ziff. 62 DTV-ADS.
[147] § 72 ADS; Ziff. 60.2.2 DTV-ADS.
[148] § 77 ADS; Ziff. 61 DTV-ADS.
[149] *Enge/Schwampe*, Transportversicherung, S. 299.

1. Substanzschäden

Durch Piraterie verursachte Substanzschäden am Schiff werden sowohl von der See- als auch von der Kriegskaskoversicherung gedeckt.[150] Substanzschäden können dabei als Teilschaden in Form von Beschädigungen am Schiff auftreten; sie sind gemäß §§ 74, 75 ADS bzw. Ziff. 62 DTV-ADS versichert. Andererseits können Substanzschäden auch in Form eines Totalverlustes – § 71 ADS und Ziff. 60 DTV-ADS – auftreten, etwa wenn das Schiff gesprengt oder anderweitig so beschädigt wird, dass es in seiner ursprünglichen Beschaffenheit zerstört ist. Auch ein unrettbares Sinken des Schiffes stellt nach § 71 Abs. 2 ADS bzw. Ziff. 60.2.1 DTV-ADS einen Totalverlust dar. Folge des Totalverlustes ist, dass der Versicherungsnehmer nach § 71 Abs. 1 ADS oder Ziff. 60.1 DTV-ADS die Versicherungssumme verlangen kann. Handelt es sich um einen Teilschaden, so ist die Ersatzpflicht des Versicherers nach Ziff. 33.1 DTV-KKl bzw. Ziff. 62.8 DTV-ADS durch die tatsächliche Reparatur des Teilschadens bedingt. Die Ersatzpflicht richtet sich nach der Höhe der aufgewendeten Kosten für die Ausbesserung; soweit die tatsächlichen Kosten die zuvor geschätzten Kosten übersteigen, bestimmt sich die Ersatzpflicht gemäß § 75 Abs. 3 ADS, Ziff. 62.5 DTV-ADS nach dem geschätzten Betrag.

Im Rahmen der modernen Piraterie, die sich derzeit vorwiegend an der Westküste Afrikas ereignet, spielt der durch Substanzbeschädigung herbeigeführte Totalverlust bisher keine Rolle. Zwar drohten somalische Piraten bisweilen mit der Sprengung entführter Schiffe; wahrgemacht haben sie eine solche Drohung bisher jedoch in keinem bekannten Fall.[151] Vielmehr dient das Schiff den Piraten als Druckmittel um Lösegelder zu erpressen. Am Schiffswert selbst oder an dessen Zerstörung haben die Piraten in dieser „Geschäftsform" kein Interesse. Insoweit ist es bislang nur zu Teilschäden durch mutwillige Zerstörung von Schiffseinrichtungen während der Dauer der Entführung oder durch fehlende Wartungsarbeiten und ähnliches gekommen.[152] Soweit diese nach der Entlassung des Schiffes durch die Piraten festgestellt und repariert werden können, sind die Kosten durch den jeweiligen See- oder Kriegskaskoversicherer zu ersetzen.

---

[150] Ziff. 85 DTV-ADS-KrKl verweist weitreichend auf die besonderen Bestimmungen für die Kaskoversicherung und bezieht diese entsprechend in die Kriegsversicherung ein. Daher wird im Folgenden ausschließlich auf die Bestimmungen der Kaskoversicherung Bezug genommen.

[151] *Schwampe*, TranspR 2009, 462 (468).

[152] *Schwampe*, TranspR 2009, 462 (468).

2. Totalverlust durch Entführung?

Nach § 71 Abs. 2 Var. 1 ADS und Ziff. 60.2.1 Var. 1 DTV-ADS liegt ein Totalverlust auch dann vor, wenn das Schiff dem Versicherungsnehmer ohne Aussicht auf Wiedererlangung entzogen ist. Dieser Umstand berechtigt den Versicherungsnehmer ebenfalls die Versicherungssumme zu verlangen. Insoweit ist zu erwägen, ob bereits die Entführung eines Schiffes durch Piraten einen Totalverlust in diesem Sinne bedeutet. Jedenfalls ist das Schiff dem Versicherungsnehmer entzogen, wenn es von Piraten in ihre Gewalt gebracht wird und diese fortan tatsächlich über den Verbleib des Schiffes bestimmen können.[153] Relevant ist damit nur die Frage, ob dieser Entzug dahingehend endgültig ist, dass keine Aussicht auf Wiedererlangung besteht. Wann dieser Umstand vorliegt, lässt sich richtigerweise nur nach Lage des Einzelfalles bestimmen. Den Maßstab der Rückgewinnungsbemühungen, die dem Versicherungsnehmer abzuverlangen sind, bilden die Anforderungen der Schadensabwendungs- und Schadensminderungspflicht aus § 41 ADS bzw. Ziff. 44 DTV-ADS.[154] Denn auch im Falle der Entziehung des Schiffes ist der Versicherungsnehmer verpflichtet, einen Schaden nach Möglichkeit durch die Wiedererlangung abzuwenden oder zu mindern. Dementsprechend gilt das Schiff als ohne Aussicht auf Wiedererlangung verloren, wenn der Versicherungsnehmer alle ihm zu Gebote stehenden Möglichkeiten ausgeschöpft hat, ohne dass diese mit Erfolg belohnt worden sind.[155] Dabei kann sich der Versicherungsnehmer nicht auf mangelnde Finanzmittel berufen; er muss Opferbereitschaft zeigen.[156] Die Anforderungen an den Versicherungsnehmer dürfen aber auch nicht überzogen werden.[157]

Ob ein Schiff infolge eines Piratenangriffes und der Entführung des Schiffes unwiederbringlich entzogen ist, ist eine Frage des Einzelfalls. In einigen Piraterifällen, die sich vorwiegend in südostasiatischen Gewässern ereignet haben, wurde das Schiff von den Piraten einbehalten und als sog. Phantomschiff verwendet.[158] Darunter ist ein Schiff zu verstehen, das von den Entführern in der Regel äußerlich verändert und – teilweise unter anderem Namen und mit gefälschten Papieren – im Handelsverkehr weiterhin eingesetzt

---

[153] So auch *Schlegelberger*, Seeversicherungsrecht, § 71 Rn. 2.
[154] *Schlegelberger*, Seeversicherungsrecht, § 71, Rn. 4; *Ritter/Abraham*, ADS II, § 71 Anm. 10.
[155] *Schlegelberger*, Seeversicherungsrecht, § 41, Rn. 2.
[156] *Schlegelberger*, Seeversicherungsrecht, § 41, Rn. 2; vgl. auch *HansOLG* Bf. V 334/33 – 23.3.1934, HansRGZ B 395 (400 f.).
[157] Zu den Anforderungen und Grenzen siehe ausführlich *Ritter/Abraham*, ADS II, § 71 Anm. 10. und *Ritter/Abraham*, ADS I, § 41 Anm. 7 ff.
[158] *Berg/Artmann/Kratz u.a.*, Münchener Rück, Piraterie – Bedrohung auf See, S. 15.

wird.[159] Auf diese Weise können sich die Piraten fortan selbst als Verfrachter anbieten und Ladungen aufnehmen, die ihr Bestimmungsziel nie erreichen werden.[160] In einem solchen Fall wird man in der Regel von einem unwiederbringlichen Verlust des Schiffes ausgehen müssen, da die Piraten keinen Kontakt zum Eigentümer suchen und nicht beabsichtigen, das Schiff an den Eigentümer zurückzugeben. Dem Versicherungsnehmer wird man nicht mehr abverlangen können, als den Vorfall behördlich zur Anzeige und ein staatliches Ermittlungsverfahren in Gang zu bringen. Bleibt dieses ohne Erfolg oder erscheint es im Zeitpunkt der Beurteilung wenig aussichtsreich, kann der Versicherungsnehmer nach § 71 Abs. 2 Var. 1 ADS und Ziff. 60.2.1 Var. 1 DTV-ADS die Versicherungssumme beanspruchen.

Für die moderne Entführungspiraterie dürfte jedoch etwas anderes gelten. Die mehrheitlich wohl somalischen Piraten, die am Horn von Afrika und nunmehr auch im weitesten Küstenbereich Afrikas aktiv sind, sind an Schiff und Ladung selbst wenig interessiert. Vielmehr geht es ihnen darum, durch die Entführung von Schiffen Lösegelder zu erpressen und das Schiff samt Ladung und Besatzung nach Zahlung des Lösegeldes wieder herauszugeben. Zumeist nehmen die Piraten recht zügig Kontakt zur Reederei des Schiffes auf, um die Bedingungen für dessen Rückführung zu kommunizieren.[161] Damit scheint es, als könne von einer Entziehung ohne Aussicht auf Wiedererlangung nicht die Rede sein. Durch eine gut organisierte Strategie und sensible Verhandlungsführung, an deren Ende regelmäßig die Bezahlung eines ausbedungenen Lösegeldes steht, kann das entführte Schiff wiedergewonnen werden. Bisher ist dieses Modell auch beiderseitig aufgegangen: Nach Erhalt des Lösegeldes haben die Piraten in allen bekannten Fällen das Schiff samt Ladung und Mannschaft freigelassen.[162] Praktisch kann das Schiff also wiedererlangt werden.

---

[159] *Berg/Artmann/Kratz u.a.*, Münchener Rück, Piraterie – Bedrohung auf See, S. 15; danach erfolgt ein solches Vorgehen häufig unter Einbeziehung korrupter Beamter der örtlichen Behörden.

[160] Durch die Einführung des ISPS-Codes wurde derartiger Piraterie nunmehr ein Riegel vorgeschoben. Dahinter verbirgt sich ein Papier- und Zertifikatssystem, das nicht lediglich auf Papiere und Zertifikate an Bord des Schiffes basiert, sondern die entsprechenden Daten auch in Datenbanken registriert. Unbemerkt kann ein Phantomschiff einen Hafen bei ISPS-Zertifizierung damit nur noch anlaufen, wenn sowohl die Papiere an Bord als auch Datenbankeinträge gefälscht werden. Dies dürfte eine kaum überwindbare Hürde darstellen, *Berg/Artmann/Kratz u.a.*, Münchener Rück, Piraterie – Bedrohung auf See, S. 15.

[161] Im Fall des im August 2008 entführten Tankers *Bunga Melati Dua* wurden bereits einen Tag nach der Entführung Lösegeldverhandlungen zwischen den Piraten und der Reederei aufgenommen. Binnen weniger als sechs Wochen nach der Entführung wurde der Tanker von den Piraten gegen ein Lösegeld in Höhe von etwa 2 Millionen USD freigegeben.

[162] Siehe insoweit auch die Tatbestandsdarstellung in *Masefield* [2011] EWCA Civ. 24 Rn. 8 (*infra* Teil 2 Fn. 166).

Unter Berücksichtigung des genannten Maßstabs, der an die Bemühungen des Versicherungsnehmers zur Rückerlangung des Schiffes zu stellen ist, wirft dies die Frage auf, ob die Bezahlung eines Lösegeldes in den Bereich derjenigen Möglichkeiten fällt, die der Versicherungsnehmer *gebotener Weise* wahrzunehmen hat.[163] Klar ist, dass die Gebotenheit der Lösegeldzahlung jedenfalls nicht schon deshalb entfiele, weil – einmal unterstellt – in vorangegangenen Entführungsfällen ein oder mehrere Schiffe trotz Lösegeldzahlung von den Piraten schließlich doch nicht freigelassen wurden. Insoweit kommt es nämlich nur auf den Einzelfall an.[164] Nicht mehr geboten dürfte es aber sein, wenn dem Versicherungsnehmer mit der Lösegeldzahlung eine rechtswidrige Handlung abverlangt würde. Der in § 13 ADS und Ziff. 15 DTV-ADS verankerte Grundsatz fordert von allen Vertragsbeteiligten, sich in höchstem Maße an Treu und Glauben zu halten. Dies bringt es mit sich, dass sich die Vertragsparteien im Zusammenhang mit dem Versicherungsvertrag auch an das geltende Gesetzesrecht halten. Soweit sich also die Bezahlung von Lösegeldern als rechtswidrig darstellt, darf sie als Möglichkeit zur Wiedererlangung des Schiffes im Rahmen von Ziff. 60.2.1 Var. 1 in Verbindung mit Ziff. 44 DTV-ADS nicht berücksichtigt werden. Das Gleiche gilt bei Verträgen unter den ADS/DTV-KKl für § 71 Abs. 2 Var. 1 in Verbindung mit § 41 ADS.

In diesem Zusammenhang sind daher zwei Fragestellungen zu untersuchen. Erstens ist zu fragen, ob die Eroberung eines Schiffes durch Piraten bereits im Grundsatz die Entziehung des Schiffes ohne Aussicht auf Wiedererlangung bedeutet. Dies war die Auffassung der Klägerin im sogleich besprochenen Fall *Masefield*. Die zweite Fragestellung befasst sich damit, ob dem Versicherungsnehmer die Bezahlung von Lösegeld abverlangt und somit als Wiedererlangungsmöglichkeit berücksichtigt werden darf.[165]

a) Die englische Rechtsprechung im Fall Masefield[166]

Mit der Frage, ob bereits die Entführung eines Schiffes durch somalische Piraten zu einem versicherungsrechtlichen Totalverlust führt, musste sich der englische *High Court* und schließlich der *Court of Appeal* im Fall *Masefield* befassen. Zwar liegt diesem Fall eine Auseinandersetzung zwischen dem

---

[163] Zur Lösegeldzahlung als Schadensabwendungs- und Schadensminderungsobliegenheit siehe *infra* S. 216 ff.
[164] Dies könnte allenfalls anzunehmen sein, wenn über die konkreten Entführer die hinreichende Erkenntnis besteht, dass eine Wiedererlangung des Schiffes auch bei einer Lösegeldzahlung weitgehend unwahrscheinlich ist.
[165] Zur Lösegeldzahlung als Schadensabwendungs- und Schadensminderungsobliegenheit siehe *infra* S. 216 ff.
[166] *Masefield AG v. Amlin Corporate Member Ltd* [2011] EWCA Civ. 24; die Entscheidung befasst sich mit der im August 2008 entführten *Bunga Melati Dua*.

Ladungseigentümer und dessen Güterversicherung zugrunde. Jedoch stellt sich die Frage nach einem Totalverlust durch die bloße Entführung des Schiffes durch Piraten sowohl für das Schiff als auch für die Ladung gleichermaßen. Das Konzept des Totalverlustes ist im englischen wie im deutschen Recht in der Seegütertransport- sowie in der Seekaskoversicherung dasselbe.[167] Die Rechtsprechung zur Güterversicherung kann insoweit auf die Seekaskoversicherung übertragen werden.

Nach englischem Recht kann ein Totalverlust auf zwei Arten eintreten. Zum einen als *Actual Total Loss* und zum anderen als *Constructive Total Loss*. Ein *Actual Total Loss* liegt vor, wenn die versicherte Sache zerstört oder so beschädigt ist, dass sie nicht mehr als Sache der versicherten Art bezeichnet werden kann, oder wenn sie dem Versicherten *unwiederbringlich* entzogen ist.[168] Für hiesige Zwecke ist allein die letzte Variante relevant. Um einen *Constructive Total Loss* handelt es sich hingegen in aller Regel, wenn ein wirtschaftlicher Totalverlust eintritt. Ein *Constructive Total Loss* liegt auch vor, wenn dem Versicherten der Besitz an der versicherten Sache infolge einer versicherten Gefahr entzogen und die Wiedererlangung *unwahrscheinlich* ist.[169] Der Unterschied zwischen *Actual* und *Constructive Total Loss* liegt hinsichtlich der hier relevanten Varianten somit darin, dass im ersteren Fall die Unwiederbringlichkeit bereits feststeht, während im letzteren Fall die Wiedererlangung lediglich unwahrscheinlich ist. Dies vorausgeschickt, hatten die englischen Gerichte in *Masefield* folgenden Fall zu beurteilen:[170]

Der Tanker *Bunga Melati Dua*, beladen mit Treibstoff und auf dem Weg von Malaysia nach Rotterdam, wurde im August 2008 im Golf von Aden von somalischen Piraten entführt. Alsbald nahmen die Piraten Lösegeldverhandlungen mit der betreibenden Reederei auf. Nach knapp sechs Wochen kamen die Verhandlungen zu einem Abschluss und der Tanker wurde gegen Bezahlung des vereinbarten Lösegeldes samt Ladung und Mannschaft freigelassen. Ein Besatzungsmitglied starb infolge des Piratenangriffs. Noch bevor es zum Abschluss der Lösegeldverhandlungen und zur Freilassung des Tankers kam, erhoben die Eigentümer der Treibstoffladung Anspruch gegen den Gütertransportversicherer wegen Totalverlustes der Ladung. Der Versicherer wies den Anspruch zurück. Vor dem *Court of Appeal* begründete die Klägerin ihr Vorbringen mit der Auffassung, dass die Eroberung eines Schiffes durch Pira-

---

[167] Im englischen Recht richtet sich das Konzept des Totalverlustes nach den secs. 67 und 60 MIA, die sowohl für die Seegütertransport- als auch für die Seekaskoversicherung gelten. Sec. 67 MIA behandelt den *Actual Total Loss* (ATL), der dem Konzept des deutschen Totalverlustes weitgehend entspricht. Sec. 60 MIA regelt den *Constructive Total Loss* (CTL), der im deutschen Recht keine echte Entsprechung findet. Zur Übereinstimmung im deutschen Recht siehe *Enge/Schwampe,* Transportversicherung, S. 299.
[168] Sec. 57 MIA.
[169] Sec. 60 MIA.
[170] Der Sachverhalt ist zusammengefasst aus *Masefield* [2011] EWCA Civ. 24 Rn. 1.

ten nach der englischen Rechtsprechung unmittelbar einen Totalverlust zur Folge habe, und zwar unabhängig von jeglicher Wiedererlangungsmöglichkeit.[171] Hilfsweise bezog die Klägerin den Standpunkt, dass die Bezahlung von Lösegeld kein legitimes Mittel sei und deshalb im Rahmen der Beurteilung der Wiedererlangungsaussichten – soweit es auf diese überhaupt ankäme – keine Berücksichtigung finden dürfe.[172] Die Bezahlung von Lösegeldern sei zwar nach englischem Recht nicht illegal, sie verstoße aber gegen den englischen *ordre public*, sei daher zu missbilligen und könne dem Versicherungsnehmer unter Berücksichtigung der gebotenen Schadensabwendungs- und Schadensminderungsbemühungen nicht abverlangt werden.[173]

Die Beklagte war hingegen der Auffassung, ein *Actual Total Loss* verlange den unwiederbringlichen Entzug der versicherten Sache. Ferner sei dies erst dann der Fall, wenn eine Wiedererlangung physisch oder rechtlich unmöglich ist.[174] Aufgrund der bereits laufenden Lösegeldverhandlungen zwischen den Piraten und der Reederei und der dadurch guten Aussichten auf Wiedererlangung der Ladung habe ein unwiederbringlicher Entzug derselben nie stattgefunden.[175] Auch verstoße die Bezahlung von Lösegeld weder gegen geltendes Recht noch stünde ihr der *ordre public* entgegen, sodass die Lösegeldzahlung ohne Weiteres in die Untersuchung der Wiedererlangungsmöglichkeiten einzustellen sei.[176]

Sowohl der *High Court* als auch der *Court of Appeal* weisen den Anspruch der Klägerin zurück, da ein *Actual Total Loss* nach richterlicher Auffassung nicht eingetreten sei. Auf die Erhebung eines Anspruchs wegen eines *Constructive Total Loss* hatte die Klägerin in der Rechtsmittelinstanz bereits selbst verzichtet.[177] Die Begründung der Richter ist richtig. Als Test für den unwiederbringlichen Entzug arbeiten sie eine einzelfallbezogene Lösung heraus und stellen darauf ab, ob die Wiedererlangung des versicherten Gegenstands physisch oder rechtlich unmöglich ist.[178] Die physische Wiedererlangungsmöglichkeit wurde durch die Lösegeldverhandlungen der Reederei mit den Piraten aufrechterhalten. Auch die vorherige Praxis in der Entführungspiraterie deutete mit sehr hoher Wahrscheinlichkeit darauf hin, dass das

---

[171] *Masefield* [2011] EWCA Civ. 24 Rn. 2; auch *Ritter/Abraham*, ADS II, § 73 Anm. 18 scheinen zu dieser Ansicht zu tendieren, wenngleich einzuräumen ist, dass damals die Problematik der Lösegeldpiraterie noch nicht virulent war.
[172] *Masefield* [2011] EWCA Civ. 24 Rn. 2.
[173] *Masefield* [2011] EWCA Civ. 24 Rn. 5. Auch die Klägerin bezog sich insoweit – ähnlich wie *Schlegelberger* u.a. – auf den Maßstab der Schadensabwendungsobliegenheit, vgl. dazu *supra* S. 143.
[174] *Masefield* [2011] EWCA Civ. 24 Rn. 3.
[175] *Masefield* [2011] EWCA Civ. 24 Rn. 3.
[176] *Masefield* [2011] EWCA Civ. 24 Rn. 3.
[177] *Masefield* [2011] EWCA Civ. 24 Rn. 2.
[178] *Masefield* [2011] EWCA Civ. 24 Rn. 24.

Schiff mit der Ladung wieder freikommen würde.[179] Ein Totalverlust ist deshalb erst anzunehmen, wenn die Wiedererlangung scheitert und nicht bereits dann, wenn die Piraten das Schiff entführen.[180] Auch in rechtlicher Hinsicht sahen die Richter kein Hindernis, da die Zahlung von Lösegeld nach englischem Recht weder illegal ist noch gegen den englischen *ordre public* verstößt.[181] In der Folge wurde die Klage abgewiesen, da ein *Actual Total Loss* mangels *irretrievable deprivation* nicht einsichtig war.

b) Stellungnahme

Sec. 57 des *Marine Insurance Act* (MIA) verlangt zur Begründung eines *Actual Total Loss* den unwiederbringlichen Entzug *(irretrievable deprivation)* des versicherten Gegenstands. Wann ein Gegenstand unwiederbringlich entzogen ist, kann nur eine Frage der Umstände des konkreten Einzelfalles sein – nicht hingegen eine Frage von Kategorien verschiedener Entziehungsmöglichkeiten. Freilich mag die Unwiederbringlichkeit in bestimmten Konstellationen näher liegen als in anderen. Dies liegt jedoch darin begründet, dass in solchen Konstellationen die Tatsachen zumeist so bestellt sind, dass die Wiedererlangung ausgeschlossen ist, nicht hingegen, weil der zu beurteilende Einzelfall zu einer bestimmten Kategorie gehört. Kaum ein Beispiel kann dies besser belegen, als die „Kategorie" der Piraterie selbst. Behandelte man diese nämlich in einem Sinne, wie ihn die Klägerin in *Masefield* zur Anwendung bringen will, so müsste man sich zur gesetzlichen Konzeption von sec. 57 MIA in offenkundigen Widerspruch begeben. Bereits eingangs wurde aufgezeigt, dass die Piraterie unterschiedliche Facetten aufweist, nämlich einerseits die moderne Lösegeldpiraterie und andererseits die klassische „Raubpiraterie". Beide folgen aber hinsichtlich der tatsächlichen Wiedererlangungsmöglichkeiten völlig unterschiedlichen Mustern. Während die Wiedererlangung in Lösegeldfällen überwiegend wahrscheinlich ist, so ist sie in klassischen Pirateriefällen wohl überwiegend unwahrscheinlich. Behandelte man nunmehr aber – wie die Klägerin – Piraterie als eine einheitliche Kategorie, so würde man deren unterschiedlichen Facetten nicht gerecht.

Klar ist, dass auch im Bereich des *Actual Total Loss* für die Beurteilung der Unwiederbringlichkeit mit Wahrscheinlichkeiten gearbeitet werden muss. Ob ein Gegenstand endgültig unwiederbringlich entzogen ist, lässt sich im Zeitpunkt der Beurteilung nicht mit hundertprozentiger Sicherheit sagen. Dies hängt letztlich von künftigen Ereignissen und Zufällen ab. Deshalb kann nur auf den Grad der Wahrscheinlichkeit abgestellt werden. Für den Fall des *Actual Total Loss* bedeutet dies, dass die Wiedererlangung mit an Sicherheit

---

[179] *Masefield* [2011] EWCA Civ. 24 Rn. 6 ff.
[180] *Masefield* [2011] EWCA Civ. 24 Rn. 27 ff.; so auch bereits *Dean v. Hornby* (1854) 3 EL. & BL. 180 (189).
[181] *Masefield* [2011] EWCA Civ. 24 Rn. 61 ff.

grenzender Wahrscheinlichkeit ausgeschlossen sein muss.[182] Dies ist bei der somalischen Lösegeldpiraterie regelmäßig nicht gegeben. Dennoch kann auch in diesen Fällen die Entführung zu einem *Actual Total Loss* erstarken.[183] Nämlich dann, wenn eine Wiedererlangung nach endgültigem Scheitern der Lösegeldverhandlungen nahezu mit Sicherheit ausgeschlossen erscheint. Die Systematik ist insoweit vollständig durchlässig für die jeweiligen Umstände des Einzelfalls.[184] Die Ladung der *Bunga Melati Dua* war somit nicht unwiederbringlich entzogen und es trat kein *Actual Total Loss* ein.

Die englische Rechtsprechung in *Masefield* und deren Beurteilung sind auf das deutsche Recht übertragbar. Die Rechtsfiguren des englischen *Actual Total Loss* und des deutschem Totalverlustes sind in sachlicher Hinsicht deckungsgleich, obwohl sie sich in der Einteilung der Ereignisse unterscheiden.[185] Ebenso wie sec. 57 MIA verlangen auch § 71 Abs. 2 Var. 1 ADS und Ziff. 60.2.1 Var. 1 DTV-ADS den Entzug der Sache ohne Aussicht auf Wiedererlangung. Dies entspricht der *irretrievable deprivation*, wenngleich der deutsche Wortlaut – „ohne *Aussicht* auf Wiedererlangung" – deutlicher hervorhebt, dass auch der tatsächliche Totalverlust eine Frage von Wahrscheinlichkeiten sein kann.

Infolgedessen darf resümiert werden, dass im Zeitpunkt der Entführung des Schiffes auch nach deutschen Kaskobedingungen in tatsächlicher Hinsicht (noch) kein Totalverlust vorliegt. Insbesondere stellt die Eroberung eines Schiffes durch Piraten nicht *per se* einen Totalverlust dar. Vielmehr sind auch hier die Umstände des Einzelfalles auf die physische und rechtliche Möglichkeit zur Wiedererlangung zu untersuchen. Wie bereits dargestellt, folgt die tatsächliche physische Wiedererlangungsmöglichkeit in Fällen moderner Lösegeldpiraterie regelmäßig aus der Handhabe, das Schiff freizukaufen. Inwieweit diese Wiedererlangungsmöglichkeit jedoch aus Rechtsgründen versperrt ist, richtet sich nach den Bestimmungen des deutschen Rechts. Stellt sich die Lösegeldzahlung an Piraten danach als rechtswidrig heraus, so kann sie als Wiedererlangungsmöglichkeit im Rahmen der § 71 Abs. 2 Var. 1 ADS bzw. Ziff. 60.2.1 Var. 1 DTV-ADS nicht berücksichtigt werden.

c) Lösegeldzahlung an Piraten als Straftat?

Im deutschen Recht existiert kein Rechtssatz, der die Bezahlung von Lösegeldern allgemein für rechtswidrig erklärt. Sich erpressen zu lassen ist im Grundsatz nicht illegal. Nichtsdestotrotz können Lösegeldzahlungen im Ein-

---

[182] Im Gegensatz dazu muss die Wiedererlangung beim CTL lediglich unwahrscheinlich sein.
[183] *Masefield* [2011] EWCA Civ. 24 Rn. 56.
[184] Vgl. *Masefield* [2011] EWCA Civ. 24 Rn. 56.
[185] *Enge/Schwampe*, Transportversicherung, S. 217 f. Im englischen Recht gibt es bspw. keine Verschollenheit. Diese wird aber sachlich als Unterfall des ATL erfasst.

zelfall unter den Tatbestand einer besonderen Verbotsnorm fallen. Insbesondere in den Bereichen der Bandenkriminalität und des Terrorismus könnte die Zahlung von Lösegeldern an Piraten eine Straftat und insoweit eine rechtswidrige, dem Versicherungsnehmer nicht abzuverlangende Handlung darstellen.

In Betracht kommt insoweit die Unterstützung einer kriminellen oder terroristischen Vereinigung gemäß § 129 Abs. 1 oder § 129a Abs. 5 StGB. Beide Vorschriften erheben die Unterstützung einer derartigen Vereinigung – an sich eine Beihilfe – zu einer täterschaftlichen Handlung.[186] Eine Unterstützungshandlung liegt vor, wenn ein Nichtmitglied die Tätigkeit einer solchen Vereinigung oder die Verwirklichung ihrer Ziele direkt oder durch eines ihrer Mitglieder fördert.[187] Stellt somit ein Reeder den Piraten finanzielle Mittel zur Verfügung, ist darin objektiv eine Unterstützung zu sehen.[188] Als Täter kommen dabei diejenigen Personen in Betracht, die an dem Zahlungsvorgang beteiligt sind. Voraussetzung für die Verwirklichung des Tatbestandes ist jedoch zunächst, dass es sich bei den Piraten überhaupt um eine kriminelle oder terroristische Vereinigung handelt. Nach der Rechtsprechung ist eine kriminelle Vereinigung ein auf eine gewisse Dauer angelegter, organisatorischer Zusammenschluss von wenigstens drei Personen, die bei Unterordnung des Willens des Einzelnen unter den Willen der Gesamtheit gemeinsame Zwecke verfolgen und sich dabei als einheitlicher Verband fühlen.[189] Entsprechendes gilt für den Vereinigungsbegriff des § 129a StGB mit der Maßgabe, dass es sich um eine terroristische Zielsetzung handeln muss.[190] Die Vorschrift stellt eine Qualifikation zu § 129 StGB dar.[191] Wegen § 129b StGB ist es auch unschädlich, dass es sich bei den Piraten um eine ausländische Vereinigung handeln würde.

Das tragende Element der Tatbestände ist eine festgefügte Organisation mit gegenseitiger Verpflichtung der Vereinigungsmitglieder.[192] Wesentlich ist dabei die Planung und Begehung der Straftaten aus einer fest organisierten Gruppierung heraus, die durch ein mitgliedschaftliches Zusammenwirken mit gemeinsamer Zwecksetzung, einer bestimmten Rollenverteilung innerhalb der

---

[186] *BGHSt* 20, 89; 29, 99 (101); *Krauß*, in: LK, § 129, Rn. 132; kritisch *Lenckner/Sternberg-Lieben*, in: Schönke/Schröder, § 129, Rn. 15.

[187] *BGHSt* 29, 99 (101); 32, 243 (244); *BGH* NStZ 2007, 635 (636).

[188] *Schwampe*, TranspR 2009, 462 (463); in Bezug auf Schutzgelderpressungen *Lenckner/Sternberg-Lieben*, in: Schönke/Schröder, § 129, Rn. 15 und 17; siehe auch *Arzt*, JZ 2001, 1052 (1054).

[189] *BGHSt* 10, 16; 28, 147 (148 f.); 29, 288 (294); 30, 328 (329); 31, 202 (204 f.); *BGH* NStZ-RR 2002, 300 (301); 2006, 267.

[190] *Krauß*, in: LK, § 129a, Rn. 19; *Schäfer*, in: MüKo-StGB, § 129a, Rn. 25.

[191] *Lenckner/Sternberg-Lieben*, in: Schönke/Schröder, § 129a, Rn. 1; *Krauß*, in: LK, § 129a, Rn. 2; *Schäfer*, in: MüKo-StGB, § 129a, Rn. 2.

[192] *BGHSt* 31, 202 (205); *BGH* NStZ 1982, 68; *Krauß*, in: LK, § 129, Rn. 19.

Gruppierung und einer abgestimmten, koordinierten Aufgabenverteilung gekennzeichnet ist.[193] Es muss eine interne Organisationsstruktur bestehen, die sich nach bestimmten Gruppenregeln vollzieht, sodass sich der individuelle Wille eines Mitglieds dem Gemeinschaftswillen unterordnet, der Einzelne jedoch subjektiv in die internen Willensbildungsprozesse der Vereinigung einbezogen ist.[194] Nicht ausreichend ist es für die Annahme einer Vereinigung, wenn eine Gruppe von wenigstens drei Personen, durch gemeinsames Gewinnstreben verbunden, eine Mehrzahl an Straftaten wie Diebstähle oder Betrügereien begeht.[195]

Das erforderliche Maß des Organisationsgrades und des Gruppenwillens einer Vereinigung im Sinne der §§ 129, 129a StGB kann im Einzelfall äußerst schwierig zu bestimmen sein. Die Grenzziehung zwischen Vereinigung und Bande oder einer bloßen Gruppe erscheint bereits in der Theorie schwierig. Inwieweit die an den afrikanischen Küsten aktiven Piratengruppen eine Vereinigung nach deutschem Strafrecht darstellen, kann nicht pauschal beurteilt werden. Im Einzelfall ist dies zwar durchaus denkbar. Jedoch sind an die tatbestandlichen Voraussetzungen hohe Anforderungen zu stellen.[196] Die nicht unbeträchtlichen drohenden Haftstrafen und die rechtsstaatliche Verpflichtung der Strafverfolgungsgewalt verlangen den an Sicherheit grenzenden Nachweis, dass eine kriminelle oder terroristische Vereinigung vorliegt. Um diesem Anspruch zu genügen, sind umfassende Ermittlungen und ein fundierter Erkenntnisstand erforderlich.

Über die Organisationsstruktur der somalischen Piraten war zunächst wenig bekannt. In jüngerer Zeit mehrten sich jedoch Presseberichte, die Einblicke in das Innenleben der Piratengruppen vermitteln. So soll es feste Verteilungsschlüssel für die erpressten Lösegelder geben.[197] Auch gibt es mittlerweile nähere Hinweise auf das organisatorische Vorgehen der Piraten durch Aussagen freigekommener Seeleute. Ihr Vorgehen scheint zudem immer häufiger einem bestimmten Muster zu entsprechen: Greifen zunächst eher kleinere Gruppen in Schnellbooten ihre Opfer an, wird das Schiff nach erfolgreicher Entführung in somalische Küstengewässer verbracht und dort von zahlenmäßig größeren Gruppen bewaffneter Piraten bewacht.[198] Mittlerweile ist es offenbar auch gelungen, einzelne Piraten in „Führungspositionen" zu identifizieren.[199] Letztlich verbleibt aber das Problem, dass abzüglich dieser Aus-

---

[193] *BGH* NJW 1992, 1518; *Krauß*, in: LK, § 129, Rn. 19.
[194] *Krauß*, in: LK, § 129, Rn. 20. Dies macht auch den Unterschied zur Bande aus, siehe *BGHSt* 46, 321 (329).
[195] *BGH* NStZ 1982, 68; *Krauß*, in: LK, § 129, Rn. 21.
[196] *BGHSt* 28, 147 (148 f.).
[197] *Schwampe*, TranspR 2009, 462 (463) und dort Fn. 10.
[198] *Schwampe*, TranspR 2009, 462 (463).
[199] Die USA haben in der Executive Order 13536 zwei Personen als somalische Piraten identifiziert (Abshir Abdullahi und Mohamed Abdi Garaad).

nahmen die große Mehrzahl der Piraten unbekannt bleibt. Zwar ist die persönliche Identifikation der Mitglieder einer kriminellen oder terroristischen Vereinigung – soweit es um die Unterstützung dieser Vereinigung durch Nichtmitglieder geht – keine unbedingte Voraussetzung.[200] Jedoch scheint aufgrund der Sachlage eine Bestimmung der organisatorischen Verbundenheit bestimmter Piraten derzeit nicht möglich. Es ist sehr wahrscheinlich, dass dieselben Piratengruppierungen wiederholt gemeinsam aktiv werden. Über die einzelnen Beteiligten besteht jedoch keine ausreichende Kenntnis, um einen Organisationsgrad nachweisen zu können, der die Voraussetzungen des § 129 StGB erfüllt. Letztlich handelt es sich auch bei den veröffentlichten Presseberichten im Wesentlichen um Mutmaßungen, die auf journalistischer Recherche beruhen, deren Fundament einer detaillierten Nachprüfung bedarf.[201] Doch selbst diese Berichte gehen inhaltlich wohl nicht weit genug, um von einer Vereinigung im Sinne des § 129 StGB auszugehen.

Insgesamt ist die Nachweisproblematik im Rahmen des § 129 StGB eine wesentliche Hürde seiner praktischen Anwendung.[202] Dies belegt auch die Strafverfolgungsstatistik, die im Laufe der vergangenen Jahre regelmäßig einstellige Verurteilungsraten aufweist.[203] Für die somalischen Piraten ergibt sich zudem die zusätzliche Hürde, dass es sich um ausländische Personen handelt, die nicht im Bundesgebiet tätig werden und gegen die insoweit besonders schwer zu ermitteln ist. Auf dieser Grundlage dürfte es derzeit nicht gelingen, somalische Piraten unter die Tatbestände der kriminellen oder gar terroristischen Vereinigung im Sinne der §§ 129, 129a StGB zu subsumieren. Dies könnte sich künftig jedoch ändern, soweit es den Strafverfolgungsbehörden gelingt, belastbare Erkenntnisse zusammenzutragen. Bis dahin dürfte in der Bezahlung von Lösegeldern durch Reedereipersonal keine Straftat nach den §§ 129 Abs. 1, 129a Abs. 5 StGB liegen. Im Hinblick auf § 129a Abs. 5 StGB ist zudem anzumerken, dass eine Verbindung zwischen somalischen Piraten und den in Somalia aktiven Terrorgruppen bislang nicht nachgewiesen werden konnte. Vielmehr weisen Experten darauf hin, dass die Taten der Piraten mit den Grundsätzen des Islam nach Auffassung der als terroristisch eingestuften somalischen Gruppierungen unvereinbar sind.[204] Infolgedessen handelt es sich aus heutiger Sicht bei den somalischen Piraten nicht um terroristische Vereinigungen.[205]

---

[200] Insoweit kommt es nur darauf an, dass eine kriminelle Vereinigung besteht. Dies erfordert lediglich drei Mitglieder, vgl. *BGHSt* 10, 16; 28, 147 (148 f.); 29, 288 (294); 30, 328 (329); 31, 202 (204 f.); *BGH* NStZ-RR 2002, 300 (301); 2006, 267.

[201] So auch *Schwampe*, TranspR 2009, 462 (463).

[202] *Krauß*, in: LK, § 129, Rn. 16.

[203] Eine Tabelle aus der vom Statistischen Bundesamt herausgegebenen Strafverfolgungsstatistik ist abgedruckt bei *Krauß*, in: LK, § 129, Rn. 15.

[204] Wiedergegeben in *Caldwell*, Shipping and Trade Law 11 (2011), 4 (5).

[205] Siehe zur Unterscheidung zwischen Piraterie und Terrorismus auch *supra* S. 48 ff.

Soweit die Hürden des objektiven Tatbestands des § 129 Abs. 1 StGB jedoch überwunden sind, ist mit der Zahlung regelmäßig auch der subjektive Tatbestand erfüllt. Insoweit genügt *dolus eventualis* und damit die willentliche Vornahme der Bezahlung ungeachtet des Bewusstseins, dass dadurch eine kriminelle oder terroristische Vereinigung Unterstützung erfährt.[206] Nach ganz überwiegender Auffassung in Rechtsprechung und Schrifttum ist eine tatbestandliche Handlung des Erpressungsopfers regelmäßig auch nicht nach § 34 StGB gerechtfertigt.[207] Andernfalls würde das Opfer als rechtmäßig agierendes Werkzeug der kriminellen Vereinigung fungieren und böte dieser somit eine Handhabe rechtmäßige Unterstützung zu erlangen.[208] Der Rettungsanker für das zahlende Erpressungsopfer kann sodann aber der entschuldigende Notstand sein.[209] Jedenfalls könnte dem betroffenen Reedereipersonal im Rahmen der Güterabwägung nicht das in Erpressungsfällen häufig angewandte Argument entgegengehalten werden, dass sie auf den Schutz der lokalen Strafverfolgungsbehörden hätten vertrauen können, da sich das Druckmittel der Piraten sowie die Täter selbst außerhalb des behördlichen Einflussbereiches im Ausland befinden.[210] Insoweit können Lösegeldzahlungen, sofern sie tatbestandlich im Sinne des § 129 Abs. 1 StGB sind, im Einzelfall entschuldigt und somit straflos sein.

Dennoch bleibt es in diesen Fällen dabei, dass die zahlenden Personen eine tatbestandliche und rechtswidrige Handlung begehen. Daher stellt sich die Frage, ob dem Versicherungsnehmer im Rahmen der Wiedererlangungsmöglichkeiten eine solche Handlung – wenngleich straflos, da entschuldigt – abverlangt werden darf. Schließlich bleibt die Handlung rechtswidrig und könnte bei rechtzeitiger behördlicher Kenntniserlangung unterbunden werden.

Diese Frage wirft auch *Schwampe* auf, wenngleich nicht im Zusammenhang mit den Wiedererlangungsmöglichkeiten im Rahmen von § 71 ADS und Ziff. 60.2.1 DTV-ADS, sondern hinsichtlich der Zulässigkeit einer Deckungszusage des Versicherers für rechtswidrig bezahlte Lösegelder.[211] Im Kern handelt es sich jedoch bei der hier aufgeworfenen Frage und der Überlegung *Schwampes* um dieselbe Problematik. Denn soweit die Versicherung

---

[206] *Schwampe*, TranspR 2009, 462 (463).
[207] *BGHSt* 5, 371 (372 ff.) behandelt ausschließlich den entschuldigenden Nötigungsnotstand; teilweise auch mit differenzierenden Lösungsvorschlägen *Perron*, in: Schönke/Schröder, § 34, Rn. 41b; *Neumann*, JA 1988, 329 (334 f.); *Erb*, in: MüKo-StGB, § 34, Rn. 147.
[208] *Schwampe*, TranspR 2009, 462 (463); *Erb*, in: MüKo-StGB, § 34, Rn. 146; *Roxin*, Strafrecht AT/1, § 16 Rn. 68.
[209] Vgl. BGHSt 5, 371 (372 ff.); *Perron*, in: Schönke/Schröder, § 34, Rn. 41b; *Schwampe*, TranspR 2009, 462 (463). Vgl. auch *Neumann*, JA 1988, 329 (335).
[210] Vgl. *Arzt*, JZ 2001, 1052 (1055).
[211] *Schwampe*, TranspR 2009, 462 (463). Vgl. dazu auch *infra* S. 160 ff.

von Lösegeldzahlungen unzulässig ist, weil bereits die Bezahlung des Lösegeldes durch die Reederei tatbestandsmäßig und rechtswidrig ist, darf die Lösegeldzahlung als solche auch nicht in den Katalog der Wiedererlangungsmöglichkeiten einbezogen werden. *Schwampe* ist der Auffassung, dass eine tatbestandsmäßige und rechtswidrige Lösegeldzahlung, die lediglich aufgrund entschuldigenden Notstandes keine Strafbarkeit zu Folge hat, der Versicherbarkeit solcher Zahlungen nicht entgegensteht.[212] Als Begründung führt er die Vorschrift in § 706 Abs. 1 Nr. 6 HGB a.F. an, die Lösegeldzahlungen an Piraten als Havarie-grosse behandelt. Damit habe der Gesetzgeber zum Ausdruck gebracht, dass derartige Zahlungen grundsätzlich zulässig und folglich auch versicherbar seien.[213] Mittlerweile kann diese Argumentation bereits deshalb nicht mehr aufrechterhalten werden, weil § 706 HGB im Zuge der Modernisierung des Seehandelsrechts aufgehoben worden ist.[214] Ungeachtet dessen überzeugt die Ansicht *Schwampes* auch inhaltlich nicht. Richtig ist zwar, dass der Gesetzgeber mit § 706 Abs. 1 Nr. 6 HGB a.F. eine ausdrückliche Regelung für Lösegeldzahlungen an Piraten getroffen hatte und diese danach grundsätzlich zulässig waren. Dennoch darf die Vorschrift nicht als Freibrief missverstanden werden, der jegliche Lösegeldzahlung ungeachtet der Einzelfallumstände erlaubt. Erfüllt die Zahlung von Lösegeld im Einzelfall in rechtswidriger Weise den Tatbestand einer Strafnorm wie etwa § 129 Abs. 1 StGB, so vermag auch § 706 HGB a.F. daran nichts zu ändern. Anderenfalls würde man der Vorschrift die Qualität eines Rechtfertigungsgrundes zugestehen. Eine solche Funktion hat der Gesetzgeber § 706 Abs. 1 Nr. 6 HGB a.F. jedoch nicht beigemessen. Der Verkauf von Kriegswaffen ist auch nicht etwa deshalb ohne Weiteres zulässig, weil § 433 BGB den Abschluss von Kaufverträgen generell erlaubt. Es bleibt daher trotz § 706 Abs. 1 Nr. 6 HGB a.F. dabei, dass die Lösegeldzahlung unter gewissen Umständen die rechtswidrige Tatbestandsverwirklichung des § 129 Abs. 1 StGB zur Folge hat. Soweit dies im Einzelfall zutrifft, darf die Lösegeldzahlung im Rahmen der Wiedererlangungsmöglichkeiten trotz möglicher Straffreiheit des Reedereipersonals nicht berücksichtigt werden.[215]

Nach alledem kann eine Entziehung des Schiffes ohne Aussicht auf Wiedererlangung gemäß den § 71 ADS bzw. Ziff. 60.2.1 DTV-ADS auch dann vorliegen, wenn die Piraten zwar die tatsächliche Möglichkeit der Wiedererlangung durch Zahlung von Lösegeld in Aussicht stellen, die Bezahlung aber wegen ihrer Tatbestandsmäßigkeit im Sinne des § 129 Abs. 1 StGB und ihrer Rechtswidrigkeit nicht geboten ist. Die Wiedererlangung ist dann aus rechtli-

---

[212] *Schwampe*, TranspR 2009, 462 (470).
[213] *Schwampe*, TranspR 2009, 462 (470).
[214] Gesetz zur Reform des Seehandelsrechts vom 20.04.2013 – BGBl. I, S. 813.
[215] Zu den Auswirkungen auf die Versicherbarkeit von Lösegeldern siehe *infra* S. 160.

chen Gründen ausgeschlossen, sodass der Versicherungsnehmer die Versicherungssumme beanspruchen kann.

Nach derzeitigem Kenntnisstand ist jedoch aus den genannten Gründen bereits die Verwirklichung des objektiven Tatbestandes äußerst unwahrscheinlich, sodass die Bezahlung von Lösegeld nach deutschem Recht keine strafbare Handlung darstellt und im Rahmen der Wiedererlangungsmöglichkeiten durchaus berücksichtigt werden darf.

d) Ergebnis

Die bloße Entführung eines Schiffes durch Piraten bedeutet nicht automatisch einen Totalverlust. Insbesondere in Fällen der Lösegeldpiraterie stellt die Bezahlung von Lösegeld zur Rückerlangung des Schiffes eine zu berücksichtigende Wiedererlangungsmöglichkeit dar. Erst, wenn eine Wiedererlangung scheitert oder nach den Umständen mit hoher Sicherheit ausgeschlossen erscheint, liegt ein Totalverlust nach § 71 Abs. 2 Var. 1 ADS bzw. Ziff. 60.2.1 Var. 1 DTV-ADS vor.

3. Verschollenheit des Schiffes

Dem Totalverlust gleichgestellt ist in der Rechtsfolge auch die Verschollenheit des Schiffes.[216] Gilt ein Schiff nach den jeweiligen Versicherungsbedingungen als verschollen, so kann der Versicherungsnehmer die Versicherungssumme verlangen.

Die Verschollenheitsregelungen finden sich in § 72 ADS in Verbindung mit Ziff. 31 DTV-KKl und Ziff. 60.2.2 DTV-ADS. Als verschollen gilt ein Schiff nach den älteren Bestimmungen der ADS, wenn das Schiff innerhalb der Verschollenheitsfrist den nächsten Bestimmungshafen nicht erreicht hat und auch sonst keine Nachricht von dem Schiff eingegangen ist. Die Verschollenheitsfrist beträgt nach § 72 Abs. 1 S. 3 ADS das Dreifache der Zeit, die das Schiff unter ordentlichen Umständen vom Ort der letzten Nachricht zum nächsten Bestimmungshafen gebraucht haben würde, mindestens jedoch zwei Monate bei Dampfschiffen und drei Monate bei Segelschiffen. Diese Fristenregelungen werden von Ziff. 31 DTV-KKl überlagert, die eine einheitliche Frist von zwei Monaten anordnet. Im Falle eines möglichen verzögerten Nachrichtenflusses wegen eines Krieges beträgt die Mindestfrist sechs Monate. Die moderneren DTV-ADS differenzieren nicht mehr zwischen Dampf- und Segelschiffen und stellen auch nicht mehr auf den Bestimmungshafen ab.

---

[216] Hingegen ist die Verschollenheit tatbestandlich kein Fall des Totalverlustes, siehe *Ritter/Abraham*, ADS II, § 72 Anm. 3. Während der Totalverlust von Gewissheit oder zumindest von einer an Gewissheit grenzenden Wahrscheinlichkeit geprägt ist, wird der Tatbestand der Verschollenheit gerade durch das Element der Ungewissheit bestimmt, vgl. *Ritter/Abraham*, ADS II, § 72 Anm. 4; *Schlegelberger*, Seeversicherungsrecht, § 72 Rn. 1.

Nach Ziff. 60.2.2 DTV-ADS gilt ein Schiff als verschollen, wenn zwei Monate seit dem Tag der letzten Meldung ohne Nachricht vom Schiff verstrichen sind. An die Stelle tritt eine zwölfmonatige Frist, wenn der Nachrichtenfluss infolge eines Krieges verzögert sein kann.

Das Eingreifen dieser Verschollenheitsvorschriften in den Fällen moderner Piraterie ist jedoch unwahrscheinlich. Die Piraten nehmen mit der betreibenden Reederei in der Regel sehr kurzfristig nach der Entführung Kontakt auf, um ihre Forderungen zu übermitteln. In der Folge kommt es dann zu einem gegenseitigen Austausch, sodass es stets Meldungen vom Schiff gibt. Somit ist das Schiff nicht verschollen. Die Bestimmungen der § 72 ADS, Ziff. 31 DTV-KKl und Ziff. 60.2.2 DTV-ADS können allerdings zum Tragen kommen, wenn es die Piraten nicht auf die Erpressung von Lösegeldern, sondern auf das Schiff selbst und Wertgegenstände an Bord abgesehen haben. Ist dies der Fall, und gibt es von dem Schiff binnen der Verschollenheitsfrist keine Nachricht, so kann die Versicherungssumme verlangt werden.

Neben diesen allgemeinen Verschollenheitsregelungen enthalten die deutschen Seekaskobedingungen auch besondere Vorschriften für die Piraterie. § 73 ADS erlaubt die Beanspruchung der Versicherungssumme unter entsprechender Anwendung des § 72 ADS auch dann, wenn das Schiff von Piraten[217] eingenommen worden ist. An die Stelle der Verschollenheitsfrist tritt eine Frist von zwei Monaten.[218] Schwierigkeiten ergeben sich aus der Verweisung in § 73 ADS allerdings insoweit, als deren Reichweite aus dem Wortlaut nicht deutlich hervorgeht. Einerseits ließe sich die Vorschrift derart lesen, dass neben der Eroberung des Schiffes durch Piraten und der Frist von zwei Monaten zusätzlich alle Tatbestandsmerkmale der Verschollenheit nach § 72 ADS vorliegen müssen. Dann handelte es sich um eine Rechtsgrundverweisung. Demgegenüber handelte es sich bei § 73 ADS um eine Rechtfolgenverweisung, wenn die Bestimmung so zu verstehen wäre, dass die zwei Monate währende Entführung durch Piraten als Voraussetzung genügt und den Tatbestand des § 72 ADS bei gleichbleibender Rechtsfolge ersetzt.[219] Für die Annahme einer Rechtsgrundverweisung spricht zunächst, dass sich § 72 Abs. 1 ADS in mehrere Bestimmungen untergliedert und § 73 ADS wörtlich eine entsprechende Anwendung *aller Bestimmungen* der Verschollenheitsvorschrift anordnet.[220] § 72 Abs. 1 ADS untergliedert sich in drei Bestimmungen: das Vorliegen der Verschollenheit des Schiffes, die Definition, wann Verschollenheit vorliegt und die Verschollenheitsfrist. Im Sinne einer Rechts-

---

[217] § 73 ADS spricht von Seeräubern anstatt von Piraten. Die Begriffe sind synonym. In dieser Arbeit wird einheitlich der Begriff Pirat bzw. Piraterie verwendet.

[218] Aufgrund von Ziff. 31 DTV-KKl beträgt die Verschollenheitsfrist ohnehin auch zwei Monate.

[219] So *Schwampe*, TranspR 2009, 462 (474) und *Pfeifle*, in: Drees/Koch/Nell, S. 107 (120).

[220] Letztlich aber ablehnend *Schwampe*, TranspR 2009, 462 (474).

grundverweisung müssten diese Voraussetzungen sämtlich gegeben sein. § 73 ADS würde den Tatbestand dann um das zusätzliche Element der Eroberung durch Piraten ergänzen. Lediglich die Verschollenheitsfrist würde durch die Frist des § 73 ADS ersetzt. Im Ergebnis könnte die Versicherungssumme nach § 73 ADS also nur verlangt werden, wenn das Schiff durch Piraten eingenommen, wenn es verschollen und eine Frist von zwei Monaten verstrichen ist.

Gegen diese Auffassung sprechen gewichtige Gründe. Richtigerweise ist bei § 73 ADS von einer Rechtsfolgenverweisung auszugehen. Die Kombination aus Verschollenheit, also des Nichterreichens des nächsten Bestimmungshafens ohne Nachricht vom Schiff, und dem sicheren Wissen, dass das Schiff von Piraten eingenommen wurde, erscheint eher ungewöhnlich. Zumeist bedeutet Verschollenheit nämlich, dass das Schicksal des Schiffes unbekannt ist. Zwar ist es denkbar, dass ein Schiff im Zeitpunkt des Piratenangriffs eine Nachricht absetzt, auf diese Weise auf die Entführung durch Piraten aufmerksam macht und sodann, wenn keine weitere Nachricht folgt, als verschollen zu betrachten ist. Jedoch muss man berücksichtigen, dass die Vorschriften der ADS vom Ausgang des 19. Jahrhunderts stammen. Wie die Bezugnahme auf Dampf- und Segelschiffe in § 72 ADS zeigt, darf an das Verständnis dieser Vorschriften nicht der technische Maßstab von heute angelegt werden. Zur damaligen Zeit waren die Kommunikationswege kompliziert und in aller Regel langwierig. Im Gegensatz zu heute waren die Schiffe nicht mit Funkverbindungen versehen. Unter diesen Umständen ist es höchst unwahrscheinlich, dass die Schiffsmannschaft bei einem Piratenangriff in der Lage gewesen wäre, eine Meldung über den Vorfall abzusenden, bevor das Schiff anschließend verschollen ist. Der Anwendungsbereich des § 73 ADS wäre bei Annahme einer Rechtsgrundverweisung bereits aus tatsächlichen Gründen äußerst gering. In Anbetracht heutiger, moderner Lösegeldpiraterie würde die Vorschrift, ebenso wie bereits § 72 ADS, überhaupt keine Rolle spielen, da es regelmäßig Nachrichten vom Schiff gibt.

Erheblicher als dieses historisch-tatsächliche Argument ist jedoch ein konstruktiver Gedanke innerhalb der §§ 72, 73 ADS. Läge in § 73 ADS ein Rechtsgrundverweis, so hätte die Bestimmung gegenüber § 72 ADS keinen eigenen Anwendungsbereich.[221] Den Verschollenheitsvoraussetzungen würde § 73 ADS nämlich lediglich ein weiteres zu erfüllendes Element hinzufügen. Dies bedeutet, dass im Falle der tatbestandlichen Erfüllung von § 73 ADS stets auch die Voraussetzungen von § 72 ADS erfüllt wären – mit derselben Rechtsfolge. § 72 ADS stellt nämlich nicht auf bestimmte Verschollenheitsgründe ab und erfasst somit auch den Fall der Verschollenheit wegen „Nehmung" des Schiffes durch Piraten.[222] Ein eigener Anwendungsbereich ergibt

---

[221] *Schwampe*, TranspR 2009, 462 (474).
[222] *Schwampe*, TranspR 2009, 462 (474).

sich für § 73 ADS daher nur, wenn die Bestimmung als Rechtsfolgenverweis verstanden wird. Die Anwendungsvoraussetzungen ergeben sich hingegen allein aus § 73 ADS selbst.[223]

Der Versicherungsnehmer kann folglich die Versicherungssumme aufgrund von § 73 ADS auch dann verlangen, wenn das Schiff von Piraten eingenommen wurde und eine Frist von zwei Monaten verstrichen ist. Damit ist die Vorschrift auch – oder gerade – für die moderne Lösegeldpiraterie relevant. Der Versicherungsnehmer kann das Schiff als versicherten Gegenstand trotz des Nachrichteneingangs und gar trotz laufender Lösegeldverhandlungen aufgeben und die Versicherungssumme beanspruchen.[224] Die Rechte am Schiff gehen dann gemäß § 73 in Verbindung mit § 72 Abs. 3 ADS auf den Versicherer über.

Liegen die Voraussetzungen der §§ 73, 72 ADS vor, so kann je nach Sachlage auch ein Totalverlust nach § 71 ADS gegeben sein. In diesen Fällen bestehen die Ansprüche aus §§ 73, 72 ADS neben dem Anspruch aus § 71 ADS.[225] Der Versicherungsnehmer kann insoweit die Anspruchsgrundlage wählen.

Unter den DTV-ADS ist diese Problematik gänzlich hinfällig geworden. Während Ziff. 60.2.2 DTV-ADS die Verschollenheit des Schiffes allgemein regelt, fehlt es an einer besonderen Bestimmung für Piraterie, die auf die Verschollenheitsregelung zurückgreift. Da Piraterie nunmehr standardmäßig vom Versicherungsschutz durch die Seekaskoversicherung ausgeschlossen ist, beinhalten die Bestimmungen insgesamt keine Regelung zur Eroberung des Schiffes durch Piraten mehr. Ein Pendant zu § 73 ADS findet sich nunmehr in den DTV-ADS-KrKl. Ziff. 84.1.6 bestimmt, dass der Versicherungsnehmer die Versicherungssumme verlangen kann, wenn das Schiff für eine Zeit von mehr als zwölf Monaten von Piraten festgehalten wird. Neben der sprachlichen Anpassung kommt die Bestimmung gänzlich ohne Verweis auf die Verschollenheitsregelungen aus und verlängert die Frist von zwei auf zwölf Monate.

Die Unsicherheiten über die Qualität des Verweises in § 73 ADS wurden damit für die DTV-ADS beseitigt.[226] Zudem wird deutlich, dass die Bestimmung bereits auf die Fälle moderner Lösegeldpiraterie ausgelegt ist. Die vorherige Frist von nur zwei Monaten war insoweit reichlich kurz, da sich die

---

[223] So auch *Ritter/Abraham,* ADS II, § 73 Anm. 6 f.
[224] Laut *Schwampe,* TranspR 2009, 462 (474) ist es in der Praxis in Lösegeldfällen bisher noch nicht zu einer Regulierung nach § 73 ADS gekommen.
[225] *Schlegelberger,* Seeversicherungsrecht, § 73, Rn. 1.
[226] Die Regelung könnte als Rückschlussargument zugunsten einer Auslegung von § 73 ADS als Rechtsfolgenverweis ausgelegt werden, da Ziff. 84.1.6 DTV-ADS-KrKl nicht auf die Verschollenheitsvoraussetzungen abstellt, sondern in der Grundstruktur bereits § 73 ADS in seiner Funktion als Rechtsfolgenverweis entspricht.

Lösegeldverhandlungen nicht selten über einen längeren Zeitraum erstrecken, und die entführten Schiffe folglich für mehr als zwei Monate in der Gewalt der Piraten verbleiben.[227] Dieser Umstand wurde von den Versicherern auch bei Verträgen unter den ADS/DTV-KKl im Rahmen ihrer Kündigungsrechte nach Ziff. 15 DTV-KKl in Verbindung mit Wiedereinschlussangeboten berücksichtigt. Die Frist beträgt darin häufig zwölf Monate.[228]

Bisher haben sich die Versicherungsnehmer aber auch unter den neuen Bedingungen mit der Regulierung von Piraterieereignissen im Wege der Verschollenheit zurückgehalten. Zum einen befinden sich die Schiffe zwar durchaus für mehrere Monate in der Gewalt der Piraten; mehr als zwölf Monate sind es in der Regel hingegen nicht. Zum anderen dürfte auch die Bedrohung für die involvierte Schiffsbesatzung ein erhebliches Hindernis für den sog. Abandon des Schiffes durch den Reeder sein.

VII. Ersatz von Lösegeldern

Das zentrale Anliegen in der versicherungsrechtlichen Pirateriediskussion ist die Versicherbarkeit und Ersetzbarkeit von Lösegeldern. Im Rahmen der modernen Piraterie am Horn von Afrika steht am Anfang eines Pirateriefalls nämlich regelmäßig ein bewaffneter Angriff auf ein Schiff, der in die Entführung des Schiffes, der Ladung und der Mannschaft mündet. Wird das Schiff infolge von Verhandlungen durch den Reeder freigekauft, steht am Ende die Frage, ob er für das bezahlte Lösegeld von seinen Versicherern Ersatz verlangen kann. Soweit ersichtlich richteten sich die Lösegeldforderungen der Piraten bisher stets an die betreibende Reederei, die in aller Regel der Versicherungsnehmer hinsichtlich des Schiffes ist. Unmittelbar ist es daher die Aufgabe der Reederei, für eine entsprechende Verhandlungsführung, das Aufbringen des Lösegeldes sowie für die Deckung der sonstigen Kosten zu sorgen. Sie ist das direkte Erpressungsopfer der Piraten, wenngleich nicht nur die Interessen der Reederei betroffen sind.

Es ist daher sinnvoll, die Lösegeldproblematik aus der Sicht des Reeders als Versicherungsnehmer zu untersuchen und die Ersetzbarkeit von Lösegeldern und sonstigen damit verbundenen Kosten unter den Bedingungen der Seekaskoversicherung sowie der übrigen Versicherungen des Reeders zu erforschen. In einem weiteren Schritt soll dann auch anderen beteiligten Interessen, insbesondere der Ladungsseite, Rechnung getragen und der Frage nachgegangen werden, inwieweit eine Sekundärverteilung der Kostenlast vorzunehmen ist.[229] Die hiesigen Ausführungen betreffen somit das Innenverhältnis zwischen dem Versicherungsnehmer und dem See- bzw. Kriegskaskoversicherer, dem Nebeninteressen- und Ertragsausfallversicherer sowie dem

---

[227] *Schwampe*, TranspR 2009, 462 (474).
[228] *Schwampe*, TranspR 2009, 462 (474).
[229] Siehe dazu *infra* S. 259 ff.

P&I- und dem K&R-Versicherer; die Sekundärverteilung betrifft zum einen das Verhältnis der verschiedenen Versicherer des Reeders untereinander und zum anderen das Außenverhältnis zwischen dem Reeder und dessen Versicherern gegenüber der Ladungsseite.

Bevor der Blick auf die Ersetzbarkeit von Lösegeldern gerichtet werden kann, muss zunächst die grundsätzliche Versicherbarkeit, d.h. die Zulässigkeit der Versicherung von Lösegeldern untersucht werden.

1. Versicherbarkeit von Lösegeldern

Versicherungsschutz darf nur für ein rechtlich zulässiges Interesse des Versicherungsnehmers gewährt werden.[230] Rechtlich unzulässige Interessen sind nicht versicherbar. Ein Versicherungsvertrag, der auf ein nicht versicherbares Interesse abgeschlossen wird, ist nach den Bestimmungen der § 2 Abs. 1 ADS und Ziff. 2.1 DTV-ADS unwirksam. Insoweit ist auch an dieser Stelle die Rechtmäßigkeit von Lösegeldzahlungen relevant. Eine Deckung darf insoweit nicht gewährt werden, wenn die Bezahlung des Lösegeldes mit der geltenden Rechtsordnung nicht in Einklang steht.[231] Nichts anderes gilt im Übrigen nach englischem Recht. Sec. 3 (1) MIA bestimmt insoweit, dass „every *lawful* marine adventure […] the subject of a contract of marine insurance" sein darf.[232]

a) Strafrechtliche Aspekte

Die Bezahlung von Lösegeld an Piraten ist aus strafrechtlicher Perspektive nicht grundsätzlich rechtswidrig, kann aber im Einzelfall eine Straftat nach § 129 Abs. 1 StGB darstellen.[233] In aller Regel wird das deutsche Strafrecht der Versicherbarkeit von Lösegeldern an Piraten nach heutigem Erkenntnisstand jedoch nicht entgegenstehen. Dies gilt auch im Hinblick auf den Geldwäschetatbestand des § 261 StGB. Dieser wird nämlich erst berührt, wenn das Lösegeld, bereits bevor es an die Piraten gelangt, aus einer rechtswidrigen Quelle, nämlich aus einer der katalogisierten Vortaten stammt. Man wird voraussetzen können, dass die von den Reedereien zur Lösegeldzahlung verwendeten Mittel aus einer legalen Quelle stammen und eine Straftat nach § 261 Abs. 2 StGB insoweit nicht im Raum steht. Zudem greift die Vorschrift nur bei Katalogtaten, die nach deutschem Recht strafbar sind oder bei im Ausland begangenen Taten, die Katalogtaten nach § 261 Abs. 1 StGB sind und am Tatort mit Strafe bedroht sind.[234] Somit sind an diesem Ergebnis auch

---

[230] *BGH* NJW 1972, 1575 (1576).
[231] Siehe dazu bereits die Ausführungen auf S. 149 ff.
[232] Hervorhebung hinzugefügt.
[233] Siehe dazu ausführlich *supra* S. 149 ff.
[234] Siehe § 261 Abs. 8 StGB.

b) Zivilrechtliche Aspekte – Verstoß gegen die guten Sitten?

unter Berücksichtigung gegebenenfalls bestehender anderweitiger ausländischer Verbotstatbestände keine Zweifel geboten.[235]

An einem zulässigen versicherbaren Interesse fehlt es auch, wenn der Begründung des Versicherungsvertrags zwar keine strafrechtlichen, aber zivilrechtliche Hindernisse entgegenstehen. Im Fall *Masefield* führte die Klägerin an, dass die Bezahlung von Lösegeld an Piraten derart missbilligenswert sei, dass sie gegen den englischen *ordre public* verstoße und als probates Mittel zur Wiedererlangung eines entführten Schiffes im Rahmen versicherungsrechtlicher Fragestellungen nicht zu berücksichtigen sei.[236] Auch nach deutschem Recht kann ein Interesse der Versicherbarkeit entzogen sein, wenn es gegen die guten Sitten verstößt und damit § 138 BGB unterfällt. Anknüpfungspunkt für einen solchen Verstoß kann insoweit eine Missachtung ausländischer Rechtsnormen sein.[237] Um die Beschränkung der Wirkung des § 134 BGB auf deutsche Verbotsgesetze nicht zu umgehen, darf freilich nicht jeder Verstoß gegen ausländisches Recht zur Nichtigkeit des Versicherungsvertrages führen.[238] Jedoch kann auch die Einhaltung eines ausländischen Gesetzes im deutschen Interesse liegen und deshalb dem Anwendungsbereich des § 138 BGB unterfallen.[239]

Im Bereich der Seegüterversicherung hat der BGH einen Versicherungsvertrag nach Maßgabe der §§ 2 Abs. 1 ADS, 138 BGB für unwirksam gehalten, weil Gegenstand des Versicherungsvertrages Bronzefiguren waren, die von Nigeria nach Hamburg verschifft werden sollten, deren Ausfuhr aber nach nigerianischem Recht verboten war.[240] Während das Berufungsgericht zuvor keine Berührung deutscher Interessen sah und einen Sittenverstoß wegen Verletzung des nigerianischen Ausfuhrverbots für Kunstgegenstände verneinte, erkannte der BGH „ein allgemein zu achtende[s] Interesse aller Völker an der Erhaltung von Kulturwerten an Ort und Stelle […]"[241], dessen Beeinträchtigung kein bürgerlich-rechtlicher Schutz zuteilwerden kann.[242]

---

[235] Insbesondere genügt ein Verstoß gegen die US Executive Order 13536 im Zusammenhang mit der Beschaffung von USD-Währung nicht, um das Herrühren aus einer rechtswidrigen Vortat im Sinne von § 261 StGB zu begründen. Vgl. dazu die folgenden Ausführungen zur US Executive Order 13536 *infra* S. 162 ff.

[236] Siehe *supra* S. 145 ff.

[237] Umfassend *Sack/Fischinger*, in: Staudinger, § 138, Rn. 653 ff.; *Armbrüster*, in: MüKo-BGB, § 138, Rn. 17 f.

[238] *Armbrüster*, in: MüKo-BGB, § 138, Rn. 17.

[239] BGHZ 34, 169 (177); 69, 295 (298); 94, 268 (270, 272); BGH VersR 1982, 92 (93); BGH NJW 1991, 634 (635); OLG Hamburg RIW 1994, 686 (687).

[240] BGH VersR 1972, 1575 (1576 f.).

[241] BGH VersR 1972, 1575 (1576).

[242] BGH VersR 1972, 1575 (1577).

Grundlegend für diese Auffassung ist das nach Ansicht des BGH geänderte Sittenverständnis im Hinblick auf den Wunsch der Völker, im Besitz ihrer Kulturgegenstände zu bleiben, dessen Missachtung früher üblich und geduldet war.[243] Als Beleg für dieses Verständnis zog der BGH das von der UNESCO entworfene Übereinkommen zum Schutze nationaler Kulturgüter heran, dessen Entwurf aus der international verbreiteten Erkenntnis entsprang, dass die Missachtung von Ausfuhrverboten für Kulturgüter ein gemeinschädliches und die Verständigung zwischen den Völkern störendes Verhalten sei.[244] Diesem entgegen zu treten sei im Interesse des Anstandes im internationalen Verkehr mit Kulturgütern und aus sittlichen Erwägungen zu gewährleisten.[245]

Die Entscheidung zeigt, dass die Rechtsprechung einen Sittenverstoß bei Verletzung ausländischer Gesetze nicht nur unter dem Gesichtspunkt deutscher Interessen in Betracht zieht, sondern auch dann, wenn allgemein zu achtende Interessen der Völker betroffen sind und das ausländische Gesetz auf die gemeinsamen sittlich-rechtlichen Vorstellungen aller Kulturstaaten zurückzuführen ist.[246]

Einen Anknüpfungspunkt für die Sittenwidrigkeit der Versicherung von Lösegeldzahlungen an Piraten könnte das US-amerikanische Recht bieten. Die im April 2010 von *Barack Obama* erlassene US Executive Order 13536 hat hinsichtlich der Legalität von Lösegeldzahlungen im amerikanischen und englischen Versicherungsmarkt für Diskussionsstoff gesorgt.[247] Inwieweit sich die US-Vorschriften auch auf die Versicherbarkeit von Lösegeldern unter deutschem Recht auswirken, ist Gegenstand der folgenden Untersuchung.

aa) Verstoß gegen ausländisches Recht – US Executive Order 13536[248]

Die US Executive Order 13536 befasst sich mit der Vermögensbeschlagnahme und -blockierung von Personen, die in den Konflikt in Somalia verwickelt sind und zu diesem beitragen. Sämtlichen US-Personen ist es danach verboten, den im Anhang der Order genannten Personen Vermögenswerte jedweder Art zukommen zu lassen. Mit *Abshir Abdullahi* und *Mohamed Abdi Garaad* befinden sich zwei identifizierte somalische Piratenanführer auf der Liste der blockierten Personen. US-Personen ist es damit untersagt, Lösegelder zu

---

[243] *BGH* VersR 1972, 1575 (1577).
[244] *BGH* VersR 1972, 1575 (1576 f.).
[245] *BGH* VersR 1972, 1575 (1577).
[246] *BGHZ* 69, 295 (298); 94, 268 (271 f.); zusammenfassend *Sack/Fischinger*, in: Staudinger, § 138, Rn. 655.
[247] Siehe *Jardine Lloyd Thompson Limited (JLT)*, Executive Order 13536, S. 3; *Paulsen/Lafferty*, Tul. L. Rev. 85 (2010-2011), 1241 (1249 ff.).
[248] U.S. Executive Order 13536, Fed. Reg. 75 (12.04.2010), 19869.

bezahlen, die den beiden Piraten in irgendeiner Art zugutekommen.[249] Dabei geht die Order bei US-Personen von einem weiten Begriffsverständnis aus. Erfasst sind US-Staatsbürger, dauerhaft in den USA lebende Ausländer, jede unter US-Recht stehende Gesellschaft und deren ausländische Niederlassungen sowie jede Person in den USA.[250] Insgesamt ist das regulatorische Regime der USA auf einen möglichst weiten Anwendungsbereich ausgelegt. Durch Konzernverbindungen können damit wohl auch in Europa und anderswo ansässige Unternehmen in den Geltungsbereich der Order einbezogen werden.[251] Vorsicht ist deshalb zum einen für Reedereien geboten, deren Eigentümerstrukturen rechtliche Verbindungen zu US-Personen aufweisen.[252] Zum anderen kann sich die Order aber vor allem auf die beteiligten Versicherer und Geldbanken auswirken.[253] Versicherer aus den USA und deren ausländische Niederlassungen sollten sich nach den Hinweisen des *Office of Foreign Asset Control* (OFAC) mit Versicherungstransaktionen und Deckungszusagen zurückhalten, soweit es um den Ersatz von Lösegeldern geht, die den gelisteten Piraten in irgendeiner Art zugutekommen.[254] Als deutliches Signal für das Ziel eines möglichst weiten Anwendungsbereichs der Order dürfte nämlich die informelle Regierungserklärung verstanden werden, dass unter das Verbot alle Transaktionen fallen, die im Rahmen einer Ereigniskette mit nur einem einzigen US-Verbindungsglied vorgenommen werden.[255] Insoweit muss wohl damit gerechnet werden, dass bereits der Umstand, dass Lösegelder bisher immer in USD-Währung verlangt wurden und insoweit stets eine US-Geldbank eingebunden werden muss, als ein solches Verbindungsglied genügen könnte.[256] Allein die Beschaffung des Lösegeldes in USD-Währung wäre damit unter der Order verboten.[257] Durch die Weitergabe des Lösegeldes an die Piraten könnte dann auch eine deutsche Reederei gegen US-Recht

---

[249] *Paulsen/Lafferty*, Tul. L. Rev. 85 (2010-2011), 1241 (1248).
[250] Sec. 3 (c) Executive Order 13536.
[251] Vgl. *Paulsen/Lafferty*, Tul. L. Rev. 85 (2010-2011), 1241 (1250).
[252] Damit sind insbesondere konzernrechtliche und andere gesellschaftsrechtliche Strukturen gemeint. Vgl. dazu auch *Paulsen/Lafferty*, Tul. L. Rev. 85 (2010-2011), 1241 (1252 f.), die eine Anwendung der Order bei jeglichem „U.S. nexus (...) in the continuum of transactions" befürchten.
[253] *Caldwell*, Shipping and Trade Law 11 (2011), 4 (5).
[254] Zitiert bei *Caldwell*, Shipping and Trade Law 11 (2011), 4 (5).
[255] Siehe *Paulsen/Lafferty*, Tul. L. Rev. 85 (2010-2011), 1241 (1252): „The government later informally clarified that the Order did not per se prohibit the payment of ransom but only prohibited it if a person or entity listed on the Annex had an interest in the payment and there was a US nexus somewhere in the continuum of related transactions."; so auch *Berg/Funke/Kratz u.a.*, Munich RE, Piraterie – Gewalt auf See eskaliert, S. 24, jedoch mit zweifelhafter Begründung, die an eine Verbindung zu Terrornetzwerken anknüpft.
[256] *Paulsen/Lafferty*, Tul. L. Rev. 85 (2010-2011), 1241 (1253); *Caldwell*, Shipping and Trade Law 11 (2011), 4 (5 f.).
[257] Diese Möglichkeit sieht auch *Caldwell*, Shipping and Trade Law 11 (2011), 4 (5).

verstoßen. Die Anknüpfung an den möglichen Täterkreis wirkt – auch wenn dieser personelle Anknüpfungspunkt weit gefasst ist – zunächst als Begrenzung des Anwendungsbereichs der Order. Gleichzeitig – und offenbar alternativ zur personellen Anknüpfung – scheint die Order aber auch Transaktionen mit sachlichem US-Berührungspunkt unter das Verbot zu stellen.[258] Nicht anders ist die Regierungserklärung zu verstehen, dass ein einziges Verbindungsglied mit US-Bezug genüge, um den Anwendungsbereich der Order zu eröffnen.[259]

Damit bedingt die Order auch für nicht-US-Personen eine Reihe von möglichen Problemstellungen, die im Rahmen von Lösegeldtransaktionen mit Piraten von deutschen Reedereien geprüft werden sollten.[260] Erstens ist zu prüfen, ob die Eigentümerstruktur der Reederei Verbindungen zu US-Personen aufweist oder ob sonstige Konzern- bzw. Unternehmensverbindungen bestehen. Ist dies der Fall, könnte eine Lösegeldzahlung gegen die Executive Order 13536 verstoßen. Zweitens sollte untersucht werden, inwieweit der Seekaskoversicherer oder dessen Rückversicherer derartige Verbindungen zu US-Personen unterhalten. Unter Umständen werden diese nämlich die Deckung in Anbetracht der Order verweigern. Drittens könnten deutsche Reedereien Schwierigkeiten mit der Beschaffung des Lösegeldes in USD-Währung bekommen, wenn für den Geldwechsel die Einbeziehung einer US-Geldbank notwendig wird und diese in Kenntnis der Sachlage die Bereitstellung der Währung verweigert.[261] Sollte die deutsche Reederei dennoch unter Einbeziehung einer US-Geldbank an die Devisen kommen, so verstößt sie bei Weitergabe des Lösegeldes an die gelisteten Piraten womöglich auch selbst gegen die Order, da abseits des personellen Anwendungsbereiches offenbar auch ein sachliches Konnex genügt.

Effektiv begrenzt wird der Anwendungsbereich nach diesem weiten Verständnis der Executive Order 13536 lediglich durch die Anknüpfung an explizit gelistete Zielpersonen.[262] Besteht kein konkreter Grund zu der Annahme, dass das verlangte Lösegeld den beiden gelisteten Piratenführern zum Vorteil gereicht, so steht auch die Order einer Lösegeldzahlung nicht im Wege. Künftig könnte sich das Netz jedoch enger stricken, sofern die Liste der sanktionierten Piraten von den USA erweitert wird. Faktisch könnte daraus bei hin-

---

[258] Vgl. *Paulsen/Lafferty*, Tul. L. Rev. 85 (2010-2011), 1241 (1252 und 1253); anders wohl *Jardine Lloyd Thompson Limited (JLT)*, Executive Order 13536, S. 3.

[259] Siehe Teil 2 Fn. 255.

[260] Betroffene Reedereien können sich an das OFAC wenden und in Lösegeldfällen um Hilfestellung bitten. Zum Verfahren siehe *Paulsen/Lafferty*, Tul. L. Rev. 85 (2010-2011), 1241 (1253 ff.).

[261] Vgl. zur sog. *u-turn transaction* unter Berufung auf die OFAC guidance *Caldwell*, Shipping and Trade Law 11 (2011), 4 (5 f.).

[262] Die Order beinhaltet ausschließlich sog. *targeted sanctions* und keine generellen Sanktionsmaßnahmen, siehe *Office of Foreign Asset Control*, Somalia Sanctions, S. 2.

reichender Kenntnis über die somalischen Piraten ein generelles Verbot von Lösegeldzahlungen resultieren.

bb) Stellungnahme: Kein Verstoß gegen die guten Sitten

Die vorgehenden Ausführungen zur Executive Order 13536 belegen, dass die Lösegeldzahlung an somalische Piraten nach US-Recht problematisch sein kann. Für den nach deutschem Recht zu beurteilenden Versicherungsvertrag wird ein Verstoß gegen US-Recht allerdings erst dann erheblich, wenn darin gleichzeitig ein Sittenverstoß nach § 138 BGB zu erkennen ist.

In Betracht zu ziehen ist hier eine Missachtung allgemeiner Interessen der Völker, die auf gemeinsamen sittlich-rechtlichen Vorstellungen aller Kulturstaaten beruhen und sich in der Verbotsbestimmung der Executive Order 13536 wiederspiegeln. Bereits seit Jahrhunderten gelten Piraten als *hostes humani generis* – als Feinde der Menschheit schlechthin.[263] Besonders zum Ausdruck bringt diese gemeinsame Interessenvorstellung das Seerechtsübereinkommen der Vereinten Nationen von 1982 (SRÜ), das von 161 Ländern ratifiziert wurde und die internationale Staatengemeinschaft mit einem Vorschriftenkatalog zur Bekämpfung der Piraterie ermächtigt. In Art. 100 SRÜ ist gar eine Pflicht der Staaten zur größtmöglichen Zusammenarbeit bei der Pirateriebekämpfung verankert. Das SRÜ, das auf dem Genfer Übereinkommen über die Hohe See von 1958 (HSÜ) sowie diversen vorangegangenen Übereinkommensentwürfen basiert, gilt mittlerweile als derart verwurzelt, dass seine Bestimmungen zum Völkergewohnheitsrecht gezählt werden und mithin sogar auf Drittstaaten anwendbar sind.[264] Spezifisch für die somalische Piraterie belegen zudem die koordinierten Marinemissionen der NATO (ATALANTA) und der Europäischen Union (EUNAVFOR) den gemeinsamen Standpunkt eines Großteils der internationalen Staatengemeinschaft bei der Pirateriebekämpfung. All dies lässt erkennen, dass die Bekämpfung der Piraterie – nicht nur vor Somalia – ein international anerkanntes und gemeinsames Interesse aller Völker ist. Insoweit kann eine Parallele zur Auffassung des BGH hinsichtlich des Interesses aller Völker zum Schutze nationaler Kulturgüter gezogen werden.[265] Ein Verstoß gegen die Executive Order 13536 könnte auch als vergleichbar mit einem US-Embargoverstoß gesehen werden. Schon mehrfach wurden deutsche Verträge, die Embargobestimmungen anderer Staaten verletzten, für sittenwidrig im Sinne des § 138 BGB erklärt.[266]

---

[263] Vgl. nur den gleichnamigen Aufsatz von *Wagner*, HFR 3/2010, 31.
[264] Siehe *supra* S. 42 ff.
[265] Zur Sittenwidrigkeit von Verstößen gegen ausländische Ausfuhrverbote für Kulturgüter *BGH* VersR 1972, 1575 (1576 f.).
[266] *BGHZ* 34, 169 (177 f.) bezüglich eines US-Embargoverstoßes; *BGH* NJW 1991, 634 (635 f.) hinsichtlich thailändischer Embargobestimmungen, deren Verletzung unter Be-

Dabei ließ der BGH sogar bereits einen eingeschränkten Interessenmaßstab gelten und gründete die Entscheidung auf das „Interesse des gesamten freiheitlichen Westens".[267] Ähnlich wie bei Embargos handelt es sich auch bei der Executive Order 13536 um wirtschaftliche Sanktionen zur Durchsetzung politischer Ziele. Zudem neigen die USA dazu, den Anwendungsbereich ihrer Embargobestimmungen auch auf fremde Länder zu erstrecken, ebenso wie dies wohl auch bei der Executive Order 13536 der Fall ist.[268]

Letztlich aber ist ein Verstoß gegen die Executive Order 13536 im Lichte der Untersuchung der Sittenwidrigkeit von den hier genannten Vergleichsfällen zu unterscheiden. Zwar darf die Interessenverbundenheit der Völker bezüglich der Piraterieverbundenheit mit den angeführten Argumenten als richtig unterstellt werden. Jedoch sind die gemeinsamen Interessen der Piraterbekämpfung einerseits von den spezifischen Interessen der Executive Order 13536 zu unterscheiden. Andererseits muss auch das gemeinsame Interesse der Völker im Hinblick auf die hier gestellte Frage der Zulässigkeit von Lösegeldzahlungen heruntergebrochen und konkretisiert werden.

Zum ersten Aspekt ist anzumerken, dass sich die hinter der Executive Order 13536 stehenden Interessen keineswegs mit dem Allgemeininteresse der Piraterebekämpfung decken. Die Order adressiert nicht gezielt den Umgang mit der somalischen Piraterie, sondern bezieht sich deutlich allgemeiner auf die gesamte Konfliktlage in Somalia. Fragen der Piraterie sind dabei nur ein Aspekt. Darüber hinaus handelt es sich bei den durch die Order verfügten Maßnahmen um ganz gezielte, spezielle Maßnahmen gegen Einzelpersonen, die im Anhang der Order aufgelistet werden.[269] Dabei handelt es sich lediglich in zwei Fällen um bekannte somalische Piraten.[270] Diese im Interesse der USA liegenden zielgerichteten Sanktionen können nicht mit dem auch in Deutschland bestehenden gemeinsamen, aber allgemeinen Interesse zu Bekämpfung der Piraterie gleichgesetzt werden. Die gezielte Sanktionierung der benannten Personen ist kein gemeinsames Interesse der Völker. In diesem Punkt unterscheidet sich die Executive Order 13536 auch von den üblichen Embargobestimmungen, die sich als allgemeine Wirtschaftssanktionen zumeist gegen ganze Länder oder Regionen richten und dadurch eher geeignet sind, in den gemeinsamen internationalen Interessenverbund zu fallen. Diese

---

rücksichtigung der Vermögensinteressen der Parteien einen Sittenverstoß begründet; bestätigend *BGH* NJW 1993, 194 (195).

[267] *BGHZ* 34, 169 (177); kritisch zu dieser Begründung *Armbrüster*, in: MüKo-BGB, § 138, Rn. 17. Vielmehr seien die Bündnisverpflichtungen der Bundesrepublik entscheidend, die einen Bezug zur inländischen Ordnung herstellten.

[268] Vgl. nur *Mestral/Gruchalla-Wesierski*, Extraterritorial Application of Laws, S. 255 ff.

[269] Dies betont auch das OFAC, siehe *Office of Foreign Asset Control*, Somalia Sanctions, S. 2.

[270] Siehe *supra* S. 162.

sog. *targeted sanctions* nehmen aus bundesrepublikanischer Perspektive kein ausreichendes Gewicht ein, das es ihnen ermöglicht, den bürgerlichrechtlichen Sittenmaßstab zu beeinflussen.

Stärker als diese Überlegungen fällt aber noch der zweite, oben angeführte Aspekt gegen die Annahme eines Sittenverstoßes ins Gewicht. Die Executive Order 13536 begründet nach überwiegender und hier vertretener Auffassung zwar kein allgemeines Verbot der Lösegeldzahlung an somalische Piraten. Im Falle der gelisteten Piraten begründet die Order aber ein konkretes Verbot der Lösegeldzahlung. Bei einer entsprechend fortschreitenden Identifizierung und Erweiterung der gelisteten Personen könnte die Order künftig zu einem faktischen allgemeinen Verbot der Lösegeldzahlung an somalische Piraten erstarken. Konkret geht es in der Order mit Blick auf die somalische Piraterie neben dem Verbot der freiwilligen Unterstützung der Piraten auch um die Ächtung erzwungener Lösegeldzahlungen.[271]

Klar ist, dass die freiwillige Zuwendung von Vermögensgegenständen an die Piraten dem gemeinsamen internationalen Interesse zur Bekämpfung der Piraterie widerspricht. Etwaige Verträge über die Lieferung von Gütern an somalische Piraten dürften deshalb jedenfalls nach § 138 BGB nichtig sein, soweit sie nicht schon einem speziellen Nichtigkeitsgrund unterfallen. Darauf kommt es bei der hier zu beurteilenden Frage des Sittenmaßstabes jedoch nicht an. Es geht einzig um die Frage, ob die *erzwungene* Bezahlung von Lösegeldern – und damit die insoweit konkretisierte Zuwendung von Vermögenswerten – an die gelisteten somalischen Piraten einen Sittenverstoß darstellt, weil sie dem gemeinsamen Interessengefüge der internationalen Völkergemeinschaft widerspricht. Ist die zu untersuchende Rechtsfrage dahingehend konkretisiert, so muss auch der auf diese Frage anzulegende Interessenmaßstab konkretisiert werden. Die spezifische Frage der Zulässigkeit und Versicherbarkeit von Lösegeldern kann nicht mit einem Verweis auf das allgemeine Interesse der Piraterriebekämpfung negativ beantwortet werden. Vielmehr ist zu fragen, ob es ein deutsches oder ein international anerkanntes Interessengefüge der Völker an der Ächtung erzwungener Lösegeldzahlungen an somalische Piraten gibt. Aus dieser Korrelation zwischen konkretisierter Fragestellung und konkretisierter Interessenlage ist der Sittlichkeitsmaßstab im Hinblick auf die Versicherbarkeit von Lösegeldern zu bilden.

Die Ächtung von Lösegeldzahlungen an Piraten wird sowohl in Deutschland als auch im Vereinigten Königreich und weiteren Staaten diskutiert. Dabei ist das Argument nicht von der Hand zu weisen, dass die erfolgreiche Eintreibung der Lösegelder durch die Piraten massiv zu deren Existenzsicherung beiträgt und weitere Angriffe und Entführungen begünstigt. Nicht zuletzt

---

[271] Lösegeldzahlungen sind nach Aussage des OFAC ausdrücklich von dem Transaktionsverbot erfasst, vgl. *Clarke/Ahmed*, Exclusive: Somali pirate ransoms skirt U.S. directive, Reuters.com vom 08.08.2011.

ermöglichen es die Millionenzahlungen den Piraten, sich immer besser und umfangreicher auszurüsten. Auf der anderen Seite wird aber auch weitgehend anerkannt, dass die Begleichung der geforderten Summen in aller Regel die einzige realistische Möglichkeit bietet, das Schiff wiederzuerlangen und das Leben der bedrohten Besatzung zu retten.[272] Eine weltweite Ächtung von Lösegeldzahlungen – soweit sie effektiv umgesetzt würde – könnte die Lösegeldpiraterie langfristig zum Erliegen bringen. Kurzfristig bedeutete dies jedoch eine Eskalation der Gewalt, die nicht nur die Vernichtung erheblicher wirtschaftlicher Werte, sondern auch den Tod vieler Seeleute mit sich brächte.[273] In diesem Spannungsverhältnis bewegt sich die Interessenlage der Bundesrepublik und aller anderen Staaten.

Bislang haben sich – soweit ersichtlich – nur wenige Staaten offiziell für die Ächtung von Lösegeldzahlungen ausgesprochen.[274] Sowohl die Bundesrepublik als auch das Vereinigte Königreich sowie die meisten übrigen Staaten scheinen das Gewicht in dieser schwierigen Frage eher auf die Rettung der involvierten Seeleute zu legen und der Bezahlung des Lösegeldes nicht im Wege zu stehen.[275] Von einer gefestigten deutschen oder gar internationalen Interessenlage kann in dieser Frage in jedem Fall keine Rede sein.

Dementsprechend stehen hinter der Executive Order 13536 *in concreto* weder deutsche noch gemeinsame Interessen aller Völker. Ein Verstoß gegen das US-Recht erfordert es deshalb nicht, einem damit zusammenhängenden Versicherungsvertrag den bürgerlich-rechtlichen Schutz gemäß § 138 BGB zu entziehen.

c) Ergebnis

Nach alledem sind Lösegelder nach deutschem Recht versicherbar. Die Lösegeldzahlung stellt in aller Regel keine Straftat nach deutschem Recht dar. Soweit durch die Lösegeldzahlung ausländisches Recht verletzt wird, liegt darin nur ausnahmsweise ein Sittenverstoß nach § 138 BGB. Bei einem Verstoß gegen die Executive Order 13536 ist dies nicht der Fall.

---

[272] *Masefield* [2011] EWCA Civ. 24 Rn. 60.

[273] So auch *Berg/Funke/Kratz u.a.,* Munich RE, Piraterie – Gewalt auf See eskaliert, S. 24.

[274] In Italien ist die Zahlung von Lösegeld illegal, vgl. *Berg/Funke/Kratz u.a.,* Munich RE, Piraterie – Gewalt auf See eskaliert, S. 24. Dies hängt aber weniger mit dem Aufkommen der Lösegeldpiraterie in Afrika, als vielmehr mit dem in Italien seit langem bestehenden Problem von Schutzgelderpressungen zusammen, die eine erhebliche Einkommensquelle der Mafia bilden. Auch in Kolumbien verbietet die Rechtslage die Bezahlung von Lösegeld, wobei die Rechtsprechung diesen Grundsatz unter humanitären Gesichtspunkten aufgeweicht hat, vgl. *Ince & Co,* Paying Ransoms, S. 3.

[275] Zur Rechtslage im Vereinigten Königreich vgl. *Masefield* [2011] EWCA Civ. 24 und *supra* S. 145 ff.

2. Lösegeld: Kein versicherter Kaskoschaden

Die Primärfunktion der See- und Kriegskaskoversicherung ist die Deckung von Partschäden und des Totalverlusts des Schiffes. Als Sachversicherung sichert sie damit in erster Linie Substanzschäden und das Abhandenkommen ab. Die Bezahlung von Lösegeld durch den Reeder stellt keinen solchen Schaden dar. Vielmehr handelt es sich um eine vom Schiff losgelöste, finanzielle Einbuße des Versicherungsnehmers, die nicht unmittelbar in einer Beeinträchtigung des Eigentümerinteresses am Schiff besteht. Über die Kaskoschadensdeckung hinaus sind in der See- und Kriegskaskoversicherung jedoch auch bestimmte Aufwendungen des Versicherungsnehmers versichert. Zum einen sind dies Beiträge des Schiffes zur Havarie-grosse gemäß § 29 ADS bzw. Havarie-grosse-Aufwendungen gemäß Ziff. 28 DTV-ADS. Diese Stellen jedenfalls im Zusammenhang mit Lösegeldzahlungen Aufwendungen und keinen Kaskoschaden dar.[276] Zum anderen sind es Aufwendungen zur Schadensabwendung und -minderung gemäß § 32 ADS bzw. Ziff. 31 DTV-ADS. Im Folgenden wird untersucht, ob und inwieweit Lösegeldzahlungen an Piraten Aufwendungen im Sinne der genannten Rechtsinstitute darstellen, und deshalb vom See- oder Kriegskaskoversicherer zu erstatten sind.

3. Lösegeldersatz unter Havarie-grosse-Deckung

Das zentrale Rechtsinstitut im Rahmen der Diskussion um die Ersatzfähigkeit an Piraten bezahlter Lösegelder in der Kaskoversicherung ist die Havarie-grosse. Dabei handelt es sich im Kern um ein seehandelsrechtliches Rechtsinstitut, das im deutschen Recht bislang in den §§ 700–733 HGB verankert war. Mit dem Gesetz zur Reform des Seehandelsrechts[277] vom 20. April 2013 wurden diese Vorschriften aufgehoben. Deutlich gestrafft ist die Havarie-grosse nunmehr in den §§ 588–595 HGB geregelt. Die Havarie-grosse ist als Rechtsinstitut vom Seeversicherungsrecht grundsätzlich unabhängig.[278] Es ist wichtig, diese Grundlage zu verstehen und stets vor Augen zu haben, wenn es um die Lösung von Fragestellungen zur Havarie-grosse im Kontext des Seeversicherungsrechts geht. Aufgrund der Komplexität der Systematik der Havarie-grosse kann es im Zusammenhang mit seeversicherungsrechtlichen Fragen nämlich leicht zu Verwirrungen kommen. Die wissenschaftliche Lite-

---

[276] A.A. offenbar *Pfeifle*, in: Drees/Koch/Nell, S. 107 (121). Die Havarie-grosse-Deckung kann sich zwar auch auf einen Kaskoschaden beziehen. Dies ist jedoch nur dann der Fall, wenn es sich um die Aufopferung des versicherten Gegenstandes – des Schiffes – handelt. Im Hinblick auf Lösegelder ist dies jedoch nicht der Fall, da nicht das Schiff in seiner Substanz geopfert, sondern lediglich Kosten verursacht werden. Ausführlich zur Havarie-grosse-Deckung *supra* S. 180 ff.

[277] 20.04.2013 – BGBl. I, S. 813.

[278] So auch deutlich *O'May/Hill*, Marine Insurance, S. 347.

ratur, die sich aus versicherungsrechtlicher Warte mit der Havarie-grosse befasst hat, hat diesen Aspekt bisher zu wenig berücksichtigt.[279] Dies gilt insbesondere für diejenige Literatur, die sich explizit mit der Lösegeldproblematik befasst. Dieser Abschnitt soll deshalb auch dafür genutzt werden, die grundsätzliche Systematik der Havarie-grosse zu erläutern, um dem Leser das Fundament für ein weitgehendes Verständnis des Zusammenspiels zwischen Seehandels- und Seeversicherungsrecht zu gießen. Dies wiederum ist grundlegend für die seeversicherungsrechtliche Behandlung von Lösegeldzahlungen in Pirateriefällen.

Um die Frage zu beantworten, ob der Versicherungsnehmer einen Anspruch auf Erstattung bezahlter Lösegelder aus Havarie-grosse-Deckung gegen seinen Kaskoversicherer geltend machen kann, bedarf es einer dreigliedrigen Untersuchung: Erstens ist zu untersuchen, ob die Bezahlung von Lösegeld zur Freilassung von Schiff, Ladung und Mannschaft *seehandelsrechtlich* einen Fall der Havarie-grosse darstellt. Dies ist grundlegende Voraussetzung dafür, dass *seeversicherungsrechtlich* überhaupt der Bereich der Havarie-grosse-Deckung eröffnet ist. Zweitens ist zu fragen, welche Arten von Vermögenseinbußen grundsätzlich überhaupt unter die Havarie-grosse-*Deckung* der Kaskoversicherung fallen.[280] Drittens ist schließlich zu prüfen, ob das vom Versicherungsnehmer bezahlte Lösegeld eine solche gedeckte Vermögenseinbuße darstellt.

In der folgenden Untersuchung werden die Bereiche des Seehandelsrechts (*Voraussetzungen* der Havarie-grosse) und des Kaskoversicherungsrechts (*Deckung* von Havarie-grosse-Vermögenseinbußen) separat untersucht. Von besonderer Bedeutung ist dabei auch die exakte Bestimmung der verwendeten Begriffe wie Beschädigung, Aufopferung, Beiträge, Vergütung, Aufopferung des versicherten Gegenstands und Aufwendungen. Aus dieser Vorgehensweise treten die Trennlinien zwischen Seehandels- und Seeversicherungsrecht deutlich zutage. Gleichzeitig wird das Zusammenspiel der Havarie-grosse-

---

[279] *Hoyer*, in: Drees/Koch/Nell, S. 153 befasst sich zwar ausführlich mit der Havariegrosse in der Seekaskoversicherung, vermag die Differenzierung und das Zusammenspiel zwischen Seehandels- und Seeversicherungsrecht jedoch nicht hinreichend herauszustellen. Es fehlt insbesondere an einer Auseinandersetzung mit den Begrifflichkeiten (z.B. Kosten, Aufwendungen, Beiträge, Aufopferung des versicherten Gegenstandes) und der unterschiedlichen Verwendung dieser Begriffe in den beiden Rechtsbereichen. Auch *Schlegelberger*, Seeversicherungsrecht, § 29, Rn. 4 ff. befasst sich ausführlich mit den seehandelsrechtlichen Voraussetzungen, vernachlässigt aber die versicherungsrechtliche Seite der Havarie-grosse und im Besonderen Inhalt und Umfang der Havarie-grosse-Deckung. Anders hingegen *Ritter/Abraham,* ADS I, § 29 Anm. 8 ff., die sich eingehend auch mit der Frage befassen, was als Beitrag und was als Aufopferung des versicherten Gegenstands i.S.d. § 29 Abs. 1 ADS zu verstehen ist.

[280] Diese Frage ist jeweils im Hinblick auf die ADS und die DTV-ADS zu untersuchen, da sich die jeweiligen Bestimmungen zur Havarie-grosse-Deckung unterscheiden.

Bestimmungen des Seehandelsrechts und derjenigen der Kaskobedingungen gut erkennbar. Das Seehandelsrechtsreformgesetz vom 20. April 2013 hat die gesetzlichen Bestimmungen zur Havarie-grosse deutlich verschlankt und gleichzeitig zur Entwirrung und Vereinfachung dieses an und für sich komplexen Rechtsinstituts beigetragen. Dies schlägt auch auf die zuvor angeführte Problematik im Zusammenspiel zwischen Seehandels- und Seeversicherungsrecht durch. Insbesondere die sprachlichen Anpassungen im Gesetz erleichtern es dem Verwender, die Kompatibilität mit den Begrifflichkeiten der Kaskobedingungen zu erkennen. Von diesem Vorteil profitieren die folgenden Ausführungen, anders als die frühere Literatur[281], die vor der Gesetzesreform zugegebenermaßen eine ungleich schwierigere Aufgabe zu bewältigen hatte.

Es darf auch vorweggenommen werden, dass die materiellen Vorschriften des HGB in der Praxis der Havarie-grosse nur eine sehr untergeordnete Rolle spielen. Dies gilt sowohl für die §§ 700 ff. HGB a.F. als auch für die Reformvorschriften der §§ 588 ff. HGB. Nahezu ausnahmslos wird in den nationalen und internationalen Seefrachtverträgen die Geltung der York-Antwerp Rules (YAR)[282] vereinbart. Dabei handelt es sich um internationale Havarie-grosse-Bedingungen, die vom *Comité Maritime International* (CMI) entwickelt und herausgegeben wurden. Sie verdrängen entgegenstehende Bestimmungen des HGB. Soweit die gesetzlichen Vorschriften den YAR nicht entgegenstehen, sind sie ergänzend anwendbar.[283] Auch in diesem Zusammenhang ergibt sich eine Erleichterung unter dem neuen Recht. Während die alten, sehr umfangreichen Vorschriften zur Havarie-grosse zum Teil mit den Bestimmungen der YAR konkurrierten, sie zum Teil aber auch ergänzten, hat der Gesetzgeber dem Siegeszug der YAR Rechnung getragen und nunmehr lediglich ein Basissystem zur Havarie-grosse geschaffen. Eine Ergänzung der YAR durch das Recht des HGB dürfte damit kaum noch eintreten, sodass eine parallele Anwendung beider Regime kaum mehr notwendig wird.

a) Grundlagen der Havarie-grosse

Die Havarie-grosse ist ein jahrhundertealtes Rechtsinstitut im Seehandelsrecht.[284] Es erklärt die Gefahrengemeinschaft der an einem Seefahrtunter-

---

[281] Siehe Teil 2 Fn. 279.

[282] Die heute noch verwendeten YAR erschienen 1974. Sie wurden 1994 und 2004 überarbeitet. In der Praxis durchgesetzt haben sich die Fassungen von 1974 und 1994. Die YAR 2004 werden international wenig genutzt.

[283] Abschlussbericht der Sachverständigengruppe zur Reform des Seehandelsrechts, S. 165; *Schwampe*, TranspR 2009, 462 (468); *Abraham*, Seerecht, S. 233; *Rabe*, in: Prüssmann, Vor § 700 Rn. 3.

[284] Die ersten Havarie-grosse-Mechanismen lassen sich bis in das Jahr 1750 v. Chr. zurückverfolgen (*Codex Hammurabi*). Im Seehandelsrecht lässt sich die Havarie-grosse auf

nehmen wirtschaftlich Beteiligten gleichsam zu einer Haftungsgemeinschaft. *Ritter/Abraham* sprechen von einer „Art von Versicherungsgemeinschaft auf Gegenseitigkeit"[285]. Unter einer Havarie-grosse ist nach dem Vorbild des § 588 Abs. 1 HGB die durch den Kapitän angeordnete, vorsätzliche Beschädigung oder Aufopferung des Schiffes, des Treibstoffes oder der Ladung oder mehrerer dieser Sachen sowie die Tätigung von Aufwendungen zur Errettung der beteiligten Gegenstände aus einer gemeinsamen Gefahr zu verstehen.

Die Idee der Havarie-grosse erkennt somit an, dass die am Seehandel beteiligten Interessen gemeinsamen Gefahren ausgesetzt sind und ihnen im Falle der Realisierung einer solchen Gefahr dasselbe Schicksal droht – der Verlust. Soweit dieses Schicksal jedoch durch die freiwillige Preisgabe eines oder mehrerer Vermögenswerte abgewendet werden kann, soll dies nicht allein zulasten des Interesseninhabers an diesen Vermögenswerten gehen. Vielmehr soll die Last auf alle Beteiligte anteilig umgelegt werden, da die Preisgabe des Vermögenswertes auch im Interesse der übrigen Beteiligten erfolgt.

Liegt Havarie-grosse vor, müssen alle Beteiligten gemeinschaftlich für die durch Havarie-grosse verursachten Schäden und Aufwendungen aufkommen. Sie sind alle verpflichtet Beiträge zu leisten, die zur Vergütung desjenigen oder derjenigen Beteiligten dienen, deren Vermögensgegenstände beschädigt oder aufgeopfert wurden, oder die Aufwendungen getätigt haben. Die Höhe der Beiträge richtet sich für alle Beteiligten nach dem Wert der Gegenstände, die sich in gemeinsamer Gefahr befanden.[286]

b) Seehandelsrechtliche Voraussetzungen und Rechtsfolge der Havarie-grosse

Die Voraussetzungen der Havarie-grosse sind für die Frage der Behandlung von Lösegeldzahlungen als Havarie-grosse von zentraler Bedeutung. Es wurde bereits darauf hingewiesen, dass die Praxis nahezu ausnahmslos mit den YAR als Grundlage der Havarie-grosse arbeitet. Aus diesem Grund soll das wesentliche Augenmerk auch auf diese Bestimmungen gerichtet werden. Dazu werden die praktisch am häufigsten verwendeten YAR 1994 herangezogen;[287] zudem beziehen sich die DTV-ADS standardmäßig auf diese Fassung.[288] Nichtsdestotrotz werden an dieser Stelle auch die deutschen gesetzli-

---

die *lex Rhodia de iactu* aus den Digesten des Justinian zurückverfolgen, vgl. *Hudson*, York-Antwerp Rules, S. 2.

[285] *Ritter/Abraham*, ADS I, § 29 Anm. 3.

[286] Vgl. zum Ganzen *Rabe*, in: Prüssmann, Vor § 700, Rn. 1.

[287] *Enge/Schwampe*, Transportversicherung, S. 73; auch die DTV-KKl (Ziff. 35.1) und die DTV-ADS (Ziff. 29.1) gehen standardmäßig von der Anwendung der YAR 1994 aus.

[288] Vgl. beispielsweise die Ziff. 28.3, 28.6 DTV-ADS.

chen Havarie-grosse-Bestimmungen des HGB besprochen, um insbesondere auch einige Aspekte der Seehandelsrechtsreform hervorzuheben.

aa) Deutsches Recht (HGB)

Das deutsche Recht regelt die Havarie-grosse nunmehr in den §§ 588 ff. HGB. Das alte Seehandelsrecht wurde einschließlich der Havarie-grosse-Bestimmungen bereits seit langem als veraltet, zu kompliziert und sprachlich undurchsichtig betrachtet.[289] Die umfangreichen Vorschriften der §§ 700 ff. HGB a.F. wurden daher aufgehoben und durch den erheblich verschlankten und sprachlich modernisierten Normenkanon der §§ 588–595 HGB ersetzt. Eine Vielzahl der Regelungen wurde nach dem Vorbild der YAR entworfen und diesen angepasst.[290]

Die tatbestandlichen Voraussetzungen der Havarie-grosse ergeben sich aus § 588 Abs. 1 HGB. Die Vorschrift lautet:

„Werden das Schiff, der Treibstoff, die Ladung oder mehrere dieser Sachen zur Errettung aus einer gemeinsamen Gefahr auf Anordnung des Kapitäns vorsätzlich beschädigt oder aufgeopfert oder werden zu diesem Zweck auf Anordnung des Kapitäns Aufwendungen gemacht (Havarie-grosse), so werden die hierdurch entstandenen Schäden und Aufwendungen von den Beteiligten gemeinschaftlich getragen."

§ 588 Abs. 2 HGB bestimmt als die Beteiligten sodann die Eigentümer des Schiffes und des Treibstoffs sowie diejenigen, die im Zeitpunkt des Havereifalls die Gefahr für den Untergang eines Ladungsstückes oder einer Frachtforderung tragen.

Erste Grundvoraussetzung der Havarie-grosse ist demnach eine Gefahr, also eine Lage, in der ein Verlust wahrscheinlich ist.[291] Die Gefahr muss zudem einige Spezifika erfüllen – sie darf keine gewöhnliche Gefahr sein. Vielmehr muss es sich um eine gegenwärtige und erhebliche Gefahr handeln.[292] Die Realisierung der Gefahr, der Eintritt des Verlustes muss aufgrund einer bestehenden Gefahrenlage unmittelbar bevorstehen.[293] Gleichzeitig muss die Gefahr so erheblich sein, dass sie geeignet ist, bei ihrer Realisierung einen erheblichen Schaden herbeizuführen.[294] Schließlich muss die gegenwärtige und

---

[289] Regierungsentwurf vom 09.05.2012 zum Gesetz zur Reform des Seehandelsrechts, S. 1.
[290] Vgl. Regierungsentwurf vom 09.05.2012 zum Gesetz zur Reform des Seehandelsrechts, S. 216 ff.
[291] Es muss nicht notwendigerweise ein Totalverlust drohen, *Rabe*, in: Prüssmann, § 700, Rn. 3.
[292] Jeweils noch zum alten, aber insoweit unverändert gebliebenen Recht: *Schlegelberger*, Seeversicherungsrecht, § 29, Rn. 4; *Enge/Schwampe*, Transportversicherung, S. 72; *Hoyer*, in: Drees/Koch/Nell, S. 153 (164).
[293] *Rabe*, in: Prüssmann, § 700, Rn. 6.
[294] *Rabe*, in: Prüssmann, § 700, Rn. 5.

erhebliche Gefahr für Schiff, Ladung und Treibstoff *gemeinsam* bestehen.[295] In diesem Merkmal steckt das Wesenselement der Havarie-grosse; es bildet die Rechtfertigung für die Begründung einer Haftungsgemeinschaft.

Die ergriffene Havarie-grosse-Maßnahme – die Abwendungsmaßnahme – muss eine vorsätzliche, freiwillige und außergewöhnliche Maßnahme sein.[296] Nur dann werden die durch die Maßnahme verursachten Schäden, die Aufopferung oder die getätigten Aufwendungen in Havarie-grosse verteilt. Die Maßnahme muss zudem auf Anordnung des Kapitäns erfolgt sein.[297] Es genügt nicht, wenn dieser die Maßnahmen anderer lediglich passiv duldet.[298] Einer Anordnung durch den Kapitän ist es hingegen gleichzustellen, wenn dieser einen Handlungsvorschlag eines anderen – z.B. des 1. Offiziers – erkennbar billigt und dessen Ausführung gewähren lässt. Des Weiteren muss die Maßnahme auf die finale Rettung aller beteiligten Gegenstände gerichtet sein.[299] Unter den neuen Havarie-grosse Bestimmungen ist es allerdings nicht mehr erforderlich, dass die Havarie-grosse-Maßnahme hinsichtlich aller Gegenstände auch im Ergebnis erfolgreich ist. Es genügt, wenn lediglich ein beteiligter Gegenstand zumindest teilweise gerettet wird.[300] § 703 HGB a.F. sah noch vor, dass sowohl Schiff als auch Ladung für die Anwendung der Havarie-grosse jedenfalls teilweise gerettet werden müssen. Havarie-grosse bleibt somit unter den § 588 ff. HGB auch dann möglich, wenn das Schiff, die Ladung, der Treibstoff oder zwei dieser Gegenstände vollständig verloren gehen. Gehen hingegen alle Gegenstände vollständig verloren, liegt keine Havarie-grosse-Situation vor.

In der Sache hat die Seehandelsrechtsreform den Tatbestand der Havariegrosse in seinen Grundzügen nicht verändert. Gegenüber § 588 Abs. 1 HGB sah § 700 Abs. 2 HGB a.F. allerding noch vor, dass alle durch Havarie-grosse verursachten Schäden und Kosten von „Schiff, Fracht und Ladung" gemein-

---

[295] Es muss jedoch keine Gefahridentität bestehen. Es genügt, wenn Schiff und Ladung von verschiedenen gegenwärtigen und erheblichen Gefahren bedroht werden, siehe *Schlegelberger*, Seeversicherungsrecht, § 29, Rn. 5; *Rabe*, in: Prüssmann, § 700, Rn. 8; a.A. *Abraham*, Seerecht, S. 231.

[296] *Schlegelberger*, Seeversicherungsrecht, § 29, Rn. 6 f.; *Abraham*, Seerecht, S. 231 f.; *Schaps/Abraham*, Seerecht, § 700, Anm. 12 ff.; *Enge/Schwampe*, Transportversicherung, S. 73.

[297] Der in § 588 Abs. 1 HGB verwendete Begriff der „Anordnung des Kapitäns" entspricht inhaltlich dem zuvor verwendeten „auf Geheiß des Schiffers", siehe Regierungsentwurf vom 09.05.2012 zum Gesetz zur Reform des Seehandelsrechts, S. 217.

[298] Regierungsentwurf vom 09.05.2012 zum Gesetz zur Reform des Seehandelsrechts, S. 217; *Schlegelberger*, Seeversicherungsrecht, § 29, Rn. 7.

[299] Dieses Erfordernis ergibt sich direkt aus dem Wortlaut des § 588 Abs. 1 HGB: „*zur Errettung* aus einer *gemeinsamen* Gefahr". Siehe auch *Schlegelberger*, Seeversicherungsrecht, § 29, Rn. 8 und 9.

[300] Regierungsentwurf vom 09.05.2012 zum Gesetz zur Reform des Seehandelsrechts, S. 217. Dies entspricht auch der Regelung in den YAR.

schaftlich getragen werden. Von diesem Sprachgebrauch ist der Gesetzgeber abgerückt, da § 588 Abs. 2 HGB keine dingliche Haftung, sondern eine persönliche, schuldrechtliche Beitragspflicht der Beteiligten regelt.[301] Darüber hinaus wurde der Kreis der Beteiligten an der Havarie-grosse um den Eigentümer des Treibstoffs[302] erweitert. Im Haftungsverbund wird der Treibstoff damit dem Schiff, der Ladung und der Fracht gleichgestellt, da dieser ebenfalls einen für den Schiffsbetrieb wesentlichen und erheblichen wirtschaftlichen Wert darstellt.[303] Anders als zuvor wird bei der Bestimmung der Beteiligten im Hinblick auf Fracht und Ladung auf die Anknüpfung an die formale Rechtsstellung (Eigentum) zugunsten einer praktikableren wirtschaftlichen Betrachtungsweise verzichtet.[304] Es kommt darauf an, wer im Zeitpunkt des Havereifalls die Gefahr für den Untergang des Ladungsgutes oder der Frachtforderung trägt.[305]

Eine weitere – jedoch rein deklaratorische – Veränderung im Recht der Havarie-grosse ist die ersatzlose Streichung des § 706 HGB a.F. Die Vorschrift enthielt einen Regelbeispielkatalog und zählte zur vereinfachten Handhabung bestimmte Fälle der Havarie-grosse auf. Eine derartige Vorschrift passte nicht mehr zum gesetzgeberischen Willen, lediglich die Grundprinzipien der Havarie-grosse gesetzlich zu verankern.[306]

Auf der Rechtsfolgenseite bestimmt § 588 Abs. 1 HGB, dass alle durch Havarie-grosse entstandenen Schäden und Aufwendungen von den Beteiligten gemeinschaftlich getragen werden. Gegenüber den §§ 700 ff. HGB a.F. ergibt sich daraus inhaltlich lediglich der Unterschied, dass der Kreis der

---

[301] Regierungsentwurf vom 09.05.2012 zum Gesetz zur Reform des Seehandelsrechts, S. 217. Bis zum Inkrafttreten des Seerechtsänderungsgesetzes vom 21. Juni 1972 (BGBl. I S. 966) galt das Prinzip der dinglichen Haftung der beteiligten Gegenstände. Sprachlich wurde der Gesetzestext trotz Abschaffung der dinglichen Haftung damals nicht angepasst, siehe Regierungsentwurf vom 09.05.2012 zum Gesetz zur Reform des Seehandelsrechts, S. 222.

[302] Als Treibstoff i.S.d. §§ 588 ff. HGB gilt ausschließlich der Treibstoff, der dem Betrieb des Schiffes dient. Nicht erfasst ist Treibstoff, der als Ladung vom Schiff befördert wird. Dieser zählt zur Ladung, siehe Regierungsentwurf vom 09.05.2012 zum Gesetz zur Reform des Seehandelsrechts, S. 217.

[303] Regierungsentwurf vom 09.05.2012 zum Gesetz zur Reform des Seehandelsrechts, S. 217.

[304] Regierungsentwurf vom 09.05.2012 zum Gesetz zur Reform des Seehandelsrechts, S. 218.

[305] Aufgrund regelmäßig bestehender Rechtswahlklauseln ist es bei internationalen Seefrachtverträgen zumeist einfacher die schuldrechtlichen Verhältnisse der Gefahrtragung zu ermitteln, als die Eigentumsverhältnisse nach dem Prinzip der *lex rei sitae* zu bestimmen, siehe Regierungsentwurf vom 09.05.2012 zum Gesetz zur Reform des Seehandelsrechts, S. 218.

[306] Regierungsentwurf vom 09.05.2012 zum Gesetz zur Reform des Seehandelsrechts, S. 218.

Beteiligten erweitert und die Beitragslast des Einzelnen dadurch anteilig verringert wurde. Begrifflich präzisiert das neue Recht jedoch die Arten von Vermögensopfern, die in Havarie-grosse verteilt werden. Differenziert wird insoweit zwischen Beschädigung, Aufopferung und Aufwendungen.

Unter einer Beschädigung ist ein Teilschaden am betroffenen Gegenstand zu verstehen. Die Aufopferung eines Gegenstandes bedeutet hingegen den totalen Verlust.[307] Aufwendungen bezeichnen anderweitige, von den zu rettenden Gegenständen unabhängige Vermögenseinbußen, insbesondere das Ausgeben von Geld. Alle diese Vermögenseinbußen werden nach Havarie-grosse verteilt. Hinsichtlich des *modus operandi* der Verteilung wird auf die folgenden Ausführungen zu den YAR verwiesen.

bb) York-Antwerp Rules

Mit den YAR wurden im Jahr 1890 erstmals internationale Regelungen über die Havarie-grosse geschaffen.[308] Eine internationale Vereinheitlichung war notwendig geworden, weil am Seehandel naturgemäß Akteure unterschiedlicher Staaten teilnahmen, deren Rechtsordnungen eine Vielzahl verschiedener Havarie-grosse-Regeln bereithielten.[309] Dies führte zu einer oft streitbehafteten, sehr komplexen Situation, der Anhand der einheitlichen YAR beigekommen werden sollte.[310] Das Modell der YAR entwickelte sich äußerst erfolgreich und wird heute in nahezu jeden Seetransportvertrag einbezogen.

Die tatbestandlichen Voraussetzungen der Havarie-grosse – englisch: *general average* – ergeben sich aus Regel A YAR:

„There is a general average act when, and only when, any extraordinary sacrifice or expenditure is intentionally and reasonably made or incurred for the common safety for the purpose of preserving from peril the property involved in a common maritime adventure."

Die Voraussetzungen der Havarie-grosse nach den YAR decken sich im Grundsatz mit denjenigen aus § 588 Abs. 1 HGB. Bereits im Rahmen der Besprechung der deutschen Regelungen ist angeklungen, dass sich der Gesetzgeber bei der Gesetzesreform von der Systematik der YAR leiten ließ. In gewissen Nuancen ergeben sich aber auch Unterschiede.

Auch Regel A YAR verlangt das Vorliegen einer Gefahr. Hingegen scheinen die an die Gefahr zu stellenden Anforderungen geringer als diejenigen des HGB zu sein. Nach überwiegender Auffassung ist es nicht erforderlich,

---

[307] Regierungsentwurf vom 09.05.2012 zum Gesetz zur Reform des Seehandelsrechts, S. 217.
[308] Vorgängerregelungen gab es bereits seit der Glasgow-Konferenz von 1860, siehe *Hudson*, York-Antwerp Rules, S. 8; zur Historie siehe auch *Rabe*, in: Prüssmann, Vor § 700, Rn. 3.
[309] *Hudson*, York-Antwerp Rules, S. 7 f., 25.
[310] *Enge/Schwampe*, Transportversicherung, S. 73.

dass es sich um eine unmittelbare, also gegenwärtige Gefahr handelt.[311] Dies wird auf den Wortlaut zurückgeführt, der im Gegensatz zum HGB nicht von der *Errettung* aus einer (gegenwärtigen) Gefahr spricht, sondern lediglich verlangt, dass die Maßnahme für die gemeinsame Sicherheit zu dem Zweck unternommen wird, die am gemeinsamen Seeunternehmen beteiligten Gegenstände vor Gefahr zu *bewahren*.[312] Letztlich dürfte dieser Unterschied praktisch kaum relevant werden. Regel A YAR unterliegt insoweit nämlich einem anderen Korrektiv, das dafür Sorge trägt, dass Rettungsmaßnahmen nicht bereits dann als Havarie-grosse anerkannt werden, wenn eine Gefahr für die Gegenstände lediglich vage und unkonkret oder in vernachlässigenswertem Maße bestanden hat.[313] Gemäß der Leitregel der YAR[314] sind Vermögenseinbußen in jedem Fall nur dann unter Havarie-grosse zu verteilen, wenn sie „vernünftigerweise" eingegangen wurden. Gleiches besagt noch einmal Regel A YAR selbst. Als vernünftigerweise eingegangen werden Vermögenseinbußen zulasten der Beteiligten jedoch nur dann gelten, wenn eine hinreichend konkrete und ernsthafte Gefährdung für die beteiligten Gegenstände im Zeitpunkt der ergriffenen Abwehrmaßnahme bestanden hat.[315] Im Ergebnis dürfte dieses Kriterium dem Erfordernis einer gegenwärtigen und auch erheblichen Gefahr etwa gleichkommen.[316]

Nach Regel A YAR sind weitere Voraussetzung für die Havarie-grosse, dass die *sacrifices* und *expenditures* zum einen außergewöhnlich sind, d.h. nicht in gewöhnlicher Manier bei einem Seeunternehmen dieser Art anfallen. Zum anderen müssen sie – wie auch im deutschen Recht – vorsätzlich, also freiwillig, und darüber hinaus „vernünftigerweise" (*reasonably*) verursacht worden sein.[317] Augenfällig ist, dass die YAR im Gegensatz zu

---

[311] *Hudson,* York-Antwerp Rules, S. 36; *Enge/Schwampe,* Transportversicherung, S. 72 f.; *Hoyer,* in: Drees/Koch/Nell, S. 153 (164 f.); *Schaps/Abraham,* Seerecht, Rule A YAR, Anm. 3; a.A. *Schlegelberger,* Seeversicherungsrecht, § 29, Rn. 4.

[312] *Hudson,* York-Antwerp Rules, S. 36; *Enge/Schwampe,* Transportversicherung, S. 72 f.; *Abraham,* Seerecht, S. 231; skeptisch zu dieser Begründung *Schlegelberger,* Seeversicherungsrecht, § 29, Rn. 4.

[313] Vgl. auch *Vlassopoulos v. British & Foreign Marine Insurance Co.* [1929] K.B. 187, 34 Com. Cas. 65 zur Auslegung von Regel A YAR: „it [die Gefahr] must be substantial and not merely slight or nugatory. In short, it must be a real danger." (Ergänzung hinzugefügt).

[314] Die Leitregel (*Rule Paramount*) ist ein den alphanumerischen Regeln der YAR vorangestellter Grundsatz, der diesen stets vorgeht.

[315] *Hudson,* York-Antwerp Rules, S. 37; *Schlegelberger,* Seeversicherungsrecht, § 29, Rn. 4.

[316] Mit diesem Ergebnis auch *Schlegelberger,* Seeversicherungsrecht, § 29, Rn. 4; *Hoyer,* in: Drees/Koch/Nell, S. 153 (165); zum wohl ähnlichen Verhältnis zwischen englischer und YAR-Definition der Havarie-grosse *Hudson,* York-Antwerp Rules, S. 36 f.

[317] Darüber, ob das Merkmal „*reasonable*" *ex ante* aus Sicht des Kapitäns oder einer anderen Person oder *ex post* zu beurteilen ist, existieren unterschiedliche Ansichten, vgl. *Hudson,* York-Antwerp Rules, S. 38 f.

§ 588 Abs. 1 HGB nicht bestimmen, auf wessen Anordnung die Abwehrmaßnahme erfolgen muss. Dies wirft die Frage auf, inwieweit andere Personen als der Kapitän Havarie-grosse-Maßnahmen anordnen oder selbst durchführen können. Bisweilen wird angenommen, dass trotz fehlender Bezugsperson in Regel A YAR nur der Kapitän Maßnahmen anordnen kann, deren Folgen in Havarie-grosse verteilt werden.[318] Denn nur dieser habe in der bestehenden Gefahrensituation einerseits den erforderlichen Gesamtüberblick über das Geschehen, um *reasonable* zu agieren und andererseits die nötige Anordnungsbefugnis für derartige Maßnahmen.[319] Diese Auffassung liest in den tatbestandlichen Begriff „*reasonably*" das im übrigen Wortlaut fehlende, zwingende Erfordernis der Anordnung durch den Kapitän hinein. In einer Vielzahl von Fällen mag dies auch zutreffend sein. Womöglich auch im Regelfall. Allerdings ist die Frage, was in einem Fall „vernünftigerweise" eingegangen werden darf oder nicht bereits *per se* eine Frage des Einzelfalls, die von den jeweiligen Umständen abhängt. Es ist daher nicht richtig, grundsätzlich nur solche *sacrifices* und *expenditures* als *reasonable* zu qualifizieren, die auf Anordnung des Kapitäns verursacht oder eingegangen wurden. Es kann auch Fälle geben, in denen die Anordnung „vernünftigerweise" durch den Reeder oder eine andere befugte Person erfolgt.[320] Eine Anordnung durch den Kapitän ist deshalb keine tatbestandliche Voraussetzung für die Havariegrosse nach Regel A YAR.[321]

Im Unterschied zu § 703 HGB a.F. Verlangen die YAR – ebenso wie nunmehr die §§ 588 ff. HGB – lediglich, dass wenigstens ein Gegenstand ganz oder teilweise gerettet wird. Die Havarie-grosse hängt damit nicht von einem umfassenden Rettungserfolg ab.

Hinsichtlich der Beteiligten begrenzt Regel A YAR den Kreis nicht auf die Eigentümer von Schiff und Treibstoff sowie die Gefahrträger für den Untergang von Ladung und Fracht, sondern spricht allgemein von *property*. Danach gehört grundsätzlich jedes legitimerweise an Bord befindliche Eigentum sowie die Fracht zur Havarie-grosse-Gemeinschaft.[322]

Begrifflich differenzieren die YAR entgegen den neuen HGB-Regelungen nur zwischen *sacrifices* und *expenditures*. Als *sacrifices*, also als Aufopferun-

---

[318] *Rabe*, in: Prüssmann, Anh. § 733, Rn. 8.
[319] *Rabe*, in: Prüssmann, Anh. § 733, Rn. 8.
[320] So in *Australian Coastal Shipping Commission v. Green* [1971] 1 Q.B. 456 = [1971] 1 Lloyd's Rep. 16; vgl. zum Ganzen auch *Hudson,* York-Antwerp Rules, S. 37 f.
[321] In *Athel Line v. Liverpool & London War Risks Association* [1944] K.B. 87 wurde die Beantwortung dieser Frage als unnötig betrachtet; *Australian Coastal Shipping Commission v. Green* [1971] 1 Q.B. 456 = [1971] 1 Lloyd's Rep. 16.
[322] *Hudson,* York-Antwerp Rules, S. 105. Eine Differenzierung zwischen dinglicher und schuldrechtlicher Ausgestaltung des Haftungsmodels erübrigt sich hier, da es sich um ein internationales Abkommen handelt, dem das deutsche Trennungs- und Abstraktionsprinzip fremd ist.

gen, im Sinne von Regel A YAR sind sowohl der Verlust als auch die Beschädigung eines beteiligten Gegenstands zu verstehen.[323] Dies ergibt sich zum einen aus dem Umstand, dass unter den YAR lediglich ein Gegenstand zumindest teilweise gerettet werden muss, um Havarie-grosse zu begründen. Entsprechend muss auch der Totalverlust eines Gegenstands als *sacrifice* in Havarie-grosse verteilt werden. Zum anderen ergibt sich dies aber auch aus mehreren Vorschriften der YAR, beispielsweise aus Regel XVIII YAR. Diese regelt die Vergütung in Havarie-grosse für Vermögenseinbußen am Schiff und bezieht sich sowohl auf Schäden am als auch auf den Verlust des Schiffes. Gleichsam spricht Regel C YAR von Verlusten und Schäden. Der Begriff der *expenditures* bezeichnet Aufwendungen im Einklang mit § 588 Abs. 1 HGB.[324]

cc) Modus operandi der Verteilung

Die Havarie-grosse hat die Umlage aller Vermögenseinbußen auf die an dem Seeunternehmen beteiligten und beitragspflichtigen Personen zum Ziel. Zu diesem Zweck wird ein Verteilungsplan ausgearbeitet, der als Dispache bezeichnet wird und die Umlageposten der einzelnen beitragspflichtigen Beteiligten bestimmt. Die von ihnen zu entrichtenden Beiträge bemessen sich dabei nach dem Wert der in gemeinsamer Gefahr befindlichen Güter.[325] Das Dispachierungsverfahren soll an dieser Stelle in verkürzter und stark vereinfachter Form erläutert werden. In der Praxis steht dahinter ein oft sehr langatmiges und schwieriges Verfahren.[326] Für die Zwecke dieser Arbeit genügt die Darstellung der grundlegenden Mechanismen.

Nachdem die Voraussetzungen der Havarie-grosse nach den jeweils zugrundeliegenden Bestimmungen festgestellt wurden, wird die Dispache aufgemacht. Zunächst sind alle zu vergütenden Schäden und Aufwendungen festzustellen und zu summieren. In einem zweiten Schritt werden sodann alle beitragspflichtigen Werte festgestellt und ebenfalls summiert. Die Bestimmung der jeweiligen Sachwerte richtet sich nach den jeweils geltenden Vorschriften des HGB bzw. der YAR. Anschließend wird die Summe aller Schäden und Aufwendungen zu der Summe der beitragspflichtigen Werte ins Verhältnis gesetzt und ein Beitragsquotient errechnet.

Infolgedessen kann für jeden Beitragspflichtigen der auf ihn entfallende Beitrag zur Havarie-grosse errechnet werden. Der jeweilige Beitrag ist das Produkt aus beitragspflichtigem Wert und dem Beitragsquotient.

In einem letzten Schritt kann sodann errechnet werden, ob sich für den jeweils Beitragspflichtigen ein positives oder negatives Saldo aus den von ihm

---

[323] Beispiele für *sacrifices* finden sich in den nummerierten Regeln, Regel I ff. YAR.
[324] Beispiele für *expenditures* finden sich in den Regeln VI ff. YAR.
[325] Vgl. § 591 HGB und Regel G YAR.
[326] *Puttfarken*, Seehandelsrecht, Rn. 774.

unmittelbar erlittenen Vermögenseinbußen (Schäden und Aufwendungen) und dem zu entrichtenden Beitrag ergibt. Ist das Saldo negativ, so muss er diesen Betrag in den „Topf" der Havarie-grosse einbezahlen. Ist das Saldo hingegen positiv, so erhält er den Saldobetrag als Vergütung aus diesem „Topf".

Zur praktischen Veranschaulichung dient folgendes Beispiel:[327]

	Schaden/ Verlust	Werte	Quotient	Beitrag	Saldo
Schiff	200.000	950.000	0,2	190.000	+10.000
Fracht	10.000	50.000	0,2	10.000	0
Ladung	90.000	500.000	0,2	100.000	-10.000
Summe	300.000	1.500.000		300.000	0

Aufgrund der Havarie-grosse-Maßnahme ist am Schiff[328] ein Schaden in Höhe von 200.000 Euro entstanden. Die Summe der Einbußen an Schiff, Fracht und Ladung beträgt 300.000 Euro; der Gesamtwert beträgt 1.500.000 Euro. Der Beitragsquotient liegt damit bei 0,2. Multipliziert mit dem Wert des Schiffes von 950.000 Euro entfällt auf das Schiff ein Havarie-grosse-Beitrag von 190.000 Euro als Anteil an der Gesamtvermögenseinbuße. Da das Schiff bereits Vermögenseinbußen in Höhe von 200.000 Euro erlitten hat, steht ihm eine Vergütung von 10.000 Euro zu.

c) *Die Havarie-grosse-Deckung in der Seekaskoversicherung*

Der Bereich der Havarie-grosse-Deckung befasst sich mit der Frage, welche Vermögenseinbußen, die der Versicherungsnehmer im Rahmen der Havarie-grosse erlitten hat, vom Kaskoversicherer zu ersetzen sind. Darunter fallen nicht pauschal alle Vermögenseinbußen. Deshalb sind die Deckungsbedingungen unter besonderer Berücksichtigung der Begrifflichkeiten genau zu untersuchen. Da sich die Havarie-grosse-Bedingungen der ADS/DTV-KK1 und der DTV-ADS im Wortlaut unterscheiden, werden beide getrennt voneinander behandelt. Eine gemeinsame und grundlegende Voraussetzung für die Deckung von Havarie-grosse-Vermögenseinbußen unter den ADS/DTV-KK1 und den DTV-ADS ist jedoch, dass mit der Havarie-grosse-Maßnahme ein dem Kaskoversicherer zur Last fallender Schaden abgewendet werden sollte.[329] Die Maßnahme muss durch ein Ereignis veranlasst sein, das *causa proxima* für einen drohenden Totalverlust oder gedeckten Teilschaden gewesen

---

[327] Nachempfunden aus *Puttfarken,* Seehandelsrecht, Rn. 772, 773. Zur Vereinfachung werden als Beteiligte lediglich Schiff, Fracht und Ladung aufgeführt.

[328] Die Erläuterung der Tabelle erfolgt am Beispiel des Schiffes. Für Fracht und Ladung gilt dasselbe unter entsprechender Zugrundelegung der in der Tabelle angegebenen Werte.

[329] Siehe § 29 Abs. 1 S. 2 ADS und Ziff. 28.1 DTV-ADS.

wäre, der gerade wegen der Durchführung der Havarie-grosse-Maßnahme nicht eingetreten ist.[330]

aa) ADS/DTV-KKl

Unter den ADS/DTV-KKl sind gemäß § 29 Abs. 1 ADS die vom Versicherungsnehmer zu entrichtenden Beiträge zur Havarie-grosse und die zur Havarie-grosse gehörenden Aufopferungen des versicherten Gegenstands von der Deckung umfasst. Grundsätzlich sind damit ausschließlich zwei Kategorien von Vermögenseinbußen gedeckt: zum einen „Beiträge" und zum anderen „Aufopferungen des versicherten Gegenstands". Alle sonstigen Vermögenseinbußen, die nicht zu diesen beiden Kategorien gehören, sind unter den Havarie-grosse-Bestimmungen der ADS/DTV-KKl grundsätzlich nicht gedeckt.

(1) Deckung von Beiträgen

Als vom Versicherungsnehmer zu entrichtender Beitrag gilt zunächst der Beitrag, den der Versicherungsnehmer den übrigen Havarie-grosse-Beteiligten für Schäden und Aufwendungen zu entrichten hat, die diese im Rahmen der Havarie-grosse erlitten bzw. getätigt haben.[331] Dies gilt beispielsweise, wenn die Ladung beschädigt oder aufgeopfert wurde oder die Ladungsseite Aufwendungen getätigt hat. Insoweit ersetzt der Kaskoversicherer dem Reeder den Vermögensschaden, den dieser aufgrund seiner Beitragspflicht zur Havarie-grosse erlitten hat.[332]

Darüber hinaus gilt als Beitrag im Sinne des § 29 Abs. 1 ADS auch derjenige Teil der vom *Versicherungsnehmer* – also vom Reeder – getätigten Aufwendungen im Rahmen der Havarie-grosse, den er als Beteiligter an der Havarie-grosse-Gemeinschaft gemäß der Dispache selbst zu tragen hat.[333] Tätigt der Versicherungsnehmer also Havarie-grosse-Aufwendungen, so werden diese nicht vollständig vom Kaskoversicherer ersetzt. Die Deckung erfolgt indirekt als Beitrag und bezieht sich nur auf den vom Versicherungsnehmer gemäß der Dispache zu tragenden Anteil (den errechneten Beitrag)[334] an die-

---

[330] *Enge/Schwampe,* Transportversicherung, S. 270.
[331] *Ritter/Abraham,* ADS I, § 29 Anm. 8.
[332] *Ritter/Abraham,* ADS I, § 29 Anm. 8.
[333] *Ritter/Abraham,* ADS I, § 29 Anm. 9; *Cramer,* Die Versicherung der Havariegrosse-Schäden, S. 11 f.; so im Ergebnis auch *Schwampe,* TranspR 2009, 462 (471) am Beispiel der Lösegeldzahlung durch den Reeder; sodann jedoch anders, jedenfalls missverständlich *Enge/Schwampe,* Transportversicherung, S. 270 f., die davon sprechen, dass Bergungskosten zwar Aufwendungen im Rahmen der Havarie-grosse seien, diese aber nicht als Beiträge unter die Havarie-grosse-Deckung, sondern ausschließlich als Schadensabwendungs- und Schadensminderungskosten unter § 32 ADS bzw. Ziff. 31 DTV-ADS fielen.
[334] *Cramer,* Die Versicherung der Havariegrosse-Schäden, S. 11 f. bezeichnet den vom Versicherungsnehmer selbst zu tragenden Anteil an den von ihm getätigten Aufwendungen

sen Aufwendungen. In Anbetracht der übrigen Anteile muss der Versicherungsnehmer selbst dafür Sorge tragen, dass er die ihm zustehende Vergütung von den Havarie-grosse-Beteiligten erhält.[335]

Generell gilt für die Deckung von Havarie-grosse-Beiträgen, dass es keine Rolle spielt, ob der Versicherungsnehmer im Saldo gemäß der Dispache eine Vergütung erhält oder einen Betrag an die übrigen Havarie-grosse-Beteiligten entrichten muss. Die Havarie-grosse-Deckung für Beiträge bezieht sich auf den in der Dispache berechneten Beitrag, den der Versicherungsnehmer an der Gesamtheit der Vermögenseinbußen zu tragen hat.[336] Herauszurechnen aus der Gesamtheit der Vermögenseinbußen ist jedoch diejenige Einbuße, die der Versicherungsnehmer durch die Aufopferung des versicherten Gegenstands erlitten hat. Dafür existiert eine Sonderbestimmung in der Havarie-grosse-Deckung.[337] Mit anderen Worten: Es werden alle in der Dispache bestimmten *seehandelsrechtlichen* Beiträge auch in der seeversicherungsrechtlichen Havarie-grosse-Deckung als Beiträge ersetzt, es sei denn, es bestehen in der seeversicherungsrechtlichen Havarie-grosse-Deckung Sonderbestimmungen.[338] Ob zwischen dem in der Dispache bestimmten Gesamtbeitrag des Versicherungsnehmers und der Summe der von ihm unmittelbar erlittenen Vermögenseinbußen ein positives oder negatives Saldo besteht, ist für die Havarie-grosse-Deckung hingegen irrelevant.[339] Bezogen auf das oben aufgeführte Beispiel bedeutet dies, dass für die Bestimmung der Havarie-grosse-Beitragsdeckung ausschließlich die Vermögenseinbußen von Fracht und Ladung von insgesamt 100.000 Euro berücksichtigt werden dürfen. In Anbetracht der Schäden am Schiff in Höhe von 200.000 Euro erfolgt die Deckung nach den Regelungen über die Aufopferung des versicherten Gegenstands. Soweit in einem Havarie-grosse-Fall ausschließlich das Schiff einen Schaden erlitten hat, oder ausschließlich Vermögenseinbußen auf Seiten von Fracht und Ladung eingetreten sind, kann diese Unterscheidung zwischen Beitragsdeckung und Deckung für die Aufopferung des versicherten Gegenstands noch relativ einfach vorgenommen werden. Sobald aber Vermögenseinbußen

---

als Selbstbehalt. In gewisser Hinsicht mit Recht hält er die Subsumierung des Selbstbehalts unter den Begriff des Beitrags für ungenau.

[335] *Ritter/Abraham,* ADS I, § 29 Anm. 10.

[336] Richtig insoweit mit Bezug zur Haftpflichtversicherung des Charterers *Schwampe,* Charterers' Liability Insurance, S. 102.

[337] § 31 ADS. Siehe dazu sogleich.

[338] Vgl. insoweit auch § 834 Nr. 1 HGB a.F., der entgegen den ADS keinerlei Sonderbestimmungen in der Havarie-grosse-Deckung enthielt und sämtliche Vermögenseinbußen lediglich als Beiträge deckte.

[339] Siehe dazu den *modus operandi supra* S. 179 f. Vgl. auch *Schwampe,* Charterers' Liability Insurance, S. 102. Missverständlich hingegen *Enge/Schwampe,* Transportversicherung, S. 112, 271, wenn sie eine Deckung als Havarie-grosse-Beitrag ausschließen wollen, soweit es um eine Vergütungsberechtigung des Versicherungsnehmers geht.

auf allen Seiten auftreten, sind mitunter komplizierte Rechnungen vorzunehmen, um die beiden Deckungsbereiche voneinander abzugrenzen. Die seehandelsrechtliche Dispache unterscheidet insoweit nämlich nicht, sondern errechnet für alle Beteiligten einen einheitlichen Beitrag, der alle Vermögenseinbußen berücksichtigt.

(2) Deckung für die Aufopferung des versicherten Gegenstands

Nicht als Beitrag ersatzpflichtig ist eine Vermögenseinbuße, die der Versicherungsnehmer durch die Aufopferung seines Schiffes erleidet. Soweit es um die Sachsubstanz des Schiffes geht, ist die zweite der eingangs genannten Kategorien – die „Aufopferung des versicherten Gegenstands" – eröffnet, die den Sonderbestimmungen der §§ 29 Abs. 1, 31 Abs. 1 ADS unterliegt. Als „Aufopferung" im Sinne dieser Bestimmungen gelten sowohl die Beschädigung als auch der Verlust des Schiffes.[340] Soweit es im Rahmen der Havariegrosse zur Aufopferung des versicherten Schiffes, also dessen Beschädigung oder Verlust kommt, deckt der Kaskoversicherer diese Vermögenseinbuße nicht indirekt und anteilig über die Erstattung des vom Versicherungsnehmer zu entrichtenden Havarie-grosse-*Beitrags*. Der Versicherer haftet vielmehr für diese Vermögenseinbuße vollumfänglich und direkt nach den Bestimmungen für die *besondere* Haverei.[341] Dies bedeutet Haftung wie für einen gewöhnlichen Versicherungsschaden entsprechend den § 71 ADS (Totalverlust)[342] und

---

[340] *Cramer*, Die Versicherung der Havariegrosse-Schäden, S. 12; *Ritter/Abraham*, ADS I, § 29 Anm. 12 differenzieren begrifflich zwischen der „Aufopferung" und der „Aufopferung des versicherten Gegenstands". Unter den Oberbegriff der „Aufopferung" fassen sie Rettungsopfer jeder Art, also auch sonstige Aufwendungen unabhängig vom versicherten Gegenstand. Dieses Verständnis ist jedoch nicht zwingend. Es sprechen auch Gründe dafür, „Aufwendungen" als den Oberbegriff für Rettungsopfer jeder Art zu wählen und die „Aufopferung" als einen Unterfall der Aufwendung zu betrachten, nämlich als Aufwendung vom versicherten Gegenstand. Nach diesem Verständnis wären die Begriffe „Aufopferung" und „Aufopferung des versicherten Gegenstands" synonym. Vgl. ausführlich dazu *infra* S. 189 ff.

[341] Unter Geltung der §§ 700 ff. HGB a.F. führte dies hinsichtlich der Kaskoversicherung freilich dazu, dass als „Aufopferung des versicherten Gegenstands" i.S.d. § 29 Abs. 1 ADS faktisch lediglich die Beschädigung des Schiffes erfasst war, da bei Verlust des Schiffes bereits die Voraussetzungen des § 703 HGB a.F. nicht erfüllt waren, eine Havarie-grosse-Verteilung daher nicht stattfand und der Anwendungsbereich der Havarie-grosse-Deckung nach § 29 ADS folglich gar nicht erst eröffnet war.

[342] Der Totalverlust ist bei der Aufopferung des versicherten Gegenstands in der Havarie-grosse ein eher theoretischer Fall. Zum einen gehen bei einem Totalverlust des Schiffes regelmäßig auch die übrigen beteiligten Sachen total verloren, sodass es mangels jedweden Rettungserfolgs zu keiner Havarie-grosse-Verteilung kommt. Zum anderen erfordert die Havarie-grosse, dass die Abwehrmaßnahme mit einem auf alle Gegenstände bezogenen Rettungswillen vorgenommen wird. Dieser liegt nicht vor, wenn der Maßnahme bereits der

§ 74 ADS (Teilschaden). Der dem Versicherungsnehmer als Havarie-grosse-Beteiligtem nach der Dispache zustehende Anspruch auf Vergütung geht gemäß § 31 Abs. 2 ADS mit seiner Entstehung auf den Versicherer über. Für Aufopferungen des versicherten Gegenstands tritt der Versicherer somit in Vorleistung und übernimmt für den Versicherungsnehmer das Forderungsrisiko der Havarie-grosse-Vergütung.

Anzumerken ist an dieser Stelle, dass das seehandelsrechtliche Havarie-grosse-Recht hinsichtlich der „Aufopferung" von einem engeren Begriffsverständnis ausgeht. Soweit das Seehandelsrecht von „Aufopferung" spricht, ist damit grundsätzlich nur der Verlust eines Gegenstandes gemeint und nicht auch dessen Beschädigung oder gar Aufwendungen. Dies ergibt sich nach neuem HGB-Recht deutlich aus den §§ 588 Abs. 1, 590 Abs. 1 und 2 HGB, in denen zwischen der Aufopferung, der Beschädigung eines Gegenstands sowie Aufwendungen differenziert wird.[343] Anders ist dies hingegen in den YAR. Diese unterscheiden lediglich *sacrifices* und *expenditures*, fassen als *sacrifices* aber sowohl Beschädigung als auch Verlust zusammen und stimmen insoweit mit der seeversicherungsrechtlichen Terminologie überein.[344]

(3) Zusammenfassung

Zusammenfassend ergibt sich aus Sicht des Schiffseigentümers als Versicherungsnehmer somit folgendes Bild:

Als „Beitrag" gemäß §§ 29 Abs. 1, 30 ADS werden ersetzt
– der auf den Versicherungsnehmer nach der Dispache entfallende Beitrag für aufgeopferte oder beschädigte Gegenstände anderer Havarie-grosse-Beteiligter;
– der auf den Versicherungsnehmer nach der Dispache entfallende Beitrag für getätigte Aufwendungen anderer Havarie-grosse-Beteiligter;
– der auf den Versicherungsnehmer nach der Dispache entfallende Beitrag (Anteil[345] bzw. Selbstbehalt[346]) für die von ihm selbst getätigten Aufwendungen.

Die Leistungspflicht des Versicherers für Havarie-grosse-Beiträge betrifft weitestgehend die Passivseite der Havarie-grosse.[347] Überwiegend handelt es sich um Beitragspflichten des Versicherungsnehmers, die durch Aufwendun-

---

Wille zur totalen Aufopferung einer beteiligten Sache zugrunde liegt. Vgl. *Rabe*, in: Prüssmann, § 700, Rn. 17.
[343] Ebenso unter den §§ 700 ff. HGB a.F., vgl. dazu *Ritter/Abraham*, ADS I, § 29 Anm. 12; *Cramer*, Die Versicherung der Havariegrosse-Schäden, S. 12.
[344] Siehe dazu bereits *supra* S. 178.
[345] *Ritter/Abraham*, ADS I, § 29 Anm. 9.
[346] *Cramer*, Die Versicherung der Havariegrosse-Schäden, S. 11 f.
[347] *Enge/Schwampe*, Transportversicherung, S. 114.

gen und Aufopferungen anderer Beteiligter ausgelöst werden und dem Versicherungsnehmer nur mittelbar, also passiv zur Last fallen. Lediglich die Aufwendungen des Versicherungsnehmers gehören als unmittelbare Vermögenseinbuße zur Aktivseite; sie werden in der Havarie-grosse-Deckung aber dennoch nur anteilig und indirekt als Beitrag ersetzt. Die Havarie-grosse-Deckung für Beiträge kann sich somit sowohl auf die Aktiv- als auch auf die Passivseite der Havarie-grosse beziehen.

Als „Aufopferung des versicherten Gegenstands" werden gemäß §§ 29 Abs. 1, 31 Abs. 1 ADS ersetzt
– der Verlust des Schiffes gemäß § 71 ADS, da zur besonderen Haverei auch der Totalverlust zählt;[348]
– die Beschädigung des Schiffes gemäß § 74 ADS.

Die Deckung für die Aufopferung des versicherten Gegenstands bezieht sich ausschließlich auf die Aktivseite der Havarie-grosse, denn sie erfasst lediglich Beschädigung und Totalverlust des Schiffes als unmittelbare Vermögenseinbußen des Versicherungsnehmers.

Die Grenze der Havarie-grosse-Deckung nach § 29 ADS bildet gemäß § 37 Abs. 1 ADS die Versicherungssumme.[349] Nur allgemeine Aufwendungen gemäß § 32 ADS fallen dem Versicherer ohne Rücksicht auf die Versicherungssumme zur Last. Mit der Havarie-grosse-Deckung haben derartige Aufwendungen jedoch nichts zu tun.

§ 34 ADS regelt eine standardisierte Abzugsfranchise in Höhe von 3% des Versicherungswerts. Die Vorschrift wird jedoch von Ziff. 21 DTV-KKl ersetzt, die eine Vereinbarung der Abzugsfranchise von Fall zu Fall vorsieht. Gemäß Ziff. 21.3 DTV-KKl findet die Abzugsfranchise auf die Beiträge und Aufopferungen im Rahmen der Havarie-grosse jedoch keine Anwendung.

bb) DTV-ADS

In den DTV-ADS finden sich sowohl sprachlich als auch inhaltlich Neuerungen in der Havarie-grosse-Deckung.[350] Gemäß Ziff. 28.1 DTV-ADS deckt die Seekaskoversicherung neben den „Beiträgen" und der „Aufopferung des

---

[348] Zum Inhalt der besonderen Haverei siehe *Schaps/Abraham,* Seerecht, § 701 Anm. 1 f.; *RGZ* 93, 166 (170). Dies dürfte allerding ein eher theoretischer Fall sein, da bei einem Totalverlust des Schiffes in aller Regel auch die übrigen Gegenstände einen Totalverlust erleiden und es damit gar nicht erst zu einer Havarie-grosse-Verteilung kommt. Siehe *supra* Teil 2 Fn. 342.

[349] Zur Deckelung durch die Versicherungssumme siehe *Kreutziger,* VersR 1965, 407 (408).

[350] Die Unterschiede zu den Havarie-grosse Bestimmungen der ADS/DTV-KKl verkennt *Wesemann,* Seehandels- und seeversicherungsrechtliche Probleme der modernen Piraterie am Horn von Afrika, S. 90, wenn er von inhaltsgleichen Regelungen spricht.

versicherten Gegenstands" nunmehr auch „Aufwendungen" des Versicherungsnehmers.

(1) Deckung von Beiträgen

Hinsichtlich der Deckung von Beiträgen kann weitestgehend auf die Ausführungen zur Beitragsdeckung unter den ADS/DTV-KKl verwiesen werden.[351] Auch hier sind die Beiträge erfasst, die der Versicherungsnehmer im Falle der Havarie-grosse für Schäden, Aufopferungen und Aufwendungen anderer Havarie-grosse-Beteiligter gemäß der Dispache zu entrichten hat.

Ein Unterschied ergibt sich allerdings in Bezug auf die vom Versicherungsnehmer selbst getätigten Aufwendungen. Während diese unter den ADS/DTV-KKl lediglich anteilig als Beitrag ersatzpflichtig waren, deckt Ziff. 28.1 DTV-ADS nunmehr explizit auch Aufwendungen des Versicherungsnehmers. Diese sind daher nicht mehr unter den Begriff des Beitrags zu subsumieren; der Beitragsbegriff wurde insoweit verengt. Die Deckung von Havarie-grosse-Aufwendungen des Versicherungsnehmers richtet sich – nunmehr gleichlaufend mit der Aufopferung – nach den Sonderbestimmungen der Ziff. 28.1, 30.1 DTV-ADS.[352] Folglich müssen aus den in der Dispache bestimmten Beiträgen im Rahmen der Havarie-grosse-Deckung nunmehr die Anteile für die Aufopferung des versicherten Gegenstands und für Havariegrosse-Aufwendungen herausgerechnet werden.

(2) Deckung für die Aufopferung des versicherten Gegenstands

Auch in Anbetracht der Aufopferung des versicherten Gegenstands darf weitestgehend auf die vorherigen Ausführungen zur Deckung unter den ADS/DTV-KKl verwiesen werden. Wird das Schiff im Rahmen der Havariegrosse aufgeopfert, wird dies gemäß den Ziff. 28.1, 30.1 DTV-ADS direkt von der Kaskoversicherung gedeckt. Sprachlich wurde Ziff. 30.1 DTV-ADS gegenüber der Vorgängervorschrift § 31 Abs. 1 ADS modernisiert. Die Haftung des Versicherers richtet sich nunmehr nach den für Teilschäden geltenden Bestimmungen und nicht mehr nach den Bestimmungen über die Haftung für besondere Haverei. Die Beschädigung des Schiffes durch Aufopferung wird somit im Rahmen der Bestimmungen der Ziff. 62 DTV-ADS direkt und in voller Höhe reguliert.[353] Im Gegenzug geht der dem Versicherungsnehmer

---

[351] Siehe *supra* S. 181 ff.
[352] Dazu sogleich *infra* S. 187 ff.
[353] *Enge/Schwampe*, Transportversicherung, S. 112 ziehen daraus den Schluss, dass die Deckung von Aufopferungen nach Ziff. 28.1, 30.1 DTV-ADS mit dem Begriff der Havariegrosse-Deckung nichts zu tun habe und von dieser zu unterscheiden sei. Nach hier vertretender Auffassung ist dies nicht richtig. Da Ziff. 30.1 DTV-ADS ausdrücklich von der „Aufopferung des versicherten Gegenstands" spricht und sich damit der in Ziff. 28.1 DTV-ADS gebrauchten Ausdrucksweise bedient, und es nach der Überschrift „Aufopferungen

B. Piraterie in der Seekaskoversicherung

zustehende Anspruch auf Havarie-grosse-Vergütung gemäß Ziff. 30.2 DTV-ADS mit seiner Entstehung auf den Versicherer über. Die Vorschrift entspricht insoweit § 31 Abs. 2 ADS.

Ziffer 30.1 DTV-ADS beinhaltet jedoch nicht nur eine terminologische Änderung. Die Vorschrift verweist nunmehr ausschließlich auf die Bestimmungen über die Haftung für Teilschäden. Theoretisch kann die Aufopferung des Schiffes aber auch zu einem Totalverlust führen. Sowohl die neuen HGB-Regelungen als auch die YAR lassen eine Havarie-grosse auch dann zu, wenn das Schiff verloren geht, soweit mindestens ein anderer beteiligter Gegenstand wenigstens teilweise gerettet wird. Auf die Bestimmungen über die Haftung für den Totalverlust wird, anders als noch in § 31 Abs. 1 ADS, nicht mehr verwiesen. Praktisch dürfte dies jedoch keine Rolle spielen, da eine Havarie-grosse bei einem Totalverlust des Schiffes kaum eintreten wird. In aller Regel gehen dann auch alle übrigen beteiligten Gegenstände verloren und schließen damit eine Havarie-grosse-Verteilung aus.[354] In den ADS ist dies hingegen noch anders, da sie sich nicht nur auf die Schiffskaskoversicherung, sondern zugleich auf die Gütertransportversicherung beziehen und ein Totalverlust der Ladung durchaus eintreten kann, ohne dass gleichzeitig auch das Schiff total verloren geht.

(3) Deckung von Aufwendungen

Die explizite Deckung von Aufwendungen bei Havarie-grosse in Ziff. 28.1 DTV-ADS ist neu. Der Umfang der Deckung von derartigen Aufwendungen richtet sich nach den Ziff. 28.1, 30.1 DTV-ADS, die wiederum auf Ziff. 31 DTV-ADS verweisen. Letztere bestimmt die Deckung für Aufwendungen des Versicherungsnehmers und ist selbst keine Bestimmung der Havarie-grosse-Deckung. Sie ist vielmehr eine selbständige Vorschrift, die die Deckung für Aufwendungen des Versicherungsnehmers *allgemein* festlegt. Ziffer 30.1 DTV-ADS bedient sich lediglich der Systematik der Ziff. 31 DTV-ADS und will diese auch für Aufwendungen, die innerhalb der Havarie-grosse vom Versicherungsnehmer getätigt werden angewendet wissen.[355] Dies wirft die Frage auf, ob es sich insoweit um eine Rechtsgrund- oder Rechtsfolgenverweisung handelt. Erstere hätte zur Folge, dass die Haftung des Versicherers für Havarie-grosse-Aufwendungen des Versicherungs-

---

und Aufwendungen in Havarie-grosse" ausdrücklich um die Havarie-grosse geht, ist auch die Deckung von Aufopferungen des versicherten Gegenstands technisch als Havarie-grosse-Deckung einzuordnen. Über den Verweis auf die Haftung für Teilschäden bedient sich die Havarie-grosse-Deckung lediglich der Systematik einer außerhalb der Havarie-grosse-Deckung liegenden Haftungsbestimmung.

[354] Siehe auch *supra* Teil 2 Fn. 348.
[355] Dies entspricht insoweit der Verweisungssystematik für Aufopferungen des versicherten Gegenstands gem. Ziff. 28.1, 30.1, 62 DTV-ADS. Siehe dazu auch Teil 2 Fn. 353.

nehmers sowohl die Erfüllung der Havarie-grosse-Voraussetzungen als auch die Erfüllung der Voraussetzungen der Haftung für Aufwendungen gemäß Ziff. 31 DTV-ADS erforderte. Dagegen spricht der Wortlaut der Ziff. 30.1 DTV-ADS. Danach haftet der Versicherer *bei Vorliegen einer Havarie-grosse* für Aufwendungen. Diese Wortwahl zeigt an, dass die Frage, *ob* gehaftet wird, allein vom Vorliegen der Voraussetzungen der Havarie-grosse abhängen soll. Erst hinsichtlich der Frage *wie* gehaftet wird, spielen die Bestimmungen zur Haftung für Aufwendungen eine Rolle. Der Wortlaut in Ziff. 30.1 DTV-ADS sieht demnach eine Rechtsfolgenverweisung vor. Dieses Ergebnis wird auch in systematischer Hinsicht unterstützt. Handelte es sich nämlich um eine Rechtsgrundverweisung, so wären alle denkbaren Fälle gedeckter Havarie-grosse-Aufwendungen stets auch als allgemeine Aufwendungen im Sinne von Ziff. 31 DTV-ADS versichert. Die neu geschaffenen Regelungen für Havarie-grosse-Aufwendungen in Ziff. 28.1, 30 DTV-ADS wären damit schlichtweg überflüssig.[356]

Darüber hinaus kann hinterfragt werden, ob die vom Versicherungsnehmer getätigten Havarie-grosse-Aufwendungen nach den genannten Vorschriften vom Kaskoversicherer in vollem Umfang ersetzt werden müssen. Unter Geltung der ADS/DTV-KKl werden Aufwendungen schließlich auch nur anteilig als Beiträge ersetzt.[357] Der Wortlaut von Ziff. 28.1 DTV-ADS führt jedoch keine Beschränkung des Haftungsumfanges für Aufwendungen an, sondern spricht davon, dass die Versicherung die „Aufwendungen des Versicherungsnehmers" umfasst. Allenfalls in Anbetracht der ebenfalls neu in die DTV-ADS aufgenommenen sog. *General Average Absorption Clause* in Ziff. 28.6 DTV-ADS ließe sich argumentieren, dass die Aufwendungen in Ziff. 28.1 DTV-ADS nur anteilig zu ersetzen seien. Ziff. 28.6 DTV-ADS bestimmt nämlich, dass der Seekaskoversicherer gegen Bezahlung einer Mehrprämie alle Havarie-grosse-Aufwendungen des Versicherungsnehmers bis zu einer vereinbarten Höhe deckt. So verstanden wäre diese Klausel aber

---

[356] Generell zur Differenzierung zwischen Havarie-grosse-Aufwendungen und allgemeinen Aufwendungen siehe auch *Ritter/Abraham,* ADS I, § 29 Anm. 9 und 39; ebenso *RG* HGZ 1920, 275 (275 f.); teilweise a.A. *Kreutziger,* VersR 1965, 407 (407 ff.); a.A. wohl auch *Enge/Schwampe,* Transportversicherung, S. 270 f. und 112 f., die Bergungskosten, obwohl sie in Havarie-grosse aufgewendet wurden, ausschließlich als allgemeine Aufwendungen gem. Ziff. 31 DTV-ADS qualifiziert wissen wollen. *Enge/Schwampe* scheinen Aufwendungen und Aufopferungen des versicherten Gegenstands bereits Tatbestandlich grundsätzlich aus der Havarie-grosse-Deckung auszuklammern, auch wenn sie im Rahmen einer Havarie-grosse-Situation entstehen. Insoweit verstehen sie unter dem Begriff der Havarie-grosse-Deckung nur die Deckung der Passivseite der Havarie-grosse. Die Deckung der Aktivseite richtet sich nach dieser Auffassung nach den allgemeinen Bestimmungen (S. 112, 114). Siehe dazu auch Teil 2 Fn. 353. Zum Verhältnis zwischen Havarie-grosse-Aufwendungen und allgemeinen Aufwendungen sieh auch *infra* S. 217 ff.

[357] Siehe *supra* S. 181 f.

überflüssig, wenn bereits Ziff. 28.1 DTV-ADS alle derartigen Aufwendungen abdecke. Diese Annahme überzeugt jedoch nicht, denn die *General Average Absorption Clause* hat gegenüber der Havarie-grosse-Deckung gemäß Ziff. 28.1 eine ganz andere Funktion: Sie bietet eine Alternative für die Anwendung der gesamten Systematik der Havarie-grosse-Deckung unter den DTV-ADS.[358]

Neben einer fehlenden Einschränkung im Wortlaut spricht für die volle Deckung von Havarie-grosse-Aufwendungen unter Ziff. 28.1 DTV-ADS in systematischer Hinsicht die Angleichung an die Deckung für die Aufopferung des versicherten Gegenstands. Ziff. 30 DTV-ADS handelt sowohl Aufwendungen als auch die Aufopferung des versicherten Gegenstands gemeinsam ab und unterwirft sie derselben Systematik. Ohne Unterscheidung spricht Ziff. 30.2 DTV-ADS davon, dass der dem Versicherungsnehmer zustehende Anspruch auf Havarie-grosse-Vergütung auf den Versicherer übergeht. Diese Zession gilt dabei sowohl für Vergütungsansprüche, die wegen der Aufopferung des versicherten Gegenstands entstehen als auch für solche, die wegen getätigter Aufwendungen des Versicherungsnehmers entstehen. Ein anderes Verständnis lassen der Wortlaut und die Zusammenhänge zwischen Ziff. 30.1 und Ziff. 30.2 DTV-ADS nicht zu. Der Versicherungsnehmer kann demnach Ersatz für getätigte Havarie-grosse-Aufwendungen in voller Höhe gemäß Ziff. 28.1, 30.1 DTV-ADS verlangen.

Die Havarie-grosse-Bestimmungen der DTV-ADS ändern somit den Status der vom Versicherungsnehmer getätigten Havarie-grosse-Aufwendungen. Diese werden aus dem Bereich der Beitragsdeckung, also der Passivseite der Havarie-grosse, herausgenommen und der Deckung für die Aufopferung des versicherten Gegenstands auf der Aktivseite gleichgestellt. Insoweit entsteht eine methodisch saubere Trennung zwischen der Deckung der passiven und aktiven Havarie-grosse-Einbußen.[359] Mittelbare Vermögenseinbußen des Versicherungsnehmers werden als Beiträge ersetzt; unmittelbare Vermögenseinbußen werden direkt unter Verweis auf die allgemeinen Bestimmungen vollständig ersetzt.

(4) Exkurs: Das Verhältnis von „Aufopferung" und „Aufwendung"

Die in den seeversicherungsrechtlichen Bestimmungen verwendeten Begriffe der „Aufopferung" und der „Aufwendung" werfen über die dargestellten Deckungsfragen hinaus die Frage auf, in welcher dogmatischen Beziehung diese Begriffe zueinander stehen. Neben der „Aufopferung" sprechen die Klauselwerke zum Teil auch von der „Aufopferung des versicherten Gegenstands". Dieser dogmatische Aspekt ist für Problematik der Deckung von

---

[358] Siehe ausführlich dazu *infra* S. 192 f.
[359] Zur methodisch unsauberen Einbeziehung der Aufwendungen in die Passivdeckung unter den ADS siehe *supra* S. 184 f.

Lösegeldzahlungen an Piraten nicht von tragender Bedeutung, für die Detailbetrachtung der Havarie-grosse-Deckung hingegen schon. Er soll daher im Rahmen dieses Exkurses kurz besprochen werden.

Der seeversicherungsrechtliche Begriff der „Aufopferung" bezeichnet nach *Ritter/Abraham* Rettungsopfer jeglicher Art, also „jede Art von Aufwendung zur Rettung von Schiff und Ladung".[360] Die „Aufopferung" bildet danach einen Oberbegriff, der sich in die „Aufopferung des versicherten Gegenstands" und sonstige Aufwendungen – von anderen Gegenständen, insbesondere aber Geld – untergliedert. Die „Aufopferung" ist damit kein Begriff der Havarie-grosse-Deckung; er umfasst auch andere Rettungsopfer wie die Aufwendungen nach § 32 ADS. Diese Begriffsdeutungen entwickelten *Ritter/Abraham* vor dem Eindruck der ADS und den damals noch bestehenden gesetzlichen Vorschriften zur Seeversicherung. In Anbetracht der ADS erscheint dies auch weitgehend überzeugend. So spricht § 28 Abs. 1 ADS lediglich von der „Aufopferung des versicherten Gegenstands" und will damit nur eine bestimmte Art von Aufopferung erfassen. Die §§ 34 Abs. 2 und 63 ADS beziehen sich hingegen auf alle „Aufopferungen", weil die Abzugsfranchise für keine Art der Aufopferung Anwendung findet, und weil dem Versicherer bei Ballastreisen keinerlei Aufopferungen zur Last fallen sollen.[361]

Gegen dieses Begriffsverständnis lassen sich jedoch auch Einwände erheben. So bestimmt § 34 Abs. 2 S. 2 ADS, dass die Abzugsfranchise auch für Aufwendungen nach § 32 Abs. 1 Nr. 1, 2 ADS nicht gelten soll. Nach dem dargestellten Begriffsverständnis sind derartige Aufwendungen ebenfalls „Aufopferungen", für die bereits gemäß Satz 1 keine Abzugsfranchise anzuwenden ist. Die Befreiung der Aufwendungen von der Abzugsfranchise in § 34 Abs. 2 S. 2 ADS wäre damit schlicht überflüssig. Gleiches gilt für die §§ 120 Abs. 4, 123 ADS. Die Begründung *Ritter/Abrahams*, Aufwendungen nach § 32 Abs. 1 Nr. 1, 2 ADS seien noch einmal explizit genannt, um dem Verständnis im Geschäftsverkehr zu dienen,[362] überzeugt nicht. Zudem handelt § 31 ADS inhaltlich ausschließlich von der „Aufopferung des versicherten Gegenstands". Gleichwohl lautet seine Überschrift „Aufopferungen". All dies leitet eher zu der Annahme hin, dass die Termini „Aufopferung" und „Aufopferung des versicherten Gegenstands" synonym zu verstehen, jedenfalls aber begrifflich ausschließlich dem Bereich der Havarie-grosse-Deckung zuzuordnen sind. Doch selbst gegen Letzteres lässt sich anführen, dass eine Bezugnahme auf den weiteren Begriff der „Aufopferung" in § 34 Abs. 2 ADS dann nicht notwendig gewesen wäre, da sämtliche Havarie-grosse-Vermögenseinbußen abseits der Aufopferung des versicherten Gegenstands bereits als Beiträge erfasst und von der Abzugsfranchise befreit sind. Insoweit

---

[360] *Ritter/Abraham*, ADS I, § 29 Anm. 12.
[361] *Ritter/Abraham*, ADS I, § 29 Anm. 12.
[362] *Ritter/Abraham*, ADS I, § 29 Anm. 12.

hätte in § 34 Abs. 2 ADS nach dem Begriffsverständnis von *Ritter/Abraham* ein Verweis auf „Beiträge" und „Aufopferungen des versicherten Gegenstands" genügt. Insgesamt ist es daher naheliegend, dass die ADS mit dem Begriff der „Aufopferung" ausschließlich die „Aufopferung des versicherten Gegenstands" ansprechen und dem Begriff nicht auch andere Vermögenseinbußen wie Aufwendungen zuordnen.

Ein ähnliches Begriffsverständnis nehmen auch *Enge/Schwampe* an. Sie verstehen den Begriff der „Aufwendungen" als Oberbegriff, aus dem die ADS den Begriff der „Aufopferung" herauslösen.[363] Unter einer „Aufopferung" verstehen sie eine *Aufwendung* vom versicherten Gegenstand.[364] Dies entspricht auch dem allgemein-zivilrechtlichen Verständnis von Aufwendungen als freiwillige Vermögensopfer.[365] Darunter fällt neben der Aufwendung von Geld auch die freiwillige Preisgabe von Gegenständen, auch versicherten Gegenständen.

In der Terminologie des Seeversicherungsrechts ergibt sich mithin folgendes Bild: Den Oberbegriff bildet der Terminus der „Aufwendung" (im weiteren Sinne), der sich in „Aufopferung" (im Sinne einer Aufwendung vom versicherten Gegenstand) und sonstige „Aufwendungen" (im engeren Sinne) untergliedert. Von Aufwendungen im weiteren Sinne ist dabei stets dann auszugehen, wenn sich aus dem Wortlaut oder dem Kontext der Bestimmung eine Abgrenzung zur Aufopferung ergibt.[366] Andernfalls handelt es sich um Aufwendungen im weiteren Sinne.

In den DTV-ADS wird dieses Verständnis noch deutlicher. Der Begriff der „Aufopferung" ist gegenüber den ADS insgesamt erkennbar aus dem Fokus gerückt. Die DTV-ADS sprechen im Rahmen der Havarie-grosse vordergründig von „Aufwendungen". Dennoch fehlt es dem neuen Regelwerk an begrifflicher Kohärenz, die das Potenzial für Missverständnisse ausräumt. So sprechen die DTV-ADS in den Ziff. 28.1 und 31 DTV-ADS von der „Aufopferung des versicherten Gegenstands". In der Überschrift zu Ziff. 31 und in Ziff. 40.2.3 DTV-ADS wird hingegen der Begriff der „Aufopferung" verwendet. Beide Begriffe meinen jedoch das Gleiche. Das Fehlen einer einheitlichen Terminologie führt insoweit zu unnötiger Verwirrung. Vielleicht wäre es gar angebracht gewesen, angesichts der Komplexität der Materie auf das im englischen Rechtskreis übliche Instrument eines vorangestellten Definitionskataloges zurückzugreifen.

---

[363] *Enge/Schwampe*, Transportversicherung, S. 112.
[364] *Enge/Schwampe*, Transportversicherung, S. 112; so auch *Schlegelberger*, Seeversicherungsrecht, § 32, Rn. 3.
[365] Vgl. nur *Krüger*, in: MüKo-BGB, § 256, Rn. 2 m.w.N.
[366] So beispielsweise in Ziff. 28.1 DTV-ADS.

(5) General Average Absorption Clause

Mit der Ziff. 28.6 DTV-ADS wurde erstmals eine standardisierte sog. *General Average Absorption Clause* (GAAC) in die Kaskoverbandsbedingungen aufgenommen. Sie bieten dem Versicherungsnehmer eine Alternative zur Durchführung des sehr komplexen, meist langwierigen und auch kostenintensiven Havarie-grosse-Verfahrens. Insbesondere dann, wenn es eine Vielzahl von Ladungsbeteiligten gibt, die Summe aller Vermögenseinbußen aber relativ gering ist, stehen Aufwand und Ertrag des Havarie-grosse-Verfahrens oft in keinem tragbaren Verhältnis.[367] Die GAAC bietet dem Versicherungsnehmer die Möglichkeit, auf die Forderung von Havarie-grosse-Beiträgen von den übrigen Beteiligten zu verzichten und bis zu einer vereinbarten Höhe Ersatz aller Havarie-grosse-Aufwendungen vom Kaskoversicherer zu verlangen. Die Klausel bezieht sich mithin nur auf die Aktivseite der Havariegrosse: Nur wenn der Versicherungsnehmer selbst Aufwendungen in Havariegrosse getätigt hat, kann er sich auf Ziff. 28.6 DTV-ADS berufen. Zudem müssen sich Versicherer und Versicherungsnehmer ausdrücklich über die Einbeziehung der GAAC einigen und die maximale Höhe der Deckung sowie die zu entrichtende Mehrprämie vereinbaren.

Darüber hinaus hat die Klausel zur Folge, dass eine Zession der Ansprüche gegen die übrigen Havarie-grosse-Beteiligten nicht stattfindet. Der Versicherer trägt insoweit die Vermögenseinbußen endgültig. Außerdem werden die Ansprüche des Versicherungsnehmers aus Ziff. 28.6 DTV-ADS von der Abzugsfranchise befreit. Sofern sich der Versicherungsnehmer auf diese Klausel beruft, stehen ihm keine anderweitigen Ansprüche aufgrund von Havariegrosse gegen den Versicherer mehr zu.

Die Klausel kommt aufgrund der höhenmäßigen Begrenzung regelmäßig für kleinere Havarie-grosse-Fälle zur Anwendung. Sie wird deshalb auch *Small General Average Absorption Clause* genannt. Sie wurde einer entsprechenden Bestimmung des *Baltic and International Maritime Council* (BIMCO) nachempfunden, die in Charterverträgen Anwendung finden.[368]

Die Aufwendungen, die Ziff. 28.6 DTV-ADS anspricht, sind Aufwendungen im weiteren Sinne. Die Klausel deckt somit die Aufopferung und alle übrigen Aufwendungen des Versicherungsnehmers, ohne dass es zu einem Havarie-grosse-Verfahren kommt. Der Versicherer trägt sämtliche Vermögenseinbußen endgültig, die anderenfalls als Aktivseite der Havarie-grosse unter den Beteiligten nach der Dispache verteilt würden. In Anbetracht globalisierter, konkurrenzgetriebener Handels- und Geschäftsverbindungen kann

---

[367] *Enge/Schwampe*, Transportversicherung, S. 78; *Puttfarken*, Seehandelsrecht, Rn. 775 ff.; *Hoyer*, in: Drees/Koch/Nell, S. 153 (174); insoweit wurde gar für eine Abschaffung dieses Rechtsinstitut plädiert, *Remé*, Abschaffung oder Vereinfachung der Grossen Haverei, S. 1 ff.

[368] *Schwampe*, VersR 2010, 1277 (1279).

die Einbeziehung einer GAAC in den Kaskoversicherungsvertrag des Reeders ein probates Mittel zur Pflege von Geschäftsbeziehungen sein. Um die Ladungsseite nicht mit einem aufwändigen Havarie-grosse-Verfahren und der Einforderung von Beiträgen zu behelligen, bezahlt der Reeder eine Mehrprämie und entlastet damit seine Geschäftspartner.[369]

(6) Zusammenfassung

Die Havarie-grosse-Deckung hat sich in den DTV-ADS zugunsten des Versicherungsnehmers verändert. Dies liegt zum einen an der hinzugekommenen Sonderbestimmung für die Deckung von Havarie-grosse-Aufwendungen und der damit einhergehenden Verengung der Beitragsdeckung in Ziff. 28 DTV-ADS. Zum anderen enthalten die DTV-ADS auch vorteilhafte Bestimmungen über die Deckelung durch die Versicherungssumme.

Zusammenfassend ergibt sich für die Havarie-grosse-Deckung gemäß den Ziff. 28 ff. DTV-ADS folgendes Bild:

Als „Beitrag" werden gemäß den Ziff. 28.1, 29 DTV-ADS ersetzt
– der auf den Versicherungsnehmer nach der Dispache entfallende Beitrag für aufgeopferte oder beschädigte Gegenstände anderer Havarie-grosse-Beteiligter;
– der auf den Versicherungsnehmer nach der Dispache entfallende Beitrag für getätigte Aufwendungen anderer Havarie-grosse-Beteiligter, ggf. unter den Beschränkungen der Ziff. 28.2, 28.3, 28.4 DTV-ADS.

Als „Aufopferung des versicherten Gegenstands" wird gemäß den Ziff. 28.1, 30 DTV-ADS ersetzt
– die Beschädigung des Schiffes gemäß Ziff. 62 DTV-ADS.

Als „Aufwendungen des Versicherungsnehmers" werden gemäß den Ziff. 28.1, 30 DTV-ADS ersetzt
– alle vom Versicherungsnehmer im Rahmen der Havarie-grosse getätigten Aufwendungen gemäß Ziff. 31 DTV-ADS.[370]

Die Beitragsdeckung in Ziff. 28.1 DTV-ADS bezieht sich damit ausschließlich auf die Passivseite der Havarie-grosse. Die Aktivseite wird, anders als noch in § 28 ADS, nunmehr vollständig durch die Sonderbestimmungen in Ziff. 30 DTV-ADS gedeckt. Die Vermögenseinbußen des Versicherungsnehmers auf der Aktivseite der Havarie-grosse werden damit direkt und vollständig vom Versicherer ersetzt. Die Regressverfolgung gegenüber den übrigen Havarie-grosse-Beteiligten obliegt dem Versicherer. Die DTV-ADS bieten somit eine strukturell saubere Lösung für die Deckung der Aktiv- und Passiv-

---

[369] *Spencer*, Tul. L. Rev. 83 (2009), 1227 (1267 f.).
[370] Zur Erinnerung: Der Verweis auf Ziff. 31 DTV-ADS ist lediglich ein Rechtsfolgenverweis.

seite der Havarie-grosse. Eine Abzugsfranchise wird auf Havarie-grosse-Beiträge nach Ziff. 40.2.2 DTV-ADS nicht angewendet. Auch Aufopferungen (des versicherten Gegenstands) unterfallen gemäß Ziff. 40.2.3 DTV-ADS nicht der Abzugsfranchise. Havarie-grosse-Aufwendungen werden von der Privilegierung hingegen nicht erfasst.[371] Unter den ADS war dies noch der Fall; allerdings nur, weil Havarie-grosse-Aufwendungen als Beiträge anteilig ersetzt wurden. Möglicherweise wurde es hier versäumt, Ziff. 40.2 DTV-ADS an die Veränderungen in Ziff. 28.1 DTV-ADS anzupassen. Hinsichtlich der Havarie-grosse-Deckung wurde § 34 Abs. 2 ADS schlicht in die DTV-ADS übernommen. Geht man hingegen von dem von *Ritter/Abraham* vertretenen Begriffsverständnis der Aufopferung aus, so erfasst die Befreiung von der Abzugsfranchise in Ziff. 40.2.3 DTV-ADS ohne Weiteres auch Havarie-grosse-Aufwendungen.[372]

Letztlich wird man die Anwendung der Abzugsfranchise auf Havarie-grosse-Aufwendungen in Fällen der Lösegeldpiraterie aber auch deshalb verneinen können, weil dadurch regelmäßig ein drohender Totalverlust abgewendet wird. Es wäre sinnwidrig, wenn eine Franchise bei Totalverlust entfällt, nicht aber bei Aufwendungen des Versicherungsnehmers, die diesen Totalverlust verhindern.[373]

Die Ersatzpflicht des Versicherers für Havarie-grosse-Beiträge und Havarie-grosse-Aufwendungen ist gemäß Ziff. 41.2 DTV-ADS der Höhe nach nicht mehr durch die Versicherungssumme begrenzt, wenn sie gemeinsam mit den übrigen Schäden die Versicherungssumme übersteigen.[374] Für die Aufopferung des versicherten Gegenstands gilt hingegen weiterhin die Deckelung gemäß Ziff. 41.1 DTV-ADS.

Diese Regelungen gelten gemäß Ziff. 88.2 DTV-ADS-KrKl auch für die Kriegsversicherung.

d) Lösegeld als Vermögenseinbuße unter der Havarie-grosse-Deckung

Der Kaskoversicherer haftet für das an Piraten bezahlte Lösegeld nach alledem, wenn die Lösegeldzahlung die Voraussetzungen der Havarie-grosse erfüllt und gleichzeitig eine Vermögenseinbuße unter der Havarie-grosse-Deckung darstellt.

---

[371] Es sei denn, sie erfüllen gleichzeitig die Voraussetzungen allgemeiner Aufwendungen gem. Ziff. 31 DTV-ADS. Dann sind sie über Ziff. 40.2.5 DTV-ADS von der Abzugsfranchise befreit.

[372] Zu dieser Auffassung und den dagegen sprechenden Argumenten siehe *supra* S. 189 ff.

[373] Vgl. auch *Schwampe*, TranspR 2009, 462 (472), der – allerdings in Bezug auf Schadensabwendungskosten – davon spricht, dass im Teilschadensbereich Franchisen zu beachten sind.

[374] Die Ausnahme bilden die in Ziff. 28.2 DTV-ADS geregelten Beiträge.

aa) Seehandelsrechtliche Voraussetzungen

Die seehandelsrechtlichen Voraussetzungen der Havarie-grosse sind in Lösegeldfällen nicht unproblematisch. Die Entführung eines Schiffes durch Piraten stellt grundsätzlich eine Gefahr dar, sowohl für das Schiff selbst als auch für die Ladung. Durch den Verlust der tatsächlichen Sachherrschaft über das Schiff droht der Totalverlust. Die Gefahr ist deshalb auch ohne Weiteres erheblich. Gleichzeitig ist die Gefahr während der Dauer des Piratenbesitzes auch gegenwärtig, denn in aller Regel drohen die Piraten damit, das Schiff zu versenken, in Brand zu setzen oder auf andere Weise zu zerstören.[375] Die Gefahr kann ohne Einwirkungsmöglichkeiten des Versicherungsnehmers und seiner Bediensteten quasi jederzeit in einen Schaden umschlagen.

Hingegen hat es in der Praxis in Entführungsfällen – abgesehen von kleineren Beschädigungen der Schiffseinrichtungen und Diebstählen von Creweigentum sowie kleineren Ladungsbestandteilen – ernsthafte Schäden an Schiff und Ladung bislang offenbar nicht gegeben.[376] Insoweit wird im Schrifttum die Befürchtung geäußert, dass die Beteiligten bzw. deren Versicherer aufgrund dieser Erfahrungswerte das Vorliegen einer gemeinsamen Gefahr künftig bezweifeln könnten.[377] Diese Erfahrungswerte könnten nämlich ein Zeichen dafür sein, dass die Gefahr *in concreto* weder Schiff noch Ladung, sondern vielmehr der Besatzung des Schiffes gilt und die Lösegelder entsprechend zur Rettung von Personen und nicht zur Rettung der beteiligten Sachwerte bezahlt werden.[378] Maßnahmen zur Rettung von Personen fallen jedoch grundsätzlich nicht in den Bereich der Havarie-grosse.

Zweifelsohne müssen derartige Erwägungen im Rahmen der Ersatzfähigkeit von Lösegeldern berücksichtigt werden. Jedoch stehen sie der Annahme einer gemeinsamen Gefahr für Schiff und Ladung nicht entgegen. Sie sind an anderer Stelle zu würdigen. Denn die Beurteilung einer Gefahr im Sinne der Havarie-grosse ist stets eine des Einzelfalles. Der Ausgang vorausgegangener ähnlicher Situationen trifft keine Aussage darüber, ob in dem konkret zu beurteilenden Fall eine Gefahr vorliegt. Es kann schließlich nicht behauptet werden, dass ein Sturm der Windstärke acht keine gemeinsame Gefahr für Schiff und Ladung darstellen kann, weil bei Stürmen dieser Art in aller Regel kein ernstzunehmender Schaden droht. Außerdem sind ernsthafte Schäden an Schiff und Ladung in der Vergangenheit auch deshalb ausgeblieben, weil das

---

[375] *Schwampe*, TranspR 2009, 462 (468).
[376] *Schwampe*, TranspR 2009, 462 (468).
[377] *Schwampe*, TranspR 2009, 462 (469); *Pfeifle*, in: Drees/Koch/Nell, S. 107 (163). Im Fall der im April 2009 von somalischen Piraten entführten *MV Malaspina Castle* verweigerte ein chinesischer Ladungsbeteiligter erstmals die Leistung eines Lösegeldbeitrages basierend auf Havarie-grosse, siehe *Phillips*, Business Insurance 26.07.2009; Willis Marine Review October 2009, S. 16.
[378] *Schwampe*, TranspR 2009, 462 (469).

geforderte Lösegeld stets bezahlt wurde. Für die Beurteilung der Gefahr ist jedoch maßgebend, in welcher Weise sich die Lage fortentwickelt, wenn die Abwehrmaßnahme ausbleibt.

Auch wenn die Piraten im Einzelfall das Gewicht ihrer Drohung eher auf die Besatzung als auf Schiff und Ladung legen, ist von einer gemeinsamen Gefahr für Letztere auszugehen. Es genügt, dass bei vernünftiger Würdigung der Lage der „Eintritt einer ernsthaften Gefährdung von Schiff und Ladung zu befürchten ist"[379]. Insoweit muss eine gemeinsame Gefahr bejaht werden, solange Schiff und Ladung unter der Kontrolle der Piraten sind.[380] Schäden und Verlust können jederzeit durch die Piraten verursacht werden und sind insbesondere dann wahrscheinlich, wenn die Bezahlung des geforderten Lösegelds nicht erfolgt. Von einer gemeinsamen, erheblichen und – soweit überhaupt erforderlich – auch gegenwärtigen Gefahr für Schiff und Ladung ist im Falle der Schiffsentführung durch Piraten zur Lösegelderpressung somit regelmäßig auszugehen. Dass daneben auch eine – möglicherweise wesentlich erheblichere – Gefahr für die Schiffsmannschaft besteht, ändert daran nichts.[381]

Teilweise wird auch angeführt, dass eine gemeinsame Gefahr im Rahmen einer Schiffsentführung jedenfalls daraus entstehe, dass das Schiff während der Dauer der Entführung nicht fachmännisch gewartet werden könne, dass es gegebenenfalls nicht ordentlich verankert würde oder gar mit unbemannter Brücke auf See verbliebe.[382] Dadurch sei das Schiff samt Ladung den allgemeinen Seegefahren ausgesetzt. Beispielsweise könne ein Sturm aufkommen, der zur Strandung, Kollision oder Ähnlichem führen könne, sodass es eigentlich diese Seegefahren seien, die durch die Lösegeldzahlung abgewendet werden sollen.[383] Aus den genannten Gründen bedarf es einer solchen Reservebegründung nicht. Zudem wirft diese Argumentation dann Schwierigkeiten auf, wenn die Gefahr der Piraterie nicht in der Seekasko-, sondern in der Kriegskaskoversicherung gedeckt ist. Erstere wird sich darauf berufen, dass die Lösegeldzahlung zur Abwehr der Pirateriegefahr, Letztere darauf, dass sie zur Abwehr der Seegefahr erfolgte. Es käme dann auf die streitbare Frage an, ob mit der Zahlung ein Seekasko- oder ein Kriegskaskoschaden abgewendet

---

[379] *Abraham,* Seerecht, S. 231.

[380] So auch *Wong,* Piracy and General Average, S. 2.

[381] *Fuchs,* Die Frage der Versicherbarkeit von Lösegeld in Pirateriefällen, S. 39 ff. sieht in einer Gefahr für die Schiffsmannschaft zugleich eine Gefahr für das Schiff, da die Mannschaft rechtlich als Teil des Schiffes zu werten sei.

[382] *Wong,* Piracy and General Average, S. 2.

[383] *Spencer,* in: Newsletter of the Committee on Marine Insurance and General Average, S. 7; *Schwampe,* TranspR 2009, 462 (469); *Pfeifle,* in: Drees/Koch/Nell, S. 107 (164).

werden sollte und welche Gefahr *causa proxima* für den drohenden Schaden gewesen wäre.[384]

Die Lösegeldzahlung stellt eine Gefahrenabwehrmaßnahme in Form einer Aufwendung sowohl im Sinne des HGB als auch der YAR dar. Sie erfolgt zudem vorsätzlich und freiwillig, da für die Zahlung weder ein tatsächlicher noch ein rechtlicher Zwang besteht. Dass die Bezahlung das Ergebnis einer Erpressung ist, spielt insoweit keine Rolle, da die Zahlung faktisch auch verweigert werden kann.[385] Darüber hinaus stellt die Lösegeldzahlung auch ein außergewöhnliches Opfer dar. Sie steht mit dem Seeunternehmen in keinem gewöhnlichen Zusammenhang und fällt nicht zufällig oder zwangsläufig, sondern ausschließlich willentlich aufgrund der besonderen Gefahrensituation an.[386]

Bereits schwieriger zu beurteilen ist die Frage, inwieweit die Bezahlung von Lösegeldern an Piraten eine Aufwendung darstellt, die vernünftigerweise im Sinne der Regel A YAR getätigt wurde. Das Element der Vernunft verkörpert in den YAR eine besonders wichtige Grundregel.[387] In Regel A YAR erfüllt es die Funktion eines Korrektivs, das in mehrere Richtungen wirkt.[388] Bereits angesprochen wurde, dass Aufwendungen nur dann vernünftig sind, wenn die hinreichend konkrete Möglichkeit einer Gefährdung der beteiligten Gegenstände bestand, wenngleich die Gefährdung auch nicht gegenwärtig im Sinne des § 588 Abs. 1 HGB gewesen sein muss.[389] Weitere wesentliche Beispiele der Korrektivwirkung sind das Erfordernis der Legalität der Aufwendungen[390] sowie eines angemessenen Verhältnisses zwischen den erbrachten Opfern – den Aufwendungen – und dem tatsächlich drohenden Schaden für die beteiligten Gegenstände.[391] Während es die Korrektivwirkung des Vernunftkriteriums in Anbetracht der ersten beiden Beispiele noch weitestgehend erlaubt, die Lösegeldzahlung in Piraterifällen pauschal als *reasonable* zu beurteilen, wird dies bezüglich eines angemessenen Verhältnisses zwischen der Höhe der Aufwendungen und dem drohendem Schaden bereits erheblich schwieriger. Denn inwiefern Aufwendungen vernünftigerweise getätigt wur-

---

[384] Mit einer wohl ähnlichen Idee, wenn auch nicht ganz klar formuliert *Pfeifle*, in: Drees/Koch/Nell, S. 107 (164).
[385] Wenngleich diese Möglichkeit aufgrund der psychologischen Zwangslage tatsächlich nicht ernsthaft in Betracht gezogen wird, vgl. auch *Wong*, Piracy and General Average, S. 2 f.
[386] *Wong*, Piracy and General Average, S. 2 f.
[387] Vgl. Leitregel der YAR (Rule Paramount).
[388] Siehe dazu auch die Ausführungen *supra* S. 176 ff.
[389] Siehe *supra* S. 176 ff.
[390] Verbotene Aufwendungen sind nie *reasonable* i.S.v. Regel A YAR, *Wong*, Piracy and General Average, S. 3; siehe auch *supra* S. 149 ff. und S. 160 ff.
[391] *Wong*, Piracy and General Average, S. 3.

den, bestimmt sich stets nach den Umständen des jeweiligen Falles.[392] Insoweit ist zu fragen, was ein umsichtiger und verständiger Verantwortungsträger im Lichte aller Umstände des Einzelfalles unter Berücksichtigung der drohenden Schäden für Schiff und Ladung sowie für die übrigen beteiligten Gegenstände unternommen hätte.[393] In diesem Zusammenhang ist dann schließlich auch die Frage aufzuwerfen, ob die drohende Gefahr für Leib und Leben der Schiffsbesatzung in diese Beurteilung einbezogen werden darf.[394] Dieser Aspekt berührt wesentlich auch den von § 588 Abs. 1 HGB und Regel A YAR geforderten Rettungswillen, der sich auf alle beteiligten Gegenstände beziehen muss. Gemeinsam mit dem Rettungswillen wird der Aspekt der Einbeziehung drohender Personenschäden deshalb sogleich abgehandelt.

Die Abwehrmaßnahme muss unter den YAR nicht auf Anordnung des Kapitäns erfolgen, sodass es unproblematisch ist, dass die betreibende Reederei in aller Regel die Entscheidung zur Lösegeldzahlung trifft und diese veranlasst.[395] Die Reederei ist die am besten geeignete Stelle, um eine verantwortungsvolle und vernünftige Entscheidung zu treffen. Das HGB spricht – insoweit gegenteilig – zwar ausdrücklich von einer Anordnung des Kapitäns. Richtigerweise wird § 588 Abs. 1 HGB jedoch weit verstanden, sodass neben dem Kapitän ein erweiterter Kreis verantwortlicher Personen, zu denen insbesondere der Reeder gehört, Havarie-grosse-Maßnahmen anordnen kann.[396] Dieses Tatbestandsmerkmal dient nämlich nur dem Zweck, zu verhindern, dass Besatzungsmitglieder, Fahrgäste oder sonstige unbefugte Personen mit Singulärinteressen eine Havarie-grosse auslösen.[397] Diese Gefahr besteht hinsichtlich der Reederei nicht; in ihrer Verantwortungsfunktion für das Seeunternehmen als Ganzes steht sie dem Kapitän nicht nach. Bis zu diesem Punkt darf somit festgehalten werden, dass Lösegeldzahlungen an Piraten durch den Reeder die Voraussetzungen der Havarie-grosse nach HGB und

---

[392] Siehe *supra* S. 177 f.; so auch *Wong*, Piracy and General Average, S. 3.

[393] *Wong*, Piracy and General Average, S. 3.

[394] Bejahend offenbar *Wong*, Piracy and General Average, S. 3.

[395] Siehe *supra* S. 177 f.; *Hudson*, York-Antwerp Rules, S. 37 f.; *Kreutziger*, VersR 1965, 407 (409) ist insoweit der Ansicht, dass mangels ausdrücklicher Aussage der YAR ergänzend die deutschen Havarie-grosse-Bestimmungen anzuwenden sind.

[396] *Kreutziger*, VersR 1965, 407 (409), der von einer ausdrücklichen oder stillschweigenden Bevollmächtigung des Reeders durch den Kapitän ausgeht; *Schaps/Abraham*, Seerecht, § 700, Anm. 19, die es genügen lassen, dass die Maßnahmen von Kapitän und Reeder gebilligt wurden; ähnlich *Rabe*, in: Prüssmann, § 700, Rn. 22; *Ritter/Abraham*, ADS I, § 29 Anm. 38 halten insbesondere bei Aufwendungen die Macht der wirtschaftlichen Verhältnisse für stärker als den Buchstaben des Gesetzes; etwas einschränkender *Schlegelberger*, Seeversicherungsrecht, § 29, Rn. 7, der in jedem Fall eine Mitwirkung des Kapitäns verlangt; *Abraham*, Seerecht, S. 231 f. verlangt hingegen das Einverständnis des Kapitäns.

[397] Regierungsentwurf vom 09.05.2012 zum Gesetz zur Reform des Seehandelsrechts, S. 217.

YAR erfüllen. Voraussetzung ist allerdings, dass infolge der Zahlung auch ein Erfolg eintritt. Wenigstens das Schiff, die Ladung oder ein anderer beteiligter Gegenstand muss zumindest teilweise von den Piraten herausgegeben und damit gerettet werden. Die Havarie-grosse erfordert einen objektiven Rettungserfolg.

Neben einem objektiven Rettungs*erfolg* ist auch ein subjektiver Rettungs*wille* erforderlich. Die Abwehrmaßnahme muss – das erfordert der Wortlaut „*zur* Errettung aus einer gemeinsamen Gefahr" – mit einem auf alle Gegenstände gerichteten Rettungswillen vorgenommen werden.[398] Auf den tatsächlichen Erfolg kommt es bei diesem Kriterium allerdings nicht an.[399] Die Willensrichtung bietet eine Abgrenzungsmöglichkeit für Maßnahmen, die ausschließlich zugunsten eines Gegenstandes ergriffen wurden und deshalb nicht in Havarie-grosse zu verteilen sind.[400] Von der Havarie-grosse nicht erfasst ist damit auch der Fall, dass die Ladung vollständig aufgeopfert wird, um das Schiff zu retten.[401] Denn dann bestand kein auf beide Gegenstände bezogener Rettungswille.

Abseits dessen fungiert das Erfordernis eines Gesamtrettungswillens auch als Ausgrenzungsmerkmal, um Rettungsmaßnahmen aus der Havarie-grosse auszuschließen, deren Zweck nicht die Rettung der beteiligten Sachgegenstände ist, sondern die Abwendung von Schäden an anderweitigen Interessen. Dient eine Maßnahme ausschließlich der Rettung von Leib und Leben von Personen, so scheidet Havarie-grosse aus.[402] Deshalb ist die Behandlung von Lösegeldzahlungen in Pirateriefällen problematisch. Neben Schiff und Ladung befindet sich auch die Schiffsbesatzung in der Gewalt der Piraten und dient als Erpressungsmittel. Häufig steht die menschliche Bedrohung im Vordergrund des Lösegeldverlangens. Zum Teil wird die Besatzung nach einer erfolgreichen Entführung auch an Land verbracht, um einer militärischen Befreiung der Geiseln vorzubeugen und diese als Druckmittel einzusetzen.[403] Vor diesem Hintergrund kann die Annahme einer Havarie-grosse bezweifelt werden.[404]

Die Bestimmungen der Havarie-grosse schließen eine Verteilung von Personenschäden grundsätzlich aus.[405] An Bord befindliche Personen sind als

---

[398] Vgl. auch *RGZ* 165, 166 (179 ff.); *BGHZ* 6, 324 (327 f.); *Abraham,* Seerecht, S. 232; *Moltmann,* Das Recht der grossen Haverei, S. 9.
[399] *Schlegelberger,* Seeversicherungsrecht, § 29, Rn. 9.
[400] *Abraham,* Seerecht, S. 232; *Rabe,* in: Prüssmann, § 700, Rn. 15 ff.
[401] *Rabe,* in: Prüssmann, § 700, Rn. 17.
[402] *Schaps/Abraham,* Seerecht, § 700 Anm. 18.
[403] *Schwampe,* TranspR 2009, 462 (469).
[404] Vgl. insoweit *Schwampe,* TranspR 2009, 462 (468 f.); *Pfeifle,* in: Drees/Koch/Nell, S. 107 (163 f.).
[405] Dies ergibt sich bereits aus dem Wortlaut von § 588 Abs. 1 und 2 HGB. Gleiches folgt auch aus den Bestimmungen der YAR.

solche auch nicht beitragspflichtig. Es handelt sich insoweit ausschließlich um eine Sachschadensumlage unter Einbeziehung von Aufwendungen. Dies liegt schon darin begründet, dass Leib und Leben von Menschen nicht monetarisierbar sind[406] und schon gar nicht zugunsten von Sachwerten preisgegeben werden dürfen. Kurz gesprochen werden Personen als solche von der Havarie-grosse ausgeschlossen.

Abweichend davon bestimmte das alte HGB-Recht in § 706 Nr. 5, 6 HGB a.F. zwei Ausnahmen. Gemäß Nr. 5 umfasste die Havarie-grosse im Falle der Verteidigung des Schiffes gegen Piraten auch die Heilungs- und Begräbniskosten, soweit bei der Verteidigung ein Mitglied der Schiffsbesatzung verwundet oder getötet wurde. Der Personenschaden wurde insoweit aber lediglich auf die beteiligten Sachinteressenträger umgelegt. Wichtiger für die Fälle der Lösegeldpiraterie ist hingegen Nr. 6. Danach ist ein Fall der Havariegrosse ausdrücklich gegeben, wenn das Schiff samt Ladung von Piraten freigekauft werden muss. Und hier bestimmt § 706 Nr. 6 S. 2 HGB a.F. interessanterweise:

„Was zum Loskaufe gegeben ist [für Schiff und Ladung], bildet nebst den durch den Unterhalt und die Auslösung der Geiseln entstehenden Kosten die große Haverei."[407]

Die Vorschrift bestimmt insoweit ausdrücklich, dass im Falle der Auslösung von Schiff und Ladung aus der Geiselhaft von Piraten auch solche Aufwendungen zu den in Havarie-grosse auf die Beteiligten umzulegenden Kosten gehören, die für die Befreiung der Personen getätigt wurden. Die Vorschrift begründete somit einen Tatbestand, der auch solche Aufwendungen in die Havarie-grosse einbezieht, die zur Abwendung von Personenschäden aufgewendet wurden. Voraussetzung für die Einbeziehung solcher Aufwendungen ist aber, dass kumulativ ein Fall des Loskaufs von Schiff und Ladung gegeben ist. Denn § 706 Nr. 6 S. 1 HGB a.F. regelt zunächst die Voraussetzungen dieser Havarie-grosse-Variante, nämlich den Loskauf von Schiff und Ladung; erst Satz 2 legt fest, was alles zu den Aufwendungen in dieser Variante gehört. Zudem müssen auch in den Fällen des § 706 HGB a.F. alle in den §§ 700, 702, 703 HGB a.F. genannten Voraussetzungen der Havarie-grosse gegeben sein. Dazu gehört auch ein auf Schiff und Ladung gemeinsam gerichteter Rettungswille.

Damit ist von § 706 Nr. 6 HGB a.F. nicht der Fall erfasst, dass die Piraten die Schiffsbesatzung von Bord nehmen, Schiff und Ladung unberücksichtigt lassen und erkennbar ausschließlich für die Freilassung der Schiffsbesatzung Lösegeld fordern. Dann fehlt es sowohl an der Voraussetzung des

---

[406] Siehe *Spencer*, in: Newsletter of the Committee on Marine Insurance and General Avcrage, S. 3. Zwar sind die von Menschen erlittenen Schäden in Form von Behandlungs- bzw. Begräbniskosten monetär bestimmbar, jedoch kann nicht festgelegt werden, mit welchem Wert ein Mensch an der Havarie-grosse-Verteilung teilnimmt.

[407] Ergänzung hinzugefügt.

§ 706 Nr. 6 S. 1 HGB a.F. als auch an einem gemeinsamen Rettungswillen im Sinne von § 700 Abs. 1 HGB bzw. Regel A YAR.

Soweit diese Voraussetzungen jedoch erfüllt sind, waren nach altem HGB-Recht die zugunsten der Schiffsbesatzung getätigten Aufwendungen ausdrücklich ebenfalls in Havarie-grosse zu verteilen. Eine Proportionierung des bezahlten Lösegeldes auf Sachwerte und Personen fand dementsprechend nach seehandelsrechtlichen Bestimmungen nicht statt. Dies gilt auch dann, wenn die Anwendung der YAR vereinbart wurde, da § 706 HGB a.F. den Bestimmungen der YAR nicht entgegensteht und insoweit ergänzend anwendbar war.[408]

Mit der Modernisierung des Seehandelsrechts ist § 706 HGB a.F. ersatzlos gestrichen worden. Seit Anfang des Jahres 2013 kann die Vorschrift somit nicht mehr zur Lösung des Problems herangezogen werden. Sie kann allenfalls noch als Indiz dafür dienen, dass der Gesetzgeber die Kostenlast in Piraterieefällen trotz Einbeziehung von Personen ausschließlich den Interesseninhabern an den beteiligten Sachwerten aufbürden wollte. Dies ließe sich insbesondere vor dem Hintergrund vertreten, dass es dem Gesetzgeber im Rahmen des Seehandelsrechtsreformgesetzes vorrangig um eine Verschlankung und Modernisierung der Havarie-grosse ging und nicht um eine Veränderung ihrer wesentlichen Eigenschaften.[409] Allerdings bezeugt der Regierungsentwurf zugleich den deutlichen Willen des Gesetzgebers, dass das Vorliegen von Havarie-grosse nunmehr ausschließlich anhand der abstrakten Kriterien gemäß § 588 Abs. 1 HGB bestimmt werden soll.[410] Auf eine Vorschrift wie § 706 HGB a.F. wurde deshalb ausdrücklich verzichtet. Mit § 706 Nr. 6 HGB a.F. stellte das aufgehobene Recht eine Ausnahme[411] – jedenfalls aber eine Konkretisierung – zu der abstrakten Havarie-grosse Definition bereit. Diese ist nun (bewusst) entfallen.

Die Lösung ergibt sich jedoch aus grundlegenden Erwägungen zur Havarie-grosse. Das Recht der Havarie-grosse befasst sich nicht ausschließlich mit Schäden an, Aufopferungen von und Aufwendungen zugunsten von Gegenständen. Zwar ist dies der Wesenskern des Rechtsinstituts, weshalb sich das Gros der Bestimmungen in den §§ 588 ff. HGB und den YAR auch diesen Elementen zuwendet. Darüber hinaus enthalten die Bestimmungen, fast unscheinbar, auch eine Regelung hinsichtlich der Schiffsbesatzung und der Fahrgäste. § 591 Abs. 1 HGB bestimmt, dass Schiffsbesatzung und Fahrgäste

---

[408] *Schwampe*, TranspR 2009, 462 (468).
[409] Regierungsentwurf vom 09.05.2012 zum Gesetz zur Reform des Seehandelsrechts, S. 91 und 216.
[410] An mehreren Stellen wird darauf ausdrücklich hingewiesen, siehe Regierungsentwurf vom 09.05.2012 zum Gesetz zur Reform des Seehandelsrechts, S. 217, 218.
[411] So wohl *Schlegelberger*, Seeversicherungsrecht, S. 29, Rn. 8, dessen Aussage sich zwar auf § 706 Nr. 5 HGB a.F. bezieht, jedoch aufgrund der Parallelität zu Nr. 6 auf diese übertragbar ist.

keinen Beitrag zu leisten haben. Gleichsam führt Regel XVII YAR unter den beitragspflichtigen Werten nicht die Personen an Bord des Schiffes auf und nimmt gar das Gepäck von Passagieren als Sachwert von der Beteiligung aus. Daraus ergibt sich zunächst offensichtlich, dass an Bord befindliche Personen von der Kostenlast der Havarie-grosse schlichtweg nicht getroffen werden sollen. In dieser Bestimmung steckt aber noch eine weitere, vielleicht nicht ganz offensichtliche Erkenntnis. Der Umstand, dass die Regelungswerke die an Bord befindlichen Personen ausdrücklich ansprechen verrät, dass den Regelungsgebern bewusst gewesen ist, dass sich stets auch Personen an Bord eines in eine Havarie-grosse-Situation geratenen Schiffes befinden. Es ist daher auch natürlich, dass diese Personen gleich den beteiligten Gegenständen in Gefahr geraten und etwaige Rettungsmaßnahmen stets auch der Schiffsbesatzung oder Fahrgästen zugutekommen würden. Trotz dieses Bewusstseins sollten die Vermögenseinbußen einer Havarie-grosse-Maßnahme ausschließlich unter den Sachwertinteressenten verteilt werden. Dem Recht der Havarie-grosse ist es somit inhärent, dass etwaige Maßnahmen auch zum Wohle von Personen gereichen. Die Rettung von Personen ist dann quasi der Reflex einer erfolgreichen Sachrettung. Die Entstehung von Havarie-grosse hindert dies nicht. Beispielhaft sei angeführt, dass bei der Flutung des Laderaumes wegen eines Brandes, der sich auszubreiten droht, natürlich das Schiff und die übrige Ladung gerettet werden sollen. Ebenso natürlich rettet die Maßnahme aber auch die Schiffsbesatzung, die bei ungehindertem Fortgang des Brandes mit einiger Wahrscheinlichkeit umkommen würde. Deshalb ließe sich eine Havarie-grosse-Verteilung nicht ablehnen. Das Rechtsinstitut wäre sonst sinnlos. Gleichfalls muss dies dann auch in Fällen der Lösegeldpiraterie gelten. Nur weil die Lösegeldbezahlung neben Schiff und Ladung auch zur Befreiung der Schiffsbesatzung dient, ist Havarie-grosse nicht ausgeschlossen. Schließlich können die beteiligten Gegenstände gerade nur wegen der Lösegeldzahlung gerettet werden. Ohne diese wären Schiff, Ladung und Treibstoff definitiv verloren, ungeachtet dessen, was mit der Schiffsbesatzung geschieht. In der *Royal Boskalis*-Entscheidung entkräfteten die Richter mit einer ähnlichen Begründung zu Recht die Argumentation der Beklagten, der Ersatzanspruch der Klägerin sei zu kürzen, weil es ihr nicht nur um die Rettung der Sachwerte, sondern auch um das Leben der Besatzung gegangen sei.[412] Diese Einbeziehung der Personen in die Kostenlast verbietet jedoch das englische Recht, ebenso wie das HGB und die YAR. In dieser Entscheidung ging es zwar um einen Anspruch auf Schadensabwendungskosten (*sue & labour*); der dahinterstehende Gedanke ist im Grunde aber der gleiche.[413]

---

[412] *Royal Boskalis* [1999] Q.B. 674 (739). Die Vorinstanz kürzte den Ersatzanspruch noch um 50%.

[413] Die Parallele zeigt auch Lord Justice *Phillips* in seiner Entscheidung auf, *Royal Boskalis* [1999] Q.B. 674 (739).

Das erforderliche Merkmal des gemeinsamen Rettungswillens wird somit nicht schon dadurch vereitelt, dass eine Rettungsmaßnahme auch zugunsten von Personen schadensverhütend wirkt oder neben dem auf alle beteiligten Gegenstände bezogenen Rettungswillen auch ein Rettungswille hinsichtlich der Besatzung besteht. Zu einem anderen Ergebnis gelangt man erst dann, wenn hinsichtlich der beteiligten Gegenstände kein gemeinsamer Rettungswille mehr festzustellen ist, weil sich der vorhandene Rettungswille ausschließlich auf die Schiffsmannschaft bezieht. Im Ergebnis stellt die Lösegeldzahlung an Piraten zur Befreiung von Schiff, Ladung und weiteren beteiligten Gegenständen sowie der Schiffsbesatzung unter seehandelsrechtlichem Gesichtspunkt eine Havarie-grosse dar.

bb) Seeversicherungsrechtliche Voraussetzungen

Die Lösegeldzahlung durch den Reeder als Versicherungsnehmer stellt unter Geltung der DTV-ADS eine Aufwendung im engeren Sinne dar. Ihre Ersatzfähigkeit richtet sich demnach nach den Ziff. 28.1, 30.1 DTV-ADS. Sind hingegen die ADS anwendbar, so stellt die Lösegeldzahlung einen Posten der Passivseite der Havarie-grosse dar, der lediglich anteilig als Beitrag erstattet werden kann. Darüber hinaus unterscheiden sich die Deckungsvoraussetzungen für die Havarie-grosse in den beiden Bedingungswerken nicht.

Die seeversicherungsrechtliche Seite verlangt über die seehandelsrechtlichen Havarie-grosse-Voraussetzungen hinaus lediglich, dass durch die Havarie-grosse-Maßnahme ein versicherter Schaden abgewendet werden sollte. Dies setzt eine Maßnahme zur Verhütung eines versicherten Schadens aufgrund einer versicherten Gefahr voraus. Die relevante Gefahr, die es durch die Lösegeldzahlung abzuwenden gilt, ist die Gefahr der Piraterie.[414] Je nach Vertragsgestaltung fällt diese in den Bereich der Seekasko- oder der Kriegskaskoversicherung. Hinsichtlich des Schadens muss es sich um einen Teilschaden oder den Totalverlust handeln. Unzweifelhaft droht durch die Schiffsentführung regelmäßig der Totalverlust des Schiffes.

An dieser Stelle wird – nunmehr auf der versicherungsrechtlichen Seite der Havarie-grosse – erneut die seehandelsrechtlich unter dem Aspekt des gemeinsamen Rettungswillens bereits behandelte Problematik relevant. Wie wirkt es sich auf die Havarie-grosse-Deckung aus, dass die Lösegeldzahlung (auch) der Abwendung drohender Personenschäden dient? Diese sind keine versicherten Schäden im Sinne der Ziff. 28.1 DTV-ADS und § 28 Abs. 1 S. 2 ADS. Es wäre bequem, in dieser Frage auf die Ausführungen zu den seehandelsrechtlichen Voraussetzungen zu verweisen und diesen Aspekt als un-

---

[414] Relevant sind entgegen der Ansicht *Spencers* nicht die allgemeinen Seegefahren. Vgl. dazu *supra* Teil 2 Fn. 383 und den dazugehörigen Text.

schädlich abzuweisen. Ein solcher Pauschalverweis verbietet sich jedoch, weil die Beurteilungsgrundlage eine andere ist.

Den seehandelsrechtlichen Vorschriften des HGB und der YAR liegt ein erweiterter Blickwinkel zugrunde, aus dem Gesetzgeber und CMI den Bereich der Havarie-grosse betrachten. Neben Sachinteressen berücksichtigen sie auch personelle Belange und treffen eine wertende Entscheidung hinsichtlich der Kostenlast, die zugunsten der an Bord befindlichen Personen und zulasten der Sachinteressenträger ausfällt.[415] Die Seekaskobedingungen gehen von einem engeren Blickwinkel aus, der sich von vornherein ausschließlich auf Sachinteressen beschränkt. Eine Wertung oder gar Abwägung mit personenbezogenen Interessen und Belangen findet hier nicht statt. ADS und DTV-ADS schließen eine Haftung für Personenschäden grundsätzlich aus, weil es sich um Sachversicherungsbedingungen handelt. Deshalb muss auf Seiten der Havarie-grosse-Deckung erneut der Frage nachgegangen werden, ob der Kaskoversicherer für Aufwendungen – gegebenenfalls auch gemeinsam mit den übrigen beteiligten Sachversicherern – (vollständig) aufkommen muss, wenn diese ebenso den an Bord befindlichen Personen und mittelbar den Personenrisikoversicherern zugutekommen.

Aufgrund des engeren Blickwinkels könnte diese Frage hier anders zu beurteilen sein als im Seehandelsrecht. Zunächst ist zu untersuchen, ob es für den Anspruch auf Havarie-grosse-Deckung schädlich ist, wenn neben dem versicherten Schaden auch ein nichtversicherter Schaden verhütet wurde.[416] Die Rettung stellt sich insoweit als eine Art „auch versicherungsfreies" Ereignis dar.

In der Seeversicherung ist dieser Problemkreis bisher eher im Bereich der Schadensabwendungs- und Schadensminderungskosten diskutiert worden. Auch hierbei geht es um Aufwendungen, die zur Verhinderung eines drohenden oder Minderung eines eingetretenen Schadens vom Versicherungsnehmer getätigt werden und unter den Voraussetzungen der § 32 ADS und Ziff. 31 DTV-ADS vom Versicherer zu ersetzen sind. Entscheidend ist dabei – ebenso wie bei Havarie-grosse-Aufwendungen – dass sie zu dem Zweck getätigt wurden, einen versicherten Schaden abzuwenden oder zu mindern. Nach überwiegender Ansicht braucht dies aber nicht der einzige Zweck der Handlung zu sein.[417] Vielmehr sind Aufwendungen nach § 32 ADS und Ziff. 31 DTV-ADS auch dann ersatzpflichtig, wenn neben dem Zweck der Sachwertrettung andere Zwecke verfolgt worden sind.[418] Dies gilt selbst dann, wenn das Ziel der Sachwertrettung in den Hintergrund tritt und es vor-

---

[415] Siehe *supra* S. 201 f.
[416] So auch *Schwampe*, TranspR 2009, 462 (471).
[417] *Ritter/Abraham*, ADS I, § 32 Anm. 11 und 13; *Kisch*, WuRVers 1916/1917, 268 (279 ff.); a.A. offenbar *OLG Hamburg* HGZ 1920, 13 (14 f., 17).
[418] *Ritter/Abraham*, ADS I, § 29 Anm. 13.

wiegend um andere Zwecke geht.[419] Dasselbe Bild prägt das Versicherungsrecht auch außerhalb der Seeversicherung. Schadensabwendungs- und Schadensminderungsaufwendungen gemäß den §§ 83, 82 VVG verlangen keinen subjektiven Rettungswillen.[420] Aufwendungen sind entsprechend auch dann zu ersetzen, wenn der Versicherungsnehmer vom bestehenden Versicherungsschutz nicht einmal Kenntnis hatte.[421] Erst recht besteht dann eine Haftung des Versicherers, wenn mehrere Zwecke verfolgt werden[422] und auch dann, wenn der Wille, nicht versicherte Sachen zu retten, im Vordergrund steht.[423]

Nichts anderes kann für Aufwendungen gemäß § 32 ADS bzw. Ziff. 31 DTV-ADS gelten.[424] Das Merkmal der Aufwendung zur Abwendung oder Minderung eines versicherten Schadens ist dementsprechend – anders als der Rettungswille bei den seehandelsrechtlichen Voraussetzungen der Havarie-grosse – nicht subjektiv, sondern objektiv zu bestimmen.[425]

Dieser Maßstab ist auf die Havarie-grosse-Deckung übertragbar. Beide Deckungsvarianten sind sich in ihrer versicherungsrechtlichen Struktur sehr ähnlich. Zwar liegt ein wesentlicher Unterschied zwischen Schadensabwendungs- und Schadensminderungskosten nach § 32 ADS und der Havarie-grosse-Deckung unter § 29 Abs. 1 ADS in Bezug auf Aufwendungen darin, dass Erstere eine direkte und vollständige Deckung bieten, Letztere lediglich eine indirekte, anteilige Deckung. Dieser Unterschied wurde in Ziff. 28.1, 30.1 DTV-ADS jedoch unterdessen angepasst. Zudem wirkt er sich vorrangig lediglich auf die Höhe des Ersatzanspruches aus. Die Kernstruktur der beiden Deckungsinstitute wird dadurch nicht betroffen. Insoweit sind sie vielmehr wesensverwandt, wie die gemeinsame Begrenzung auf Aufwendungen zur Abwendung eines versicherten Schadens belegt.[426] Beide Deckungen erfordern im Wesentlichen dieselbe Rettungshandlung; sie dienen beide dem Zweck, dem Kaskoversicherer deckungspflichtige Schäden zu ersparen. Zum Ausgleich gewähren beide Konzepte dem Versicherungsnehmer einen Erstattungsanspruch für Aufwendungen. Deshalb ist für die Beurteilung des Merk-

---

[419] *Kisch*, WuRVers 1916/1917, 268 (279); *Ritter/Abraham*, ADS I, § 29 Anm. 11; *Schwampe*, VersR 2007, 1177 (1182).

[420] *BGH* VersR 1997, 351; *OLG Karlsruhe* VersR 1994, 468 (469); *OLG Köln* r+s 2006, 147 (148); *Langheid*, in: Römer/Langheid, § 83, Rn. 6; *Voit*, in: Prölss/Martin, § 83, Rn. 4.

[421] *Voit*, in: Prölss/Martin, § 83, Rn. 4.

[422] Beispielsweise bei Erfüllung einer öffentlich-rechtlichen Pflicht: *BGH* VersR 2007, 200 (201); *RGZ* 112, 384 (386 f.).

[423] *BGH* VersR 1994, 1181 (1182); *OLG Karlsruhe* 1994, 468 (469); *OLG Koblenz* VersR 2007, 831.

[424] Richtig und ausführlich *Ritter/Abraham*, ADS I, § 32 Anm. 16 ff.

[425] So auch *Kisch*, WuRVers 1916/1917, 268 (279). Auch eine Reflexhandlung kann insoweit eine ersatzfähige Aufwendung darstellen, soweit die übrigen Voraussetzungen vorliegen, vgl. *OLG Koblenz* VersR 2007, 831; *OLG Köln* r+s 2006, 147 (148); *OLG Hamm* VersR 2004, 1409 (1409 f.); *Voit*, in: Prölss/Martin, § 83, Rn. 4.

[426] *Schwampe*, TranspR 2009, 462 (472).

mals der Abwendung eines versicherten Schadens gemäß § 29 Abs. 1 S. 2 ADS und Ziff. 28.1 DTV-ADS ebenso wie bei § 32 ADS bzw. Ziff. 31 DTV-ADS ein objektiver Maßstab anzulegen.

Das Vorliegen eines auf die Rettung der Schiffsmannschaft gerichteten Willens bei der Lösegeldzahlung steht der Anwendung der Havarie-grosse-Deckung für Aufwendungen somit nicht entgegen. Dies gilt selbst dann, wenn die Personenrettung das primäre Motiv der Lösegeldzahlung ist und die Rettung der Gegenstände in den Hintergrund tritt. Ein subjektives Korrektiv enthält bei Havarie-grosse ausschließlich die seehandelsrechtliche Seite. Aus den oben genannten Gründen wird die Havarie-grosse in Lösegeldfällen dadurch jedoch nicht berührt. Ist jedoch objektiv keine auf die Rettung des Schiffes gerichtete Maßnahme mehr erkennbar und bezieht sich die Rettungshandlung ausschließlich auf die Besatzung, so scheidet ein Anspruch aus § 29 ADS oder Ziff. 28.1, 30.1 DTV-ADS aus.

e) Ergebnis

Die Bezahlung von Lösegeld erfüllt in Fällen der Lösegeldpiraterie regelmäßig die seehandelsrechtlichen Voraussetzungen der Havarie-grosse sowohl unter den Bestimmungen des HGB als auch unter den YAR. Eine durch die Lösegeldbezahlung bewirkte Rettung der Schiffsbesatzung steht dem nicht entgegen. Eine solche Lösegeldzahlung durch den Reeder fällt unter die Havarie-grosse-Deckung der ADS und DTV-ADS. Soweit die ADS maßgeblich sind, haftet der Seekasko- bzw. der Kriegskaskoversicherer nur für den auf den Versicherungsnehmer nach der Dispache entfallenden Anteil des Lösegeldes als Beitrag im Sinne von § 29 Abs. 1 ADS. Der Anspruch ist höhenmäßig auf die Versicherungssumme begrenzt. Soweit der zu ersetzende Beitrag den Versicherungswert übersteigt, haftet der Versicherer gemäß § 30 Abs. 8 ADS zudem nur für den Beitrag des Versicherungsnehmers im Verhältnis des Versicherungswerts zum Beitragswert. Es findet keine Abzugsfranchise Anwendung.

Sind hingegen die DTV-ADS Vertragsgrundlage, erstreckt sich die Haftung des Versicherers auf die volle Lösegeldsumme gemäß den Ziff. 28.1, 30.1 DTV-ADS.[427] Die Lösegelder sind insoweit als Havarie-grosse-Aufwendungen gedeckt. Eine Deckelung der Haftung durch die Versicherungssumme besteht gemäß Ziff. 41.2 DTV-ADS nicht. Es spielt somit keine Rolle, ob die Lösegelder gemeinsam mit den übrigen Entschädigungen die Versicherungssumme übersteigen.

---

[427] Diesen entscheidenden Unterschied zu den ADS/DTV-KK1 übersieht *Wesemann*, Seehandels- und seeversicherungsrechtliche Probleme der modernen Piraterie am Horn von Afrika, S. 90, denn er bezeichnet § 29 Abs. 1 ADS und Ziff. 28.1 DTV-ADS als inhaltsgleich.

f) Informelle Havarie-grosse-Verteilung

In der Praxis werden Fälle der Lösegeldpiraterie überwiegend der Havariegrosse zugeordnet. Soweit sich keine erheblichen Besonderheiten in Einzelfällen ergeben, befürworten wohl auch die Dispacheure bzw. die sog. *general average adjuster* die Anwendung der Havarie-grosse in Lösegeldfällen.[428] Die formelle Durchführung der Havarie-grosse-Verteilung erfordert die Aufmachung der Dispache. Dieses Verfahren ist in der Praxis insbesondere bei vielen Ladungsbeteiligten äußerst komplex und sehr zeitintensiv. Zudem fallen nicht unerhebliche Kosten an. Aus diesen Gründen unternehmen die Beteiligten in Lösegeldfällen in aller Regel zunächst den Versuch, sich informell über die Kostenverteilung zu einigen.[429] Gelingt dies unter den Beteiligten, müssen zudem die jeweiligen Versicherer einbezogen werden, da ein Anspruch auf Erstattung der informell festgelegten Beteiligung an den Kosten nicht ohne Weiteres besteht. Nicht selten dürften die Verhandlungen über die Kostenverteilung in der Praxis von den Versicherern von Beginn an wesentlich beeinflusst sein.

Jedenfalls aus der Sicht des Reeders besteht aus Gründen einer unklaren Rechtslage keine Veranlassung, sich auf informelle Vereinbarungen zu verlassen. Mit der Lösegeldzahlung erwirbt er einen seehandelsrechtlichen Anspruch gegen die übrigen Havarie-grosse-Genossen und darüber hinaus auch einen versicherungsrechtlichen Anspruch gegen den See- bzw. Kriegskaskoversicherer.

Lediglich die erhöhte Zeit- und Kostenlast spricht für eine informelle Einigung. Um der Rechtssicherheit und einer schnellen Lösung weiter Vorschub zu leisten, ist es deshalb angebracht, das Abwicklungsverfahren der Havariegrosse auf den Prüfstand zu stellen und zu überlegen, inwieweit Veränderungen möglich sind, die den Bedürfnissen aller Beteiligten – auch der Versicherer – gerecht werden und Kosten und Zeit einsparen.

---

[428] *Wong*, Piracy and General Average, S. 5; *Spencer*, in: Newsletter of the Committee on Marine Insurance and General Average, S. 4 f.; *Ebert/Endriß/Loos u.a.*, Munich RE, Schadenspiegel 2/2009, S. 37; *Steer*, Piracy and General Average, S. 1 ff.; *Phillips*, Business Insurance 26.07.2009.

[429] *Watkins*, in: Topics Risk Solutions 1/2012, Munich RE, S. 16; *Berg/Artmann/Kratz u.a.*, Münchener Rück, Piraterie – Neue Dimension, S. 20; *Pfeifle*, in: Drees/Koch/Nell, S. 107 (170); *Ebert/Endriß/Loos u.a.*, Munich RE, Schadenspiegel 2/2009, S. 38; *Phillips*, Business Insurance 26.07.2009; *Schmidt-Kasparek*, ZfV 2009, 41; *Paulsen/Stoian*, Piracy, S. 20; *Spencer*, in: Newsletter of the Committee on Marine Insurance and General Average, S. 4 führt ein aufschlussreiches Rechenbeispiel an, welche Kosten durch eine informelle Abwicklung eingespart werden können.

4. Lösegeldersatz als Schadensabwendungskosten

Ein Anspruch des Versicherungsnehmers auf Erstattung der bezahlten Lösegelder kann sich auch unter dem Gesichtspunkt der Schadensabwendungs- und Schadensminderungskosten gemäß § 32 ADS bzw. Ziff. 31 DTV-ADS ergeben. Beauftragt der Versicherer den Versicherungsnehmer damit, das Lösegeld an die Piraten zur Auslösung des Schiffes zu bezahlen, so haftet er für Aufwendungen gemäß § 32 Abs. 1 Nr. 2 ADS bzw. Ziff. 31.1.2 DTV-ADS. Dies dürfte regelmäßig jedoch nicht der Fall sein, sodass es auf die Voraussetzungen des Aufwendungserstattungsanspruchs aus § 32 Abs. 1 Nr. 1 ADS und Ziff. 31.1.1 DTV-ADS ankommt.

a) Voraussetzungen

Der Versicherer ersetzt Aufwendungen, die der Versicherungsnehmer bei Eintritt des Versicherungsfalls zur Abwendung oder Minderung eines unter der Versicherung zu ersetzenden Schadens macht und den Umständen nach für geboten halten durfte.[430] Ob als Aufwendungen hier nur Aufwendungen im engeren Sinne, also insbesondere die Bezahlung von Geld, oder auch Aufwendungen im weiteren Sinne, also auch die Aufopferung des versicherten Gegenstands, in Betracht kommt, ist strittig.[431] Hinsichtlich der Lösegelder kann dies aber dahinstehen, da es sich insoweit unzweifelhaft um Aufwendungen im Sinne von § 32 ADS und Ziff. 31 DTV-ADS handelt.

Die Aufwendungen müssen bei Eintritt des Versicherungsfalls gemacht werden. Bei diesem Kriterium ist zwischen Aufwendungen zur Schadensabwendung und solchen zur Schadensminderung zu differenzieren. Der Versicherungsfall ist eingetreten, wenn eine Gefahr in einen Schaden umschlägt. Dann sind etwaige Aufwendungen Schadensminderungsaufwendungen. Der Versicherungsfall ist auch dann eingetreten, wenn die Entstehung eines Schadens aus einer Gefahr unmittelbar bevorsteht. Die dann getätigten Aufwendungen sind Schadensabwendungsaufwendungen.[432] Parallel zur „gemeinsamen Gefahr" bei Havarie-grosse ist der Versicherungsfall im Sinne des

---

[430] Ziff. 31.1.1 DTV-ADS. In § 32 Abs. 1 Nr. 1 ADS fehlt eine ausdrückliche Bezugnahme auf einen „unter der Versicherung zu ersetzenden" Schaden. Dies wurde aber als selbstverständlich vorausgesetzt und ergibt sich zudem aus dem Verhältnis zur Schadensabwendungs- und Schadensminderungspflicht nach § 41 ADS, vgl. *Ritter/Abraham,* ADS I, § 32 Anm. 13; *Schlegelberger,* Seeversicherungsrecht, § 32, Rn. 6.

[431] Für Aufwendungen i.e.S.: *Schlegelberger,* Seeversicherungsrecht, § 32, Rn. 3; *Ritter/Abraham,* ADS I, § 32 Anm. 8, die darauf hinweisen, dass Aufopferungen des versicherten Gegenstands, soweit sie nicht unter die Havarie-grosse-Deckung fallen, grundsätzlich als Versicherungsschaden behandelt werden und nicht als Aufwendung. A.A. *Kisch,* WuRVers 1916/1917, 268 (335 f.).

[432] *Schlegelberger,* Seeversicherungsrecht, § 32, Rn. 4 und § 5, Rn. 4; *Ritter/Abraham,* ADS I, § 32 Anm. 12 und § 5 Anm. 28.

§ 32 ADS und der Ziff. 31 DTV-ADS eingetreten, wenn eine gegenwärtige Gefahr besteht.[433] Die Entführung des Schiffes durch Piraten bedeutet eine gegenwärtige Gefahr für das Schiff, denn der Totalverlust droht unmittelbar.[434] Der Versicherungsfall ist deshalb eingetreten.

Die Lösegeldzahlung erfolgt auch zur Abwendung eines versicherten Schadens, weil durch die Entführung der Totalverlust des Schiffes zu befürchten und dies auf die von der See- oder Kriegskaskoversicherung erfasste Piraterjegefahr zurückzuführen ist. Unschädlich ist dabei, dass die Lösegeldzahlung auch der Befreiung der Schiffsbesatzung und damit dritten Interessen zugutekommt. Im Rahmen der Havarie-grosse wurde bereits ausgeführt, dass es insoweit auf einen objektiven Maßstab ankommt und es ausreichend ist, dass die Aufwendung auch zur Abwendung eines versicherten Schadens getätigt wurde.[435] *Ritter/Abraham* sehen eine passende Parallele zur Unterversicherung: Auch hier werden Aufwendungen einerseits zur Abwendung eines versicherten Schadens gemacht; für den die Versicherungssumme übersteigenden Versicherungswert des Schiffes fehlt es hingegen an einem versicherten Schaden.[436] Dennoch hindert dies nicht die Entstehung eines Aufwendungsersatzanspruches gemäß § 32 ADS bzw. Ziff. 31 DTV-ADS. § 8 ADS und Ziff. 11 DTV-ADS ordnen insoweit eine anteilige Haftung des Versicherers an.

Die Fälle, in denen durch die Aufwendungen neben dem kaskoversicherten Schaden auch drohende Schäden für anderweitige Interessen, die unversichert oder bei einem anderen Versicherer gedeckt sind, abgewendet werden sollen, sind der Situation der Unterversicherung ebenso verwandt wie die Fälle, in denen neben dem versicherten Kaskoschaden auch die Interessen Dritter gewahrt und vor Schaden bewahrt werden.[437] Für all diese Fälle sind § 8 ADS bzw. Ziff. 11 DTV-ADS zwar nicht direkt anwendbar.[438] Der Versicherungsnehmer gilt in Anbetracht der nicht versicherten Schäden anders als bei der Unterversicherung nämlich nicht als Selbstversicherer.[439] Dennoch ist die

---

[433] *Ritter/Abraham,* ADS I, § 32 Anm. 12; jeweils zur Havarie-grosse *RGZ* 165, 166 (171 ff.); *RG* HGZ 1885, 165 (167); auch als unmittelbare Gefahr bezeichnet in *RG* HGZ 1901, 281 (283); *LG Hamburg* Hansa 1960, 1798. Jeweils im Gegensatz zu einer bloß drohenden oder entfernten oder künftigen Gefahr.
[434] Vgl. dazu die Ausführungen zur gemeinsamen Gefahr bei Havarie-grosse *supra* S. 195 ff.
[435] Siehe *supra* S. 203 ff.
[436] *Ritter/Abraham,* ADS I, § 32 Anm. 14 ff.
[437] *Ritter/Abraham,* ADS I, § 32 Anm. 17 halten in letzteren Fällen § 32 ADS jedoch nicht für anwendbar, wenn die Voraussetzungen der Havarie-grosse erfüllt sind. Dann seien die §§ 29 ff. ADS speziell. Siehe zum Verhältnis der beiden Ansprüche auch *infra* S. 217 ff.
[438] *Ritter/Abraham,* ADS I, § 32 Anm. 16.
[439] Zur beschränkt analogen Anwendung von § 8 ADS und Ziff. 11 DTV-ADS siehe aber *infra* S. 212 ff.

Vorschrift Beleg dafür, dass die gleichzeitige Rettung nicht versicherter Interessen die Entstehung eines Aufwendungserstattungsanspruchs jedenfalls nicht hindert. Inwieweit sich die Rettung der anderen Interessen auf die Höhe des Erstattungsanspruchs auswirkt, bleibt hingegen zu besprechen.[440]

Schließlich entsteht die Leistungspflicht des Versicherers für Aufwendungen nach § 32 Abs. 1 Nr. 1 ADS und Ziff. 31.1.1 DTV-ADS nur dann, wenn der Versicherungsnehmer die Aufwendungen im Zeitpunkt des Versicherungsfalls den Umständen nach für geboten halten durfte. Dabei handelt es sich nicht um eine *ex post* anzusetzende Gebotenheitsprüfung.[441] Ob eine Aufwendung tatsächlich geboten war, spielt keine Rolle; auch geht es nicht darum, wie ein objektiver Dritter die Sachlage beurteilt haben würde.[442] Entscheidend ist vielmehr, was der konkrete Versicherungsnehmer oder die für ihn handelnde Person unter den konkreten Umständen für geboten halten *durfte*. Das bedeutet, dass die Aufwendung ohne Fahrlässigkeit für geboten erachtet werden muss.[443] Neben den subjektiven Einschlag des Kriteriums tritt durch die im Verkehr erforderliche Sorgfalt ein objektives Element.[444] Dies entspricht im Wesentlichen den Anforderungen an den Aufwendungsersatz nach § 670 BGB.[445]

Hinsichtlich des Fahrlässigkeitsmaßstabs ist zwischen den ADS und den DTV-ADS zu differenzieren. § 33 Abs. 1 ADS schließt die Leistungspflicht des Versicherers bereits bei einfacher Fahrlässigkeit aus, es sei denn, es handelt sich um nautisches Verschulden. Dann begründet erst grobe Fahrlässigkeit die Leistungsfreiheit des Versicherers. In Anbetracht der Aufwendungen in Fällen der Lösegeldpiraterie geht es jedoch nicht um nautisches Verschulden, sodass die einfache Fahrlässigkeit den Beurteilungsmaßstab bildet.

Die DTV-ADS haben mit Ziff. 34.1 einen versicherungsnehmerfreundlicheren Ansatz gewählt und legen dem Versicherungsnehmer grundsätzlich nur grobe Fahrlässigkeit und Vorsatz zur Last. Ein Anspruch aus Ziff. 31.1.1 DTV-ADS wird dem Versicherungsnehmer damit erst dann verwehrt, wenn er die getätigten Aufwendungen in grob fahrlässiger Weise für geboten gehalten hat.

In seine Erwägungen muss der Versicherungsnehmer insbesondere die Höhe der Gefahr und der drohenden Schäden sowie das Wertverhältnis zwischen drohenden Schäden bzw. der Versicherungssumme und den zu tätigenden

---

[440] Siehe dazu *infra* S. 212 ff.
[441] *Ritter/Abraham*, ADS I, § 32 Anm. 19.
[442] *Ritter/Abraham*, ADS I, § 32 Anm. 19; *Schlegelberger*, Seeversicherungsrecht, § 32, Rn. 7.
[443] *Schlegelberger*, Seeversicherungsrecht, § 32, Rn. 7; *Enge/Schwampe*, Transportversicherung, S. 113.
[444] *Ritter/Abraham*, ADS I, § 32 Anm. 19; *Schlegelberger*, Seeversicherungsrecht, § 32, Rn. 7.
[445] Vgl. nur *BGH* NJW 2012, 2337 (2338) m.w.N.

Aufwendungen einbeziehen.[446] Regelmäßig nicht mehr für geboten halten darf der Versicherungsnehmer Aufwendungen, die zusammen mit der im Übrigen aus dem Versicherungsereignis zu gewährenden Entschädigung die Versicherungssumme nicht nur unerheblich überschreiten, und erst recht nicht Aufwendungen, die bereits für sich genommen über der Versicherungssumme liegen.[447] Denn die Aufwendungen müssen immer in Anbetracht des drohenden *versicherten* Schadens für geboten erachtet werden dürfen. Aus diesem Grund müssen bei der Abwägung die übrigen Sachwerte (Ladung) und Personeninteressen unberücksichtigt bleiben. Ein Lösegeld das die für das Schiff vereinbarte Versicherungssumme übersteigt, darf der Versicherungsnehmer damit nicht für geboten halten. Ein Lösegeld, das die Versicherungssumme kumuliert mit den übrigen, aus dem selben Versicherungsereignis herrührenden Schäden übersteigt, darf der Versicherungsnehmer für geboten halten, soweit er ohne (grobe) Fahrlässigkeit[448] die Überschreitung der Versicherungssumme infolge von Unkenntnis über bestehende Schäden verkennt.

Inwieweit der Versicherungsnehmer eine Lösegeldzahlung für geboten halten durfte, bestimmt sich somit nach den Umständen des Einzelfalls, namentlich und insbesondere nach der Höhe des Lösegeldes und der Versicherungssumme des Schiffs.

Allerdings handelt es sich bei der Gebotenheit nicht um ein Alles-oder-Nichts-Kriterium. Vielmehr sind die Anspruchsgrundlagen so zu verstehen, dass der Versicherer für Aufwendungen haftet, „soweit" sie der Versicherungsnehmer für geboten erachten durfte.[449] Die Haftung des Versicherers geht also bis zu dem Punkt, ab dem der Versicherungsnehmer die Gebotenheit in (grob) fahrlässiger Weise verkannt hat. Übersteigt das Lösegeld die für das Schiff vereinbarte Versicherungssumme, so leistet der Kaskoversicherer nur bis zu deren Höhe. Das Übrige geht nicht zu seinen Lasten.

Im Ergebnis stellt die Lösegeldzahlung an Piraten zur Auslösung des entführten Schiffs somit eine Aufwendung gemäß § 32 Abs. 1 Nr. 1 ADS und Ziff. 31.1.1 DTV-ADS dar.[450] Der Versicherungsnehmer kann daher dem Grunde nach Ersatz für seine Aufwendungen vom Kaskoversicherer verlangen. Dies gilt sogar dann, wenn die Maßnahme erfolglos bleibt. Im Gegensatz

---

[446] *Schlegelberger*, Seeversicherungsrecht, § 32, Rn. 7; *Pfeifle*, in: Drees/Koch/Nell, S. 107 (122); *Schwampe*, TranspR 2009, 462 (472).

[447] *Ritter/Abraham*, ADS I, § 32 Anm. 19.

[448] Einfache Fahrlässigkeit unter den ADS und grobe Fahrlässigkeit unter den DTV-ADS.

[449] *Ritter/Abraham*, ADS I, § 32 Anm. 19.

[450] Für den Geltungsbereich des VVG hat der BGH bereits die Wiederbeschaffungskosten für gestohlene Gegenstände als Schadensabwendungskosten eingeordnet, vgl. *BGH* VersR 1967, 1168 (1169); im Falle eines gestohlenen KFZ auch *OLG Saarbrücken* r+s 1999, 98 (99); ebenso *LG Freiburg*, Urt. v. 18.01.2001 – 3 S 168/00.

zur Havarie-grosse ist gemäß § 32 Abs. 2 ADS und Ziff. 31.2 DTV-ADS überhaupt kein Erfolg erforderlich.

b) Höhe des Ersatzanspruches

Die Leistungspflicht des Versicherers nach § 32 ADS und Ziff. 31 DTV-ADS erstreckt sich der Höhe nach grundsätzlich auf die gesamten Aufwendungen, soweit sie nicht durch das Gebotenheitskorrektiv zu kürzen ist. Sowohl nach den ADS als auch nach den DTV-ADS ist die Ersatzpflicht nicht auf die Versicherungssumme begrenzt, wenn die Aufwendungen zusammen mit den übrigen Entschädigungen die Versicherungssumme übersteigen. Dies ergibt sich aus § 37 Abs. 1 ADS und Ziff. 41.2 DTV-ADS. Auch wird der Anspruch des Versicherungsnehmers gemäß Ziff. 21.3 DTV-KKl und Ziff. 40.2.5 DTV-ADS nicht durch eine Abzugsfranchise gekürzt.

Der Aufwendungsersatzanspruch erstreckt sich auch auf die Transaktionskosten, die für die Durchführung der Lösegeldübergabe und die vorausgehenden Verhandlungen anfallen, soweit auch diese die entsprechenden Voraussetzungen erfüllen, insbesondere für geboten erachtet werden durften.[451] Denn auch dies sind Aufwendungen, die zum Zweck der Schadensabwendung eingegangen werden. Darunter fallen u.a. die Kosten für die Beschaffung und Übermittlung des Lösegeldes, für das Krisenmanagement, für spezialisierte Verhandlungsführer sowie Reisekosten.[452] Nicht selten sind die Transaktionskosten ebenso hoch wie das Lösegeld selbst und verdoppeln somit die Kostenlast.

Darüber hinaus hat der Versicherungsnehmer unter § 32 Abs. 2 ADS und Ziff. 31.2 DTV-ADS Anspruch auf eine Vorschussleistung des Versicherers. Der Reeder kann also verlangen, dass der Kaskoversicherer das erforderliche Lösegeld sowie die Kosten für die Transaktion im Vorfeld bereitstellt. Insbesondere für kleinere Reedereien ist dies eine erheblich Entlastung, da ein Piraterierfall aufgrund einer geringen Kapitaldecke ruinöse Folgen haben kann.

c) Kürzung des Ersatzanspruchs wegen der Rettung unversicherter Interessen?

Die Höhe des Aufwendungsersatzanspruchs des Reeders könnte zudem durch die anderweitig geretteten, nicht versicherten Interessen beeinflusst werden. Es wurde bereits klargestellt, dass diese anderweitigen Interessen die Anspruchsentstehung dem Grunde nach nicht hindern. Soweit die getätigten Aufwendungen allerdings nach Art und Höhe teilbar sind und deshalb anteilig den jeweils versicherten und nicht versicherten Interessen zugewiesen werden

---

[451] So auch *Pfeifle*, in: Drees/Koch/Nell, S. 107 (123).
[452] Siehe dazu auch *infra* S. 253 ff.

können, beschränkt sich die Ersatzpflicht des Versicherers der Höhe nach auf den Anteil der Aufwendungen, der auf das versicherte Interesse entfällt.[453] Regelmäßig ist dies in Pirateriefällen jedoch nicht möglich, da die Piraten nur eine Gesamtforderung stellen, die für die Auslösung aller Gegenstände und Personen bedient werden soll. Die Rettungsmaßnahme steht also nur insoweit zur Disposition des Reeders als sie in der von den Piraten geforderten Form durchgeführt – d.h. das Lösegeld in verhandelter Höhe bezahlt – oder aber gänzlich unterlassen werden kann. Der Reeder hat nicht die Möglichkeit, durch eine auf das versicherte Interesse beschränkte Maßnahme einen quantitativ geringeren Kostenaufwand zu verursachen.[454] Es handelt sich somit um eine unteilbare Rettungsmaßnahme.[455]

Auch im Falle unteilbarer Rettungsmaßnahmen muss der Kaskoversicherer nicht notwendigerweise die gesamten Aufwendungen erstatten. Vielmehr trägt der Versicherer nach ganz überwiegender Auffassung nur den Anteil der Aufwendungen, der dem rechnerischen Verhältnis zwischen dem abgewendeten versicherten und dem nicht versicherten Schaden entspricht.[456] Beträgt beispielsweise die Versicherungssumme für das versicherte Schiff zwei Millionen Euro und liegt der Wert der mitgeretteten, unter der Seekaskoversicherung nicht versicherten reedereieigenen Güter bei acht Millionen Euro, so ist der Seekaskoversicherer bei einer vom Reeder bezahlten Lösegeldsumme von fünf Millionen Euro nur in Höhe von einer Million Euro ersatzpflichtig.[457] Dies beruht auf dem Gedanken, dass die Aufwendungsersatzpflicht des Versicherers die Kehrseite der Schadensabwendungsobliegenheit des Versicherungsnehmers ist und sich damit stets nur soweit erstreckt, wie auch die Obliegenheit des Versicherungsnehmers reicht.[458] Dient eine Maßnahme aber teilweise nicht der Erfüllung der Schadensabwendungsobliegenheit zugunsten des Versicherers, sondern dem Eigeninteresse des Versicherungsnehmers, so fehlt es für diesen Teil an der wirtschaftlichen Grundlage der Ersatzpflicht des Versicherers.[459] Diesem Gedanken tragen die Regelungen zur Unterversi-

---

[453] *Ritter/Abraham,* ADS I, § 32 Anm. 18; *Schlegelberger,* Seeversicherungsrecht, § 32, Rn. 9; *Martin,* VersR 1968, 909; *Koch,* in: Bruck/Möller, § 83, Rn. 82.
[454] Vgl. *Martin,* VersR 1968, 909 (910).
[455] So auch *Fuchs,* Die Frage der Versicherbarkeit von Lösegeld in Pirateriefällen, S. 61; vgl. zum Begriff der Unteilbarkeit der Aufwendungen bzw. der Maßnahme *Martin,* VersR 1968, 909 (910); *Koch,* in: Bruck/Möller, § 83, Rn. 83.
[456] *BGH* r+s 1994, 326; *OLG Karlsruhe* r+s 1994, 286 (288); *Martin,* VersR 1968, 909 (910); *Koch,* in: Bruck/Möller, § 83, Rn. 83; *Voit,* in: Prölss/Martin, § 83, Rn. 22; *Beckmann,* in: Beckmann/Matusche-Beckmann, § 15, Rn. 99.
[457] Der insgesamt abgewendete Schaden liegt bei 10 Mio. Euro. Die zur Abwendung aufgewendeten Kosten betragen 5 Mio. Euro. Vom abgewendeten Gesamtschaden entfallen auf das versicherte Schiff 1/5 und auf die unversicherten Güter 4/5. Somit trägt der Seekaskoversicherer auch nur 1/5 der Lösegeldkosten.
[458] *Martin,* VersR 1968, 909 (910).
[459] *Martin,* VersR 1968, 909 (910).

cherung in § 8 ADS bzw. Ziff. 11 DTV-ADS Rechnung, indem sie die Leistungspflicht des Kaskoversicherers für Aufwendungen im Fall der Rettung eines unterversicherten Schiffs auf das Verhältnis der Versicherungssumme zum Versicherungswert begrenzen.[460] Im Übrigen gilt der Versicherungsnehmer als Selbstversicherer.[461] Es kann aber im Ergebnis keinen Unterschied machen, ob die abgewendeten Schäden nur zum Teil versichert gewesen sind, weil ein einzelner Gegenstand nur teilweise versichert war oder weil von mehreren Gegenständen des Versicherungsnehmers nur einige voll versichert und andere unversichert waren.[462] In beiden Fällen geht es um die Abwendung eines Vermögensnachteils sowohl des Versicherers als auch des Versicherungsnehmers.[463] Eine unterschiedliche Behandlung ist insoweit nicht geboten, sodass der Kaskoversicherer analog § 8 ADS bzw. Ziff. 11 DTV-ADS auch dann nur anteilig leisten muss, wenn von mehreren geretteten Gegenständen des Versicherungsnehmers einige unversichert waren.

Zu beachten ist allerdings, dass eine Kürzung des Aufwendungsersatzanspruches des Reeders gegen den Kaskoversicherer mit dieser Argumentation nur dann in Betracht kommt, wenn es sich bei den unversicherten Gegenständen um das Eigentum des Reeders handelt. Dient eine Rettungsmaßnahme nämlich dem versicherten Schiff und zugleich dem Sacherhaltungsinteresse eines Dritten, z.B. des Ladungseigentümers, so ist diese Konstellation nicht mehr mit der Sachlage der Unterversicherung vergleichbar. Der Versicherungsnehmer ist für die Interessen des Dritten nicht Selbstversicherer. Dementsprechend kann der Reeder ohne Rücksicht auf seine Rechtsbeziehung zu den Ladungseigentümern vollen Aufwendungsersatz vom Kaskoversicherer verlangen.[464] Inwieweit die Ladungseigentümer und deren Versicherer eine Ausgleichspflicht für das bezahlte Lösegeld trifft, ist damit ausschließlich für Regressfragen relevant.[465] Der Anspruch des Reeders gegen den Kaskoversicherer bleibt davon unberührt.

Denkbar ist darüber hinaus eine Kürzung des Anspruchs gegen den Kaskoversicherer, weil die Lösegeldzahlung auch zur Errettung der Schiffsbesatzung diente und sich die abgewendeten Personenschäden aus Sicht des Kaskoversicherers als unversicherte Schäden darstellen. Dem steht allerdings

---

[460] Vgl. zur Parallele im VVG *Martin*, VersR 1968, 909 (910).

[461] *Ritter/Abraham,* ADS I, § 32 Anm. 14.

[462] *OLG Karlsruhe* r+s 1994, 286 (288) spricht insoweit unter Berufung auf die Gesetzesbegründung zu § 63 Abs. 2 VVG a.F. von einem analogiefähigen Tatbestand; ebenso *Martin*, VersR 1968, 909 (910). Die Gegenauffassung will aus den § 8 ADS bzw. Ziff. 11 DTV-ADS im Umkehrschluss die Erkenntnis ziehen, dass eine anteilige Haftung in anderen Fällen als der Unterversicherung gerade nicht eingreifen soll. So *Ritter/Abraham,* ADS I, § 32 Anm. 14 und 16.

[463] *Martin*, VersR 1968, 909 (911).

[464] *Martin*, VersR 1968, 909 (913).

[465] Siehe dazu *infra* S. 264 ff.

entgegen, dass die rechnerische Verteilung einer unteilbaren Aufwendung stets nur zwischen gleichartigen Interessen vorgenommen werden kann.[466] In der Kaskoversicherung können damit stets nur versicherte und unversicherte Sachschäden gegenübergestellt werden.[467] Insbesondere nicht zu berücksichtigen sind dabei abgewendete Personenschäden.[468] Dies ergibt sich zum einen daraus, dass der Rechtsgedanke der Unterversicherung auf derartige Sachverhalte nicht übertragbar ist. Zum anderen bedeutete die Berücksichtigung von Personenschäden eine erhebliche Entwertung der Sachversicherung hinsichtlich der Haftung für Aufwendungen. Ist die Rettungsmaßnahme des Versicherungsnehmers nämlich nicht erfolgreich, so haftet der Versicherer auch für den gesamten Sachschaden, unabhängig von etwaigen Personenschäden. Nichts anderes kann dann für die Aufwendungen gelten, die zur Vermeidung dieses Schadens getätigt wurden.

Mit eben dieser Begründung können auch keine anderen fremdartigen Schäden wie Frachtausfall oder sonstige Vermögensfolgeschäden des Reeders in die Gegenüberstellung von versicherten und unversicherten Schäden einbezogen werden.[469] Am Beispiel der Gewinnausfallversicherung im unternehmerischen Bereich zeigt sich dies besonders deutlich, da sich der Sachversicherer sämtlicher Betriebsgegenstände im Versicherungsfall sonst stets darauf berufen könnte, dass neben dem Sacherhalt auch die Gewinnerzielungsmöglichkeit erhalten worden und daher vom Aufwendungsersatz abzuziehen sei.[470] Die Sachschadensversicherung wäre dadurch erheblich entwertet. Entsprechend führt auch eine gegebenenfalls vorhandene Nebeninteressenversicherung des Reeders nicht zu einer Anspruchskürzung gegenüber dem Kaskoversicherer.

Im Ergebnis ist der aus der Lösegeldzahlung resultierende Aufwendungsersatzanspruch des Reeders gegen den Kaskoversicherer weder aufgrund der ebenfalls geretteten Ladung noch aufgrund der geretteten Personen sowie etwaiger Vermögensfolgeschäden, die gegebenenfalls als Nebeninteressen versichert sind, zu kürzen. Inwieweit der Kaskoversicherer im Regresswege einen Teil der Kosten an andere Beteiligte und Versicherer weitergeben kann, wird an anderer Stelle besprochen.[471] Für den Aufwendungserstattungsanspruch des Reeders als Versicherungsnehmer spielt dies keine Rolle.

---

[466] *Koch*, in: Bruck/Möller, § 83, Rn. 84 f.; *Martin*, VersR 1968, 909 (912).
[467] Soweit die Seekaskoversicherung gewisse Haftpflichtschäden deckt, können diese freilich mit anderweitig versicherten oder unversicherten Haftpflichten gegenüber gestellt werden.
[468] OLG Karlsruhe r+s 1994, 286 (288) zum Fall eines PKW, der aufgrund eines Ausweichmanövers verunfallt ist; *Voit*, in: Prölss/Martin, § 83, Rn. 22.
[469] *Koch*, in: Bruck/Möller, § 83, Rn. 85; *Martin*, VersR 1968, 909 (911 f.); OLG Karlsruhe r+s 1994, 286 (288).
[470] *Martin*, VersR 1968, 909 (912).
[471] Siehe *infra* S. 259 ff.

d) Obliegenheit zur Schadensabwendung und -minderung

Die Kehrseite dieses Aufwendungsersatzanspruchs ist die Obliegenheit des Versicherungsnehmers zur Schadensabwendung und -minderung gemäß § 41 Abs. 1 ADS und Ziff. 44 DTV-ADS. Danach obliegt es dem Versicherungsnehmer bei Eintritt des Versicherungsfalls nach Möglichkeit für die Abwendung oder Minderung des Schadens zu sorgen, die Weisungen des Versicherers zu befolgen und solche Weisungen, soweit es die Umstände erlauben, einzuholen.

Bevor der Reeder in die Verhandlungen mit den Piraten eintritt, oder jedenfalls in einem frühen Stadium dieser Phase, muss er zwingend mit dem Kaskoversicherer Kontakt aufnehmen, um seiner Obliegenheit zu genügen. In Lösegeldfällen erlauben es die Umstände in aller Regel, dass Weisungen des Versicherers eingeholt werden. Unter dem Aspekt der Schadensminderung obliegt es dem Reeder zudem, ein möglichst geringes Lösegeld zu verhandeln.[472] Hinzukommend ist es die Aufgabe des Reeders, nach Möglichkeit auch die übrigen Interessenträger zur Übernahme eines Kostenanteils heranzuziehen.[473] Zu denken ist dabei auch an den Versuch, eine wirtschaftliche Lösung mit Ladungs- und Personenversicherern anzustoßen.[474] Schließlich kann dem Reeder auch die Erklärung von Havarie-grosse obliegen, um jedenfalls die anderen beteiligten Sachinteressenträger in eine Kostenverteilung zu zwingen.[475]

Ob es sich bei § 41 Abs. 1 ADS um eine Rechtspflicht oder lediglich um eine Obliegenheit handelt, war lange umstritten. Der Wortlaut spricht jedenfalls von einer Verpflichtung.[476] Dagegen spricht jedoch, dass es sich schon deshalb nicht um eine Rechtspflicht handeln kann, weil weder ihre Erfüllung verlangt noch Schadenersatz bei schuldhafter Verletzung beansprucht werden kann. Letztere führt lediglich zur Leistungsfreiheit des Versicherers.[477] Zudem käme eine Versicherung für fremde Rechnung dann einem Vertrag zulasten Dritter gleich.[478] Darüber hinaus handelt es sich auch bei der Parallelvorschrift in § 82 VVG um eine Obliegenheit. Relevant wird der Unterschied zwischen diesen beiden Auffassungen vorwiegend bei der Frage, ob und inwieweit dem Versicherungsnehmer das Verschulden Dritter angelastet werden

---

[472] *Schwampe*, TranspR 2009, 462 (473); *Pfeifle*, in: Drees/Koch/Nell, S. 107 (126).

[473] *Schwampe*, TranspR 2009, 462 (473).

[474] Siehe dazu *supra* S. 207 f.

[475] *Schwampe*, TranspR 2009, 462 (473); *Pfeifle*, in: Drees/Koch/Nell, S. 107 (126).

[476] Für eine Rechtspflicht sind auch *Schlegelberger,* Seeversicherungsrecht, § 41, Rn. 1; *Ritter/Abraham,* ADS I, § 41 Anm. 5.

[477] *Enge/Schwampe,* Transportversicherung, S. 103.

[478] Durch den Abschluss des Versicherungsvertrages vereinbaren dann nämlich Versicherer und Versicherungsnehmer eine Pflicht des Versicherten und damit eines Dritten. Vgl. auch *Enge/Schwampe,* Transportversicherung, S. 103.

kann. Während eine Zurechnung bei Annahme einer Rechtspflicht über § 278 BGB erfolgt, hat die Rechtsprechung bei Obliegenheiten die sog. Repräsentantenhaftung entwickelt,[479] die praktisch meist zu dem gleichen Ergebnis führt.[480] Für die Beurteilung von Lösegeldfällen spielt dies jedoch keine wesentliche Rolle.

Bei Ziff. 44 DTV-ADS handelt es sich hingegen ausdrücklich um eine Obliegenheit. Dies belegt die zum selben Abschnitt gehörende Vorschrift Ziff. 46 DTV-ADS, die ausdrücklich die Rechtsfolgen von Obliegenheitsverletzungen festlegt.

Sowohl § 41 Abs. 3 ADS als auch Ziff. 46 DTV-ADS sehen bei einer schuldhaften Verletzung der Schadensabwendungs- und Schadensminderungsobliegenheit die Leistungsfreiheit des Versicherers vor. Verschuldensmaßstab ist unter den ADS einfache, unter den DTV-ADS grobe Fahrlässigkeit. Zudem erlauben beide Vorschriften mit unterschiedlichem Wortlaut den Gegenbeweis fehlender Kausalität.

e) Zession der Regressansprüche

Soweit der Versicherer den Versicherungsnehmer nach § 32 ADS oder Ziff. 31 DTV-ADS entschädigt und dem Versicherungsnehmer ein Schaden- oder Aufwendungsersatzanspruch gegen einen Dritten zusteht, geht dieser Anspruch gemäß § 45 Abs. 1 ADS bzw. Ziff. 50.2 DTV-ADS auf den Versicherer über.[481] Den Reeder treffen hinsichtlich dieser Forderungen Anspruchsicherungsobliegenheiten.

5. Verhältnis zwischen Havarie-grosse-Deckung und Deckung für Schadensabwendungs- und Schadensminderungsaufwendungen

In Fällen der Lösegeldpiraterie kann dem Reeder als Versicherungsnehmer ein Aufwendungserstattungsanspruch für das bezahlte Lösegeld sowohl aus Havarie-grosse-Deckung als auch aus der Deckung für Schadensabwendungs- und Schadensminderungskosten zustehen. Dies wirft die Frage auf, in welchem Verhältnis die beiden Anspruchsgrundlagen zueinander stehen.[482] Denkbar ist insoweit zum einen ein Spezialitätsverhältnis und zum anderen Anspruchskonkurrenz.

Aufgrund der Neuerungen in der Havarie-grosse-Deckung ist diese Frage für die DTV-ADS praktisch nicht relevant. Beide Anspruchsgrundlagen gewähren nach Ziff. 41.2 DTV-ADS Ersatz auch über die Versicherungssumme

---

[479] Siehe nur *BGHZ* 122, 250.
[480] *Enge/Schwampe,* Transportversicherung, S. 103.
[481] Ausführlich dazu *infra* S. 259 ff.
[482] Ausführlich zu dieser Frage *Fuchs,* Die Frage der Versicherbarkeit von Lösegeld in Piraterefällen, S. 71 ff.

hinaus. Zudem werden Havarie-grosse-Aufwendungen direkt in voller Höhe erstattet, ebenso Aufwendungen unter Ziff. 31 DTV-ADS. Schließlich unterliegen beide Ersatzansprüche keiner Abzugsfranchise.[483] Der Deckungsumfang beider Ansprüche ist damit weitestgehend gleich, sodass eine Abgrenzung der Ansprüche insoweit akademischer Natur ist.

In Anbetracht der ADS ergeben sich in der Deckung hingegen erhebliche Unterschiede, die eine Untersuchung des Verhältnisses der Ansprüche zwingend erforderlich machen. Einerseits sind Havarie-grosse-Aufwendungen gemäß § 29 Abs. 1 ADS lediglich indirekt als Beiträge gedeckt. Zum anderen ist die Havarie-grosse-Beitragsdeckung gemäß § 37 Abs. 1 ADS auf die Versicherungssumme begrenzt. Aufwendungen nach § 32 ADS werden in voller Höhe, gegebenenfalls sogar über die Versicherungssumme hinaus ersetzt. Für die Abzugsfranchise ergeben sich hingegen keine Unterschiede. Im Schrifttum wurde die Diskussion um das Verhältnis der beiden Anspruchsgrundlagen nahezu ausnahmslos im Rahmen der Erstattung von Bergungskosten geführt.[484] Strukturell ergibt sich daraus gegenüber den hier behandelten Lösegeldern kein Unterschied, sodass die Argumentation zu wesentlichen Teilen übertragbar ist.

Ritter/Abraham gehen von einem Spezialitätsverhältnis zwischen den Deckungstatbeständen der § 29 Abs. 1 und § 32 ADS aus.[485] Soweit Aufwendungen die Voraussetzungen des § 32 ADS erfüllen und gleichzeitig ein Fall der Havarie-grosse vorliegt, würden die Aufwendungen ausschließlich nach Havarie-grosse-Deckung und nicht nach § 32 ADS ersetzt.[486] Eine Deckung nach § 32 ADS kommt nach dieser Auffassung nur in Betracht, wenn gleichzeitig keine Havarie-grosse gegeben ist.[487] Worauf sich diese Ansicht stützt, bleibt allerdings unklar. Denkbar ist, dass die ADS in Fällen der Havariegrosse für Aufwendungen bewusst nur eine Beitragshaftung und eine Begrenzung durch die Versicherungssumme vorsehen, weil die übrigen Anteile nach der Dispache von den Havarie-grosse-Genossen zu tragen sind. Könnte der Versicherungsnehmer sich bei Vorliegen der Voraussetzungen stets auch auf § 32 ADS stützen, so umginge er die in der Havarie-grosse-Deckung angeleg-

---

[483] Für Aufwendungen nach Ziff. 31 DTV-ADS bestimmt dies Ziff. 40.2.5 DTV-ADS. Für Havarie-grosse-Aufwendungen ergibt sich dies im Wege der ergänzenden Vertragsauslegung, vgl. insoweit *supra* S. 194.

[484] Mit konkretem Bezug zu Lösegeldern hingegen *Fuchs*, Die Frage der Versicherbarkeit von Lösegeld in Piraterifällen, S. 71 ff.

[485] *Ritter/Abraham,* ADS I, § 29 Anm. 39, § 32 Anm. 6 und 17; so auch *Fuchs*, Die Frage der Versicherbarkeit von Lösegeld in Piraterifällen, S. 133.

[486] *Ritter/Abraham,* ADS I, § 29 Anm. 39.

[487] So auch *Spencer*, in: Newsletter of the Committee on Marine Insurance and General Average, S. 3; *Spencer*, Tul. L. Rev. 83 (2009), 1227 (1260), der einen entsprechenden Anspruch unter englischem Recht (*sue & labour*) nur für anwendbar hält, wenn die Maßnahme zugunsten eines einzelnen Interesses ergriffen wird.

te Haftungsbegrenzung. Diese Begründung erweist sich jedoch als nicht tragfähig. Zum einen wird die Belastung des Versicherers bereits dadurch abgemildert, dass etwaige Regressansprüche gegen andere Beteiligte des Seeunternehmens gemäß § 45 Abs. 1 ADS auf ihn übergehen, auch wenn der Versicherungsnehmer den Ersatz seiner Aufwendungen über § 32 ADS sucht. Zum anderen führt die Ansicht *Ritter/Abrahams* dazu, dass der Versicherungsnehmer auch solche Aufwendungen nicht voll und gegebenenfalls über die Versicherungssumme hinaus ersetzt bekäme, die er nach den Weisungen des Versicherers getätigt hat, wenn zugleich eine Havarie-grosse-Situation vorliegt. Es wäre widersprüchlich, wenn der Seekaskoversicherer bestimmte kostenintensive Handlungen des Versicherungsnehmers anweisen und sich dann auf den Standpunkt stellen könnte, für diese nur eingeschränkt unter der Havarie-grosse-Deckung zu haften.[488] Des Weiteren erstreckt § 29 Abs. 2 ADS den Anwendungsbereich der Havarie-grosse-Deckung auch auf Fälle, in denen ausschließlich Güter des Reeders verladen sind. Obwohl in diesem Fall keine echte Havarie-grosse vorliegt, würde die Havarie-grosse-Deckung einen Anspruch des Reeders aus § 32 ADS verdrängen. Dies würde den Anwendungsbereich von § 32 ADS zu stark einschränken.

Schließlich ist ein Spezialitätsverhältnis zwischen den beiden Anspruchsgrundlagen auch aus systematischen Erwägungen abzulehnen. Die beiden Ansprüche richten sich formell nach zwei völlig unterschiedlichen Haftungsgründen.[489] Die Havarie-grosse-Deckung erfasst eine gesetzlich – oder im Fall der YAR quasi-gesetzlich – begründete Beitragspflicht des Versicherungsnehmers. Diese reflektiert dessen Aufwendungen nur indirekt und anteilig. Demgegenüber bezieht sich die Deckung nach § 32 ADS auf freiwillige oder auf Weisung des Versicherers getätigte Aufwendungen des Versicherungsnehmers und erfasst diese direkt und vollumfänglich.[490] Die beiden Deckungstatbestände fußen somit zwar auf identischen Lebensumständen, befassen sich aber mit zwei rechtlich zu unterscheidenden Deckungsbereichen; formell überschneiden sich die Anwendungsbereiche nicht.[491]

Im Ergebnis besteht zwischen der Havarie-grosse-Deckung und der Deckung für Schadensabwendungs- und Schadensminderungskosten daher kein Spezialitätsverhältnis. Vielmehr liegt Anspruchskonkurrenz vor und der Versicherungsnehmer kann wahlweise aus der einen oder der anderen Anspruchsgrundlage Ersatz seiner Aufwendungen verlangen.[492]

---

[488] *Kreutziger*, VersR 1965, 407 (409).
[489] *Schwampe*, TranspR 2009, 462 (472).
[490] A.A. *Fuchs*, Die Frage der Versicherbarkeit von Lösegeld in Pirateriefällen, S. 100 ff., der darauf Abstellt, dass es sich bei beiden Tatbeständen um eine Aufwendungsdeckung handele.
[491] *Schwampe*, TranspR 2009, 462 (472).
[492] *Schwampe*, TranspR 2009, 462 (472); *Schwampe*, VersR 2007, 1177 (1181 ff.); *Pfeifle*, in: Drees/Koch/Nell, S. 107 (121); *Kreutziger*, VersR 1965, 407 (410 f.).

6. Ergebnis

Lösegeldzahlungen an Piraten sind grundsätzlich nicht illegal und somit versicherbar. Sie sind vom See- bzw. Kriegskaskoversicherer unter den Voraussetzungen der Havarie-grosse-Deckung sowie der Deckung für Schadensabwendungs- und Schadensminderungskosten zu ersetzen. Zwischen den beiden Deckungsansprüchen besteht Anspruchskonkurrenz. Soweit die ADS/DTV-KKl anwendbar sind, erstreckt sich der Ersatzanspruch aus Havarie-grosse-Deckung auf den nach der Dispache auf den Versicherungsnehmer entfallenden Beitrag. Der Anspruch ist durch die Versicherungssumme gedeckt. Der Ersatzanspruch aus § 32 ADS erfasst hingegen das gesamte Lösegeld auch über die Versicherungssumme hinaus.

Unter Geltung der DTV-ADS besteht sowohl unter Havarie-grosse-Deckung als auch unter der Deckung für Schadensabwendungs- und Schadensminderungskosten ein Anspruch auf Ersatz des Lösegeldes in voller Höhe, auch über die Versicherungssumme hinaus.

VIII. Ausschlüsse und Obliegenheitsverletzungen in der Seekaskoversicherung

Die Ersatzpflicht des Versicherers scheidet im Einzelfall ungeachtet der Tatsache aus, dass eine erlittene Vermögenseinbuße durch eine versicherte Gefahr hervorgerufen wurde und zugleich einen versicherten Schadensposten darstellt, wenn ein besonderer Ausschlusstatbestand eingreift. Ausschlüsse gehen den übrigen Bestimmungen der Versicherungsbedingungen unbedingt vor. Eine Lösegelderstattung scheitert daher, wenn ein Ausschlusstatbestand erfüllt ist. Die im Zusammenhang mit der Piraterie wichtigsten Ausschlussgründe werden im Folgenden besprochen.

Auch die Verletzung versicherungsvertraglicher Obliegenheiten durch den Versicherungsnehmer kann zum Wegfall des Versicherungsschutzes führen. Zu den klassischen Obliegenheiten zählen insbesondere die vorvertragliche Anzeigepflicht aller gefahrerheblichen Umstände nach § 19 ADS bzw. Ziff. 22 DTV-ADS, die Pflicht zur Anzeige einer Gefahränderung während der Dauer der Versicherung gemäß § 26 ADS bzw. Ziff. 24.2 DTV-ADS sowie die Obliegenheit zur Schadensabwendung und -minderung nach § 41 ADS und Ziff. 44 DTV-ADS. In Ziff. 46 DTV-ADS findet sich nunmehr eine einheitliche Rechtsfolge für die Verletzung von Obliegenheiten durch den Versicherungsnehmer. Die Verletzung von Obliegenheiten hat – abgesehen von der Schadensabwendungs- und Schadensminderungsobliegenheit –[493] hinsichtlich der Piraterie jedoch keine spezielle Relevanz.

---

[493] Siehe dazu *supra* S. 216 ff.

1. Feindliche Verwendung von Kriegswerkzeugen

Die Ziff. 16.1 DTV-KKl und Ziff. 35.1.2 DTV-ADS schließen eine Haftung des Seekaskoversicherers für Risiken aus, die sich aus der feindlichen Verwendung von Kriegswerkzeugen ergeben. Soweit Piraterie als Kriegsgefahr versichert ist, spielt dieser Ausschlusstatbestand freilich keine Rolle.[494]

Moderne Piraten führen ihre Angriffe meist unter Bewaffnung mit automatischen Gewehren und bisweilen auch Raketenwerfern, sog. *Rocket-Propelled Grenades* durch.[495] Alle diese Waffen fallen unter das deutsche Kriegswaffenkontrollgesetz und stellen damit Kriegswerkzeug im Sinne der DTV-KKl und der DTV-ADS dar. Gleichwohl ist der Ausschlusstatbestand in Pirateriefällen regelmäßig zu verneinen. Erforderlich ist insoweit nämlich eine tatsächliche Verwendung im Sinne eines Gebrauchs des Kriegswerkzeugs.[496] Der Ausschlusstatbestand beruht auf dem Gedanken, dass Kriegswerkzeuge geeignet sind, Zerstörungen in besonderem, schwer kalkulierbarem Ausmaß zu verursachen.[497] Dieses Potenzial entfaltet aber ausschließlich der tatsächliche Gebrauch, nicht bereits die Drohung mit Kriegswerkzeugen. Häufig drohen die Piraten lediglich mit dem Gebrauch der Waffen, um den Abwehrwillen der Schiffsbesatzung zu brechen. Soweit die Piraten ihre automatischen Gewehre tatsächlich gebrauchen, liegt darin jedenfalls keine *feindliche* Verwendung von Kriegswerkzeugen. Feindlich verwendet werden Kriegswerkzeuge, wenn sie ihrem Herstellungszweck entsprechend in kriegerischer Art und Weise eingesetzt werden, ohne dass eindeutig von einem Kriegs- oder kriegsähnlichen Zustand in versicherungsrechtlichem Sinne gesprochen werden kann.[498] Verwenden Piraten also die mitgeführten Kriegswerkzeuge, so verwenden sie sie jedenfalls nicht feindlich. Schließlich lässt sich überzeugend der Standpunkt einnehmen, dass bei Schiffsentführungen durch Piraten stets die Pirateriegefahr *causa proxima* und die feindliche Verwendung von Kriegswerkzeugen lediglich *causa remota* für etwaig drohende Substanzschäden sowie für die Lösegeldaufwendungen ist.[499] Der Kriegswaffenausschluss greift daher in aller Regel nicht ein.

---

[494] Vgl. Ziff. 84.1.1 DTV-ADS-KrKl.
[495] *Ebert/Endriß/Loos u.a.*, Munich RE, Schadenspiegel 2/2009, S. 34; *Berg/Artmann/Kratz u.a.*, Münchener Rück, Piraterie – Bedrohung auf See, S. 17; *Schwampe*, TranspR 2009, 462 (473).
[496] *Schwampe*, TranspR 2009, 462 (473).
[497] *Schwampe*, TranspR 2009, 462 (473).
[498] *Schwampe*, TranspR 2009, 462 (473); *Schwampe*, Seekaskoversicherung, Ziff. 16 Rn. 7; *Ehlers*, in: Thume/de la Motte/Ehlers, Teil 5, AVB-Güterversicherung, Rn. 120; *Pfeifle*, in: Drees/Koch/Nell, S. 107 (125).
[499] *Schwampe*, TranspR 2009, 462 (473).

2. Organisatorische Seeuntüchtigkeit

Unter den ADS/DTV-KK1 besteht Versicherungsschutz grundsätzlich nicht für solche Schäden, die durch die Seeuntüchtigkeit des Schiffes verursacht werden. Dies bestimmte bereits § 58 Abs. 1 ADS, der nunmehr durch Ziff. 23 DTV-KK1 ersetzt wird. Danach fallen dem Versicherer keine Schäden zur Last, die dadurch verursacht sind, dass das Schiff nicht seetüchtig in See gesandt wurde, es sei denn, der Versicherungsnehmer hat die Seeuntüchtigkeit nicht zu vertreten.

Ursprünglich handelte es sich um einen objektiven Risikoausschluss, der nunmehr durch Ziff. 23.2 DTV-KK1 in einen verschuldensabhängigen, subjektiven Ausschluss umgewandelt wurde.[500] Die Beweispflicht für die Seeuntüchtigkeit und deren Schadensursächlichkeit trägt der Versicherer. Den Nachweis fehlenden Verschuldens muss hingegen der Versicherungsnehmer erbringen. Trotz des subjektiven Elementes handelt es sich bei der Vorschrift nicht um eine Obliegenheit des Versicherungsnehmers.[501]

Dieses Konzept der Seetüchtigkeit ist in die DTV-ADS zwar übernommen worden. Es findet dort jedoch nur ersatzweise bei schriftlicher Vereinbarung im Versicherungsvertrag Anwendung. Standardmäßig gilt stattdessen das Erfordernis der Einhaltung von Schiffsicherheitsbestimmungen gemäß Ziff. 33.1 DTV-ADS. Dazu gehören nach Ziff. 33.1.1 DTV-ADS alle anwendbaren Bestimmungen aus internationalen Konventionen, Gesetzen, Verordnungen oder Regeln von Klassifikationsgesellschaften, die dem sicheren Betrieb des Schiffes dienen. Bereits eine einfache Verletzung einer solchen Bestimmung kann zum Leistungsausschluss nach Ziff. 33.1.2 DTV-ADS führen. Sowohl die Schadensursächlichkeit als auch das Verschulden werden zum Nachteil des Versicherungsnehmers nunmehr vermutet. Für beides ist der Gegenbeweis möglich. Vorteilhaft ist für den Versicherungsnehmer hingegen der geringere Verschuldensmaßstab. Er muss nur für grobe Fahrlässigkeit und Vorsatz einstehen.

In rechtlicher Hinsicht stellt sich die Neukonzeption in den DTV-ADS einfacher dar, als die Beurteilung der Seetüchtigkeit. Es gilt lediglich alle anwendbaren Schiffsicherheitsbestimmungen zu ermitteln und auf etwaige Verstöße zu überprüfen. Insoweit handelt es sich um ein statisches System. Das Konzept der Seetüchtigkeit ist hingegen dynamisch. Die Seetüchtigkeit eines Schiffes bemisst sich stets an der konkret bevorstehenden Fahrt unter den konkret vorliegenden Umständen.[502] Maßgeblich ist, ob das Schiff in Anbe-

---

[500] *Enge/Schwampe,* Transportversicherung, S. 246.

[501] Zur Unterscheidung zwischen subjektivem Risikoausschluss und Obliegenheit siehe *HansOLG* VersR 1969, 559.

[502] *Ritter/Abraham,* ADS I, § 58 Anm. 7; *Schwampe,* in: Thume/de la Motte/Ehlers, Teil 6, AVB-Kaskoversicherung, Rn. 210; *Schwampe,* TranspR 2009, 462 (468); *Rabe,* in: Prüssmann, § 559, Rn. 5.

tracht dieser Umstände die gewöhnlichen Gefahren bestehen kann.[503] Nur ganz ungewöhnliche Gefahren sind davon ausgenommen.[504] In den einschlägigen Seegebieten ist Piraterie als eine gewöhnliche Gefahr anzusehen. Die Pirateriegefahr kann ein Schiff und deren Besatzung vor besondere Herausforderungen stellen. Die praktischen Erfahrungen der vergangenen Jahre haben gezeigt, dass Schiffe ohne jegliche Abwehrmaßnahmen gegen Piraten regelmäßig besonders leicht zu Entführungsopfern wurden, wohingegen passive und aktive Verteidigungsvorkehrungen den Erfolg der Piraten bisweilen erheblich eindämmen konnten.[505] Soweit ein Schiff durch Gewässer mit hoher Pirateriegefahr – wie beispielsweise den Golf von Aden – fahren soll, muss der Versicherungsnehmer sich dieser Gefahr im Vorfeld annehmen und geeignete Maßnahmen für die Seetüchtigkeit seines Schiffes treffen. Die Seetüchtigkeit stellt in erster Linie Anforderungen an die bauliche Gestaltung und den Zustand des Schiffes. Dabei geht es vorwiegend um einwandfreie technische und nautische Funktionen sowie eine angemessene Ausrüstung.[506] Daneben muss es allerdings auch organisatorisch auf gewöhnliche, bei der konkret bevorstehenden Fahrt auftretende Gefahren vorbereitet sein. Hinsichtlich der Pirateriegefahr bedeutet dies, dass der Reeder geeignete bauliche Abwehrmaßnahmen anstrengen sollte. Insbesondere sollte das Schiff über eines oder mehrere der gängigen passiven Abwehrmittel verfügen – so zum Beispiel Stacheldraht an der Reling, verriegelte Schiffsöffnungen an den Außenwänden, Schmiermittel an den Bordwänden, Schall- oder Wasserdruckkanonen, elektrische Drähte und ähnliches.[507] Werden bei einer Durchfahrt durch den Golf von Aden oder eines anderen betroffenen Seegebietes im Vorfeld keinerlei Vorkehrungen gegen Piratenangriffe getroffen, so dürfte das Schiff hinsichtlich dieser konkreten Fahrt als seeuntüchtig einzustufen sein. Angesichts der bekannten Bedrohungslage wäre dies auch fahrlässig, sodass die Untätigkeit des Reeders zum Verlust des Versicherungsschutzes führen kann.

Neben diesen baulichen Aspekten erfordert die Seetüchtigkeit auch eine der bevorstehenden Fahrt angemessene Bemannung des Schiffes. Die erforderliche Bemannung ist ebenfalls relativ zu bestimmen und richtet sich nach den konkreten Umständen und Erfordernissen der Einzelfahrt.[508] Maßgeblich sind dabei in erster Linie die rechtlichen Bestimmungen des Flaggenstaats über die Besetzung von Schiffen.[509] Gemäß § 2 SchBesV hat der Reeder sein

---

[503] *Rabe*, in: Prüssmann, § 559, Rn. 5; *Schwampe*, in: Thume/de la Motte/Ehlers, Teil 6, AVB-Kaskoversicherung, Rn. 210; *Ritter/Abraham*, ADS II, § 58 Anm. 8.

[504] *Rabe*, in: Prüssmann, § 559, Rn. 5.

[505] *Schwampe*, TranspR 2009, 462 (467); BMP 4, S. 23.

[506] Vgl. *Schwampe*, in: Thume/de la Motte/Ehlers, Teil 6, AVB-Kaskoversicherung, Rn. 211.

[507] Vgl. dazu auch *Ebert/Endriß/Loos u.a.*, Munich RE, Schadenspiegel 2/2009, S. 38.

[508] *Schwampe*, in: Thume/de la Motte/Ehlers, Teil 6, AVB-Kaskoversicherung, Rn. 213.

[509] Für Schiffe unter deutscher Flagge ist die Schiffsbesetzungsverordnung maßgeblich.

Schiff nach Anzahl, Qualifikation und Eignung der Besatzungsmitglieder stets so zu besetzen, dass die Schiffssicherheit gewährleistet ist. Das Schiffsbesatzungszeugnis gibt Auskunft über die erforderliche Anzahl und Qualifikation der Besatzung.[510] Diese Bestimmungen sind aber aus versicherungsrechtlicher Perspektive nicht allein maßgeblich. Auch bei Erfüllung der rechtlichen Voraussetzungen des Flaggenstaats können wegen einer besonderen Situation darüber hinausgehende besondere Erfordernisse gelten.[511] Für Fahrten durch pirateriegefährdete Gewässer sollte die Besatzung durch geeignete Maßnahmen im Vorfeld auf die Möglichkeit eines Piratenangriffs vorbereitet und im Umgang mit einer solchen Situation geschult werden. Eine gänzlich unvorbereitete und unkundige Besatzung kann im Hinblick auf die Gefahr der Piraterie nicht als seetüchtig bezeichnet werden. Um der Pirateriegefahr entgehen zu können ist es zwingend erforderlich, dass die Besatzung die üblichen Vorgehensweisen der Piraten kennt und entsprechend mit erhöhter Geschwindigkeit, einem Zickzackkurs oder ähnlichen nautischen Maßnahmen auf einen Angriff reagieren kann.

Für die tatsächliche Umsetzung solcher Vorgaben durch die Schiffsbesatzung kann der Versicherungsnehmer im Ernstfall keine Sorge tragen, da er regelmäßig nicht an Bord des Schiffes ist. Deshalb muss er dafür auch keine Verantwortung übernehmen; er muss nur für eigenes Verschulden und das Verschulden seiner Repräsentanten einstehen.[512] Auch eine vom Kapitän verschuldete Seeuntüchtigkeit fällt ihm nicht zur Last.[513] Den Versicherungsnehmer trifft vielmehr eine an den Anforderungen der Seetüchtigkeit ausgerichtete Organisationsobliegenheit, für deren Verletzung er nach den Grundsätzen des Organisationsverschuldens einzutreten hat.[514]

Den Maßstab für die erforderliche allgemeine Sicherheitsorganisation bildet der *International Safety Management Code* (ISM-Code), der für alle Schiffe in der internationalen Seefahrt ein Sicherheitsmanagementsystem verpflichtend vorschreibt.[515] Das vorgeschriebene Berichtssystem soll Sicher-

---

[510] *Schwampe*, in: Thume/de la Motte/Ehlers, Teil 6, AVB-Kaskoversicherung, Rn. 213; siehe auch § 4 SchBesV.

[511] *Schwampe*, in: Thume/de la Motte/Ehlers, Teil 6, AVB-Kaskoversicherung, Rn. 213.

[512] Vgl. insoweit § 33 Abs. 3 ADS und Ziff. 34.2 DTV-ADS; vgl. auch *Schwampe*, in: Thume/de la Motte/Ehlers, Teil 6, AVB-Kaskoversicherung, Rn. 216 ff.

[513] Dies stellen das Seekaskodruckstück 12/2002 und Ziff. 33.2.1.3 DTV-ADS nunmehr ausdrücklich klar.

[514] Vgl. *Schwampe*, in: Thume/de la Motte/Ehlers, Teil 6, AVB-Kaskoversicherung, Rn. 217.

[515] Der ISM-Code ist Bestandteil der *International Convention for the Safety of Life at Sea* (SOLAS) und dort in Kapitel IX geregelt.

heitsdefizite zutage fördern und dem Reeder zur Kenntnis bringen.[516] Ein fehlerhaftes Sicherheitsmanagementsystem kann insoweit ein Organisationsverschulden darstellen und zum Verlust des Versicherungsschutzes führen.[517]

Fraglich ist, wonach sich der Maßstab für die organisatorischen Anforderungen hinsichtlich der Piraterigefahr richtet. Weder die ADS/DTV-KKl noch die DTV-ADS enthalten dazu nähere Angaben. Dennoch lassen sich einige Eckpunkte bestimmen und eine Empfehlung anbringen.

Besonders naheliegend ist zunächst, dass sich der Reeder als Versicherungsnehmer im Schadensfall dem Vorwurf organisatorisch verschuldeter Seeuntüchtigkeit ausgesetzt sieht, wenn er keinerlei passive oder aktive Abwehr- und Verteidigungsmaßnahmen gegen Piraten veranlasst hat, obwohl das Schiff durch piratergefährdete Gewässer geschickt wurde. Welche konkreten Maßnahmen erforderlich sind, um den Vorwurf auszuräumen, mag hier noch dahinstehen. Keinerlei Maßnahmen zu ergreifen führt jedenfalls regelmäßig zu verschuldeter Seeuntüchtigkeit. Das Gleiche gilt im Hinblick auf die Schiffsbesatzung, die entsprechend der Gefahrenlage ausgewählt und vor allem geschult und informiert werden muss. Fehlt es daran in vorwerfbarer Weise, ist das Schiff seeuntüchtig. Darüber hinaus darf als gesichert angenommen werden, dass die vom Versicherungsnehmer ergriffenen Maßnahmen jedenfalls nicht offenkundig nutzlos sein dürfen, sondern zumindest eine Grundeignung zur Abwehr von Piraten aufweisen müssen – und sei es nur, dass sie einen Angriffserfolg zeitlich hinauszögern können.

a) Best Management Practices als genereller Maßstab?

Ein genereller Maßstab für die organisatorischen Anforderungen an die Seetüchtigkeit des Schiffes im Hinblick auf die Gefahr der Piraterie kann analog zum ISM-Code ebenfalls aus international anerkannten Standards bezogen werden.[518] Neben den ISM-Code trat Ende 2002 der *International Ship and Port Facility Security Code* (ISPS-Code), der sich mit dem Schutz von Schiffen vor kriminellen Angriffen Dritter befasst und entsprechende Präventionsstandards festlegt.[519] In der Europäischen Union gelten die ISPS-Code-Standards für den internationalen und innereuropäischen Schiffsverkehr rechtsverbindlich.[520] Dezidert mit der Abwehr von Piratenangriffen befassen sich darüber hinaus die *Best Management Practices for Protection against*

---

[516] *Rabe*, in: Prüssmann, § 559, Rn. 6; *Schwampe*, in: Thume/de la Motte/Ehlers, Teil 6, AVB-Kaskoversicherung, Rn. 217; ausführlich zum ISM-Code *de la Motte*, ISM-Code, S. 10 ff.
[517] *de la Motte*, ISM-Code, S. 320 ff.; *Looks/Kraft*, TranspR 1998, 221 (227 f.); *Schwampe*, in: Thume/de la Motte/Ehlers, Teil 6, AVB-Kaskoversicherung, Rn. 217.
[518] Dafür plädiert auch *Schwampe*, TranspR 2009, 462 (468).
[519] Geregelt in Kapitel XI-2 SOLAS.
[520] VO (EG) 725/2004 vom 31. März 2004.

Somalia Based Piracy (BMP). Dabei handelt es sich um Empfehlungen, die von einem Konsortium verschiedener Interessenverbände herausgegeben werden.[521] Im August 2011 sind sie in vierter Auflage erschienen.

Die BMP enthalten konkrete Planungs- und Organisationsempfehlungen für Reeder, die ihre Schiffe in den Golf von Aden und andere durch die somalische Piraterie bedrohte Gewässer senden. Sie sollen einen guten antizipatorischen Umgang der Reeder mit der Pirateriegefahr befördern, damit diese bestmöglich vermeiden, dass ihre Schiffe zu Opfern der Piraten werden. Die BMP enthalten eine Analyse und Beschreibung der aktuellen Pirateriesituation und definieren sog. *high risk areas*.[522] Zudem enthalten sie eine Anweisung zur Risikoanalyse und beschreiben die typischen Vorgehensweisen somalischer Piraten.[523] Bereits diese Informationen stellen eine wichtige Grundlage dar, die Reeder zum einen selbst berücksichtigen und zum anderen ihren Mannschaften vermitteln sollten.

Darüber hinaus bauen die BMP auf zwei wesentlichen Säulen auf. Einerseits ist dies die Registrierungs- und Berichterstattungsempfehlung.[524] Alle Schiffe, die durch eine der definierten *high risk areas* fahren, sollten zuvor beim *Maritime Security Center Horn of Africa* (MSCHOA) registriert werden. Das von den EUNAVFOR eingerichtete MSCHOA bietet eine Schiffsbewegungsüberwachung und kann Schiffe in *high risk areas* am Bildschirm bei der Durchfahrt begleiten. Es vermittelt aktuelle Informationen zur Piraterie und koordiniert gegebenenfalls den Schutz durch die Marine für bedrohte Schiffe.[525] In enger Kooperation arbeitet auch das zur britischen Handelsmarine gehörende Büro der *UK Maritime Trade Operations* (UKMTO) in Dubai für die Sicherheit von Schiffen in den *high risk areas*. Die BMP empfehlen insoweit tägliche Berichte an UKMTO.

Die zweite Säule bilden die sog. *Ship Protection Measures*.[526] Die empfohlenen Maßnahmen basieren auf Erfahrungswerten der Vergangenheit und sind an den bekannten Vorgehensweisen der Piraten ausgerichtet. Nach eigenen Angaben handelt es sich dabei nur um sehr grundlegende Sicherheitsmaßnahmen, die dennoch erfolgsversprechend sind.[527] Empfohlen werden neben Maßnahmen, die von der Schiffsmannschaft durchzuführen sind, auch organisatorische Maßnahmen, deren Durchführung in den Aufgabenbereich des Reeders im Vorfeld der Seereise fällt. Dazu gehören u.a. die Befestigung von Stacheldraht oder elektrischen Zäunen an der Reling des Schiffes, Wasserstrahlkanonen, die besondere Sicherung der Brücke durch Gitter und Panzer-

---

[521] Beteiligt sind u.a. IMB, IUMI, Intertanko, Intercargo, IGP&I, BIMCO.
[522] BMP 4, S. 3 ff.
[523] BMP 4, S. 5 ff.
[524] BMP 4, S. 11 ff.
[525] Siehe <http://www.mschoa.org/on-shore/about-us> (Stand: 30.11.2015).
[526] BMP 4, S. 23 ff.
[527] BMP 4, S. 23.

glas, um das Eindringen der Piraten zu verhindern, oder das Versprühen von Schaum, um das Entern des Schiffes zu erschweren.[528] Die BMP stellen zudem eine Checkliste für eine an diesen Maßnahmen ausgerichtete Betriebsorganisation zur Verfügung.

Alle diese Erwägungen sollten Reeder im Rahmen ihrer Organisationstätigkeit bereits aus ureigenem Interesse berücksichtigen. Mangelnde Sicherheitsorganisation spielt nämlich nicht nur in versicherungsrechtlicher Hinsicht eine negative Rolle. Sie gefährdet auch die an Bord befindliche Mannschaft und letztlich den guten Ruf des Unternehmens. Reeder sollten die BMP aber auch mit spezifischem Blick auf seeversicherungsrechtliche Anforderungen umsetzen. Das Erfordernis der Seetüchtigkeit verlangt, dass das Schiff den gewöhnlichen Gefahren trotzen kann. Das Schiff muss nicht über alle Maßen jeder Gefahr begegnen und auch nicht die gewöhnlichen Gefahren unter allen Umständen überstehen können. Die BMP bieten einen Präventionskatalog, der grundlegende Basismechanismen zur Abwehr von Piratenangriffen bereithält. Durch die Erfüllung dieser Standards dürften Reeder ihren Organisationsobliegenheiten mit Blick auf die Piraterigefahr daher entsprechen.

Umgekehrt könnten die BMP aber auch als Maßstab herangezogen werden, um die organisatorische Seeuntüchtigkeit eines Schiffes zu begründen, wenn die Bemühungen des Reeders hinter den Anforderungen der BMP zurückbleiben. Als absoluten Beurteilungsmaßstab wird man die BMP im Rahmen von Ziff. 23 DTV-KKl und Ziff. 33.2.1 DTV-ADS nicht heranziehen können, da es an einer entsprechenden Bezugnahme fehlt.[529] Allerdings setzen die Versicherer in der Praxis zumeist voraus, dass die BMP vom Reeder umgesetzt werden.[530] Die BMP werden für die Beurteilung der Seetüchtigkeit eines Schiffes jedenfalls praktisch eine entscheidende Rolle einnehmen. Als international anerkanntes Maßnahmenkonzept repräsentieren sie eine Art *standard of the industry*. Die Nichtbeachtung wird sich im Rahmen der Beweisführung daher zulasten des Reeders als Versicherungsnehmer auswirken.[531] Den BMP kommt damit eine erhebliche Indizwirkung zu. Soweit Versicherer die Umsetzung der BMP ohnehin voraussetzen, wäre es wünschenswert, dass dies auch in die Versicherungsverträge aufgenommen und ausdrücklich festgelegt wird. So könnten Unsicherheiten über die genauen Anforderungen an die vom Versicherungsnehmer zu ergreifenden Maßnahmen ausgeräumt werden. Daran fehlt es bisher jedoch.

---

[528] BMP 4, S. 23 ff.
[529] Vgl. auch *Ebert/Endriß/Loos u.a.*, Munich RE, Schadenspiegel 2/2009, S. 38.
[530] *Berg/Funke/Kratz u.a.*, Munich RE, Piraterie – Gewalt auf See eskaliert, S. 10.
[531] So auch *Pfeifle*, in: Drees/Koch/Nell, S. 107 (125); *Schwampe*, TranspR 2009, 462 (474). Ähnlich zum ISM-Code soweit er empfehlender Natur ist *de la Motte*, ISM-Code, S. 131.

Eine noch strengere Indizwirkung dürfte den BMP zukommen, wenn das Schiff unter der Flagge eines Unterzeichnerstaates der *New York Declaration*[532] fährt. Danach gilt die Nichteinhaltung der BMP nämlich gleichzeitig als eine Verletzung des verpflichtenden ISPS-Codes. Von organisatorischer Seetüchtigkeit des Schiffes kann bei einer Missachtung dann kaum mehr ausgegangen werden.[533]

Festgestellt werden darf somit, dass Reeder, die ihre Schiffe in *high risk areas* entsenden, in jedem Fall geeignete Maßnahmen ergreifen müssen, um sich gegen Piraten zu wehren. Orientierungspunkt sollten dabei die Basismaßnahmen der BMP sein. Eine Missachtung dieser Standards kann mit hoher Wahrscheinlichkeit dazu führen, dass der Versicherer die Leistung mit Verweis auf die fehlende Seetüchtigkeit verweigern darf.

b) Bewaffnete private Sicherheitsdienste

Im Katalog der Piraterieabwehrmaßnahmen auf Seeschiffen haben sich bewaffnete private Sicherheitsdienste im Verlauf der letzten Jahre prominent in Stellung gebracht. Viele Reedereien nutzen inzwischen die vielfältigen Angebote von etwa 160 Sicherheitsfirmen, die entsprechend spezialisierte Dienste anbieten.[534] Die Beauftragung privater Sicherheitsdienste wirft verschiedene rechtliche Fragen auf, die es noch zu klären gilt. Die gesetzliche Regulierung des Angebots solcher Dienste steckt vielfach noch in den Kinderschuhen. Dies gilt besonders für den regulatorischen Rahmen, den derartige Sicherheitsfirmen erfüllen müssen. Jüngst stand in Deutschland die Zertifizierung von Seesicherheitsfirmen in der Diskussion. Der Deutsche Bundestag verabschiedete Anfang des Jahres 2013 entsprechende Gesetze.[535]

Vordergründig stellen sich im Zusammenhang mit der Verwendung privater Sicherheitsdienste an Bord von Schiffen Rechtsfragen in den Bereichen des nationalen öffentlichen Rechts[536] und des Strafrechts des jeweiligen Flaggenstaates. Darüber hinaus können völkerrechtliche Bestimmungen, insbesondere das Seerecht und gegebenenfalls auch die nationalen Rechtsordnungen der betroffenen Küstenstaaten, zu beachten sein.

Der Einsatz bewaffneter Sicherheitsdienste auf Schiffen spielt jedoch auch im Versicherungsrecht und konkret in der See- und Kriegskaskoversicherung

---

[532] Die *New York Declaration* ist eine Erklärung der Unterzeichnerstaaten, dass die jeweiligen Behörden in die Überprüfung der Einhaltung des ISPS-Codes auch die international anerkannten BMP einbeziehen. Siehe <http://oceansbeyondpiracy.org/matrix/new-york-declaration> (Stand: 30.11.2015).
[533] Vgl. *Schwampe*, TranspR 2009, 462 (468).
[534] *Watkins*, in: Topics Risk Solutions 1/2012, Munich RE, S. 16.
[535] Gesetz zur Änderung der Gewerbeordnung vom 4. März 2013 (BGBl. I S. 362) und Seeschiffbewachungsverordnung (SeeBewachV) vom 11. Juni 2013 (BGBl. I S. 1562).
[536] Insbesondere Verfassungsrecht, Waffenrecht und Gewerberecht.

eine Rolle. Anknüpfend an die in den BMP4 empfohlenen Sicherheitsmaßnahmen ist auch hier die Frage zu stellen, inwieweit dem Reeder als Versicherungsnehmer die Beauftragung privater Sicherheitsdienste im Rahmen seiner Betriebsorganisation obliegt. Immerhin ist bislang – soweit bekannt – noch kein Schiff von Piraten entführt worden, das private bewaffnete Sicherheitsleute an Bord hatte.[537] Es mag daher Stimmen geben, die das Fehlen solcher Dienste an Bord eines Schiffes in den *high risk areas* als einen Mangel der Seetüchtigkeit ansehen, der zum Ausschluss der Leistungspflicht nach Ziff. 23.1 DTV-KKl und Ziff. 33.2.1.1 DTV-ADS führen kann.[538]

Für die längste Zeit seit dem Erstarken der Lösegeldpiraterie hat die Versicherungsbranche den Einsatz bewaffneter Sicherheitsdienste abgelehnt.[539] Auch die BMP haben bis zur dritten Auflage davon abgeraten.[540] Begründet wurde die Ablehnung vor allem mit der Angst, dass der Einsatz bewaffneter Sicherheitsdienste das Gewaltpotenzial steigere und sich dadurch eine Gewaltspirale mit erheblich schlimmeren Folgen entwickeln könne.[541] Darüber hinaus warnten die Versicherer vor solchen Maßnahmen wegen der dringenden Gefahr, dass auch Unbeteiligte Opfer der Gewalt werden und damit zusammenhängende Rechts- und Haftungsprobleme auf die Reeder zukommen könnten.[542] Schließlich wurden auch die rechtlichen Bestimmungen zum Tragen von Waffen an Bord von Schiffen unter Flaggenstaats- und Küstenstaatsrecht als problematisch erachtet.[543]

Die BMP4 sprechen sich erstmals nicht mehr gegen die Einbeziehung von bewaffneten privaten Sicherheitsdiensten in das Sicherheitskonzept von Reedern aus. Es ist jedoch falsch zu behaupten, die BMP4 würden den Einsatz

---

[537] *Watkins,* in: Topics Risk Solutions 1/2012, Munich RE, S. 16.

[538] Jedenfalls in diese Richtung scheint die – allerdings unrichtige – Aussage zu gehen, dass die BMP4 den Einsatz bewaffneter Sicherheitsdienste nunmehr empfehlen und die Versicherer bei einer Deckung die Umsetzung der BMP4-Empfehlungen voraussetzen, vgl. *Berg/Funke/Kratz u.a.,* Munich RE, Piraterie – Gewalt auf See eskaliert, S. 10.

[539] *Berg/Artmann/Kratz u.a.,* Münchener Rück, Piraterie – Neue Dimension, S. 11; *Ebert/Endriß/Loos u.a.,* Munich RE, Schadenspiegel 2/2009, S. 40; *Watkins,* in: Topics Risk Solutions 1/2012, Munich RE, S. 16; Willis Marine Review October 2009, S. 15; *Allianz Global Corporate & Specialty,* Piracy – An ancient risk with modern faces, S. 17; *Carden,* Piracy and P&I Insurance, S. 16.

[540] BMP 3, S. 14.

[541] *Berg/Artmann/Kratz u.a.,* Münchener Rück, Piraterie – Neue Dimension, S. 11; *Ebert/Endriß/Loos u.a.,* Munich RE, Schadenspiegel 2/2009, S. 40; Willis Marine Review October 2009, S. 15; *Allianz Global Corporate & Specialty,* Piracy – An ancient risk with modern faces, S. 17; *Carden,* Piracy and P&I Insurance, S. 16; *Spencer,* in: The Standard Bulletin, S. 4 sieht diese Befürchtung auch praktisch bestätigt.

[542] Willis Marine Review October 2009, S. 15.

[543] Willis Marine Review October 2009, S. 15; *Ebert/Endriß/Loos u.a.,* Munich RE, Schadenspiegel 2/2009, S. 40.

derartiger Dienste nunmehr empfehlen.[544] Eine solche Kehrtwende ist den BMP4 nicht zu entnehmen; dies wird auch ausdrücklich klargestellt.[545] Vielmehr erörtern sie den Einsatz von Sicherheitsdiensten als Option, besprechen Vorteile und Risiken und stellen die Entscheidung in das Ermessen des Reeders.[546] Ein Meinungswandel hat sich offenbar aber in der Versicherungsbranche vollzogen,[547] und dies zu Unrecht, denn die zunächst vorgebrachten Bedenken sind bis heute nicht ausgeräumt.

Ob das Mitführen von Waffen auf einem Schiff erlaubt ist, richtet sich zunächst nach den Gesetzen des Flaggenstaats. Gestatten diese Gesetze keine Waffen an Bord, so kann der Einsatz von bewaffneten Sicherheitsleuten kaum eine Obliegenheit des Reeders unter dem Versicherungsvertrag sein, da er sich zur Erfüllung dieser Obliegenheit sonst rechtswidrig verhalten müsste. Das deutsche Recht erlaubt unterdessen den Einsatz solcher Sicherheitsdienste auf Schiffen unter deutscher Flagge.[548] Allerdings ist diese Erlaubnis erheblich eingeschränkt, da insoweit keine Waffen mitgeführt werden dürfen, die unter das Kriegswaffenkontrollgesetz fallen. Vollautomatische Gewehre sowie spezielle Scharfschützengewehre, die für eine effiziente Pirateriabwehr erforderlich sein dürften, scheiden damit aus. Darüber hinaus machen sich Sicherheitsleute und Schiffsmannschaft durch den Waffeneinsatz unter Umständen strafbar, soweit keine Rechtfertigungs- oder Entschuldigungsgründe eingreifen. Die Fragen der Haftung von und für Sicherheitsdienste sind in Deutschland zudem noch nicht hinreichend geregelt.[549] Zwar schreibt § 12 SeeBewachV den Abschluss einer besonderen Haftpflichtversicherung für Sicherheitsdienste vor. Die praktische Versicherbarkeit dieser Haftpflichtrisiken auf dem deutschen Markt wurde vom GDV jedoch bereits vor Inkrafttreten der Verordnung bezweifelt.[550]

Insgesamt ist die Tätigkeit des deutschen Gesetzgebers auf diesem Gebiet im Grundsatz zu begrüßen. Ein Beitrag zur Lösung der Problematik darf davon jedoch kaum erwartet werden, da lediglich ein verschwindend geringer

---

[544] So aber *Berg/Funke/Kratz u.a.,* Munich RE, Piraterie – Gewalt auf See eskaliert, S. 10; richtig ist hingegen *Kendall-Marsden,* in: The Standard Bulletin, S. 2, der von einer neutralen Haltung der IMO spricht.

[545] BMP 4, S. 39: „This advice does not constitute a recommendation or an endorsement of the general use of armed Private Maritime Security Contractors."

[546] BMP 4, S. 39.

[547] *Deutscher Verkehrsgerichtstag,* Empfehlungen des Arbeitskreises VIII, Moderne Piraterie – Seeschifffahrt unter Beschuss (2012).

[548] Siehe § 31 GewO, § 28a WaffG und die SeeBewachV vom 16.05.2013.

[549] *Berg/Funke/Kratz u.a.,* Munich RE, Piraterie – Gewalt auf See eskaliert, S. 18; so auch in anderen Rechtsordnungen, wie der Fall zweier indischer Fischer belegt, die durch italienische Marinesoldaten an Bord eines Tankers getötet wurden. Hier wird auch gegen den Kapitän des Tankers ermittelt, vgl. *Berg/Funke/Kratz u.a.,* Munich RE, Piraterie – Gewalt auf See eskaliert, S. 10.

[550] *GDV,* Stellungnahme SeeBewachV, S. 1.

Teil aller Handelsschiffe unter deutscher Flagge fährt. Auch ist der Marktanteil deutscher Sicherheitsdienste für Seeschiffe gering. Nur für diese beiden Fälle spielt die deutsche Gesetzgebung überhaupt eine Rolle.

Zypern hat sich der Flaggenstaatsproblematik hingegen umfangreich angenommen und 2012 ausführliche Gesetze zum Einsatz und zur Zertifizierung von bewaffneten Sicherheitsdiensten erlassen, die sowohl Rechte und Pflichten aller Beteiligten als auch Richtlinien für den Waffengebrauch beinhalten.[551]

Neben dem Recht des Flaggenstaats unterliegen Schiffe aber auch dem nationalen Recht eines Staates, dessen Hafen sie anlaufen. Gegebenenfalls gilt dieses Recht auch schon in den Hoheitsgewässern des jeweiligen Staates.[552] So kann das Mitführen von Waffen trotz entsprechenden Flaggenstaatsrechts nach dem Recht des Küstenstaates verboten sein.[553] Laut GDV kam es in jüngerer Zeit in Nigeria zu Verhaftungen von bewaffneten Sicherheitsleuten, nachdem Schiffe in dortige Häfen eingelaufen waren. Auch das Verbringen der Waffen in das entsprechende Einsatzgebiet ist rechtlich eine heikle Angelegenheit. So wurden Ende 2011 ein Deutscher und ein Österreicher in Kairo bei dem Versuch verhaftet, Sturmgewehre in das Fahrtgebiet eines italienischen Tankers zu bringen, den sie bewachen sollten.[554] Um dieser Probleme Herr zu werden, legen Sicherheitsfirmen nunmehr „schwimmende Waffenlager" an, d.h. es werden Schiffe, die mit Waffen, Munition und sonstiger Ausrüstung beladen, sind auf Hoher See stationiert.[555] Von diesen nehmen Handelsschiffe vor der Einfahrt in das Krisengebiet Waffen auf und geben sie vor der Hafeneinfahrt bei einem weiteren Lagerschiff wieder ab.[556] Einer rechtlichen Kontrolle unterliegen weder diese Waffenarsenale noch die dort vorgehaltenen Waffentypen. Auch aus sicherheitspolitischer Sicht sind solche schwimmenden Waffenarsenale bedenklich, da auch sie zum Ziel von Piraten und Terroristen werden können. Gerade in Reichweite eines Bürgerkriegslan-

---

[551] *Berg/Funke/Kratz u.a.*, Munich RE, Piraterie – Gewalt auf See eskaliert, S. 19; eine Zusammenstellung nationaler Vorschriften aus 28 Ländern über den Einsatz bewaffneter Sicherheitsdienste auf Schiffen haben die *International Chamber of Shipping* (ICS) und die *European Community Shipowners Association* (ECSA) herausgegeben, <http://www.ics-shipping.org/docs/default-source/Piracy-Docs/comparison-of-flag-state-laws-on-armed-guards-and-arms-on-board.pdf> (Stand: 30.11.2015).
[552] Insoweit ist aber Art. 17 SRÜ und das darin verbürgte Recht der friedlichen Durchfahrt zu beachten.
[553] Ägypten hat 2011 zeitweilig den Suezkanal für die Durchfahrt bewaffneter Schiffe geschlossen, vgl. *Berg/Funke/Kratz u.a.*, Munich RE, Piraterie – Gewalt auf See eskaliert, S. 17.
[554] *Brandt*, Tages-Anzeiger 21.03.2013, S. 8.
[555] Sri Lanka scheint sich von Staats wegen als Betreiber solcher Waffenplattformen besonders hervorzutun, vgl. *Brandt*, Tages-Anzeiger 21.03.2013, S. 8.
[556] *Brandt*, Tages-Anzeiger 21.03.2013, S. 8; zuvor wurden Waffen häufig auf hoher See über Bord geworfen, um nicht gegen das Waffenrecht der Küstenstaaten zu verstoßen.

des wie Somalia, für das ein umfangreiches Waffenembargo gilt, ist dies besonders problematisch.

Das Mitführen bewaffneter Sicherheitskräfte führt damit zu vielfältigen, rechtlich nicht hinreichend geklärten Problemstellungen, sowohl durch das Flaggenstaats- als auch das Küstenstaatsrecht. Zudem scheint auch der Waffeneinsatz auf Hoher See im Lichte des staatlichen Gewaltmonopols in seerechtlicher Hinsicht nicht unproblematisch.[557]

Schließlich kann die befürchtete Eskalation der Gewalt auch heute noch nicht ausgeblendet werden.[558] Richtig ist zwar, dass die Zahl der erfolgreichen Piratenangriffe seit 2011 rückläufig ist, und richtig ist auch, dass bewaffnete Sicherheitsdienste zu diesem Erfolg beigetragen haben dürften. Die Effektivität der Sicherheitsdienste muss sich jedoch erst als langfristig erweisen, um die Befürchtung einer Gewalteskalation auszuräumen. Es ist kaum verwunderlich, dass der Erfolg der Piraten zunächst stagniert, wenn Handelsschiffe plötzlich bewaffnet durch die Risikogebiete fahren und die Piraten mit dieser Abwehrstrategie überraschen. Möglicherweise dient die erzwungene Rezessionsphase aber auch der Entwicklung neuer und gegebenenfalls erheblich gewaltreicherer Angriffsstrategien, denen sich die Schifffahrtsbranche bald gegenübersehen wird. Nach einer Expertenmeinung ist das Piraterieproblem auch mit dem Einsatz privater Sicherheitsdienste nicht beendet.[559]

Unter diesen Bedingungen ist es nicht gerechtfertigt, dem Versicherungsnehmer den Einsatz bewaffneter Sicherheitskräfte als Obliegenheit aufzuerlegen. Er müsste sich sonst in einen äußerst komplizierten, teilweise diffusen und auch unklaren Rechtsraum begeben und sich den damit einhergehenden Risiken aussetzen. Zu betonen ist noch einmal, dass auch die BMP4 einen solchen Einsatz nicht empfehlen, sondern lediglich darauf hinweisen. Sollen die Empfehlungen der BMP4 aber den Beurteilungsmaßstab für die organisatorische Seetüchtigkeit von Schiffen im versicherungsvertraglichen Sinne bilden, so fällt darunter nicht der Einsatz bewaffneter privater Sicherheitsdienste. Zwar wurde bislang kein Schiff von Piraten entführt, wenn bewaffnetes Sicherheitspersonal an Bord war. Das Gleiche gilt jedoch für Schiffe ohne bewaffnetes Personal, die die Empfehlungen der BMP vollständig umgesetzt haben.[560] Von einer Notwendigkeit bewaffneter Sicherheitsdienste kann demnach nicht gesprochen werden.

---

[557] Zu den öffentlich-rechtlichen Problemkreisen siehe *Brinktrine*, in: Stober, Schutz vor Piraterie, S. 39 (39–52).
[558] So auch *Blecker/Will*, in: Stober, Schutz vor Piraterie, S. 53.
[559] So der ehemalige Kommandeur der EUNAVFOR *Duncan Potts* in *Brandt*, Tages-Anzeiger 21.03.2013, S. 8: „Sie können jederzeit wieder auftauchen." Siehe auch *Spencer*, in: The Standard Bulletin, S. 4, der die Anpassungsfähigkeit der Piraten an einigen Beispielen gut herausstellt.
[560] *Kendall-Marsden*, in: The Standard Bulletin, S. 2.

Soweit sich Reeder für den Einsatz bewaffneter Sicherheitskräfte entscheiden, sollten sie dringend dafür Sorge tragen, dass etwaige Haftungs- und Verantwortungsfragen zwischen dem Sicherheitspersonal, der Reederei und dem Kapitän des Schiffes vertraglich geregelt sind. Einen Mustervertrag, der diese Fragen regelt, hat der BIMCO unter der Bezeichnung GUARDCON herausgegeben.[561] Auch Versicherer weisen darauf hin, dass etwaige Verträge mit Sicherheitsdiensten die GUARDCON-Standards erfüllen sollten.[562]

c) Zusammenfassung

Der Versicherungsnehmer muss für die organisatorische Seetüchtigkeit seines Schiffes Sorge tragen. Hinsichtlich drohender Pirateriegefahren muss er, um den versicherungsvertraglichen Anforderungen zu genügen, sowohl die Schiffsbesatzung gehörig unterrichten und schulen als auch das Schiff mit ausreichend effizienten Abwehrmaßnahmen gegen Piraten ausrüsten. Dabei sollte er sich an den Empfehlungen der BMP4 orientieren. Die Umsetzung dieser Empfehlungen begründet bezüglich der Pirateriegefahr die Seetüchtigkeit des Schiffes. Dagegen obliegt es dem Versicherungsnehmer nicht, private und bewaffnete Sicherheitsdienste einzusetzen. Eine Entscheidung darüber liegt frei in seinem Ermessen, ohne dass dies negative Auswirkungen auf den Versicherungsschutz im Versicherungsfall hat.

3. Schuldhafte Herbeiführung des Versicherungsfalls

Der Versicherungsnehmer verliert den Versicherungsschutz auch, wenn er den Versicherungsfall schuldhaft herbeiführt. Unter § 33 Abs. 1 ADS setzt dies einfache, unter Ziff. 34.1 DTV-ADS mindestens grobe Fahrlässigkeit voraus. Insoweit gelten bezüglich der Pirateriegefahr dieselben Maßstäbe nach den BMP4 wie für die organisatorischen Aspekte der Seetüchtigkeit.[563] Die Außerachtlassung dieser Maßstäbe kann also auch nach diesen Bestimmungen zum Verlust des Versicherungsschutzes führen. Als grob fahrlässig im Sinne der Ziff. 34.1 DTV-ADS dürfte es einzustufen sein, wenn ein Schiff ohne jegliche bauliche und organisatorische Abwehrmaßnahme in pirateriegefährdete Gewässer einfährt. Ebenso dürfte grob fahrlässiges Verhalten vorliegen, wenn das Schiff während der Durchfahrt durch den Golf von Aden den eingerichteten Marinekorridor ohne Grund verlässt oder die Registrierungs- und Berichterstattungsempfehlung des *MSCHOA* missachtet.[564] Zu beachten ist

---

[561] Vgl. <https://www.bimco.org/Chartering/Documents/Security/GUARDCON.aspx.>; dort wird auch ein GUARDCON Mustervertrag zur Verfügung gestellt.
[562] IGP&I Piracy FAQ, S. 4 f.; siehe auch *Berg/Funke/Kratz u.a.,* Munich RE, Piraterie – Gewalt auf See eskaliert, S. 17.
[563] *Schwampe*, TranspR 2009, 462 (474).
[564] Siehe dazu *supra* S. 226.

allerdings, dass der Sorgfaltsmaßstab für die Seetüchtigkeit unter Ziff. 33.2.1.2 DTV-ADS ein anderer ist als bei der schuldhaften Herbeiführung des Versicherungsfalls nach Ziff. 34.1 DTV-ADS. Ausnahmsweise fällt dem Versicherungsnehmer unter den DTV-ADS bei Seeuntüchtigkeit nämlich auch einfache Fahrlässigkeit zur Last. Dies liegt daran, dass das Konzept der Seetüchtigkeit nur ersatzweise aus den ADS/DTV-KKl übernommen wurde, vorwiegend aber das neue Konzept der Einhaltung von Schiffsicherheitsbestimmungen Anwendung finden soll. Soweit die Einhaltung von Schiffsicherheitsbestimmungen nach Ziff. 33.1 DTV-ADS Inhalt des Vertrages ist, verdrängen sie im Anwendungsfall die Ziff. 34.1 und 34.2 DTV-ADS. Der Verlust des Versicherungsschutzes richtet sich dann ausschließlich nach Ziff. 33.1 DTV-ADS, was sich für den Versicherungsnehmer negativ auf die Beweislastverteilung auswirkt.[565] Faktisch dürften die Ziff. 34.1 und 34.2 DTV-ADS aber auch bei Anwendbarkeit der Seetüchtigkeitsbestimmungen gemäß Ziff. 33.2.1 DTV-ADS kaum eine Rolle spielen, da letztere bereits bei einfacher Fahrlässigkeit den Versicherungsschutz entfallen lässt.

Für die ADS/DTV-KKl gilt grundsätzlich ein einheitlicher Sorgfaltsmaßstab, sodass der Versicherungsschutz sowohl wegen organisatorischer Seeuntüchtigkeit als auch wegen Herbeiführung des Versicherungsfalls bei einfacher Fahrlässigkeit entfallen kann.

C. Piraterie in den kaskonahen Versicherungszweigen

I. *Versicherung für Nebeninteressen*

Die Versicherung für Nebeninteressen zählt zu den kaskonahen Versicherungszweigen und deckt verschiedene Interessen ab, die nicht der Deckung der Kaskoversicherung unterfallen, jedoch bei einem Totalverlust des Schiffes regelmäßig betroffen sind. In die DTV-ADS wurden in den Ziff. 67–69 Bestimmungen über die Nebeninteressenversicherung integriert. Daneben können Nebeninteressen auch nach den älteren DTV-Klauseln für Nebeninteressen 1978/2004 versichert werden, die insoweit in die Systematik der ADS/DTV-KKl passen.

Der Nebeninteressenversicherer leistet nach Ziff. 67.1 DTV-ADS bei Totalverlust und ihm gleichstehenden Fällen Ersatz in Höhe der vereinbarten Versicherungssumme. Das versicherte Interesse gilt insoweit als bewiesen. Die DTV-Klauseln für Nebeninteressen bezeichnen das versicherte Interesse noch etwas näher, wobei das Interesse an der behaltenen Fahrt im Grunde auch eine Kumulbeschreibung von Interessen ist, die mit dem Schiffsbetrieb

---

[565] Kausalität und Verschulden werden gemäß Ziff. 33.1.2 DTV-ADS widerlegbar vermutet. Bei Ziff. 34.1 DTV-ADS obliegt die Beweislast hingegen dem Versicherer.

zusammenhängen und versichert werden können. Ausdrücklich benannt ist aber auch das Exzedenteninteresse, also das über die Kaskotaxe hinausgehende Sacherhaltungsinteresse am Schiff. Die beiden Klauseln unterscheiden sich somit zwar im Wortlaut, decken sich aber inhaltlich weitestgehend.[566]

Die Deckung gilt auch für die unter der Kaskoversicherung versicherten Ersatzansprüche Dritter, beispielsweise im Kollisionsfall.[567] Bei Totalverlust und ihm gleichstehenden Fällen haftet der Nebeninteressenversicherer auch für das Interesse an der Fracht und an der Versicherungsprämie für die Kasko- und die Nebeninteressenversicherung. Unter den DTV-ADS leistet der Versicherer im Versicherungsfall insoweit die für die Fracht vereinbarte und für die Versicherungsprämien nach Ziff. 69.4 DTV-ADS berechnete Versicherungssumme.

Soweit die Piraten ein Schiff also tatsächlich versenken oder anderweitig einen Totalverlust herbeiführen, würde der Nebeninteressenversicherer leistungspflichtig.

Wird der drohende Totalverlust des Schiffes hingegen durch die Bezahlung eines Lösegeldes verhindert, so erweist sich die Lösegeldzahlung nicht nur als Schadensabwendungsmaßnahme hinsichtlich der Kaskoversicherung, sondern auch bezüglich der Nebeninteressenversicherung. Dem Reeder könnte damit auch ein Anspruch auf Erstattung der bezahlten Lösegelder gegen den Nebeninteressenversicherer zustehen, soweit die Bestimmungen für die Nebeninteressenversicherung einen entsprechenden Deckungstatbestand enthalten.

Die DTV-Klauseln für Nebeninteressen enthalten eigene, abschließende Bestimmungen über die Havarie-grosse-Deckung.[568] Gemäß Ziff. 2.3.1 haftet der Versicherer für den Havarie-grosse-Exzedent, den der Kaskoversicherer aufgrund von § 30 Abs. 8 ADS nicht deckt. Die Vorschrift begrenzt die Havarie-grosse-Beitragsdeckung des Kaskoversicherers auf den verhältnismäßigen Anteil, wenn der Havarie-grosse-Beitragswert den Versicherungswert übersteigt. Ein Anspruch auf Lösegeldersatz besteht gegen den Nebeninteressenversicherer also nur dann, wenn der Kaskoversicherer aufgrund von § 30 Abs. 8 ADS nicht für den vollen, nach der Dispache auf den Reeder entfallenden Havarie-grosse-Beitrag haftet. Der Anspruch bezieht sich dann auch nur auf den überschießenden Beitragsteil (Exzedent). Soweit gegen Kasko- und Nebeninteressenversicherer Ersatzansprüche aus Havarie-grosse-Deckung bestehen, decken sich diese inhaltlich also nicht.

Sind hingegen die DTV-ADS anwendbar, besteht unter der Nebeninteressenversicherung keine Havarie-grosse-Deckung. Dies ist auch nicht mehr

---

[566] Vgl. auch *Schwampe*, in: Thume/de la Motte/Ehlers, Teil 6, AVB-Kaskoversicherung, Rn. 575t.

[567] Ziff. 67.2 DTV-ADS; Ziff. 2.3.3 DTV-Klauseln für Nebeninteressen.

[568] *Schwampe*, TranspR 2009, 462 (474).

notwendig, da die Begrenzung der Einstandspflicht des Kaskoversicherers in § 30 Abs. 8 ADS nicht in die DTV-ADS übernommen wurde und der Kaskoversicherer für Havarie-grosse-Beiträge in voller Höhe leistet – gemäß Ziff. 41.2 DTV-ADS sogar über die Versicherungssumme hinaus. Im Hinblick auf das vom Versicherungsnehmer bezahlte Lösegeld als Havarie-grosse-Aufwendung ist der Kaskoversicherer gemäß den Ziff. 28.1, 30.1, 41.2 DTV-ADS ohnehin direkt, in voller Höhe und ungeachtet der Versicherungssumme einstandspflichtig. Da die Bedingungen der Nebeninteressenversicherung deshalb keine Havarie-grosse-Deckung beinhalten, kann dem Versicherungsnehmer daraus auch kein Anspruch auf Erstattung von Lösegeldern erwachsen.

Ein Lösegeldersatzanspruch könnte sich für den Reeder aber aus Ziff. 1.1 DTV-Klauseln für Nebeninteressen in Verbindung mit § 32 Abs. 1 Nr. 1 ADS ergeben, soweit man davon ausgeht, dass der allgemeine Ersatzanspruch für Aufwendungen zur Schadensabwendung auch auf die Nebeninteressenversicherung anwendbar ist. Dies ließe sich im Hinblick auf Ziff. 1.1 DTV-Klauseln für Nebeninteressen bejahen, da diese die ADS zur Grundlage der Nebeninteressenversicherung erklärt und insoweit auch § 32 ADS in den Deckungsumfang einbezieht.[569] Gleiches würde für Ziff. 31 DTV-ADS gelten, die als allgemeine Bestimmung auch in der Nebeninteressenversicherung nach den Ziff. 67 ff. DTV-ADS anwendbar wäre.

Zu Recht gehen *Ritter/Abraham* demgegenüber davon aus, dass die Nebeninteressenversicherung grundsätzlich keine Schadensabwendungsaufwendungen nach § 32 ADS bzw. Ziff. 31 DTV-ADS umfasst.[570] Dies liegt bereits in der historischen Funktion der Nebeninteressenversicherung als Ergänzung zur Kaskoversicherung begründet. Diese will Vermögenseinbußen grundsätzlich nicht erfassen, wenn sie bereits in der Kasko(haupt)versicherung gedeckt sind oder gedeckt sein könnten.[571] Soweit sich die Rettung des Nebeninteresses als zwangsläufige Folge der Rettung des unter der Kaskoversicherung versicherten Interesses darstellt, treffen die gesamten Rettungskosten ausschließlich den Kaskoversicherer.[572] Dies ist faktisch eigentlich immer der Fall, da die Deckung der Nebeninteressenversicherung von einem kaskoversicherten Totalverlust abhängt.

Zum Ausdruck kommt diese Verkehrsanschauung in den früher für Nebeninteressenversicherungen üblichen Klauseln „Für behaltene Ankunft" in

---

[569] So *Schwampe*, TranspR 2009, 462 (474); a.A. *Ritter/Abraham*, ADS I, § 32 Anm. 16.

[570] *Ritter/Abraham*, ADS I, § 32 Anm. 16; *Ritter/Abraham*, ADS II, § 120 Anm. 4; zustimmend *Schlegelberger*, Seeversicherungsrecht, § 33, Rn. 12; so im Ergebnis auch *Woesner*, ZVersWiss 1960, 399 (422).

[571] *Ritter/Abraham*, ADS I, § 32 Anm. 16; siehe auch *Ritter/Abraham*, ADS II, § 120 Anm. 4.

[572] *Woesner*, ZVersWiss 1960, 399 (422); so auch *Koch*, in: Bruck/Möller, § 83, Rn. 106, bezogen auf Sach- und Gewinnversicherung.

§ 120 ADS und „Nur für Totalverlust" in § 123 ADS.[573] Beide schließen eine Einstandspflicht für Aufwendungen nach § 32 ADS ausdrücklich aus.[574] Die heute marktüblichen DTV-Klauseln für Nebeninteressen und die neuen Ziff. 67 ff. DTV-ADS enthalten zwar keinen ausdrücklichen Ausschluss mehr. Ein solcher ist für die Nebeninteressenversicherung allerdings auch nicht erforderlich, da er nur deklaratorischen Charakter hätte.[575] Der Umfang der Einstandspflicht des Nebeninteressenversicherers ergibt sich nämlich ausschließlich aus den Bestimmungen der DTV-Klauseln für Nebeninteressen und den Ziff. 67 ff. DTV-ADS selbst. Dies belegt eine Betrachtung der Bestimmungen zur Havarie-grosse-Deckung in Ziff. 2.3.1 DTV-Klauseln für Nebeninteressen. Diese Havarie-grosse-Exzedentendeckung wurde in die Nebeninteressenversicherung aufgenommen, weil es aufgrund der Deckungsbegrenzung in der Kaskoversicherung gemäß § 30 Abs. 8 ADS ein Bedürfnis dafür gab. Sie dient hingegen nicht dem Zweck, Sonderbestimmungen für die Havarie-grosse-Deckung in der Nebeninteressenversicherung zu schaffen, um durch deren abschließenden Charakter die Anwendung der allgemeinen Havarie-grosse-Deckung aus § 28 ADS zu verhindern.[576] Den Beleg dafür erbringen die neuen Ziff. 67 ff. DTV-ADS. Diese enthalten nämlich deshalb keine Bestimmungen zur Havarie-grosse-Exzedentendeckung mehr, weil das Bedürfnis dafür aufgrund der entfallenen Deckungsbegrenzung in der Kaskoversicherung schlichtweg nicht mehr besteht. Dies hat hingegen nicht zur Folge, dass nunmehr die allgemeinen Bestimmungen zur Havarie-grosse-Deckung aus Ziff. 29 DTV-ADS auch auf die Nebeninteressenversicherung anzuwenden wären. Genauso wenig führt ein fehlender Deckungsausschluss für Schadensabwendungsaufwendungen nach § 32 ADS bzw. Ziff. 31 DTV-ADS zu deren Ersetzbarkeit unter der Nebeninteressenversicherung.[577] Die Haftung des Nebeninteressenversicherers beginnt vielmehr immer erst dann, wenn ein Totalverlust des Schiffes oder ein ihm gleichgestellter Fall tatsächlich eintritt. Diese Bedingung ermöglicht es dem Versicherer auch, die Interessen des Reeders unter erheblichem Prämiennachlass zu versichern, weil im Gegensatz zur Kaskoversicherung weite Deckungsbereiche nicht erfasst sind.[578] Müsste

---

[573] Auch *Schwampe*, VersR 2010, 1277 (1280) verweist insoweit auf den Bezug zwischen § 120 ADS und Ziff. 2 DTV-Klauseln für Nebeninteressen.

[574] Dieser Ausschluss dient im Falle der Nebeninteressenversicherung jedoch nur zur Klarstellung. Die fehlende Leistungspflicht für Schadensabwendungsaufwendungen ergibt sich schon aus der Natur der Nebeninteressenversicherung selbst, vgl. *Ritter/Abraham,* ADS I, § 32 Anm. 16.

[575] Vgl. *Ritter/Abraham,* ADS II, § 120 Anm. 4.

[576] So aber wohl *Schwampe,* TranspR 2009, 462 (474).

[577] A.A. *Schwampe,* TranspR 2009, 462 (474 f.); *Pfeifle,* in: Drees/Koch/Nell, S. 107 (127); in Bezug auf das allgemeine Versicherungsrecht mag etwas anderes gelten, dazu *Martin,* VersR 1968, 909 (911 ff.).

[578] *Ritter/Abraham,* ADS II, § 120 Anm. 4.

der Nebeninteressenversicherer auch für Schadensabwendungsaufwendungen aufkommen, wäre ein solcher Prämiennachlass nicht in diesem Maße möglich.[579]

Der Gedanke der begrenzten Haftung des Nebeninteressenversicherers findet sich zudem in den Bestimmungen der Ziff. 2.7 DTV-Klauseln für Nebeninteressen und Ziff. 67.3 DTV-ADS wieder, die dem Kaskoversicherer wegen seiner weiter reichenden Einstandspflicht den Vorrang an etwaigen Regresserlösen einräumen. Auch dies könnte der Nebeninteressenversicherer nicht gewähren, wenn er auch für alle Aufwendungen haftete, die zur Abwendung des Totalverlustes getätigt wurden.

Etwas anderes gilt selbst dann nicht, wenn von der Nebeninteressenversicherung auch der von der Kaskoversicherung nicht erfasste Exzedent, also das die Kaskoversicherung übersteigende Sachinteresse am Schiff, mitversichert ist. Dies kann der Fall sein, wenn das Schiff in der Kaskoversicherung unterversichert ist und der Kaskoversicherer Schäden und Aufwendungen gemäß § 8 ADS bzw. Ziff. 11 DTV-ADS nur im Verhältnis der Versicherungssumme zum Versicherungswert ersetzen muss. Für den Exzedenten haftet der Nebeninteressenversicherer ausweislich der Bedingungen allerdings nur dann, wenn der Totalverlust oder ein ihm gleichstehender Fall tatsächlich eingetreten ist, wenn es sich also um einen Schadensexzedenten handelt. Ist ein Totalverlust hingegen nicht eingetreten, haftet der Nebeninteressenversicherer normalerweise auch nicht für etwaige Exzedenten. Die einzige Ausnahme von diesem Prinzip ist wiederum die Haftung für den Havarie-grosse-Exzedenten unter Ziff. 2.3.1 DTV-Klauseln für Nebeninteressen. In den Ziff. 67 ff. DTV-ADS ist auch diese Ausnahme entfallen. Aufwendungsexzedenten deckt der Nebeninteressenversicherer damit grundsätzlich nicht.

Soweit also der Kaskoversicherer den Lösegeldersatzanspruch des Reeders gemäß § 8 ADS oder Ziff. 11 DTV-ADS nur verhältnismäßig ersetzen muss, trägt der Reeder die übrigen Kosten als Selbstversicherer. Ein Anspruch auf Erstattung von Lösegeldern besteht gegen den Nebeninteressenversicherer somit nicht.

Einen anteiligen Anspruch auf Ersatz des Lösegeldes kann der Reeder aber unter der Havarie-grosse-Exzedentendeckung gemäß Ziff. 2.3.1 DTV-Klauseln für Nebeninteressen geltend machen, wenn die Deckung des Kaskoversicherers aufgrund von § 30 Abs. 8 ADS nicht den vollen Beitrag des Reeders deckt.

---

[579] *Ritter/Abraham,* ADS II, § 120 Anm. 4.

II. Ertragsausfallversicherung nach DTV-ADS

Die DTV-ADS beinhalten in den Ziff. 70 ff. erstmals Verbandsbedingungen für eine Ertragsausfallversicherung, die im Markt als *Loss of Hire*-Versicherung (LoH-Versicherung)[580] bezeichnet wird. Deutsche Reedereien versichern den Ertragsausfall überwiegend unter dem norwegischen *Norwegian Insurance Plan*, dem die Bedingungen der DTV-ADS nachempfunden sind.[581] Daneben bietet auch der englische Markt zahlreiche Produkte dieser Art.[582] Die LoH-Versicherung zählt zu den kaskonahen Versicherungen, weil sie bedingungsgemäß an einen versicherten Kaskoschaden als Haftungsvoraussetzung anknüpft. Der Versicherer ersetzt gemäß Ziff. 70.1 DTV-ADS den Ertragsausfall des versicherten Schiffes, solange es *infolge* eines ersatzpflichtigen Kaskoschadens daran gehindert ist, die volle Fracht oder Miete zu verdienen.[583]

Die LoH-Versicherung bildet damit das Gegenstück zur Nebeninteressenversicherung. Während Letztere im Falle des Totalverlustes die entgangene Fracht deckt, erfasst erstere die Fracht für die Dauer des Ertragsausfalls aufgrund eines Partschadens.[584]

In Lösegeldpiraterefällen dürften Ansprüche des Reeders gegen den LoH-Versicherer unter den Ziff. 70 ff. DTV-ADS die Ausnahme bilden. Wird ein Schiff von Piraten entführt, so ist das Festhalten des Schiffes durch die Piraten *causa promixa* für den Ertragsausfall des Schiffes. Die Entführung und das Festhalten des Schiffes als solche stellen jedoch noch keinen versicherten Kaskoschaden dar.[585] Zwar entstehen im Laufe einer Schiffsentführung häufig gewisse Schäden am Schiff, die die Piraten bei ihrem Angriff oder später mutwillig oder durch mangelnde Sorgfalt verursachen. Während das Schiff aber in der Hand der Piraten ist, treten derartige Schäden, soweit sie überhaupt geeignet sind, das Schiff an der Erwirtschaftung des vollen Ertrags zu hindern, als *causa remota* hinter die Entführung zurück. Denn auch wenn man sich diese Schäden hinwegdenkt, kann das Schiff nicht zur Erwirtschaftung der Erträge eingesetzt werden, weil es von den Piraten festgehalten wird. Allenfalls nachdem das Schiff wieder freigelassen wurde, kann ein Anspruch aus Ziff. 70.1 DTV-ADS begründet sein, wenn es aufgrund der erlittenen

---

[580] Teilweise wird – wohl auch zutreffender – von *Loss of Earnings* gesprochen.
[581] *Schwampe*, in: Thume/de la Motte/Ehlers, Teil 6, AVB-Kaskoversicherung, Rn. 575u.
[582] Aon bietet beispielsweise eine spezielle Deckung für *Loss of Hire* in Piraterefällen an, *Spencer*, in: Newsletter of the Committee on Marine Insurance and General Average, S. 2.
[583] Ebenfalls erfasst sind Fälle der Strandung ohne Kaskoschaden und solche, in denen ein ersatzpflichtiger Kaskoschaden deshalb nicht besteht, weil er unter der Franchise liegt, Ziff. 70.2 DTV-ADS.
[584] *Schwampe*, VersR 2010, 1277 (1280).
[585] Siehe auch *supra* S. 169 f.

Beschädigungen daran gehindert ist, die volle Fracht oder Miete zu verdienen.

Gleiches gilt unter den regulären englischen LoH-Bedingungen. Auch sie knüpfen die Leistungspflicht des Versicherers an einen versicherten Kaskoschaden und sehen in Entführungsfällen deshalb keine Versicherungsleistung für den Ertragsausfall vor.[586]

Dem Reeder wird regelmäßig auch kein Aufwendungsersatzanspruch gegen den LoH-Versicherer zustehen. Die insoweit spezielle Bestimmung in Ziff. 76.1 DTV-ADS gewährt zwar Deckung für außerordentliche Aufwendungen. Diese sind aber auf solche Aufwendungen beschränkt, die der Abwendung oder Minderung eines Ertragsausfalls infolge eines versicherten Kasko(part)schadens dienen. Die Lösegeldzahlung dient aber in aller Regel der Abwendung eines drohenden Totalverlusts. Dafür besteht unter der LoH-Versicherung gemäß Ziff. 71.1 DTV-ADS kein Deckungsschutz. Wenn der Versicherer für einen auf dem Totalverlust des Schiffes beruhenden Ertragsausfall nicht einstehen muss, so kann er auch für die Aufwendungen zur Abwendung eines solchen Ertragsausfalls nicht haftbar gemacht werden. Zudem enthält Ziff. 76.1 DTV-ADS eine einfache Subsidiaritätsklausel für Aufwendungen zur Schadensabwendung und -minderung, die die Haftung des LoH-Versicherers hinter die des Kasko- oder eines sonstigen Schiffsversicherers zurücktreten lässt.

Relevant werden die Ziff. 70 ff. DTV-ADS damit allenfalls, wenn die Piraten das Schiff beschädigen oder Schiffsgegenstände entwenden, sodass es infolge dieses versicherten Kaskoschadens zu einem Ertragsausfall kommt.

Reeder sollten angesichts dieser Deckungslücke über einen alternativen Versicherungsschutz nachdenken. Die durchschnittliche Dauer einer Schiffsentführung durch somalische Piraten liegt mittlerweile bei mehr als sechs Monaten und betrug bei dem Öltanker *Savina Caylyn* gar 316 Tage.[587] Dem Reeder drohen im Entführungsfall damit erhebliche Ertragsausfälle, die jedenfalls in Risikomanagement und -kalkulation berücksichtigt werden sollten. Im englischen Markt wurde diese Deckungslücke aufgegriffen. Es werden nunmehr spezielle Produkte zur LoH-Versicherung bei Piraterie angeboten.[588]

---

[586] Siehe dazu *Parker*, Lloyd's Shipping Economist June 2009, 22 (22); Willis Marine Review October 2009, S. 16.

[587] *Berg/Funke/Kratz u.a.,* Munich RE, Piraterie – Gewalt auf See eskaliert, S. 6 f.

[588] *Parker*, Lloyd's Shipping Economist June 2009, 22 (22 f.); *Paulsen/Stoian,* Piracy, S. 15; *Berg/Artmann/Kratz u.a.,* Münchener Rück, Piraterie – Neue Dimension, S. 23. Als erster Versicherer hat Aon eine entsprechende Deckung auf den Markt gebracht, die LoH-Risiken auch ohne vorliegenden Kaskoschaden umfasst, vgl. *Insurance Journal* vom 04.12.2008, Aon Launches 'Loss of Earnings' Piracy Insurance Policy, <http://www.insurancejournal.com/news/international/2008/12/04/96024.htm> (Stand: 30.11.2015).

D. Piraterie in der P&I-Versicherung

Im Zusammenhang mit der Piraterie ist auch der Bereich der P&I-Versicherung angesprochen. Zwar wird die P&I-Versicherung überwiegend als Haftpflichtversicherung des Reeders verstanden.[589] Jedoch enthält sie aus historischen Gründen[590] auch ein Konglomerat aus Deckungstatbeständen, die nicht dem Haftpflichtbereich zuzuordnen sind. Regelmäßig schließt sie die Deckungslücken, die Kasko- und andere schiffsbezogene Versicherungen hinterlassen.[591] Die Pirateriegefahr spielt dabei in mehreren Deckungsbereichen der P&I-Versicherung eine Rolle, nicht nur im Haftpflichtbereich.

I. Piraterie: Keine versicherte Gefahr

Die P&I-Versicherung ist anders als die Kaskoversicherung keine Allgefahrenversicherung. Es gilt der Grundsatz der Spezialität der Gefahren. Versichert sind ausschließlich die enumerativ aufgezählten Risiken.[592] Die Pirateriegefahr ist unter den Bedingungen der deutschen und englischen P&I-Clubs keine ausdrücklich versicherte Gefahr.[593] Schäden und sonstige Vermögenseinbußen, die durch Piraterie verursacht werden, unterfallen daher nicht unmittelbar der Deckung der P&I-Versicherung. Allerdings sehen die P&I-Bedingungen in aller Regel auch keinen Piraterieausschluss vor, sodass die Deckungstatbestände der P&I-Versicherung auch dann greifen, wenn sie durch ein auf Piraterie zurückzuführendes Ereignis ausgelöst werden.[594] Pirateriefälle können die P&I-Versicherer in unterschiedlichen Deckungskonstellationen betreffen. Die verschiedenen piraterierelevanten Deckungstatbestände der P&I-Versicherung werden nachfolgend besprochen. Der Fokus liegt dabei auf einer möglichen Einstandspflicht des P&I-Versicherers für Lösegelder sowie für Personenschäden, die die Schiffsbesatzung infolge eines Piratenangriffs erleidet.

---

[589] Europäische P&I-Clubs sind kürzlich in das Visier der EU-Kommission geraten. Anfängliche kartellrechtliche Bedenken haben sich aber nicht bestätigt, sodass deren Geschäft als europarechtskonform anzusehen ist, vgl. Pressemitteilung der EU-Kommission vom 01.08.2012, <http://europa.eu/rapid/press-release_IP-12-873_de.htm> (Stand: 30.11.2015).
[590] Siehe *supra* S. 32 ff.
[591] Siehe zur P&I-Versicherung im Allgemeinen *supra* S. 32 ff.
[592] *Kebschull*, ZVersWiss 1970, 561 (643); *Schwampe*, in: Thume/de la Motte/Ehlers, Teil 7, AVB-Verkehrshaftungs-Bedingungen, Rn. 443; *Janzen*, Haftung von Reeder und Seeversicherer, S. 94.
[593] IGP&I Piracy FAQ, S. 1.
[594] *Carden*, Piracy and P&I Insurance, S. 11; IGP&I Piracy FAQ, S. 1; Rule 58 1b Gard Rules 2013 schließt Piraterie sogar ausdrücklich vom Umfang des Kriegsausschlusses aus.

II. Havarie-grosse-Exzedentenhaftung

Die P&I-Versicherung gewährt keine unmittelbare Deckung für Havarie-grosse-Beiträge, die der Reeder gemäß der Dispache zu tragen hat. Vielmehr handelt es sich bei der Havarie-grosse-Deckung der P&I-Versicherung um eine Exzedentendeckung, die denjenigen Beitragsteil des Reeders erfasst, der unter der Kaskoversicherung wegen Begrenzung in § 30 Abs. 8 ADS nicht gedeckt ist.[595] Insoweit liegt eine Haftpflichtversicherung vor,[596] die ebenso wie die Nebeninteressenversicherung unter Ziff. 3.2.1 DTV-Klauseln für Nebeninteressen den Havarie-grosse-Beitragsexzedenten betrifft. Wenn eine Nebeninteressenversicherung besteht, ist diese vorrangig einstandspflichtig, da die P&I-Deckung grundsätzlich subsidiär ist.[597]

Soweit allerdings die DTV-ADS auf den Kaskoversicherungsvertrag anwendbar sind, dürfte die Havarie-grosse-Exzedentendeckung der P&I-Versicherung praktisch keine Rolle mehr spielen, da die Begrenzungsvorschrift des § 30 Abs. 8 ADS in den DTV-ADS ersatzlos gestrichen wurde und der Kaskoversicherer nunmehr die gesamten Havarie-grosse-Beiträge des Reeders übernimmt. In Anbetracht eines vom Reeder bezahlten Lösegeldes gibt es ohnehin keine Beitragsdeckung mehr, da der Kaskoversicherer nach Ziff. 28.1, 30.1 DTV-ADS für den vollen Betrag als Aufwendung unmittelbar einstandspflichtig ist.

III. Havarie-grosse-Ausfalldeckung

Neben der Exzedentendeckung ist die P&I-Versicherung für einen weiteren Bereich der Havarie-grosse relevant. Sie deckt auch die Vergütung, auf die der Reeder in Havarie-grosse nach der Dispache Anspruch gehabt hätte, wenn dieser Anspruch nicht aus rechtlichen Gründen entfallen wäre.[598] Insoweit ist die P&I-Versicherung keine Haftpflicht-, sondern eine Forderungsausfall-, also eine Aktivenversicherung.[599] Dieser Deckungstatbestand reflektiert den Umstand, dass die schuldhafte Herbeiführung der Gefahr, die zur Havarie-grosse-Situation geführt hat, durch einen Beteiligten weder unter § 589 HGB noch unter Regel D YAR zum Ausschluss der Anwendung der Havarie-grosse als solcher führt. Vielmehr verliert der Beteiligte, der die Gefahr schuldhaft

---

[595] Vgl. § 22.1 Hanseatic P&I Shipowners GIC; Rule 41b Gard Rules 2013, die eine Deckung zusätzlich in das Ermessen der *Association* stellt.

[596] *Ritter/Abraham*, ADS I, § 29 Anm. 8; *Schwampe*, Charterers' Liability Insurance, S. 15 ff., 22.

[597] Siehe *supra* S. 32 ff.

[598] *Schwampe*, in: Thume/de la Motte/Ehlers, Teil 7, AVB-Verkehrshaftungs-Bedingungen, Rn. 556; vgl. § 21.1 Hanseatic P&I Shipowners GIC; Rule 41a Gard Rules 2013.

[599] *Schwampe*, in: Thume/de la Motte/Ehlers, Teil 7, AVB-Verkehrshaftungs-Bedingungen, Rn. 556.

herbeigeführt hat, seinen Vergütungsanspruch.[600] Diesen Ausfall deckt die P&I-Versicherung. Wichtig ist allerdings, dass der Forderungsausfall auf rechtlichen Gründen beruhen muss. Ein Forderungsausfall aus wirtschaftlichen Gründen, beispielsweise wegen Insolvenz eines Ladungsbeteiligten, ist von der Deckung nicht erfasst.[601]

Im Zusammenhang mit Piraterifällen wird dieser Deckungstatbestand insoweit relevant, als sich die übrigen Havarie-grosse-Beteiligten auf ein Verschulden des Reeders berufen können, wenn das Schiff anfänglich seeuntüchtig war, weil es an den erforderlichen Maßnahmen zur Pirateriepravention gefehlt hat.[602] Trifft den Reeder insoweit ein Organisationsverschulden, liegt es nahe, dass darin auch eine schuldhafte – zumindest fahrlässige – Herbeiführung der Havarie-grosse-Situation zu sehen ist.

Inwieweit sich der versicherte Reeder gegen den Vorwurf der schuldhaften Herbeiführung der Gefahr verteidigen muss, bevor er die P&I-Deckung in Anspruch nehmen kann, hängt von den Umständen des Einzelfalls ab. In strittigen Fällen kann die Durchführung eines Dispachebestätigungsverfahrens nach den §§ 402 ff. FamFG erforderlich sein.[603]

Die Forderungsausfalldeckung der P&I-Versicherung greift somit in Piraterifällen, wenn sich die Havarie-grosse-Beteiligten gegenüber dem Reeder auf dessen Verschulden in der Havarie-grosse berufen können.[604] Besteht neben der P&I-Versicherung eine Kaskodeckung unter den ADS/DTV-KKl, so deckt Letztere unter der Havarie-grosse grundsätzlich nur den auf den Reeder nach der Dispache entfallenden Anteil an dem bezahlten Lösegeld.[605] Die übrigen Lösegeldanteile entfallen auf die anderen Havarie-grosse-Beteiligten, deren Beiträge der versicherte Reeder als Vergütung beanspruchen kann. Entfallen diese Vergütungsansprüche wegen der schuldhaften Herbeiführung der Havarie-grosse-Situation, steht dem Reeder insoweit ein Anspruch aus der P&I-Deckung.

In diesen Fällen dürfte wegen der organisatorischen Seeuntüchtigkeit regelmäßig auch die Leistungspflicht des Kaskoversicherers für den eigenen

---

[600] Vgl. § 589 Abs. 1 S. 2 HGB. Unter Umständen ist er den übrigen Beteiligten auch schadenersatzpflichtig, § 589 Abs. 2 HGB.
[601] *Schwampe*, in: Thume/de la Motte/Ehlers, Teil 7, AVB-Verkehrshaftungs-Bedingungen, Rn. 557.
[602] *Phillips*, Business Insurance 26.07.2009; *Steer*, Piracy and General Average, <http://www.elbornes.com/relevant-articles/13/> (Stand: 30.11.2015) spricht insoweit von der „actionable fault defence"; *Schwampe*, TranspR 2009, 462 (475); vgl. auch *Pfeifle*, in: Drees/Koch/Nell, S. 107 (164 f.); Willis Marine Review October 2009, S. 15; umfassend zur Seeuntüchtigkeit siehe *supra* S. 222 ff.
[603] Im einzelnen dazu *Schwampe*, in: Thume/de la Motte/Ehlers, Teil 7, AVB-Verkehrshaftungs-Bedingungen, Rn. 556.
[604] Siehe dazu auch IGP&I Piracy FAQ, S. 7.
[605] Siehe *supra* S. 181 ff.

Havarie-grosse-Beitrag des Reeders entfallen. Dieser Ausfall ist von der P&I-Versicherung jedoch nicht umfasst.[606] Im Ergebnis kann es unter den ADS/DTV-KKl und bestehender P&I-Deckung somit dazu kommen, dass dem Reeder bei organisatorischer Seeuntüchtigkeit des Schiffes, die gleichsam eine schuldhafte Herbeiführung der Havarie-grosse-Situation bedeutet, lediglich die auf die übrigen Beteiligten entfallenden Lösegeldanteile durch die P&I-Versicherung ersetzt werden, der Eigenanteil aber unerstattet bleibt.

Etwas anders ist es, wenn der Kaskoversicherung die DTV-ADS zugrunde liegen. Diese ersetzt Lösegelder als Havarie-grosse-Aufwendungen nämlich direkt und in vollem Umfang. Etwaige Vergütungsansprüche gegen die übrigen Beteiligten gehen dafür gemäß Ziff. 30.2 DTV-ADS auf den Kaskoversicherer über. Die Deckung für den Ausfall dieser Vergütungsansprüche durch den P&I-Versicherer käme damit infolge der Zession dem Kaskoversicherer zugute.[607] Ist das Schiff aber mangels erforderlicher Pirateriepräventionen anfänglich seeuntüchtig und ist dies auf ein Organisationsverschulden des Reeders zurückzuführen, entfällt die Leistungspflicht des Kaskoversicherers für das volle Lösegeld. Deshalb gehen auch etwaige Vergütungsansprüche nicht auf den Kaskoversicherer über. Vielmehr entstehen diese gemäß § 589 Abs. 1 S. 2 HGB bzw. Regel D YAR wegen des Verschuldens des Reeders gar nicht, sodass letztlich der P&I-Versicherer für den Vergütungsausfall des Reeders aufkommt. Der Eigenanteil des Reeders wird auch hier nicht ersetzt. Im Ergebnis entspricht dies der Haftungssituation bei einer Kaskoversicherung unter den ADS/DTV-KKl.

IV. Keine unmittelbare Deckung von Lösegeldern

Bereits eingangs wurde darauf hingewiesen, dass Piraterie keine versicherte Gefahr der P&I-Versicherung ist und Piraterieschäden und -aufwendungen deshalb nicht unmittelbar versichert sind. Dies gilt auch für Lösegeldzahlungen.[608] Zur Deckung von Anteilen des Lösegeldes kann es mittelbar unter den bereits erörterten Havarie-grosse-Deckungselementen kommen. Diese kommen aber stets nur dann zum Tragen, wenn die Havarie-grosse-Deckung des Kaskoversicherers an ihre Grenze stößt. Die P&I-Versicherung ist insoweit immer nur eine Ergänzungsversicherung.

Die P&I-Deckung gewährt keine unmittelbare, originäre Havarie-grosse-Deckung, da ihr kein an der Havarie-grosse beteiligtes Interesse zugrunde liegt. In Havarie-grosse werden nur Schäden und Aufwendungen auf Sachinteressenträger umgelegt. Personeninteressen sind nicht beteiligt. Deshalb enthalten auch nur die entsprechenden Sachversicherungen eine originäre

---

[606] Vgl. § 21.2 Hanseatic P&I Shipowners GIC; Selbiges ergibt sich aus Rule 41b Gard Rules 2013.

[607] Dies entspräche der Situation bei einer Versicherung zugunsten Dritter.

[608] *Berg/Funke/Kratz u.a.*, Munich RE, Piraterie – Gewalt auf See eskaliert, S. 25.

Havarie-grosse-Deckung. Die P&I-Versicherung ist demgegenüber im wesentlichen Haftpflichtversicherung, die einen besonderen Fokus auf Personenrisiken aufweist. Dementsprechend kann unter dem Gesichtspunkt der Havarie-grosse-Deckung keine weitergehende Haftung des P&I-Versicherers für bezahlte Lösegelder begründet werden.[609]

Auch unter dem Gesichtspunkt der Schadensabwendungskosten wird man den P&I-Versicherer nicht zur Deckung von Lösegeldern heranziehen können. Richtig ist zwar, dass sich eine Lösegeldzahlung auch als Schadensabwendung zugunsten des P&I-Versicherers darstellen kann, da die Zahlung stets auch der Schiffsbesatzung zugutekommt.[610] Dieser Anspruch steht aber unter einem doppelten Vorbehalt. Zum einen setzt er voraus, dass der Schiffsbesatzung infolge des Pirateriefalls tatsächlich ein Haftungsanspruch gegen den Reeder zusteht, denn die P&I-Deckung erfordert eine Haftpflicht des Reeders.[611] Zum anderen steht die Deckung der P&I-Versicherung als Subsidiärversicherung stets unter dem Vorbehalt fehlender anderweitiger Deckung.[612] Zuvor greift zumeist die Kaskoversicherung.

Schließlich decken P&I-Versicherer Kosten, die für die Lebensrettung von Personen anfallen.[613] Der Anspruch ist allerdings als Haftpflichtanspruch ausgestaltet, sodass Lebensrettungskosten nur unter die Deckung fallen, wenn der Reeder sie einem Dritten für dessen Rettungsmaßnahmen schuldet. Zahlt der Reeder das Lösegeld selbst, unterfällt dies nicht der P&I-Deckung, da der Reeder keinen Anspruch gegen sich selbst erwirbt.[614] Er kann somit auch aus diesem Deckungstatbestand keinen Lösegeldersatz vom P&I-Versicherer erlangen.

Eine Deckung von Lösegeldern oder eines Teils davon kommt damit praktisch nur unter der sog. *omnibus rule* in Betracht. Dabei handelt es sich um eine in englischen P&I-Klauseln weit verbreitete Ermessensregelung,[615] die

---

[609] So auch IGP&I Piracy FAQ, S. 7; *Carden,* Piracy and P&I Insurance, S. 18 ff.
[610] Vgl. § 34.1 Hanseatic P&I Shipowners GIC; Rule 46 Gard Rules 2013.
[611] Zur Haftung für Personenschäden sogleich.
[612] *Bennett,* Marine Insurance, Rn. 16.04; IGP&I Piracy FAQ, S. 7; *Schwampe,* TranspR 2009, 462 (475); umfassend zur Subsidiarität der P&I-Versicherung *Kebschull,* P&I-Versicherung, S. 80 ff.; vgl. § 27.2.9 Hanseatic P&I Shipowners GIC; Rule 71 Gard Rules 2013. Darüber hinaus enthalten einige Deckungstatbestände zusätzliche Subsidiaritätsklauseln. Siehe zum Verhältnis zwischen Kasko- und P&I-Versicherer auch *infra* S. 262 f.
[613] Vgl. § 17 Hanseatic P&I Shipowners GIC; Rule 33 Gard Rules 2013.
[614] So auch *Schwampe,* TranspR 2009, 462 (475).
[615] Nach englischem Recht ist die Entscheidung nur auf Ermessensfehler im konkreten Einzelfall überprüfbar. Es tritt insoweit keine Ermessensbindung durch frühere Entscheidungen ein, vgl. *The Vainqueur José* [1979] 1 Lloyd's Rep. 557 ff. Nach deutschem Recht ist die Ermessensentscheidung zum einen auf Billigkeit gerichtlich überprüfbar, zum anderen erfordert der Gleichbehandlungsgrundsatz auch eine gleichmäßige Ermessensausübung, vgl. *Schwampe,* in: Thume/de la Motte/Ehlers, Teil 7, AVB-Verkehrshaftungs-Bedingungen, Rn. 515 und 576.

es den Direktoren des Clubs ermöglicht, Deckung für Verluste, Haftung und Kosten zu gewähren, die dem versicherten Mitglied im Zusammenhang mit dem Schiffsbetrieb entstehen, aber unter keinen Deckungstatbestand der P&I-Versicherung fallen.[616] Die Ermessensentscheidung kann das Clubmitglied beantragen – ein Anspruch darauf besteht jedoch nicht.[617] Einen solchen Antrag zu stellen, kann unter den Kaskobedingungen eine Schadensminderungspflicht des Reeders sein.

In deutschen P&I-Bedingungen ist eine *omnibus rule* unüblich.[618] Die Deckung beschränkt sich damit auf den bedingungsgemäß festgelegten Umfang.

Insgesamt stehen die P&I-Clubs einer Haftungsübernahme für Lösegeldkosten in der Praxis weitgehend ablehnend gegenüber.[619] Eine Deckung ist damit in den meisten Fällen unwahrscheinlich.

V. Haftung für Personenschäden

Ein wichtiger Teil der P&I-Versicherung ist die Deckung von Personenschäden.[620] Im Fokus stehen dabei Schäden, die der Schiffsbesatzung in Pirateriefällen drohen. Das sind insbesondere die Verletzung oder der Tod von Besatzungsmitgliedern infolge eines Piratenangriffs oder einer Entführung und deren Folgekosten für Heilbehandlungen und Begräbnisse. All dies kann jedoch nur unter die P&I-Deckung des Reeders fallen, wenn diesem eine Haftpflicht für die Personenschäden der Besatzung obliegt. Die Deckung ist insoweit Haftpflichtversicherung.[621]

Vorwiegend tritt die P&I-Deckung für gesetzliche Haftpflichten ein. Darüber hinaus erstreckt sich die Deckung teilweise auch auf vertragliche Haftpflichten. Zumeist steht die Haftung für Letztere aber unter dem Vorbehalt der vorherigen Durchsicht und Genehmigung der die Haftpflicht begründen-

---

[616] Vgl. Rule 2.5 Gard Rules 2013; siehe auch *Bennett,* Marine Insurance, Rn. 16.09; *Berg/Artmann/Kratz u.a.,* Münchener Rück, Piraterie – Bedrohung auf See, S. 36; *Schwampe,* in: Thume/de la Motte/Ehlers, Teil 7, AVB-Verkehrshaftungs-Bedingungen, Rn. 514; *Wodrich,* HANSA 1964, 2376 (2381); *Zocher,* HANSA 1983, 1474.

[617] *Bennett,* Marine Insurance, Rn. 16.09 und 24.28; *Wodrich,* HANSA 1964, 2376 (2381); *Zocher,* HANSA 1983, 1474; *Carden,* Piracy and P&I Insurance, S. 18; *Pfeifle,* in: Drees/Koch/Nell, S. 107 (174).

[618] So enthalten die Hanseatic P&I Shipowners GIC keine *onmibus rule*. Siehe auch *Schwampe,* in: Thume/de la Motte/Ehlers, Teil 7, AVB-Verkehrshaftungs-Bedingungen, Rn. 515.

[619] *Pfeifle,* in: Drees/Koch/Nell, S. 107 (174); *Ebert/Endriß/Loos u.a.,* Munich RE, Schadenspiegel 2/2009, S. 40.

[620] § 12 ff. Hanseatic P&I Shipowners GIC; Rules 27 ff. Gard Rules 2013.

[621] Die P&I-Versicherung darf nicht als eine vom Reeder finanzierte Unfall- oder Krankenversicherung für Besatzungsmitglieder missverstanden werden. Soweit den Reeder keine Haftpflicht trifft, ist die P&I-Versicherung nicht angesprochen.

den Vertragsinhalte durch den P&I-Versicherer.[622] Unter deutschen Bedingungen wird die Deckung für eine vertraglich begründete Haftpflicht auf den Betrag der gesetzlichen oder aus einer Kollektivvereinbarung resultierenden Haftpflicht beschränkt.[623]

Maßgebliches Haftpflichtrecht für die Bestimmung gesetzlicher Ansprüche ist das Recht, das auch dem Heuerverhältnis zwischen Reeder und Besatzungsmitglied zugrunde liegt.[624] Soweit deutsches Recht anwendbar ist, bestimmt sich die Haftung des Reeders vorwiegend nach den Regelungen des SGB VII sowie des Seemannsgesetzes.[625] Im Falle der Verletzung eines Besatzungsmitglieds während der Dauer des Heuerverhältnisses schuldet der Reeder gemäß § 42 Abs. 1 SeemG ausreichende und zweckmäßige Krankenfürsorge auf eigene Kosten. Die Krankenfürsorgepflicht des Reeders endet jedoch, sobald das Besatzungsmitglied das Schiff in den Geltungsbereich des Grundgesetzes verlässt oder anderweitig in den Geltungsbereich zurückgekehrt ist. Praktisch bedeutet dies, dass die gesetzliche Haftpflicht des Reeders zumeist nur für den Zeitraum gilt, in dem die Besatzung von den Piraten gefangen gehalten wird. Für diesen Zeitraum deckt der P&I-Versicherer die Krankenfürsorgekosten. Die wesentlichen Kosten fallen regelmäßig aber erst nach diesem Zeitraum an.

Zudem handelt es sich bei Verletzungen und anderen Gesundheitsbeeinträchtigungen sowie dem Tod eines Besatzungsmitglieds infolge eines Piraterievorfalls regelmäßig um einen Arbeitsunfall im Sinne des § 8 SGB VII. Zu entsprechenden Krankenfürsorge-, Berufsunfähigkeitsrenten- und Hinterbliebenenleistungen ist damit gemäß § 121 Abs. 2 SGB VII die See-Berufsgenossenschaft verpflichtet.[626] Eine Haftung des Reeders selbst tritt nach § 104 Abs. 1 SGB VII nur ein, wenn er den Versicherungsfall vorsätzlich herbeiführt. In Pirateriefällen ist das zu verneinen. Aufgrund dieser ausgereiften Sozialversicherungsstruktur in Deutschland sind gesetzliche Haftpflichtansprüche von Besatzungsmitgliedern gegen den Reeder in Pirateriefällen kaum denkbar.[627] Hinzukommt, dass sich der Reeder bei anderweitigen Scha-

---

[622] Vgl. Rule 27.1.f.i Gard Rules 2013.

[623] Vgl. § 13.1 Hanseatic P&I Shipowners GIC.

[624] *Schwampe*, in: Thume/de la Motte/Ehlers, Teil 7, AVB-Verkehrshaftungs-Bedingungen, Rn. 505 und 587; *Wodrich*, HANSA 1964, 2376 (2380).

[625] Das SeemannsG findet allerdings nur auf Schiffe unter deutscher Flagge Anwendung, vgl. auch *Schwampe*, in: Thume/de la Motte/Ehlers, Teil 7, AVB-Verkehrshaftungs-Bedingungen, Rn. 587.

[626] Der Leistungsumfang richtet sich nach den weiteren Bestimmungen des SGB VII.

[627] U.U. kann der Reeder aber gegenüber den Sozialversicherungsträgern gem. § 110 SGB VII haftpflichtig sein, wenn er den Versicherungsfall vorsätzlich oder grob fahrlässig herbeigeführt hat. Insoweit sind die obigen Ausführungen zur organisatorischen Seeuntüchtigkeit wegen mangelnder Piraterieprävention durch den Reeder zu berücksichtigen, siehe *supra* S. 222 ff. Dieser Anspruch ist aber nicht Sache der P&I-Deckung, da es

denersatzansprüchen in aller Regel exkulpieren und auf die vorsätzliche Verletzung oder Tötung durch Dritte verweisen kann.[628]

In vielen anderen Staaten fehlt es hingegen an einem umfassenden Sozialversicherungsnetz, insbesondere auch in den meisten „Billigflaggenstaaten", in die aus wirtschaftlichen Gründen ausgeflaggt wird.[629] Dies wird in der Praxis teilweise durch entsprechend angepasste Heuerverträge und darin enthaltene Reederpflichten ausgeglichen, die weitgehend auf Kollektivvereinbarungen beruhen.[630] Deshalb decken P&I-Versicherer unter den genannten Einschränkungen auch heuervertraglich bedingte Haftpflichtansprüche der Besatzung.[631]

Neben den unmittelbaren Krankenfürsorge- und gegebenenfalls Rückführungs- und Bestattungskosten übernehmen die P&I-Versicherer in aller Regel auch damit zusammenhängende Nebenkosten wie Lohnfortzahlung, die Kosten der Substituierung des Besatzungsmitglieds und Deviationskosten[632].[633] In Pirateriefällen spielen diese Kosten aber zumeist eine untergeordnete Rolle.

VI. Ausschlüsse

Auch die P&I-Deckung ist in einer Reihe von Fällen ausgeschlossen, die im Zusammenhang mit Piraterie relevant werden können.

An erster Stelle ist auf den Kriegswaffenausschluss hinzuweisen, der die Deckung entfallen lässt, soweit sie sich auf Schäden oder Haftpflichten bezieht, die durch Bomben, Minen, Torpedos oder ähnliche Kriegswaffen verur-

---

sich nicht um eine Haftpflicht gegenüber der Besatzung handelt. Zudem schließen auch die P&I-Versicherer eine Haftung bei Vorsatz und grober Fahrlässigkeit aus.

[628] *Berg/Artmann/Kratz u.a.,* Münchener Rück, Piraterie – Bedrohung auf See, S. 36; sog. *intentional act defence,* siehe IGP&I Piracy FAQ, S. 1.

[629] *Schwampe,* in: Thume/de la Motte/Ehlers, Teil 7, AVB-Verkehrshaftungs-Bedingungen, Rn. 589.

[630] Dies ist weitgehend auf gewerkschaftliche Einflüsse zurückzuführen, die sich gegen eine Verschlechterung sozialversicherungsrechtlicher und arbeitsrechtlicher Standards durch Ausflaggung zur Wehr gesetzt haben, vgl. *Schwampe,* in: Thume/de la Motte/Ehlers, Teil 7, AVB-Verkehrshaftungs-Bedingungen, Rn. 589. Zu nennen sind hier beispielsweise die Vereinbarungen der Internationalen Transportarbeiter Föderation (ITF), die Regelungen zur Berufsunfähigkeitsentschädigung enthalten. Zur „Billigflaggenkampagne" der ITF siehe unter <http://www.itfglobal.org/flags-convenience/index.cfm> (Stand: 30.11.2015).

[631] Dies gilt jedoch nur insoweit, als keine durch Gesetz oder Kollektivvereinbarung vorgeschriebene Sozialversicherung besteht, unter der die Kosten gedeckt sind, vgl. Rule 71.1.c Gard Rules 2013.

[632] Kosten für das Verlassen der geplanten Route, um ein verletztes Besatzungsmitglied an Land zu bringen.

[633] Vgl. § 13.1.2, 13.1.3, 13.1.4 Hanseatic P&I Shipowners GIC; Rule 27.2 Gard Rules 2013.

sacht wurden.⁶³⁴ Moderne Piraten verwenden erfahrungsgemäß Handfeuerwaffen, automatische Gewehre und bisweilen auch sog. *rocket-propelled grenades*.⁶³⁵ Diese werden nach Ansicht der P&I-Versicherer – ebenso wie in der Kaskoversicherung – in aller Regel nicht vom Kriegswaffenausschluss erfasst.⁶³⁶ In diesen Bereich könnten von den genannten Waffen ohnehin nur die *rocket-propelled grenades* fallen, da der Verweis auf ähnliche Kriegswaffen in einem inneren Zusammenhang mit den vorgenannten Beispielen steht und damit nur Waffen *eiusdem generis*, also mit Explosivwirkung erfasst. Darüber hinaus müsste die konkrete Vermögenseinbuße kausal auf der Wirkung einer solchen Kriegswaffe beruhen, um unter den Deckungsausschluss zu fallen. Es bleibt abzuwarten, ob die Piraten künftig zu derartigen Waffen greifen, um ihre Ziele trotz des zunehmenden Einsatzes bewaffneter privater Sicherheitsdienste durchzusetzen.

Soweit die P&I-Deckung jedoch auch den Einschluss von Kriegsrisiken vorsieht, steht der Kriegswaffenausschluss einer Deckung freilich nicht im Wege. Auf dem deutschen Markt wird eine P&I-Kriegsversicherung bislang allerding nicht angeboten.⁶³⁷ In englischen P&I-Clubs kann sie als *P&I Special War Risks*-Versicherung gezeichnet werden.⁶³⁸

Viele P&I-Versicherer hegen zudem Vorbehalte gegen die Deckung von Haftplichten, die durch den Einsatz bewaffneter privater Sicherheitsleute verursacht werden. Die Deckung wird zwar in der Regel nicht prinzipiell ausgeschlossen,⁶³⁹ jedoch neigen P&I-Versicherer dazu, jeden Verstoß gegen geltende Bestimmungen des Flaggen- oder Küstenstaats sowie gegen anwendbare Schiffsicherheitsbestimmungen durch den Einsatz solcher Sicherheitsdienste zum Anlass für eine Deckungsverweigerung zu nehmen.⁶⁴⁰ Aufgrund der noch recht unklaren Verteilung der Verantwortung zwischen den Beteiligten und den involvierten Versicherern in Haftungsfällen ist die Wahrscheinlichkeit hoch, dass es im Ernstfall zu einer Deckungsverweigerung des P&I-Versicherers kommt. Insbesondere wenn vertragliche Bestimmungen

---

⁶³⁴ Vgl. § 27.1.3, 27.1.4 Hanseatic P&I Shipowners GIC, die einerseits zurückgelassenes Kriegswerkzeug dieser Art ansprechen und andererseits auf eine böswillige Verwendungsabsicht von Kriegswaffen abstellen; Rule 58 1c Gard Rules 2013 verlangt hingegen nur eine irgendwie geartete Verursachung durch Kriegswaffen.

⁶³⁵ *Spencer*, in: The Standard Bulletin, S. 3.

⁶³⁶ IGP&I Piracy FAQ, S. 1.

⁶³⁷ *Schwampe*, in: Thume/de la Motte/Ehlers, Teil 7, AVB-Verkehrshaftungs-Bedingungen, Rn. 633.

⁶³⁸ *The London P&I Club* bietet eine P&I-Kriegsversicherung an. Die Bedingungen bestehen meist aus einer Umkehrung des Kriegsrisikoausschlusses der regulären P&I-Versicherung, vgl. Rule 2.D.1 War Risks Rules 2013 des *The London P&I Club*.

⁶³⁹ So aber *Berg/Funke/Kratz u.a.*, Munich RE, Piraterie – Gewalt auf See eskaliert, S. 25.

⁶⁴⁰ Die IGP&I Piracy FAQ, S. 4 raten insoweit zu äußerster Vorsicht und Genauigkeit im Umgang mit geltenden Bestimmungen.

dem Reeder die Verantwortung für etwaige Haftpflichten durch den Einsatz der Sicherheitsdienste zuweisen, sehen sich die P&I-Versicherer nicht in der Verantwortung.[641] Der Reeder sollte in jedem Fall sicherstellen, dass der beauftragte Sicherheitsdienst selbst für ausreichenden Haftpflichtversicherungsschutz gesorgt hat, der den Anforderungen des Mustervertrags GUARDCON entspricht.[642]

Darüber hinaus schließen die P&I-Bedingungen regelmäßig die Deckung aus, wenn das Schiff ungerechtfertigt von der festgelegten Reiseroute abweicht.[643] Dies wird gemeinhin als Deviation bezeichnet. Allerdings setzt ein solcher Ausschluss regelmäßig ein subjektives Element voraus, das im Fall der zwangsweisen Deviation infolge eines Piratenangriffs oder einer Schiffsentführung nicht gegeben ist.[644] Auch wenn die Bedingungen rein objektiv an eine Deviation anknüpfen, dürfte der Deckungsausschluss wegen der Zwangslage in Pirateriefällen nicht greifen.[645] Die englischen *Gard Rules* führen die Deviation ohnehin nicht als allgemeinen Ausschluss, sondern schließen lediglich die Deckung von Haftpflichten gegenüber der Ladungsseite aus, wenn diese auf einer Deviation beruhen.

Schließlich entfällt auch unter der P&I-Versicherung der Deckungsschutz, wenn der Versicherungsnehmer den Versicherungsfall vorsätzlich oder gegebenenfalls auch grob fahrlässig herbeiführt.[646] Dagegen sind Bedingungen, die auch bei einfacher Fahrlässigkeit die Deckung entfallen lassen, nach deutschem Recht regelmäßig gemäß § 307 Abs. 1 BGB unwirksam, da die P&I-Versicherung vorrangig Haftpflichtversicherung ist und die allermeisten Haftpflichttatbestände bereits ein Verschulden voraussetzen.[647] Die P&I-Versicherung liefe in ihrer Funktion als Haftpflichtversicherung sonst praktisch leer.

Auch hier spielen die Anforderungen an geeignete Pirateriepräventionsmaßnahmen zur Sicherstellung der organisatorischen Seetüchtigkeit des Schiffes erneut eine Rolle. Dasselbe gilt auch für die den Versicherungsneh-

---

[641] IGP&I Piracy FAQ, S. 4.

[642] IGP&I Piracy FAQ, S. 4; *Berg/Funke/Kratz u.a.*, Munich RE, Piraterie – Gewalt auf See eskaliert, S. 25.

[643] Vgl. § 27.2.7 Hanseatic P&I Shipowners GIC; Rule 34.1.b.xi Gard Rules 2013, allerdings mit der Maßgabe, dass eine Deckung im Rahmen einer Ermessensentscheidung möglich ist.

[644] Insoweit verlangt § 27.2.7 Hanseatic P&I Shipowners GIC Kenntnis oder fahrlässige Unkenntnis von der Deviation seitens des Versicherungsnehmers oder des Kapitäns.

[645] Vgl. *Paulsen/Stoian*, Piracy, S. 16 und dort Fn. 39.

[646] Vgl. § 28.1 Hanseatic P&I Shipowners GIC; Rule 72 Gard Rules 2013, die lediglich die vorsätzliche Herbeiführung erfasst.

[647] *LG Hamburg* VersR 2004, 599.

mer treffende Pflicht der Erhaltung der Seetüchtigkeit des Schiffes.[648] In Anbetracht fehlender Seetüchtigkeit scheidet eine Haftung des P&I-Versicherers regelmäßig jedoch schon bei einfacher Fahrlässigkeit aus.[649] Dies mag aufgrund des eben Gesagten bedenklich erscheinen, da mit der einfachen Fahrlässigkeit ein Verschuldensmaßstab angewendet wird, der eine Haftpflicht gegenüber Dritten überhaupt erst begründet, gleichzeitig aber zur Leistungsfreiheit des Haftpflichtversicherers führen kann.[650] Anders als bei der Herbeiführung des Versicherungsfalles ist dies unter AGB-rechtlichen Erwägungen aber zulässig, da dem Versicherungsnehmer der Kausalitätsgegenbeweis möglich ist und seine Fahrlässigkeit damit nicht zwangsläufig zum Deckungsausschluss führt.[651] In den englischen *Gard Rules* finden sich hingegen keine Seetüchtigkeitsbestimmungen, sodass deren Nichteinhaltung auch nicht zum Deckungswegfall führen kann. Zudem ist auch nur eine vorsätzliche Herbeiführung des Versicherungsfalls für den Versicherungsnehmer schädlich, sodass die Versicherung unter den Bedingungen eines echten P&I-Clubs für den Reeder insoweit vorteilhafter ist als unter der deutschen Konsortial-P&I-Versicherung.

E. Das Deckungskonzept der Kidnap & Ransom-Versicherung

Die erhebliche Zunahme von Piratenangriffen und Schiffsentführungen durch somalische Piraten im Golf von Aden und dem Indischen Ozean seit Mitte der 2000er Jahre hat in der Versicherungsbranche den Erfindergeist geweckt. Verschiedene Versicherer haben diese Entwicklung zum Anlass genommen, ein maßgeschneidertes, passgenaues Versicherungsprodukt zu entwickeln: die K&R-Versicherung. Mittlerweile sind die spezialisierten Produkte im Markt weit verbreitet. Einer detaillierten Untersuchung ist das Konzept der K&R-Versicherung dennoch nicht zugänglich, denn das oberste Gebot in diesem Versicherungszweig lautet Vertraulichkeit.[652] Eine Arbeit zur Piraterie in der

---

[648] Vgl. § 29.1.1 Hanseatic P&I Shipowners GIC; siehe dazu *Schwampe*, in: Thume/de la Motte/Ehlers, Teil 7, AVB-Verkehrshaftungs-Bedingungen, Rn. 684.
[649] Vgl. § 29.2 Hanseatic P&I Shipowners GIC.
[650] *Schwampe*, in: Thume/de la Motte/Ehlers, Teil 7, AVB-Verkehrshaftungs-Bedingungen, Rn. 685.
[651] Ebenso *Schwampe*, in: Thume/de la Motte/Ehlers, Teil 7, AVB-Verkehrshaftungs-Bedingungen, Rn. 688, allerdings mit anderer Begründung, die darauf abstellt, dass dem Versicherer die Beweislast für das Verschulden der Seeuntüchtigkeit obliege. Die Hanseatic P&I Shipowners GIC vermuten in § 29.2 allerdings das Verschulden, sobald der Versicherer einen Obliegenheitsverstoß nachgewiesen hat. *Schwampes* Begründung passt hinsichtlich dieser Bedingungen also nicht.
[652] Siehe näher dazu *infra* S. 256; vgl. auch *Groth*, Lockstoff für Entführer, Zeit Online vom 31.07.2009.

Seeversicherung wäre aber unvollständig, wenn sie nicht auch das Deckungskonzept der K&R-Versicherung – jedenfalls soweit wie möglich – mitumfasste.

I. Spezialisierte Versicherungsprodukte

Die Versicherung von Entführungsrisiken und Lösegeldzahlungen ist nicht neu. Für Unternehmensmanager, besonders reiche und anderweitig exponierte Personen werden Entführungs- und Lösegeldversicherungen auch im deutschen Markt seit über einem Jahrzehnt angeboten.[653] Neu ist hingegen, dass auf dieser Basis eine maritime Lösegeldversicherung für ganze Schiffe und deren Besatzung entwickelt wurde.[654] Wie die eingangs geschilderte Historie belegt, schließt sich mit der maritimen K&R-Versicherung genau genommen ein Kreis, dessen Zeichnung ursprünglich sogar im Bereich der Seeschifffahrt und des Seehandels begann. Der Grundgedanke der Versicherung von Entführungsrisiken reicht ohne Weiteres bis in die Zeiten zurück, in denen die *Barbaresken* die Seeschifffahrt im Mittelmeer bedrohten.[655]

Die moderne maritime K&R-Versicherung kann kaum als ein Standardprodukt verstanden werden. Vielmehr wird der Deckungsschutz in Absprache mit dem Reeder genau auf dessen Bedürfnisse zugeschnitten.[656] Standardverträge oder Musterbedingungen, wie wir sie aus der Kaskoversicherung kennen, gibt es nicht. Dies hängt wohl auch mit dem Bemühen zusammen, im Bereich der K&R-Versicherung möglichst wenig Öffentlichkeit zu schaffen. Dennoch wurden in jüngerer Zeit Deckungspakete entwickelt, die sich an den üblichen Mustern der Lösegeldpiraterie und deren Folgen ausrichten. Diese können dann nach Bedarf und individueller Risikoeinschätzung kombiniert und auf spezielle Bedürfnisse angepasst werden.[657]

Im Bereich der K&R-Versicherung sind vorwiegend der englische und US-amerikanische Markt aktiv. Deutsche Versicherer halten sich in diesem Bereich noch zurück.[658]

---

[653] Umfassend zur allgemeinen Lösegeldversicherung *Schneider,* Versicherungsschutz gegen Erpressungen; siehe auch *Schwampe,* TranspR 2009, 462 (475); *Berg/Artmann/Kratz u.a.,* Münchener Rück, Piraterie – Bedrohung auf See, S. 36; *Berg/Funke/Kratz u.a.,* Munich RE, Piraterie – Gewalt auf See eskaliert, S. 24.

[654] *Paulsen/Stoian,* Piracy, S. 17; *Parker,* Lloyd's Shipping Economist June 2009, 22; *Schmidt-Kasparek,* ZfV 2009, 41 (42).

[655] Siehe *supra* S. 12 ff.

[656] *Pfeifle,* in: Drees/Koch/Nell, S. 107 (151).

[657] Vgl. die Angaben von *Hiscox,* eines der größten K&R-Versicherers <https://www.hiscox.de/versicherung/entfuhrungsversicherung-losegeldversicherung/> (Stand: 30.11.2015).

[658] *Schmidt-Kasparek,* ZfV 2009, 41 (41 ff.) kritisiert, dass der deutsche Markt im Gegensatz zum englischen die Entwicklung im Bereich der maritimen K&R-Versicherung verschläft.

II. Keine versicherungsaufsichtsrechtlichen Bedenken der BaFin

In Deutschland galt die allgemeine Lösegeldversicherung lange Zeit als unzulässig. Die geschäftsmäßige Vermittlung solcher Versicherungen wurde gar als Ordnungswidrigkeit nach dem Versicherungsaufsichtsgesetz erachtet. Das damalige Bundesaufsichtsamt für das Versicherungswesen sah darin einen *ordre public*-Verstoß, da die gewerbliche Vermittlung von Lösegeldversicherungen einen Anreiz für etwaige Entführungsstraftaten, aber auch für Versicherungsbetrugsdelikte darstelle. Zudem würden sich zwangsläufig private Akteure in die Abläufe der dem jeweiligen Versicherungsfall zugrundeliegenden Entführungen einmischen und den staatlichen Ermittlungs- und Verfolgungsauftrag dadurch negativ beeinflussen.[659]

Die heute zuständige Bundesanstalt für Finanzdienstleistungsaufsicht (BaFin) hat diese Bedenken im Jahr 1998 aufgegeben und den Weg für kommerzielle Angebote von Lösegeldversicherungen auf dem deutschen Markt freigemacht. Aus versicherungsaufsichtsrechtlicher Sicht ist damit auch das Anbieten einer maritimen K&R-Versicherung in Deutschland grundsätzlich zulässig.[660]

III. Deckungsrahmen und Prinzipien

Der Deckungsumfang von K&R-Versicherungen kann wegen der in der Praxis individuell ausgehandelten Vertragskonditionen sehr unterschiedlich sein. Bestimmte Deckungsbausteine haben dennoch eine gewisse Verbreitung und Öffentlichkeit erfahren, obwohl auf Vertraulichkeit und Geheimhaltung äußerster Wert gelegt wird. Letztlich muss die Branche in verträglichem Umfang auch Öffentlichkeit schaffen, um ihr Produkt im Markt effektiv anbieten zu können. Schließlich haben die vorangegangenen Ausführungen dieser Arbeit gezeigt, dass die meisten Piraterieerfolgen unter den konventionellen Seeversicherungszweigen letztlich gedeckt sind. Der Reeder muss insoweit überzeugt sein, dass sich der zusätzliche Abschluss einer K&R-Versicherung für ihn lohnt. Schließlich stellt die K&R-Versicherung keine Alternative, sondern einen Zusatz zu Kasko-, Kriegskasko- oder P&I-Deckung dar, die den Prämienaufwand des Reeders erheblich erhöht.

Um den erhöhten Prämienaufwand zu rechtfertigen, ist der Deckungsbereich der K&R-Versicherung in Fällen der Lösegeldpiraterie gegenüber der konventionellen Kaskodeckung in aller Regel deutlich umfangreicher ange-

---

[659] *Bundesaufsichtsamt für das Versicherungswesen*, Geschäftsbericht 1981, S. 31 Nr. 141; kritisch zu dieser Auffassung und der Argumentation des BAV *Schneider*, Versicherungsschutz gegen Erpressungen, S. 26 ff.

[660] Angesichts anderweitiger rechtlicher Bedenken gegen die Versicherung von Lösegeldern wird auf die obigen Ausführungen zur Versicherbarkeit von Lösegeldern verwiesen, *supra* S. 160 ff.

legt. So erstreckt sich die K&R-Deckung nicht nur auf das Lösegeld als solches, sondern auch eine Vielzahl von Begleitkosten. Gedeckt ist in aller Regel die Verbringung des Lösegeldes zu den Entführern.[661] Nicht selten verlangen die Entführer, dass das Lösegeld mittels eines sog. *air drop* von einem Hubschrauber aus an einem Fallschirm über dem entführten Schiff abgeworfen wird.[662] Die Kosten für einen *air drop* sind auch angesichts fehlender Infrastruktur in Somalia nicht zu vernachlässigen. Zudem verursacht bereits die Verbringung des Lösegeldes nach Somalia regelmäßig einen beträchtlichen finanziellen Aufwand. Darüber hinaus decken K&R-Versicherungen zumeist auch die Beschaffungskosten für das Lösegeld wie beispielsweise Kreditzinsen.[663] In den Deckungsumfang fallen auch die Kosten für Krisen- und Sicherheitsberater sowie Anwälte und Verhandlungsexperten auf dem Gebiet der Piraterie.[664] In vielen Fällen verfügen die Versicherer über ein professionelles Krisenteam, das betroffenen Versicherungsnehmern in unbegrenztem Umfang beratend zur Seite steht und zumeist das Verhandlungsmanagement übernimmt.[665] Gedeckt sind auch die Kosten für weiteres Personal wie beispielsweise für Presse- und Öffentlichkeitsarbeit sowie Reise- und Rechtsverfolgungskosten im Zusammenhang mit der Schiffsentführung.[666]

Viele dieser Kostenpunkte können auch von den konventionellen Seekasko- oder Kriegskaskoversicherern im Rahmen der Havarie-grosse-Deckung oder der Deckung von Schadensabwendungskosten nicht ohne Weiteres von der Hand gewiesen werden. Allerdings steht die Deckung für jeden einzelnen Kostenpunkt stets unter dem Vorbehalt der bedingungsgemäßen Voraussetzungen dieser Deckungstatbestände, insbesondere auch unter dem Vorbehalt der Gebotenheit im Rahmen der Schadensabwendungskosten.[667] Die Kumulation all dieser Kosten kann den Deckungsrahmen der Seekasko- oder Kriegskaskoversicherung dann leicht übersteigen. Zudem besteht das Risiko, dass Ladungsbeteiligte die Havarie-grosse bezweifeln und eine Kostenbetei-

---

[661] *Paulsen/Stoian,* Piracy, S. 17; *Parker,* Lloyd's Shipping Economist June 2009, 22 (23); *Norris,* Commercial Risk Europe 22.01.2010.

[662] Über der entführten *Sirius Star* wurden 2009 drei Millionen USD per *air drop* abgeworfen, siehe dazu *Ebert/Endriß/Loos u.a.,* Munich RE, Schadenspiegel 2/2009, S. 39; *Berg/Funke/Kratz u.a.,* Munich RE, Piraterie – Gewalt auf See eskaliert, S. 24.

[663] *Parker,* Lloyd's Shipping Economist June 2009, 22 (23); *Paulsen/Stoian,* Piracy, S. 17.

[664] *Schwampe,* TranspR 2009, 462 (475); *Pfeifle,* in: Drees/Koch/Nell, S. 107 (151 f.); *Schmidt-Kasparek,* ZfV 2009, 41, der den Tagessatz für einen professionellen Krisenberater mit rund 1.700 EUR beziffert; *Parker,* Lloyd's Shipping Economist June 2009, 22 (23); *Paulsen/Stoian,* Piracy, S. 17.

[665] *Parker,* Lloyd's Shipping Economist June 2009, 22 (23); *Berg/Artmann/Kratz u.a.,* Münchener Rück, Piraterie – Bedrohung auf See, S. 36; *Berg/Funke/Kratz u.a.,* Munich RE, Piraterie – Gewalt auf See eskaliert, S. 24; *Schmidt-Kasparek,* ZfV 2009, 41.

[666] *Pfeifle,* in: Drees/Koch/Nell, S. 107 (151 f.).

[667] Siehe *supra* S. 208 ff.

ligung verweigern.⁶⁶⁸ Rechtsstreitigkeiten und die Erstellung der Dispache können empfindliche Verzögerungen verursachen.

Die K&R-Versicherung deckt all diese Kosten im Rahmen der vereinbarten Versicherungssumme hingegen ausdrücklich. Aufgrund des spezialisierten Charakters der K&R-Versicherung dürfte die Beratung durch den Versicherer im Krisenfall auch erheblich zielführender sein als bei einer Zusammenarbeit mit dem Kaskoversicherer. Zudem ist der Reeder nicht darauf angewiesen, über die *omnibus rule* auf einen Lösegeldbeitrag des P&I-Versicherers zu hoffen. Insoweit bringt die K&R-Versicherung dem Reeder absolute Deckungssicherheit für Fälle der Lösegeldpiraterie. Von besonderer Bedeutung ist die K&R-Versicherung auch dann, wenn die Besatzung im Einzelfall von Bord des Schiffes geholt und, verschleppt ins Landesinnere, zum einzigen Bezugspunkt der Lösegeldforderung wird.⁶⁶⁹ Dann betrifft der Fall nicht mehr die Sachversicherer, da es nicht um die Rettung von Schiff und Ladung geht. Zuständig bleibt aber der K&R-Versicherer.

Daran anschließend fallen in den Deckungsbereich der K&R-Versicherung regelmäßig auch Kosten, die von den konventionellen Versicherern zumeist gar nicht getragen werden müssen. Insbesondere deckt der K&R-Versicherer auch den Verlust des Lösegeldes auf dem Übermittlungsweg und bezahlt gegebenenfalls für ein zweites Lösegeldpaket.⁶⁷⁰ Dazu gehören u.a. aber auch die Kosten für die Entlohnung der Schiffsbesatzung, die der Reeder unter Umständen auch während der Entführung weiter schuldet,⁶⁷¹ die Rückführungskosten für die Besatzung nach der Befreiung und deren medizinische und psychologische Versorgung⁶⁷² sowie anderweitige Haftpflichten gegenüber Dritten, die dem Reeder infolge des Piraterifalls entstehen.⁶⁷³ Teilweise beinhaltet die Deckung auch den entführungsbedingten Ertragsausfall des Schiffes.⁶⁷⁴

Das Lösegeld als solches bedeutet in Piraterifällen stets nur einen Teil der Kosten. Die Summe der Begleitkosten, die unter der K&R-Versicherung regelmäßig gedeckt sind, kann dem Lösegeldbetrag noch einmal gleichkommen

---

⁶⁶⁸ Zum Beispiel der *Malaspina Castle* siehe *Pfeifle*, in: Drees/Koch/Nell, S. 107 (161 f.); Willis Marine Review October 2009, S. 16.
⁶⁶⁹ Vgl. *Clift*, Piracy, S. 13. Nach Aussagen des GDV gab es in jüngerer Zeit wiederholt derartige Fälle in Nigeria.
⁶⁷⁰ *Paulsen/Stoian*, Piracy, S. 17; *Parker*, Lloyd's Shipping Economist June 2009, 22 (23).
⁶⁷¹ *Parker*, Lloyd's Shipping Economist June 2009, 22 (23).
⁶⁷² *Schwampe*, TranspR 2009, 462 (475); *Pfeifle*, in: Drees/Koch/Nell, S. 107 (152); *Paulsen/Stoian*, Piracy, S. 17.
⁶⁷³ *Parker*, Lloyd's Shipping Economist June 2009, 22 (23).
⁶⁷⁴ So zum Beispiel das Produkt *Vessel Shield*, vgl. SCR/MUSC, Vessel Shield, S. 2.

oder diesen sogar übersteigen.[675] Die Deckung des Lösegeldes allein genügt dem Reeder insoweit nicht, sodass auch in Anbetracht des verbleibenden Risikos eine K&R-Versicherung sinnvoll ist.

Schließlich bieten K&R-Versicherer auch spezielle Präventionsprogramme in Verbindung mit ihren K&R-Spezialprodukten an. Häufig umfasst das Paket dabei besondere Schulungen für die Schiffsbesatzung, bevor das Schiff durch pirateriegefährdete Gewässer fährt.[676] Zudem wird der Schiffstyp einer Risikoanalyse unterzogen und anhand dessen ein passgenaues Sicherheitskonzept erarbeitet, das im Einklang mit den Anforderungen der BMP4 steht.[677] Darüber hinaus werden auch möglichst risikoarme Fahrtrouten unter Berücksichtigung von Marinekorridoren herausgearbeitet.[678] Unter dem Namen *Vessel Shield* wird ein solches Pirateriesicherheitspaket am Londoner Markt angeboten.[679]

In prinzipieller Hinsicht handelt es sich bei der K&R-Versicherung in aller Regel nicht um eine Vorleistungsversicherung, sodass der Versicherungsnehmer nach dem Prinzip *pay-to-be-paid* die Zahlungen zunächst selbst leistet und anschließend vom Versicherer erstattet bekommt.[680] Zum Teil sehen die Verträge aber vor, dass der Versicherer einseitig auf die Vorleistungspflicht des Reeders verzichten und Kosten direkt übernehmen kann.[681]

Zudem gilt, dass die Einbeziehung von Verhandlungsspezialisten und einem professionellen Beraterstab in Entführungsfällen Pflicht ist, soweit dies nicht bereits zum Angebotsumfang des Versicherungsproduktes gehört.[682] Dadurch sollen effiziente Abläufe, ein koordiniertes Vorgehen und schließlich eine möglichst kurze Entführungsdauer sowie eine niedrige Lösegeldsumme erreicht werden.

Dem Versicherungsnehmer obliegt es außerdem, nach bestem Bemühen die Vertraulichkeit zu wahren und den Abschluss einer K&R-Versicherung Dritten gegenüber geheim zu halten. Eine nicht genehmigte Offenlegung kann zum Verlust des Versicherungsschutzes führen.[683] Die Geheimhaltungspflicht

---

[675] *Norris*, Commercial Risk Europe vom 22.01.2010; *Parker*, Lloyd's Shipping Economist June 2009, 22 (23).

[676] *Parker*, Lloyd's Shipping Economist June 2009, 22 (23); *Schmidt-Kasparek*, ZfV 2009, 41; *Pfeifle*, in: Drees/Koch/Nell, S. 107 (152); *Aon Jauch & Hübner*, Wachstumsbranche Piraterie, S. 2.

[677] Willis Marine Review October 2009, S. 16.

[678] Willis Marine Review October 2009, S. 16.

[679] Das Konzept wurde von der *Special Contingency Risk Limited* (SCR) und den *Maritime & Underwater Security Consultants* (MUSC) entwickelt. Vgl. dazu SCR/MUSC, Vessel Shield, S. 1 ff.

[680] *Paulsen/Stoian,* Piracy, S. 17.

[681] Beispielsweise bei wiederkehrenden Zahlungen wie Heilbehandlungs- und Reisekosten, vgl. *Paulsen/Stoian,* Piracy, S. 17.

[682] *Paulsen/Stoian,* Piracy, S. 18.

[683] *Paulsen/Stoian,* Piracy, S. 17; *Pfeifle*, in: Drees/Koch/Nell, S. 107 (151).

gilt dabei auch unternehmensintern; insbesondere muss eine Kenntnis der Schiffsbesatzung von der K&R-Versicherung und deren Inhalten nach Möglichkeit auch bei Inanspruchnahme von umfassenden Sicherheitspaketen gering gehalten werden. Der Kapitän und die sonstige Besatzung können den Piraten nämlich als unmittelbare Informationsquelle dienen. Erlangen die Piraten von der Existenz und gegebenenfalls den Details einer K&R-Versicherung Kenntnis, so stärkt dies ihre Position in den Verhandlungen über eine Lösegeldzahlung.[684] Das Wissen um eine bestehende Versicherung, die Lösegelder in einer bestimmten Höhe deckt, wird den Piraten wenig Anlass bieten, sich mit einer deutlich darunter liegenden Lösegeldsumme zufrieden zu geben.[685]

In Absprache mit dem K&R-Versicherer werden aber meist bestimmte Offenlegungspflichten, beispielsweise gegenüber Banken oder anderen Versicherern, berücksichtigt und die Mitteilung über den Abschluss einer K&R-Versicherung insoweit gestattet.[686] Insbesondere kann die Mitteilung über eine K&R-Versicherung dem Versicherungsnehmer eine Prämienersparnis beim Seekasko- oder Kriegskaskoversicherer einbringen.[687]

IV. Kritik am Deckungskonzept

Der Abschluss einer K&R-Versicherung zur Deckung der aus einer Schiffsentführung drohenden wirtschaftlichen Einbußen kann für den Reeder im Lichte des soeben besprochenen Deckungsumfangs positiv sein. Die K&R-Deckung beseitigt nahezu sämtliche Unsicherheiten und etwaige Deckungslücken, die sich aus dem konventionellen Versicherungsschutz in Piraterieföllen ergeben können.

Dieser Vorteil kommt allerdings auch zu einem erheblichen Preis; die K&R-Versicherer lassen sich ihr maßgeschneidertes Produkt hoch vergüten. So ist in mehreren Berichten davon die Rede, dass eine Wochendeckung – also eine einzelne Fahrt durch den Golf von Aden – bei einer Deckungssumme von drei Millionen USD eine Prämie in Höhe von 30.000 USD und mehr verlangt.[688] Das entspricht einer Prämie von etwa einem Prozent. Was zu-

---

[684] *Paulsen/Stoian,* Piracy, S. 17.

[685] Bereits zu Zeiten der Sklavereikassen in Hamburg und Lübeck bemühte man sich um die Geheimhaltung der Auslösungshöchstsummen und teilte diese nicht der Schiffsbesatzung mit, da die *Barbaresken* – über diese Summen informiert – ihre Forderungen in die Höhe schraubten, siehe *Ebel,* ZVersWiss 1963, 207 (224).

[686] *Parker,* Lloyd's Shipping Economist June 2009, 22 (23).

[687] Dies ist dann möglich, wenn durch die K&R-Versicherung Doppelversicherung entsteht oder wenn der K&R-Versicherer auf einen Regress gegenüber dem die Piraterigefahr deckenden Kaskoversicherer verzichtet und so dessen Risikolast verringert. Siehe auch *Pfeifle,* in: Drees/Koch/Nell, S. 107 (151); *Swiss Re,* Piracy, S. 10.

[688] *Spencer,* in: Newsletter of the Committee on Marine Insurance and General Average, S. 2; *Paulsen/Stoian,* Piracy, S. 14; *Parker,* Lloyd's Shipping Economist June 2009, 22

nächst vielleicht gering erscheinen mag, bedeutet für die Reeder in der Praxis eine erhebliche Mehrbelastung. Die K&R-Prämie wird nämlich zusätzlich zu den konventionellen Prämien fällig. Selbst wenn der Abschluss einer K&R-Versicherung zu einer Prämienreduzierung beim Kaskoversicherer führt, ist dieser Nachlass wertmäßig weit von der K&R-Prämie entfernt. Zudem ist der Transportmarkt stark umkämpft und die Gewinnmargen sind knapp berechnet, sodass zusätzliche Kosten den Druck auf die Reeder erheblich verstärken können.[689] Gleichzeitig ist die Wahrscheinlichkeit, tatsächlich einer Schiffsentführung durch Piraten zum Opfer zu fallen, äußerst gering. Insbesondere in jüngerer Zeit konnte die Erfolgsquote der somalischen Piraten durch die Marineeinsätze und verbesserte Schiffsicherheitskonzepte erheblich verringert werden, wenngleich die Zahl versuchter Angriffe bis 2011 kontinuierlich gestiegen ist.[690] Pro Jahr durchfahren den Golf von Aden etwa 20.000 bis 24.000 Handelsschiffe.[691] Die Zahl erfolgreicher Schiffsentführungen lag im Jahr 2011 bei 28 und die Zahl registrierter Angriffe bei 237.[692] Entsprechend wurde etwa 1% aller Schiffe von Piraten angegriffen und lediglich ca. 0,1% tatsächlich entführt. Diese Zahlen dürften viele Reeder – und das zu Recht – von der Idee der K&R-Versicherung abrücken lassen, zumal bereits die konventionellen Schiffsversicherungen Deckung für Pirateriechäden gewähren.[693] Der erhebliche Prämienmehraufwand mag sich für viele schlichtweg nicht lohnen. Je nach Ausgestaltung der K&R-Bedingungen kann das Missverhältnis zwischen Prämie und Deckungsleistung besonders hoch sein, wenn die Bedingungen umfassende Subsidiaritätsklauseln vorsehen oder sich Ansprüche gegen konventionelle Versicherer abtreten lassen, um sich im Regresswege letztlich weitgehend schadlos zu halten.[694]

Ein einträgliches Geschäft ist die K&R-Versicherung angesichts der Transitzahlen und der Prämiensummen aber für die Versicherer. Der Verdacht liegt nicht fern, dass der Umgang mit steigenden Piraterieaktivitäten um Somalia und andere afrikanische Küstenstaaten ausschließlich auf dem Rücken der Reeder ausgetragen wird.[695] Ein System, das einerseits angemessene Prämien,

---

(23); *Schmidt-Kasparek*, ZfV 2009, 41 spricht sogar von einer Tagesprämie in Höhe von 20.000 USD; *Phillips*, Business Insurance 26.07.2009 spricht von 16.000–20.000 USD pro Durchfahrt.

[689] *Paulsen/Stoian,* Piracy, S. 14; *Norris*, Commercial Risk Europe 22.01.2010.

[690] *Berg/Funke/Kratz u.a.,* Munich RE, Piraterie – Gewalt auf See eskaliert, S. 6.

[691] *Schwampe*, TranspR 2009, 462 (465).

[692] *Berg/Funke/Kratz u.a.,* Munich RE, Piraterie – Gewalt auf See eskaliert, S. 6.

[693] Diese Überlegung sehen auch *Paulsen/Stoian,* Piracy, S. 14 und 20; siehe auch *Phillips*, Business Insurance 26.07.2009.

[694] Ausführlich zum Verhältnis zwischen K&R-Versicherung und den konventionellen Versicherungen siehe *infra* S. 259 ff.

[695] Das Deutsche Institut für Wirtschaftsforschung wirft der Versicherungsbranche gar vor, ein wirtschaftliches Interesse am Fortbestand der Piraterie zu haben, vgl. *Shortland*,

andererseits aber auch faire Gewinnmargen für Reeder erlaubt und dadurch die Last der gestiegenen Pirateriegefahr auf mehrere Schultern verteilt, erscheint langfristig sinnvoller.[696]

Letztlich liegt es im Ermessen des Reeders, ob er die „*sleep easy-Variante*"[697] mit der K&R-Versicherung wählt, die zwar kostenintensiv ist, dafür aber wirtschaftliche Sicherheit bietet, oder ob er den risikoreicheren Weg geht und der Piraterigefahr mit rein konventionellem Versicherungsschutz begegnet.

F. Lösegeldregress: Auseinandersetzung der Versicherer

Die Untersuchung hat gezeigt, dass in Pirateriefällen bezahlte Lösegelder unter der See- oder Kriegskaskoversicherung des Reeders erstattungsfähig sind. Je nach Anspruchsgrundlage und zugrundeliegendem Bedingungswerk bezieht sich die Einstandspflicht des Versicherers nur auf einen Teil oder auf das gesamte Lösegeld. Die Beteiligung anderweitiger Interessen von Personen und Ladung im Kontext der Schiffsentführung hindert einen Lösegelderstattungsanspruch des Versicherungsnehmers im Innenverhältnis mit dem Versicherer nicht. Damit ist aber noch keine Aussage darüber getroffen, wie das Außenverhältnis von Reeder und Versicherer zu anderen Beteiligten geregelt ist und wer die Lösegeldkosten am Ende tatsächlich trägt. Im Folgenden soll dieser Frage anhand einiger beispielhafter Konstellationen nachgegangen werden, ohne aber den Anspruch einer umfassenden und abschließenden Lösung zu erheben. Je nach Umständen des Einzelfalles, je nach Kombination abgeschlossener Versicherungen und je nach Bedingungsinhalt mag die Lösung dieser Frage auch unter Berücksichtigung weiterer Faktoren stets eine andere sein.

Aufgrund von Abtretungsvereinbarungen in den meisten modernen Versicherungsbedingungen spielt sich die Regressverteilung zumeist zwischen den verschiedenen Versicherern ab.

I. Das Verhältnis zwischen Kasko- und K&R-Versicherung

Soweit der Reeder neben der Kasko- auch über eine K&R-Versicherung verfügt, sind Lösegeld und Begleitkosten zum Teil unter beiden Versicherungen gedeckt: unter der Kaskoversicherung als Havarie-grosse-Aufwendungen

---

in: DIW Wochenbericht Nr. 29/2010, S. 3. Diese Aussage hat der GDV energisch zurückgewiesen, vgl. *Rüter de Escobar*, GDV – AssekuranzAgenda Nr. 15, S. 8.

[696] Ähnlich auch *Douse*, Tul. Mar. L. J. 35 (2010), 267 (287 f.); ebenfalls kritisch zur K&R-Versicherung *Fuchs*, Die Frage der Versicherbarkeit von Lösegeld in Pirateriefällen, S. 222 f.

[697] *Norris*, Commercial Risk Europe 22.01.2010.

bzw. -Beitrag oder als Schadensabwendungskosten und unter der K&R-Versicherung als unmittelbar gedeckte Vermögenseinbuße. Als Spezialversicherer liegt es nahe, dass der Reeder im Entführungsfall zunächst den K&R-Versicherer in Anspruch nimmt, da dieser zudem regelmäßig auch Begleitkosten deckt, die nicht unter die Kaskodeckung fallen. Ob es bei dieser Kostenlastverteilung bleibt, hängt dann im Wesentlichen von den Bedingungen der Versicherungsverträge ab. Insbesondere die frühen Modelle der K&R-Deckung verstanden sich – ähnlich wie die P&I-Versicherung – als Subsidiärversicherung und boten damit nur Deckungsschutz, wenn die Pirateriegefahr und daraus resultierende Vermögenseinbußen nicht bereits unter der Seekasko- oder Kriegskaskoversicherung gedeckt waren.[698] Damit war klar, dass K&R-Produkte für Reeder wenig interessant waren, soweit die Pirateriegefahr in der Seekaskoversicherung nicht ausgeschlossen oder über eine Kriegskaskodeckung versichert war. Allenfalls für Reeder ohne konventionelle Pirateriedeckung dürfte die K&R-Versicherung in dieser Form eine ernsthafte Option gewesen sein. Teilweise enthielten die K&R-Bedingungen jedoch als Voraussetzung, dass gleichzeitig eine See- und Kriegskaskoversicherung nachzuweisen waren.[699]

Inzwischen werden K&R-Produkte aus diesen Gründen zumeist nicht mehr als Subsidiärversicherung angeboten, sondern sie gewähren direkten Deckungsschutz in Pirateriefällen.[700] Gleichwohl bedeutet dies nicht automatisch eine Entlastung der Kaskoversicherer. Teilweise lassen sich die K&R-Versicherer nämlich etwaige Ansprüche gegen andere Versicherer abtreten, sodass die Belastung im Regresswege schließlich doch auch die Kaskoversicherer treffen könnte.[701] Der K&R-Versicherer wäre dann nur Vorleistungsversicherer für alle mit der Schiffsentführung zusammenhängenden Schäden und Aufwendungen, die zugleich unter einer See- oder Kriegskaskoversicherung gedeckt sind. In Anbetracht der übrigen Vermögenseinbußen verbliebe die Belastung beim K&R-Versicherer. Auch eine solche Regressmöglichkeit mindert den Wert einer K&R-Versicherung für den Reeder, da ihm eine Prämienreduzierung in der Kaskoversicherung deswegen kaum gewährt würde.

Tatsächlich dürfte diese Befürchtung in der Praxis jedoch nicht eintreten. Insoweit müssen nämlich auch die Bedingungen der See- oder Kriegskaskoversicherung herangezogen werden. Enthalten diese pirateriebezogene Subsidiaritätsklauseln, so erwirbt der Reeder als Versicherungsnehmer gar keinen Anspruch gegen die Kaskoversicherer, wenn der K&R-Versicherer bereits geleistet hat. Entsprechend können auch keine Ansprüche an den K&R-

---

[698] *Schwampe*, TranspR 2009, 462 (475); *Pfeifle*, in: Drees/Koch/Nell, S. 107 (158).

[699] So *Pfeifle*, in: Drees/Koch/Nell, S. 107 (158) und dort Fn. 219 bezugnehmend auf die Bedingungen von *Vessel Shield*.

[700] *Schwampe*, TranspR 2009, 462 (475); *Pfeifle*, in: Drees/Koch/Nell, S. 107 (158).

[701] Dies befürchtet *Schwampe*, TranspR 2009, 462 (475).

Versicherer abgetreten werden. Im Anwendungsbereich der DTV-ADS ist der Versicherungsschutz für die Gefahr der Piraterie – soweit diese unter der Seekaskoversicherung eingeschlossen ist – gemäß Ziff. 37.1 DTV-ADS gegenüber allen anderen Versicherungen subsidiär. Ein Regress des K&R-Versicherers ist damit ausgeschlossen. Dasselbe gilt gemäß Ziff. 86.3 DTV-ADS-KrKl, wenn Piraterie als Kriegsgefahr unter der Kriegskaskoversicherung gedeckt ist.

Auch unter den ADS/DTV-KKl sieht das Seekaskodruckstück 2002/2 in Ergänzung zu Ziff. 15 DTV-KKl eine subsidiäre Einstandspflicht für die Pirateriegefahr vor. Die Haftung des Seekaskoversicherers tritt insoweit hinter die Deckung der K&R-Versicherung zurück.[702] Schließlich enthalten auch die englischen Kriegskaskobedingungen in cl. 5.4 IWSC 1995 und in cl. 4.3 IWSC 1983 eine Subsidiaritätsklausel, die die Einstandspflicht des Kriegskaskoversicherers zulasten des K&R-Versicherers zurücktreten lässt.[703] Voraussetzung dafür ist, dass die Pirateriegefahr in die Deckung der englischen Kriegskaskoversicherung aufgenommen ist.[704]

Damit bleiben die K&R-Versicherer, soweit ihre Bedingungen keine Subsidiaritätsklauseln, sondern Abtretungsvereinbarungen enthalten, für die Pirateriefolgen auch endgültig in der Pflicht.

Schließlich bieten K&R-Versicherer auch Deckungen ohne Regressverlangen an. In diesem Fall stellt sich die eben besprochene Problematik nicht und die Last trifft bedingungsgemäß ausschließlich den K&R-Versicherer. Diese Variante dürfte wohl auf die Mehrzahl der im Markt verfügbaren Produkte zutreffen.[705]

Eine wirklich lohnenswerte Alternative stellt die K&R-Versicherung auch nur in dieser Form dar, weil sie nahezu alle Pirateriefolgen umfasst, Sicherheit und Deckung aus erster Hand bietet und (Rechts-)Streitigkeiten in Regressfragen vermeidet. Zudem ermöglicht diese Ausprägung tatsächlich eine Prämienersparnis bei den Kaskoversicherern und möglicherweise sogar in der P&I-Versicherung.[706]

Verfügt der Reeder neben einer See- und/oder Kriegskaskoversicherung zusätzlich über eine K&R-Pirateriedeckung, so trifft die alleinige Kostenlast für ein bezahltes Lösegeld und die entsprechend gedeckten Begleitkosten damit regelmäßig den K&R-Versicherer.

---

[702] Siehe näher dazu *supra* S. 137.
[703] Siehe *supra* S. 139 und 140.
[704] Siehe *supra* S. 108 ff.
[705] *Norris*, Commercial Risk Europe vom 22.01.2010.
[706] Die Haftung der P&I-Versicherer ist allerdings grundsätzlich subsidiär, sodass ein Regress des K&R-Versicherers regelmäßig ohnehin ausscheidet, vgl. auch *Schwampe*, TranspR 2009, 462 (475).

II. Das Verhältnis zwischen den konventionellen Schiffsversicherern

Verfügt der Reeder nicht über eine K&R-Versicherung, liegt es zunächst am Kaskoversicherer, für das bezahlte Lösegeld aufzukommen. Inwieweit dem Kaskoversicherer Regressansprüche auf Anteile des Lösegeldes gegen andere konventionelle Schiffsversicherer zustehen, bestimmt sich zum einen nach den zwischen dem Reeder und seinen Versicherern bestehenden Rechtsverhältnissen. Etwaige Regressansprüche des Kaskoversicherers können sich nämlich aus den Ansprüchen speisen, die an sich dem Reeder gegen seine übrigen Versicherer zustehen, aber an den Kaskoversicherer wegen seiner Leistung auf das Lösegeld abgetreten wurden. Gemäß Ziff. 50.2 DTV-ADS und § 45 Abs. 1 S. 1 ADS gehen etwaige Ersatzansprüche des Reeders gegen Dritte in Anbetracht des Lösegeldes auf den See- oder Kriegskaskoversicherer über. Somit kann hinsichtlich dieser Ansprüche weitgehend auf die obige Prüfung der Lösegeldersatzansprüche des Reeders gegen die unterschiedlichen Versicherer verwiesen werden. Zum anderen können dem Kaskoversicherer aber auch Ansprüche aus eigenem Recht gegen Dritte zustehen.

1. Regress gegen den P&I-Versicherer

a) Keine Ansprüche aus abgetretenem Recht

In Anbetracht des Lösegeldes steht dem Reeder allenfalls ein Erstattungsanspruch aus der Deckung für Schadensabwendungskosten gegen den P&I-Versicherer zu. Voraussetzung dafür ist allerdings, dass durch die Lösegeldzahlung des Reeders die Entstehung eines gegen ihn gerichteten Haftpflichtanspruchs vermieden wurde, der unter die Deckung der P&I-Versicherung gefallen wäre.[707] Ob dies der Fall ist, richtet sich nach dem jeweils anwendbaren Haftungsrecht. Nach deutschem Recht ist eine Haftung des Reeders für Personenschäden der Besatzung unwahrscheinlich.[708]

Zudem unterliegen jegliche Ansprüche des Reeders gegen den P&I-Versicherer stets dem Vorbehalt der Subsidiarität. Zwar enthalten auch die DTV-ADS, die DTV-ADS-KrKl sowie die ADS/DTV-KKl in Verbindung mit dem Seekaskodruckstück 2002/2 eine Subsidiaritätsklausel hinsichtlich der Pirateriegefahr. Ebenso beinhalten die englischen IWSC eine Subsidiaritätsklausel. Allerdings beziehen sich diese Klauseln nur auf andere Versicherungen, die mit der Kaskoversicherung gleichstufig sind, weil ihnen zumeist dasselbe versicherte Interesse zugrunde liegt – nämlich das Sacheigentumsinteresse am Schiff.[709] Sie dienen der Vermeidung einer Doppelversicherung. Der P&I-Versicherung liegt hingegen im Wesentlichen das Indemnitätsinte-

---

[707] Siehe *supra* S. 244 ff. und 246 ff.
[708] Siehe *supra* S. 246 ff.
[709] Der Wortlaut von cl. 5.4 IWSC lautet insoweit deutlich: „any claim for any sum recoverable under any other insurance *on the vessel* [...]" (Hervorhebung hinzugefügt).

resse des Reeders zugrunde.[710] Der Kaskoversicherer kann den Deckungsanspruch des Reeders mithin nicht mit einem Verweis auf die P&I-Versicherung abwehren.

Die P&I-Versicherung ist nämlich historisch aus der Überlegung entstanden, dass der dem Reeder gebotene Kaskoversicherungsschutz nicht ausreichend ist und der Ergänzung bedarf.[711] Sie dient nicht dazu, der Kaskoversicherung Konkurrenz zu machen und sich grundsätzlich auf deren Deckungsbereich zu erstrecken.[712] Deshalb sind die Subsidiaritätsklauseln der P&I-Bedingungen stets so zu verstehen, dass sie sich insbesondere auch auf eine bestehende Kaskodeckung beziehen.[713] Sobald also der Kaskoversicherer einstandspflichtig ist, scheidet eine Haftung des P&I-Versicherers grundsätzlich aus.

Im Ergebnis kann damit festgehalten werden, dass ein Lösegeldregress des Kaskoversicherers gegen den P&I-Versicherer aus abgetretenem Recht ausscheidet, weil dem Reeder bereits kein Anspruch gegen den P&I-Versicherer entstanden ist. Allenfalls dann, wenn der P&I-Versicherer im Rahmen der *omnibus rule* eine Deckungszusage erteilt, steht die zugesagte Entschädigung dem in Vorleistung getretenen Kaskoversicherer zu.[714]

b) Keine Ansprüche aus eigenem Recht

Aus eigenem Recht kann der Kaskoversicherer ebenfalls keinen Regressanspruch herleiten. Infrage kämen insoweit ein Anspruch auf Gesamtschuldnerausgleich wegen Doppelversicherung, ein Anspruch aus dem Recht der Geschäftsführung ohne Auftrag gemäß § 683 BGB sowie aus ungerechtfertigter Bereicherung. Ein Ausgleichsanspruch aus Doppelversicherung scheitert bereits daran, dass infolge der Interessendiversität zwischen Kasko- und P&I-Versicherung eine Doppelversicherung nicht besteht.[715] Zudem gingen die

---

[710] Die P&I-Versicherung enthält zwar auch Elemente einer Sachversicherung, diese sind für die Fälle der Lösegeldpiraterie aber nicht relevant.
[711] *Kebschull*, P&I-Versicherung, S. 81.
[712] *Kebschull*, P&I-Versicherung, S. 81.
[713] Eine ähnliche Argumentation führen bezüglich der Konditionendifferenz- und Schutzversicherung richtigerweise auch *Segger/Degen*, r+s 2012, 422 (425 f.).
[714] Siehe dazu *supra* S. 245.
[715] Hinsichtlich deckungsgleicher Aufwendungsersatzansprüche für Schadensabwendungskosten aus unterschiedlichen Versicherungen ließe sich allerdings von einem übergeordneten gemeinsamen versicherten Interesse ausgehen, das direkt oder analog zur Anwendbarkeit der Doppelversicherungsbestimmungen führt, so *Ritter/Abraham,* ADS I, § 32 Anm. 16. Alternativ ließe sich von einer Gesamtschuld aus objektiver Zweckgemeinschaft gem. § 426 BGB ausgehen, so *Martin*, VersR 1968, 909 (912) und dort Fn. 26. Vgl. dazu auch *infra* S. 268 f. Auch diese Ansätze lassen sich aufgrund der weitreichenden Subsidiarität der P&I-Versicherung jedoch nicht umsetzen.

Subsidiaritätsklauseln der P&I-Versicherer aufgrund des eben Gesagten stets weiter als die der Kaskoversicherer.

Die Erstattung des Lösegeldes stellt auch keine Fremdgeschäftsführung des Kaskoversicherers dar, weil er zum einen sein eigenes Geschäft besorgt und es zum anderen mangels Leistungspflicht des P&I-Versicherers überhaupt kein fremdes Geschäft zu besorgen gibt. Ebenso stellt die Lösegelderstattung keine Bereicherung des P&I-Versicherers im Sinne des Bereicherungsrechts dar. Ein Regress gegen den P&I-Versicherer scheidet damit insgesamt aus.

Soweit der P&I-Versicherer im Wege der Exzedenten- oder Ausfalldeckung für einen Teil des Lösegeldes haftet, kann der Kaskoversicherer ohnehin keinen Regress nehmen, da er in Anbetracht dieser Anteile selbst ja gerade nicht leisten musste.[716]

2. *Regress gegen den Nebeninteressenversicherer*

Einen erfolgreichen Regress gegen den Nebeninteressenversicherer wird der für das Lösegeld eingetretene Kaskoversicherer ebenfalls nicht führen können. Dem Reeder stehen gegen den Nebeninteressenversicherer keine Erstattungsansprüche aus der Deckung für Schadensabwendungskosten oder aus Havarie-grosse-Deckung für das Lösegeld zu, sodass eine Zession nicht in Betracht kommt.[717] Richtig ist zwar, dass unter den DTV-Klauseln für Nebeninteressen eine Havarie-grosse-Exzedentendeckung besteht. Dieser Anspruch ergänzt jedoch lediglich die aufgrund von § 30 Abs. 8 ADS begrenzte Havarie-grosse-Deckung des Kaskoversicherers, sodass sich die beiden Deckungsbereiche nicht überschneiden. Entsprechend fällt der Anspruch nicht unter die § 45 ADS bzw. Ziff. 50.2 DTV-ADS.

Dem Kaskoversicherer stehen gegen den Nebeninteressenversicherer – wie auch gegen den P&I-Versicherer – keine eigenen Ansprüche zu.[718]

III. Das Verhältnis zu anderen Beteiligten – Regress gegen die Ladungsseite

Der Kaskoversicherer kann schließlich gegen die Ladungsseite den Regressweg beschreiten. Zu einer unmittelbaren Kürzung des Lösegelderstattungsanspruchs des Reeders gegen den Kaskoversicherer kommt es wegen der involvierten Ladungsinteressen nicht.[719] Die Verteilung der Lösegeldlast erfolgt somit ausschließlich zwischen dem Kaskoversicherer und den Ladungs-

---

[716] Siehe *supra* S. 242 ff.
[717] Gegen den Nebeninteressenversicherer stehen dem Reeder keine Ansprüche aus der Deckung für Schadensabwendungskosten zu, vgl. *supra* S. 236 ff.
[718] Zur Begründung siehe *supra* S. 263.
[719] Siehe *supra* S. 212 ff.

eigentümern[720] bzw. deren Gütertransportversicherern. Dasselbe gilt für das Verhältnis zu den übrigen Beteiligten des Seeunternehmens.

1. Havarie-grosse

Ein Regressanspruch gegen die Ladungseigentümer kann dem Kaskoversicherer aus dem Recht der Havarie-grosse zustehen. Dies setzt voraus, dass der Reeder infolge der Schiffsentführung Havarie-grosse erklärt und eine Regulierung seiner Aufwendungen über die Havarie-grosse-Deckung der Kaskoversicherung beansprucht hat. Insoweit ist allerdings nach den zugrundeliegenden Kaskobedingungen zu differenzieren.

Sind die ADS/DTV-KKl anwendbar, scheidet ein Regress des Kaskoversicherers gegen die Ladung schon deshalb aus, weil der Kaskoversicherer dem Reeder im Rahmen seiner Deckung ohnehin nur den auf den Reeder nach der Dispache entfallenden Beitrag schuldet.[721] Das Lösegeld wird also nur anteilig ersetzt und der Kaskoversicherer tritt nicht in Vorleistung. Die übrigen Teile muss der Reeder selbst von der Ladungsseite und gegebenenfalls weiteren Beteiligten einfordern. Insoweit steht ihm ein Anspruch aus den YAR bzw. den §§ 588 ff. HGB zu.

Liegen dem Kaskoversicherungsvertrag hingegen die DTV-ADS zugrunde, ist der Kaskoversicherer gemäß Ziff. 28.1, 30.1 DTV-ADS für das gesamte Lösegeld als Havarie-grosse-Aufwendung des Reeders einstandspflichtig. Die dem Reeder zustehenden Ansprüche gegen die Ladungsseite und die übrigen Beteiligten gehen gemäß Ziff. 30.2 DTV-ADS mit ihrer Entstehung auf den Kaskoversicherer über. Dieser hat insoweit aus abgetretenem Recht einen Anspruch auf anteilige Rückzahlung des Lösegeldes gegen die Ladungsseite. Die Höhe des Anspruchs richtet sich nach dem in der Dispache festgelegten, auf die Ladung entfallenden Beitrag.

Zu berücksichtigen ist an dieser Stelle allerdings, dass die Ansprüche des Reeders auf Havarie-grosse-Vergütung gemäß § 589 HGB und Regel D YAR durch ein Verschulden des Reeders bei der Herbeiführung der Havarie-grosse-Situation beeinträchtigt werden. Ein Verschulden hindert zwar nicht die Entstehung und Durchführung der Havarie-grosse, jedoch können die übrigen Beteiligten dem Reeder sein Verschulden entgegenhalten, sodass dessen Vergütungsansprüche entfallen. Lässt der Reeder die notwendigen Pirateriepräventionsmaßnahmen auf seinem Schiff vermissen und wird das Schiff in der Folge von Piraten entführt, so bietet dies Anlass für die Annahme einer schuldhaften Herbeiführung der Havarie-grosse-Situation. Jedenfalls dann, wenn das Schiff auf seiner Route Gewässer durchfährt, in denen die Pirate-

---

[720] Auf die Eigentümerstellung kommt es hinsichtlich der Ladung nur an, wenn die YAR Anwendung finden. Nach § 588 Abs. 2 HGB ist hingegen maßgeblich, wer die Gefahr des Untergangs der Ladung trägt. Gleiches gilt hinsichtlich der Fracht.
[721] Siehe *supra* S. 184 f.

riegefahr bekannt und gegenwärtig ist, gilt eine mangelnde Piraterieprävention oder Schiffsicherheit als fahrlässig.[722]

Ein erfolgreicher Verschuldenseinwand der Havarie-grosse-Beteiligten gegen die Vergütungsansprüche des Reeders hat auch Auswirkungen auf die versicherungsrechtliche Deckung und den Ausgleich unter den Versicherern. Insoweit ist wieder zwischen den zugrundeliegenden Bedingungswerken zu differenzieren.

Gelten unter dem Kaskoversicherungsvertrag die ADS/DTV-KKl, führt ein Verschulden des Reeders im Rahmen der Havarie-grosse regelmäßig zu keinen Nachteilen für den Versicherer. Da der Kaskoversicherer ohnehin nur den Havarie-grosse-Beitrag des Reeders deckt, stellt sich der Wegfall der Vergütungsansprüche des Reeders für den Kaskoversicherer neutral dar. Allerdings bedeutet das seehandelsrechtliche Verschulden durch mangelnde Piraterieprävention zumeist gleichzeitig ein seeversicherungsrechtliches Verschulden, das zum Wegfall des Versicherungsschutzes wegen anfänglicher Seeuntüchtigkeit oder Herbeiführung des Versicherungsfalls führt. Unter den ADS/DTV-KKl gilt zudem derselbe Verschuldensmaßstab wie bei der seehandelsrechtlichen Havarie-grosse. Es genügt einfache Fahrlässigkeit. Damit entfällt für den Reeder nicht nur der Vergütungsanspruch gegen die übrigen Beteiligten aus Havarie-grosse, sondern auch der versicherungsrechtliche Deckungsanspruch für den eigenen Havarie-grosse-Beitrag gegen den Kaskoversicherer. In diesem Fall trägt der Reeder die Last der Lösegeldkosten vollständig selbst.

Im Geltungsbereich der DTV-ADS sind hingegen unterschiedliche Konstellationen denkbar. Sind die Bestimmungen über die Seetüchtigkeit des Schiffes nach Ziff. 33.2 DTV-ADS ausdrücklich vereinbart, so ergibt sich die gleiche Situation wie unter den ADS/DTV-KKl. Die Seetüchtigkeitsbestimmungen decken sich insoweit und lassen auch in den DTV-ADS einfache Fahrlässigkeit genügen. Gelten hingegen statt der Seetüchtigkeits- die Schiffsicherheitsbestimmungen nach Ziff. 33.1 DTV-ADS, kann es zu einem Auseinanderfallen des seehandelsrechtlichen und seeversicherungsrechtlichen Ergebnisses kommen. Der grundsätzliche Verschuldensmaßstab in den DTV-ADS wurde nämlich gegenüber den ADS/DTV-KKl zugunsten des Versicherungsnehmers auf grobe Fahrlässigkeit heraufgestuft. Handelt damit der Reeder bei der Herbeiführung der Havarie-grosse nur leicht fahrlässig, so entfallen seine Vergütungsansprüche gegen die übrigen Beteiligten. Sein Havariegrosse-Deckungsanspruch gegen den Kaskoversicherer bleibt hingegen in voller Höhe bestehen, weil die Herbeiführung des Versicherungsfalls erst bei grober Fahrlässigkeit deckungsausschließend wirkt. Dasselbe gilt, wenn der Reeder gegen anwendbare Schiffsicherheitsbestimmungen verstoßen hat und erfolgreich den Beweis führen kann, nicht grob fahrlässig gehandelt zu haben. Dann haftet der Kaskoversicherer für das gesamte Lösegeld als Havarie-

---

[722] Zur organisatorischen Seeuntüchtigkeit ausführlich *supra* S. 222 ff.

grosse-Aufwendung nach den Ziff. 28.1, 30.1 DTV-ADS. Er kann hingegen keinen Regress bei den übrigen Beteiligten nehmen, da die Vergütungsansprüche aufgrund des Verschuldens des Reeders nicht entstanden bzw. einredebehaftet sind. Dieses Ergebnis ist auch statthaft, da der Kaskoversicherer mit der Verwendung der DTV-ADS selbst den Willen zum Ausdruck bringt, dass dem Versicherungsnehmer bei einfach fahrlässigem Verhalten keine Nachteile hinsichtlich seines Versicherungsschutzes erwachsen sollen.

2. Allgemeine Ansprüche aus abgetretenem Recht

Neben den Ansprüchen aus Havarie-grosse erwirbt der Kaskoversicherer auch alle übrigen Ansprüche des Reeders gegen die Ladungsseite gemäß den allgemeinen Zessionsbestimmungen in den § 45 Abs. 1 ADS und Ziff. 50.2 DTV-ADS. Grundsätzlich ist ein Regress gegen die Ladungsseite damit auch dann möglich, wenn die Voraussetzungen der Havarie-grosse nicht vorliegen oder der Reeder nicht die Havarie-grosse-Deckung, sondern die Deckung für Schadensabwendungskosten beansprucht hat.[723] Voraussetzung dafür ist, dass dem Reeder durch die Zahlung des Lösegeldes ein Erstattungsanspruch gegen die Ladungsseite entsteht. Soweit sich der Reeder nicht nach der Schiffsentführung, aber noch vor der Lösegeldzahlung mit der Ladungsseite abstimmt und insoweit von einem Auftragsverhältnis auszugehen ist, ist das Recht über die Geschäftsführung ohne Auftrag in den Blick zu nehmen.

Der Reeder kann von der Ladungsseite den Ersatz von Aufwendungen nach den §§ 683, 670, 677 BGB verlangen, soweit die Voraussetzungen der Geschäftsführung ohne Auftrag gegeben sind. Die Bezahlung des Lösegeldes erfolgte nicht nur zur Freilassung des Schiffes, sondern auch der Ladung. Beide bilden im Entführungsfall eine Art Schicksalsgemeinschaft. Deshalb besorgt der Reeder mit der Lösegeldzahlung nicht nur ein eigenes, sondern auch ein fremdes Geschäft. Ein solches „Auch-fremdes-Geschäft" schließt die Anwendung der Bestimmungen über die Geschäftsführung ohne Auftrag jedoch nicht aus.[724] Regelmäßig liegt es auch im Interesse der Ladungsseite, dass eine Auslösung der Ladung durch den Reeder erfolgt, da dies für sie objektiv nützlich ist; gleichzeitig entspricht die Lösegeldzahlung zumindest auch ihrem mutmaßlichen Willen, weil davon auszugehen ist, dass sie unter Würdigung der gegebenen Umstände der Geschäftsbesorgung zugestimmt

---

[723] Ggf. ist der Reeder im Rahmen seiner Schadensminderungsobliegenheit dazu angehalten Havarie-grosse zu erklären, um die Last des Kaskoversicherers zu verringern. Dies wird insbesondere relevant, wenn die Ladungsseite eine Beteiligung an den Lösegeldkosten verweigert.

[724] Ständige Rspr. und h.L., siehe nur *BGHZ* 16, 12 (16); 54, 157 (160); 98, 235 (240); 114, 248 (250); 138, 281 (286); *BGH* NJW 2009, 1879 (1881); *Seiler*, in: MüKo-BGB, § 677, Rn. 9; *Gehrlein*, in: Bamberger/Roth, § 677, Rn. 15; *Sprau*, in: Palandt, § 677, Rn. 6.

hätte.[725] Vorbehaltlich der Umstände des Einzelfalls steht dem Reeder somit in aller Regel ein Aufwendungsersatzanspruch gegen die Ladungsseite aus §§ 683, 670, 677 BGB zu.[726] Der Anspruch geht mit dem Eintritt des Kaskoversicherers für die Lösegeldkosten auf diesen über.

Freilich kann sich der Kaskoversicherer nicht in vollem Umfang bei der Ladungsseite schadlos halten. Weil der Reeder nicht nur im Fremd-, sondern auch im Eigeninteresse gehandelt hat, entsteht der Anspruch gegen die Ladungsseite auch nur in einer Höhe, die dem Fremdinteresse entspricht.[727] Ein Auch-fremdes-Geschäft steht der Geltendmachung eines Aufwendungsersatzanspruches dem Grunde nach nicht entgegen, wohl aber beeinflusst es den Anspruch der Höhe nach.[728] Zweckmäßig und angemessen ist insoweit eine verhältnismäßige Aufteilung der Lösegeldkosten, die sich am Wert der geschützten Interessen und damit am geretteten Sachwert orientiert.[729] Faktisch kommt es damit auch bei einer Regulierung über die Deckung von Schadensabwendungskosten zu einer Aufteilung der Kosten ähnlich dem Prinzip der Havarie-grosse. Insbesondere in Fällen mit vielen verschiedenen Ladungsbeteiligten wirft dies ähnliche Schwierigkeiten auf und kann einen erheblichen Zeit- und Kostenaufwand verursachen. Der Reeder ist davon allerdings nicht mehr betroffen, da er durch den Kaskoversicherer zuvor entschädigt wurde. Da hinter der Ladungsseite die Gütertransportversicherer stehen, dürfte eine Auseinandersetzung der Kosten am Ende praktischerweise unter den Versicherern stattfinden.

3. Ansprüche aus eigenem Recht

Der Kaskoversicherer kann gegen die Ladungsseite und deren Gütertransportversicherer keine Ansprüche aus eigenem Recht geltend machen. Zwischen Kasko- und Gütertransportversicherung fehlt es nicht nur an einem identischen versicherten Interesse, sondern auch an der Identität der Versicherungsnehmer und der Versicherten. Eine Doppelversicherung liegt damit nicht vor, die Versicherer haften nicht gesamtschuldnerisch und sie sind sich folge-

---

[725] Vgl. zu den Voraussetzungen *Seiler*, in: MüKo-BGB, § 683, Rn. 4 und 9 m.w.N.

[726] So auch *Pfeifle*, in: Drees/Koch/Nell, S. 107 (171 f.), der die Fremdgeschäftsbesorgung allerdings ausdrücklich in der Erfüllung der dem Ladungseigentümer gegenüber seinem Sachversicherer obliegenden Schadensabwendungs- und Schadensminderungsobliegenheit sieht.

[727] *BGHZ* 16, 12 (16 f.); 98, 235 (242); *BGH* r+s 1994, 326; *Seiler*, in: MüKo-BGB, § 683, Rn. 26.

[728] *BGH* r+s 1994, 326: „Zu § 683 BGB ist in der Rspr. des BGH anerkannt, daß Kosten nach dem Maß der Verantwortlichkeit und dem Interesse der Beteiligten aufzuteilen sind, wenn Fremd- und Eigengeschäftsführung zusammentreffen und die Aufwendungen gegenständlich nicht abgegrenzt werden können."

[729] So auch *Martin*, VersR 1968, 909 (913); ähnlich wohl *Pfeifle*, in: Drees/Koch/Nell, S. 107 (171 f.).

richtig im Innenverhältnis nicht ausgleichspflichtig. Zwischen den beiden Versicherern entsteht auch aus objektiver Zweckgemeinschaft keine Gesamtschuld, da es insoweit an der Gläubigeridentität fehlt.[730] Gläubiger des Kaskoversicherers ist der Reeder, Gläubiger des Gütertransportversicherers hingegen der Ladungseigentümer.

Denkbar wäre hingegen die Entstehung einer Gesamtschuld aus objektiver Zweckgemeinschaft zwischen Kaskoversicherer und Ladungseigentümer.[731] Beide sind dem Reeder ersatzpflichtig. Allerdings fehlt es insoweit an der Gleichstufigkeit der beiden Forderungen. Die Zessionsbestimmungen in § 45 Abs. 1 ADS und Ziff. 50.2 DTV-ADS machen deutlich, dass dem Kaskoversicherer im Falle der Ersatzpflicht Dritter ein vollständiger Rückgriff möglich sein soll.[732] Es soll hingegen keine gesamtschuldtypische Haftung zu gleichen Teilen eintreten. Insoweit steht der Kaskoversicherer ausschließlich für die Solvenz der Ladungsseite für den auf diese entfallenden Anteil an den Lösegeldkosten ein; dies schließt die Gleichstufigkeit aus.[733] Der Ausgleich zwischen dem Kaskoversicherer und der Ladungsseite erfolgt deshalb ausschließlich über die Zessionsklauseln und die danach auf den Kaskoversicherer übergegangenen Rechte.

Eigene Ansprüche aus den §§ 683, 812 ff. BGB entstehen dem Kaskoversicherer gegen die Ladungsseite bereits deshalb nicht, weil diese von den insoweit abschließenden Zessionsregelungen in den Ziff. 50.2 DTV-ADS und § 45 Abs. 1 S. 1 ADS verdrängt werden.[734]

---

[730] So aber wohl *Martin*, VersR 1968, 909 (913).
[731] In dieser Konstellation schon eher plausibel *Martin*, VersR 1968, 909 (913).
[732] Vgl. *Ritter/Abraham,* ADS I, § 45 Anm. 4, die auch gleich die Parallele zwischen § 45 ADS und § 67 VVG a.F. sowie § 255 BGB herstellen; vgl. auch *Armbrüster*, in: Prölss/Martin, § 86, Rn. 2; *Voit*, in: Bruck/Möller, § 86, Rn. 43; *Hormuth*, in: Beckmann/Matusche-Beckmann, § 22, Rn. 2 ff.; *P. Bydlinski*, in: MüKo-BGB, § 421, Rn. 12 und 70; a.A. *Martin*, VersR 1968, 909 (913), der eine Gesamtschuld bejaht, jedoch zum selben Ergebnis einer verhältnismäßigen Verteilung der Kosten kommt, indem er davon ausgeht, dass „ein anderes bestimmt ist" i.S.v. § 426 Abs. 1 S. 1 BGB. Zwar handelt es sich bei den § 45 ADS und Ziff. 50.2 DTV-ADS im Gegensatz zu § 86 VVG nicht um gesetzliche Bestimmungen. Insoweit lässt sich *Martins* Ansicht in Bezug auf das Seeversicherungsrecht noch eher vertreten. Allerdings nehmen die ADS und DTV-ADS im Seeversicherungsrecht eine gesetzesähnliche Stellung ein, sodass eine mit § 86 VVG vergleichbare Wirkung der seeversicherungsrechtlichen Zessionsbestimmungen gerechtfertigt erscheint.
[733] Vgl. *P. Bydlinski*, in: MüKo-BGB, § 421, Rn. 12.
[734] Vgl. die Rspr. des BGH zur Parallelvorschrift des § 86 VVG bzw. § 67 VVG a.F. in *BGHZ* 32, 331 (338); 33, 97 (99); *BGH* VersR 1963, 1192 (1193); VersR 1966, 664 (665); VersR 1969, 641 (643). Es fehlt aber auch inhaltlich an den Voraussetzungen der Ansprüche, vgl. *Armbrüster*, in: Prölss/Martin, § 86, Rn. 103; *Grüneberg*, in: Palandt, § 421, Rn. 9.

IV. Ergebnis

Im Ergebnis stellen sich die an Piraten bezahlten Lösegelder vorwiegend als eine Belastung der K&R-Versicherer sowie der Kaskoversicherer dar. Fehlt es an einer K&R-Versicherung, die die Belastungen des Reeders vordergründig und umfassend auffängt, muss der See- oder Kriegskaskoversicherer im Wege der Havarie-grosse-Deckung oder der Deckung für Schadensabwendungskosten für die vom Reeder bezahlten Lösegelder eintreten. Die Möglichkeit des Regresses gegen die übrigen schiffsbezogenen Versicherer des Reeders ist stark begrenzt. Weder der Nebeninteressen- noch der P&I-Versicherer kann insoweit in Anspruch genommen werden. Möglich ist allenfalls eine Beteiligung des P&I-Versicherers an den Lösegeldern im Wege der *omnibus clause*.

Die Last der Lösegeldkosten trifft aber auch die Ladungsseite und deren Versicherer sowie die übrigen beteiligten Sachinteressenträger. Aus abgetretenem Recht kann der leistende Kaskoversicherer die Havarie-grosse-Vergütung des Reeders beanspruchen oder den auf die Ladung entfallenden Anteil der Lösegeldaufwendungen nach dem Recht der Geschäftsführung ohne Auftrag verlangen. Das zum Regress gegen die Ladungsseite Gesagte gilt freilich auch für den Regress gegen andere Sachbeteiligte, wie beispielsweise den Eigentümer des Treibstoffes, der nach § 588 HGB mittlerweile ausdrücklich in die Havarie-grosse einbezogen ist. Insgesamt bleibt die Lösegeldpiraterie damit eine Sache der Sachversicherer.

Schlussbemerkungen, Ausblick und Zusammenfassung in Thesen

A. Schlussbemerkungen und Ausblick

Die vorstehende Arbeit hat sich des Pirateriproblems in einem Teilbereich der Seeversicherung angenommen und die dringenden Rechtsfragen an der Schnittstelle zwischen der Seeversicherung des Reeders und der modernen Piraterie behandelt. Zum einen wurde ausgehend vom völkerrechtlichen Pirateriebegriff eine merkmalbezogene seeversicherungsrechtliche Pirateriedefinition erarbeitet, die vorwiegend am Konzept der Seekaskoversicherung orientiert ist, allerdings auch im Bereich der Gütertransportversicherung und darüber hinaus in der Seeversicherung von Bedeutung sein dürfte. Darüber hinaus wurde eingehend der zentralen Frage nachgegangen, wie es sich im Detail mit der Versicherbarkeit und Ersetzbarkeit von Lösegeldern in Pirateriefällen in der Seeversicherung des Reeders verhält. Gleichzeitig wurde untersucht, wie sich die positive Antwort auf diese Rechtsfrage auf das Verhältnis zwischen den wirtschaftlich Beteiligten an dem Seefahrtunternehmen sowie den verschiedenen Versicherern des Reeders auswirkt. Schließlich bietet der zweite Teil der Arbeit eine einordnende Gesamtbetrachtung der Pirateriegefahr in der Seekaskoversicherung. Auch diese Erkenntnisse lassen sich auf übrige Bereiche der Seeversicherung übertragen.

Die Bedeutung dieses Problemkomplexes und die Wichtigkeit der Behandlung daraus resultierender Rechtsfragen in der Seeversicherung drücken sich auch in den ökonomischen Folgen der modernen Piraterie aus. Der durch die moderne Piraterie verursachte gesamtwirtschaftliche Schaden kann nicht genau bestimmt werden.[1] Nach Schätzungen von Experten betrug der weltweite Schaden, der allein durch die somalische Piraterie verursacht wurde, im Jahr 2011 etwa sieben Milliarden USD.[2] Für das Jahr 2010 werden die Kosten noch auf sieben bis zwölf Milliarden USD beziffert. Etwa 80% dieser Kosten

---

[1] Zu den methodologischen Schwierigkeiten der Kostenberechnung siehe *Oceans Beyond Piracy*, The Economic Cost of Somali Piracy 2010, S. 6 ff.
[2] *Oceans Beyond Piracy*, The Economic Cost of Somali Piracy 2011, S. 1 ff. Diese Schätzungen beinhalten u.a. die Kosten für Sicherheitsmaßnahmen, erhöhte Geschwindigkeiten, Militäroperationen, Umleitungen, Versicherungen, Lösegelder etc.

entfallen auf die Privatwirtschaft. Rund 635 Millionen USD Versicherungsprämien wurden im Jahr 2011 für die pirateriebezogenen Kriegskasko- und *Kidnap and Ransom*-Versicherungen (K&R-Versicherungen) ausgegeben.[3] Für das Jahr 2012 werden die weltweiten wirtschaftlichen Schäden auf rund sechs Milliarden USD geschätzt.[4] Die versicherungsspezifischen Kosten sanken auf ca. 550 Millionen USD.[5] Insgesamt ist die Summe der gesamtwirtschaftlichen Schäden durch die somalische Piraterie damit rückläufig. Dennoch kann weder auf Seiten der Versicherungsbranche noch auf Seiten der Reedereien von einer entspannten Lage oder gar Entwarnung gesprochen werden. Eine genaue Betrachtung verrät nämlich, dass der Rückgang der gesamtwirtschaftlichen Kosten zum größten Teil darauf beruht, dass der Kostenfaktor der erhöhten Fahrgeschwindigkeit in *high risk areas* erheblich reduziert wurde.[6] Viele Schiffe durchfahren diese Gebiete schlicht mit Normal- oder lediglich leicht erhöhter Geschwindigkeit und sparen dadurch erhebliche Treibstoffkosten ein. Darüber hinaus beruht der Rückgang des Gesamtprämienaufwandes vorwiegend auf dem Umstand, dass die Versicherer den Reedern bei Verwendung privater Sicherheitsdienste Prämiennachlässe gewähren.[7] Für die Reeder resultiert daraus aber keineswegs eine wirtschaftliche Erholung, da die eingesparte Prämie durch die Kosten für die Sicherheitsdienste wieder aufgezehrt wird. Die Kosten für private Sicherheitsdienste können leicht 30.000 USD pro Tag betragen.[8]

Auch auf Seiten der Versicherer kann nicht von Entwarnung gesprochen werden. Denn auch wenn die Gesamtschadenssumme tendenziell sinkt, steigen die Kosten pro Einzelfall stetig.[9] Insbesondere die Lösegelder erreichten immer höhere Summen. Lagen diese im Jahr 2005 noch bei durchschnittlichen 150.000 USD, waren es 2011 schon etwa 5,5 Millionen USD.[10] Das höchste Lösegeld in Höhe von 13,5 Millionen USD wurde bislang im April 2011 für den Tanker *Irene SL* bezahlt.[11] Mit den Lösegeldern ist in vielen

---

[3] *Oceans Beyond Piracy,* The Economic Cost of Somali Piracy 2011, S. 2.
[4] *Oceans Beyond Piracy,* The Economic Cost of Somali Piracy 2012, S. 1 ff.
[5] *Oceans Beyond Piracy,* The Economic Cost of Somali Piracy 2012, S. 4.
[6] *Oceans Beyond Piracy,* The Economic Cost of Somali Piracy 2012, S. 3.
[7] *Oceans Beyond Piracy,* The Economic Cost of Somali Piracy 2012, S. 4.
[8] *Parker,* Lloyd's Shipping Economist June 2009, 22 (23); *Norris,* Commercial Risk Europe 22.01.2010 spricht von 60.000–100.000 USD pro Durchfahrt. Zum Vergleich zwischen den Kosten für eine Umfahrung der *high risk areas* und den Kosten für zusätzliche Versicherungsprämien bzw. Sicherheitsdienste siehe *Parker,* Lloyd's Shipping Economist June 2009, 22 (25).
[9] *Oceans Beyond Piracy,* The Economic Cost of Somali Piracy 2012, S. 1.
[10] *Berg/Funke/Kratz u.a.,* Munich RE, Piraterie – Gewalt auf See eskaliert, S. 7.
[11] *Berg/Funke/Kratz u.a.,* Munich RE, Piraterie – Gewalt auf See eskaliert, S. 7.

Fällen auch die Entführungsdauer erheblich angestiegen.[12] Für das Jahr 2012 darf insoweit allerdings von einer gewissen Entspannung gesprochen werden. Dies ist aber wesentlich darauf zurückzuführen, dass es den Piraten nicht mehr gelungen ist, eine Vielzahl von Schiffen, insbesondere auch große Handelsschiffe oder Tanker, zu entführen. Einen erheblichen Anteil am Rückgang der Piraterie dürfte der Verwendung privater Sicherheitsdienste sowie der Umsetzung sonstiger Pirateriepräventionsmaßnahmen zuzuschreiben sein. Seit 2012 scheinen die Reeder diese Aspekte ernster zu nehmen, standen sie zuvor noch in der Kritik, die Lage zu unterschätzen oder das Pirateriproblem zu vernachlässigen.[13] Auch die militärischen Operationen der EUNAVFOR und der Mission ATALANTA tragen zur Eindämmung der Piraterie bei, wenngleich das stetig gewachsene Gefahrengebiet aufgrund der Größe kaum effektiv kontrollierbar ist.[14]

Abzuwarten bleibt, ob sich der derzeitige Rückgang der Piraterie zu einem dauerhaften Trend entwickelt oder ob es sich lediglich um eine Rezessionsphase handelt, der eine neue Eskalationsstufe folgt. Jedenfalls müssen sowohl die Schifffahrts- als auch die Seeversicherungsbranche in dieser Beziehung wachsam und flexibel bleiben. Auch kündigt die neuere Entwicklung des Pirateriephänomens und dessen Behandlung neue rechtliche Problemfelder an, die es künftig zu beurteilen gilt. Für das Seeversicherungsrecht dürften dabei insbesondere Rechtsfragen im Zusammenhang mit dem Einsatz privater Sicherheitsdienste in den Fokus rücken. Bereits jetzt werden die Auswirkungen und Bedingungen solcher Einsätze in verschiedenen Bereichen der Seeversicherung und des Seehandelsrechts diskutiert.[15] Sobald die ersten erheblichen menschlichen oder wirtschaftlichen Schäden durch den Einsatz privater Sicherheitsdienste in der Praxis auftreten, wird damit auch eine Rechtsdiskussion um die Verantwortlichkeit und die Haftung für diese Schäden einsetzen. Neben den vertraglichen Rechtsbeziehungen zwischen Reedern, Charterern und den Betreibern der Sicherheitsdienste werden dabei auch die gesetzlichen Haftungsbestimmungen des jeweils anzuwendenden nationalen Rechts der Flaggen- und Küstenstaaten eine Rolle spielen.[16] Auch völkerrechtliche Be-

---

[12] Eine Tabelle der entführten Schiffe mit den höchsten Lösegeldern findet sich nebst Angaben zur Entführungsdauer bei *Berg/Funke/Kratz u.a., Munich RE, Piraterie – Gewalt auf See eskaliert*, S. 6 f.
[13] Noch im Jahr 2011 erfüllten etwa 40% der Schiffe bei der Durchfahrt durch *high risk areas* nicht die BMP3, siehe *Spencer*, in: The Standard Bulletin, S. 4.
[14] Zu den Marineeinsätzen und den entsprechenden UN-Resolutionen vgl. *W. von Heintschel-Heinegg*, in: FG Ehlers, S. 59 (61 f.); *Geiß/Petrig, Piracy and Armed Robbery*, S. 17 ff.
[15] Siehe dazu auch *supra* S. 228 ff.
[16] Mit den vertraglichen Beziehungen befasst sich bereits der GUARDCON-Mustervertrag für den Einsatz privater Sicherheitsdienste des BIMCO. Siehe dazu *supra*

stimmungen könnten insoweit relevant werden. Aus diesem Rechtskonglomerat gilt es dann, präzise Lösungen zu erarbeiten.

Darüber hinaus werden – bei Fortbestehen des Pirateriproblems – voraussichtlich auch wirtschaftliche Gesichtspunkte in das Blickfeld der beteiligten Kreise geraten. Dann sind Konzepte zu erarbeiten, die es der Versicherungsbranche ermöglichen, seriös im Bereich der Piraterie zu arbeiten, aber gleichzeitig einen für die Reederschaft wirtschaftlich tragbaren und attraktiven Versicherungsschutz bieten. Derzeit erscheinen die Gewinne der Versicherungsbranche hoch und die Kostenlast der Reeder durch erhebliche Prämien für die Kriegskasko- und K&R-Versicherung sowie die Beschäftigung privater Sicherheitsdienste und sonstige Präventionsmaßnahmen zu hoch. Von einer echten Win-win-Situation kann – auch angesichts knapper Margen im Seetransportgeschäft – noch nicht gesprochen werden. Dies sollte aber das Ziel sein.

Ein alternatives Konzept zum bisherigen Versicherungsmodell könnte auch die im Londoner Markt bereits diskutierte „Rückkehr" zu einem Fond sein, der von den Beteiligten des Seetransportgeschäfts gespeist und für die Auslösung entführter Schiffe und deren Besatzung zur Verfügung gestellt wird.[17] Eine Rückkehr wäre das insoweit, als dieses Konzept bereits die Grundlage der Lübecker und Hamburger Sklavereikassen aus dem 17. Jahrhundert war.[18]

Letztlich können das Seeversicherungsrecht und die Maßnahmen der Schifffahrtsbranche stets nur Schadensverhütungsfunktionen erfüllen oder eine Behandlung der Symptome moderner Piraterie darstellen. Sie sind nicht geeignet, das Problem an der Wurzel zu packen und Mechanismen zur Problemlösung bereitzustellen. Dazu bedarf es einer strukturpolitischen Lösung, die sich der sozialen, politischen und wirtschaftlichen Schwierigkeiten von Ländern wie Somalia annimmt.[19] Das Land ist seit dem Sturz des Regimes von *Siad Barre* im Jahr 1991 praktisch ohne Regierung und befindet sich fortwährend in einem bürgerkriegsähnlichen Zustand. In mehreren Regionen des Landes haben sich De-facto-Regime gebildet, die von Clans oder Milizen kontrolliert werden.[20] Die Regionen Somaliland und Puntland haben sich zudem für unabhängig erklärt, wenngleich eine Anerkennung auf internationaler Bühne ausgeblieben ist.[21] Die offizielle Übergangsregierung Somalias kontrolliert faktisch nur einen kleinen Teil des Landes um die Hauptstadt Mogadischu, wobei sich auch hier die Machtverhältnisse durch militärische Auseinandersetzungen immer wieder verschieben. Darüber hinaus gehört

---

S. 233. Auch die Seeversicherungsbranche berücksichtigt die bestehenden GUARDCON-Standards, vgl. IGP&I Piracy FAQ, S. 4 f.

[17] Vgl. *Ebert/Endriß/Loos u.a.,* Munich RE, Schadenspiegel 2/2009, S. 40.
[18] Siehe dazu *supra* S. 14.
[19] Vgl. auch *Geiß/Petrig,* Piracy and Armed Robbery, S. 15.
[20] *Lehr/Lehmann,* in: Lehr, Violence at Sea, S. 1 (9).
[21] Vgl. *Geiß/Petrig,* Piracy and Armed Robbery, S. 13.

Somalia zu den Ländern mit der höchsten Korruptionsrate der Welt.[22] Aufgrund dieser Umstände wird Somalia als sog. *failed state* angesehen.[23] Gleichzeitig leidet die Bevölkerung in weiten Teilen des Landes unter extremer Armut und immer wiederkehrender Hungersnot.[24]

Diese Zustände bilden den Nährboden für die Entstehung krimineller Gruppierungen, die die Piraterie als Wirtschaftszweig entdeckt haben.[25] Zum einen existiert keine durchsetzungsfähige Staatsmacht, die das Vorgehen der Piraten unterbindet oder sanktioniert.[26] Zum anderen bietet die Piraterie schlicht einen Ausweg aus der wirtschaftlichen Not. Anfangs waren es wohl vor allem Fischer, die sich der Piraterie annahmen, weil das Fischereigewerbe nicht mehr einträglich war. Zu dieser Entwicklung haben auch die Industrienationen beigetragen, indem sie mit großen Fangflotten – häufig ohne Berechtigung – die Fischgründe vor Somalia ausgebeutet[27] oder durch die illegale Verklappung von Giftmüll das Seehabitat und die Küstengebiete nachhaltig verschmutzt haben.[28]

Um die Piraterie in Somalia langfristig und nachhaltig zu bekämpfen, sind daher nicht nur auf die internen Strukturen des Landes bezogene Maßnahmen notwendig. Vielmehr muss sich auch die internationale Staatengemeinschaft auf ihre eigenen Verpflichtungen besinnen und Raubfischerei und Umweltverschmutzungen zulasten Somalias beenden. Gleichermaßen müssen die Industriestaaten effektiv Sorge dafür tragen, dass die gegen Somalia verhängten Embargobestimmungen unbedingt eingehalten werden. Dies gilt besonders für die geltenden Waffenembargos, deren Umgehung und Verletzung – auch durch Akteure westlicher Staaten – den Piraten die Möglichkeit eröffnet, sich für die Entführung von Handelsschiffen zu rüsten. Es existieren zu viele Wege und Umwege, auf denen nach wie vor Waffen in nicht unerheblichem Umfang nach Somalia gelangen und neben der Piraterie auch den Bürgerkriegszustand im Land befeuern. Das Überdenken des eigenen Verhaltens der Industriestaaten ist deshalb der erste Schritt auf dem Weg zur Verbesserung der Lage in Somalia und zur Abschaffung der Piraterie.

---

[22] Im Korruptionsindex von *Transparency International* liegt Somalia seit Jahren auf dem letzten Platz, vgl. <http://www.transparency.org/cpi2014/results> (Stand: 30.11.2015).
[23] *Geiß/Petrig*, Piracy and Armed Robbery, S. 14.
[24] Der Hungerkatastrophe zwischen Oktober 2010 und April 2012 fielen nach UNO-Angaben etwa eine Viertelmillion Menschen zum Opfer, vgl. Zeit-Online vom 02.05.2013, Fast 260.000 Hungertote in Somalia, <http://www.zeit.de/gesellschaft/zeitgeschehen/2013-05/somalia-hungerkatastrophe-un-bericht> (Stand: 30.11.2015).
[25] *Mejia/Cariou/Wolff*, Piracy in Shipping, S. 13 ff. m.w.N.
[26] *Blecker/Will*, in: Stober, Schutz vor Piraterie, S. 53 (58).
[27] *Blecker/Will*, in: Stober, Schutz vor Piraterie, S. 53 (58); *Lehr/Lehmann*, in: Lehr, Violence at Sea, S. 1 (12 ff.); *Geiß/Petrig*, Piracy and Armed Robbery, S. 9.
[28] *Geiß/Petrig*, Piracy and Armed Robbery, S. 9.

B. Zusammenfassung in Thesen

1. Der seeversicherungsrechtliche Pirateriebegriff unterscheidet sich von der völkerrechtlichen Pirateriedefinition in Art. 101 des Seerechtsübereinkommens der Vereinten Nationen von 1982 (SRÜ).

2. Die seeversicherungsrechtliche Piraterie ist nicht auf den Bereich der Hohen See beschränkt. Es genügt vielmehr, dass ein seebezogener Angriff vorliegt. In örtlicher Hinsicht fallen unter die Piraterie danach Taten im gesamten Seegebiet. Weder die sog. Flusspiraterie noch die sog. Hafenpiraterie stellen somit Piraterie im Sinne des Seeversicherungsrechts dar.[29]

3. Das Merkmal der Anwendung von oder Drohung mit Gewalt ist immanenter Bestandteil des seeversicherungsrechtlichen Pirateriebegriffs.[30]

4. Ebenso wie im Völkerrecht fallen unter den seeversicherungsrechtlichen Pirateriebegriff nur solche Taten, die zu privaten Zwecken verübt wurden. Liegen einer Tat politische oder sonstige „öffentliche" Zwecke zugrunde, handelt es sich nicht um Piraterie.[31]

5. Der seeversicherungsrechtliche Pirateriebegriff umfasst keine bordinternen Angriffe. Ebenso wie im Völkerrecht gilt das sog. Zwei-Schiffe-Erfordernis. Während es im Völkerrecht auf einer begrenzten Jurisdiktionsgewalt beruht, ist es in der Seeversicherung auf versicherungsspezifische Gründe zurückzuführen.[32]

6. Als Piraterie im seeversicherungsrechtlichen Sinne gilt ein seebezogener, gewaltsamer Angriff der Insassen eines Schiffes oder Luftfahrzeuges auf ein anderes Schiff zu privaten Zwecken.[33]

7. Die in Ziff. 35.3 der Allgemeinen Deutschen Seeschiffsversicherungsbedingungen 2009 (DTV-ADS) und Ziff. 86.3 DTV-ADS-KrKl[34] enthaltenen Subsidiaritätsklauseln sind teilqualifizierte Subsidiaritätsklauseln. Diese gehen in ihrer Wirkung weiter als einfache Subsidiaritätsklauseln und setzen sich gegen diese durch. Bei Ziff. 37.1 DTV-ADS handelt es sich hingegen um eine einfache Subsidiaritätsklausel. Dasselbe gilt für Ziff. 16.3 DTV-Kaskoklauseln (DTV-KKl).

---

[29] Siehe *supra* S. 66 ff.
[30] Siehe *supra* S. 81 ff.
[31] Siehe *supra* S. 83 ff.
[32] Siehe *supra* S. 89 ff.
[33] Siehe supra S. 99.
[34] Die Bezeichnung DTV-ADS-KrKl verweist auf die Kriegskaskoklauseln der DTV-ADS siehe *supra* S. 28.

B. Zusammenfassung in Thesen 277

8. Treffen zwei teilqualifizierte Subsidiaritätsklauseln aus unterschiedlichen Seeversicherungsverträgen zusammen, sind diese nach dem Kollisionsmodell für einfache Subsidiaritätsklauseln aufzulösen. Die in den DTV-ADS und DTV-ADS-KrKl verwendeten teilqualifizierten Subsidiaritätsklauseln dienen nämlich vorrangig zur Abwälzung der eigenen Haftung des Versicherers auf einen anderen Versicherer und richten sich nicht gegen den Versicherungsnehmer. Der Versicherungsschutz des Versicherungsnehmers wird durch die Kollision der Subsidiaritätsklauseln nicht beeinträchtigt.[35]

9. Die Entführung eines Schiffes durch Piraten stellt nicht pauschal den Entzug des Schiffes ohne Aussicht auf Wiedererlangung gemäß § 72 Abs. 2 der Allgemeinen Deutschen Seeversicherungsbedingungen von 1919 (ADS) bzw. Ziff. 60.2.1 DTV-ADS dar. Der Versicherungsnehmer kann die Versicherungssumme in einem solchen Fall nicht grundsätzlich verlangen. Vielmehr kommt es darauf an, ob dem Versicherungsnehmer in physischer und rechtlicher Hinsicht eine Möglichkeit zur Wiedererlangung des Schiffes geboten ist. Als eine solche Wiedererlangungsmöglichkeit ist auch die Bezahlung von Lösegeld zu berücksichtigen.[36]

10. Nach deutschem Recht sind Lösegelder in der Seeversicherung versicherbar. Einer solchen Versicherung stehen weder strafrechtliche Gründe entgegen, noch kann darin ein Verstoß gegen die guten Sitten gemäß § 138 BGB gesehen werden, wenn die Lösegeldzahlung oder damit zusammenhängende Handlungen im Einzelfall gegen die Executive Order 13536 verstoßen.[37]

11. Unter seehandelsrechtlichen Gesichtspunkten kann die Bezahlung von Lösegeldern zur Rettung eines von Piraten entführten Schiffes und anderer darauf befindlicher Gegenstände Havarie-grosse darstellen. Dass neben der Rettung der an der Havarie-grosse beteiligten Sachinteressen auch die an Bord befindliche Schiffsbesatzung gerettet wird, hindert nicht die Entstehung von Havarie-grosse.[38]

12. Eine Lösegeldzahlung durch den Reeder zur Rettung seines von Piraten entführten Schiffes kann unter die Havarie-grosse-Deckung der See- oder Kriegskaskoversicherung fallen. Unter Geltung der ADS ist das Lösegeld indirekt als Havarie-grosse-Beitrag gemäß § 29 Abs. 1 ADS und unter den DTV-ADS direkt als Havarie-grosse-Aufwendung gemäß Ziff. 28.1, 30.1 DTV-ADS versichert. Die gleichzeitige Rettung der Schiffsbesatzung

---

[35] Siehe *supra* S. 129 ff.
[36] Siehe *supra* S. 143 ff.
[37] Siehe *supra* S. 160 ff.
[38] Siehe *supra* S. 195 ff.

durch die Lösegeldzahlung steht einem Anspruch aus Havarie-grosse-Deckung nicht entgegen.[39]

13. Gleichfalls stellt eine solche Lösegeldzahlung eine Schadensabwendungsmaßnahme des Reeders dar, die einen Aufwendungsersatzanspruch gegen den entsprechenden Kaskoversicherer gem. § 32 Abs. 1 Nr. 1 ADS bzw. Ziff. 31.1.1 DTV-ADS begründet. Die gleichzeitige Rettung unversicherter Sachen, Sachen Dritter und von Personen hindert die Entstehung dieses Anspruchs nicht.[40]

14. Die Rettung unversicherter Interessen führt nicht zu einer Kürzung des Anspruchs aus § 32 Abs. 1 Nr. 1 ADS bzw. Ziff. 31.1.1 DTV-ADS, es sei denn, es handelt sich um die Rettung reedereigener, unversicherter Sachen. Dann gilt der Reeder analog § 8 ADS bzw. Ziff. 11 DTV-ADS als Selbstversicherer.[41]

15. Sind in Lösegeldfällen die Voraussetzungen der Havarie-grosse-Deckung und der Deckung für Schadensabwendungs- und Schadensminderungskosten gleichzeitig erfüllt, so besteht Anspruchskonkurrenz und der Reeder kann wählen, aus welcher Anspruchsgrundlage er Ersatz begehrt. Die Havarie-grosse-Deckung ist insoweit nicht speziell.[42]

16. Um den Anforderungen an die anfängliche Seetüchtigkeit des Schiffes gemäß Ziff. 23 DTV-KKl bzw. Ziff. 33.2 DTV-ADS im Hinblick auf die Pirateriegefahr zu genügen, muss der Reeder vor einer Durchfahrt durch pirateriegefährdete Gebiete geeignete Pirateriepräventionsmaßnahmen ergreifen. Dabei sollte er sich an den Empfehlungen der BMP4 orientieren. Bei Außerachtlassung von geeigneten Präventionsmaßnahmen trifft den Reeder ein Organisationsverschulden, das zum Wegfall des Versicherungsschutzes führen kann.[43] Hingegen kann dem Reeder aufgrund erheblicher Rechtsunsicherheiten nicht die Verwendung bewaffneter Sicherheitsdienste an Bord seines Schiffes als Obliegenheit im Sinne der Seetüchtigkeit abverlangt werden.[44]

---

[39] Siehe *supra* S. 203 ff. und insbesondere S. 206 f.
[40] Siehe *supra* S. 208 ff.
[41] Siehe *supra* S. 212 ff.
[42] Siehe *supra* S. 217 ff.
[43] Siehe *supra* S. 222 ff.
[44] Siehe *supra* S. 228 ff.

Literaturverzeichnis

Abraham, Hans Jürgen: Das Seerecht, 4. Aufl., Berlin, New York 1974

Albrecht, Peter/Lippe, Stefan: Prämie, mathematische und wirtschaftliche Fragen, in: Farny, Dieter/Helten, Elmar/Koch, Peter/Reimer Schmidt, E.H. (Hrsg.), Handwörterbuch der Versicherung, Karlsruhe 1988, S. 524–532 (zitiert: *Bearbeiter*, in: Handwörterbuch der Versicherung, nach Seite)

Allianz Global Corporate & Specialty: Piracy – An ancient risk with modern faces, Juni 2009, <http://www.agcs.allianz.com/assets/PDFs/risk%20insights/Allianz%20Piracy%20Study%20-%20June%202009.pdf> (Stand: 30.11.2015)

Alsleben, Brigitte/Wermke, Matthias: Das Herkunftswörterbuch, Etymologie der deutschen Sprache; auf der Grundlage der neuen amtlichen Rechtschreibregeln, 4. Aufl., Mannheim 2007

Aon Jauch & Hübner: Einblicke, Wachstumsbranche Piraterie, 2008, <http://www.aon.com/germany/downloads/aoneinblicke/einblicke0812_piraterie.pdf> (Stand: 30.11.2015)

Apostolis, Paul/Knott, John: Modern Piracy at Sea: A Global Challenge, <http://seatransport.org/seaview_doc/SV_85/Modern%20Piracy%20at%20Sea%20A%20Global%20Challenge%20seaview%2085.pdf > (Stand: 30.11.2015)

Armbrust, Dieter: Subsidiaritätsabreden in Versicherungsverträgen, Frankfurt am Main u.a. 1991

Arzt, Gunther: Zur Strafbarkeit des Erpressungsopfers, JZ 2001, S. 1052–1057

Baltic and International Maritime Council/European Union Naval Forces Somalia/International Group of P&I Clubs u.a.: Best Management Practices to Deter Piracy off the Coast of Somalia and in the Arabian Sea Area, 3. Aufl., Edinburgh 2010 (zitiert: BMP 3, nach Seite)

– : Best Management Practices for Protection against Somalia Based Piracy, 4. Aufl., Edinburgh 2011 (zietiert: BMP 4, nach Seite)

Bamberger, Heinz Georg/Roth, Herbert (Hrsg.): Kommentar zum Bürgerlichen Gesetzbuch, Bd. 2 – §§ 611–1296, AGG, ErbbauRG, WEG, 3. Aufl., München 2012

Baumann, Horst: Die Bedeutung der Entstehungsgeschichte für die Auslegung von Allgemeinen Geschäfts- und Versicherungsbedingungen, r+s 2005, S. 313–318

Beckmann, Roland Michael/Matusche-Beckmann, Annemarie: Versicherungsrechts-Handbuch, 3. Aufl., München 2015

Beck'scher Online-Kommentar zum Strafgesetzbuch, hrsg. v. von Heintschel-Heinegg, Bernd, 21. Edition, Stand: 01.12.2012, München 2012 (zitiert: *Bearbeiter*, in: BeckOK-StGB, nach Paragraph und Rn.)

Beck'scher Online-Kommentar zum Strafgesetzbuch, hrsg. v. von Heintschel-Heinegg, Bernd, 29. Edition, Stand: 01.12.2015, München 2015 (zitiert: *Bearbeiter*, in: BeckOK-StGB, nach Paragraph und Rn.)

Benkel, Gert A./Hirschberg, Günther (Hrsg.): Lebens- und Berufsunfähigkeitsversicherung, ALB- und BUZ-Kommentar, 2. Aufl., München 2011 (zitiert: *Bearbeiter*, in Benkel/Hirschberg, nach Abschnitt und Rn.)
Bennett, Howard N.: The law of marine insurance, 2. Aufl., Oxford, New York 2006
Bento, Lucas: Toward An International Law of Piracy Sui Generis: How The Dual Nature of Maritime Piracy Law Enables Piracy to Flourish, BJIL 29 (2011), S. 101–157
Berg, Dieter/Artmann, Thomas/Kratz, Tillmann u.a: Piraterie – Bedrohung auf See, Eine Risikoanalyse, München 2006
– *:* Piraterie – Die Bedrohung auf See erreicht eine neue Dimension, München 2009
Berg, Dieter/Funke, Benedikt/Kratz, Tillmann u.a.: Piraterie – Die Gewalt auf See eskaliert, München 2012
Bingham, Joseph W.: Part IV – Piracy, AJIL Sup. 26 (1932), S. 739–886
von Bippen, Wilhelm: Seeversicherung und Seeraub eines hansischen Kaufmanns im 16. Jahrhundert, Dem Vereine für hamburgische Geschichte bei der Feier seines fünfzigjährigen Bestehens am 9. April 1889 gewidmet von der historischen Gesellschaft des Künstlervereins zu Bremen, Bremen 1889
Birnie, P.W.: Piracy. Past, present and future, Marine Policy 11 (1987), S. 163–183
Blecker, Thorsten/Will, Thomas: Der Einsatz privater Sicherheitsdienste zum Schutz vor Piraterie und maritimem Terrorismus – Die ökonomisch-logistische Sicht, in: Stober, Rolf (Hrsg.), Der Schutz vor Piraterie und maritimem Terrorismus zwischen internationaler, nationaler und unternehmerischer Verantwortung, Brauchen wir zukünftig den Einsatz privater Sicherheitsdienste zum Schutz vor Piraterie?, Köln 2010, S. 53–68
Brand, Oliver: Contract terms: judicial approaches to the interpretation of insurance contracts, in: Burling, Julian/Lazarus, Kevin (Hrsg.), Research Handbook on International Insurance Law and Regulation, Cheltenham 2011, S. 93–119
Brandt, Hans: Schwimmende Waffenlager, Tages-Anzeiger vom 21.03.2013, S. 8
Brinktrine, Ralf: Der Einsatz privater Sicherheitsdienste zum Schutz vor Piraterie und maritimem Terrorismus – Die staats- und verwaltungsrechtliche Sicht, in: Stober, Rolf (Hrsg.), Der Schutz vor Piraterie und maritimem Terrorismus zwischen internationaler, nationaler und unternehmerischer Verantwortung, Brauchen wir zukünftig den Einsatz privater Sicherheitsdienste zum Schutz vor Piraterie?, Köln 2010, S. 39–52
Bruck, Ernst/Möller, Hans: Versicherungsvertragsgesetz, Großkommentar, hrsg. v. Baumann, Horst/Beckmann, Roland Michael/Johannsen, Katharina/Johannsen, Ralf, Bd. 1 – Einführung §§ 1–32, 9. Aufl., Berlin 2008
– *:* Versicherungsvertragsgesetz, Großkommentar, hrsg. v. Baumann, Horst/Beckmann, Roland Michael/Johannsen, Katharina/Johannsen, Ralf, Bd. 3 – §§ 74–99, 9. Aufl., Berlin 2010
Bundesaufsichtsamt für das Versicherungswesen: Geschäftsbericht 1981
Bundesministerium der Justiz: Abschlussbericht der Sachverständigengruppe zur Reform des Seehandelsrechts, 2009
Caldwell, R. Graham: US Executive Order 13536 and the legality of ransom payments, Shipping and Trade Law 11 (2011), S. 4–6
Carden, Nigel: Piracy and Armed Robbery at Sea – How Best to Protect Seafarers, Piracy and P&I Insurance, Präsentation IGP&I, <http://ec.europa.eu/transport/modes/maritime/events/doc/2010_03_03_piracy/2010_03_03_igp-i.pdf> (Stand: 30.11.2015)
Cicero, Marcus Tullius: De officiis, Vom pflichtgemäßen Handeln, hrsg. v. Gunermann, Heinz, Reclam Nachdruck, Stuttgart 1984

Clarke, David/Ahmed, Mohamed: Exclusive: Somali pirate ransoms skirt U.S. directives, <http://www.reuters.com/article/2011/08/08/us-somalia-piracy-ransoms-idustre7772dw20110808>, 08.08.2011 (Stand: 30.11.2015)
Claviez, Wolfram: Seemännisches Wörterbuch, 2. Aufl., Bielefeld 1978
Clift, Rhys: Piracy: detentions, ransoms and negotiations, Präsentation Hill Dickinson LLP, <http://slideplayer.com/slide/6271331/> (Stand: 30.11.2015)
Colombos, C. John: Internationales Seerecht, München 1963
Cramer, Hans: Die Versicherung der Havariegrosse-Schäden, Hamburg 1932
Dahm, Georg/Delbrück, Jost/Wolfrum, Rüdiger: Völkerrecht, 2. Aufl., Berlin 2002
Deutscher Verkehrsgerichtstag: Moderne Piraterie – Seeschifffahrt unter Beschuss, Empfehlungen des Arbeitskreises VIII, 2012
Deutsch, Erwin: Versicherungsvertragsrecht, Ein Grundriß, 3. Aufl., Karlsruhe 1993
Diller, Martin: Die Berufshaftpflichtversicherung für Rechtsanwälte, AVB-RSW-Kommentar, München 2009
Dillon, Dana: Maritime Piracy: Defining the Problem, SAIS Review Vol. XXV (Winter-Spring 2005), S. 155–164
Douse, Christopher M.: Combating Risk on the High Sea: An Analysis of the Effects of Modern Piratical Acts on the Marine Insurance Industry, Tul. Mar. L. J. 35 (2010), S. 267–292
Dubner, Barry Hart: The law of international sea piracy, Den Haag, Boston 1980
– *:* On the Definition of the Crime of Sea Piracy Revisited: Customary vs. Treaty Law and the Jurisdictional Implications Thereof, JMLC 43 (2011), S. 71–100
Ebel, Wilhelm: Über Sklavenversicherung und Sklavereiversicherung, ZVersWiss 1963, S. 207–230
Ebert, Ina/Endriß, Thomas/Loos, Gerhard u.a.: Munich RE Schadenspiegel 2/2009, München 2009
Ehlers, Henning C.: Krieg, Kriegsereignisse, terroristische und politische Gewalthandlungen, Beschlagnahme, Eingriffe von hoher Hand, r+s 2002, S. 133–140
– *:* DTV-Güterversicherungsbedingungen 2000, (DTV-Güter 2000), 2. Aufl., Karlsruhe 2003
Ehrhart, Hans-Georg/Petretto, Kerstin/Schneider, Patricia: Security Governance als Rahmenkonzept für die Analyse von Piraterie und maritimem Terrorismus, Konzeptionelle und Empirische Grundlagen, Hamburg 2011
Enge, Hans-Christoph/Schwampe, Dieter: Transportversicherung, Recht und Praxis, 4. Aufl., Wiesbaden 2012
Enge, Hans-Joachim: Transportversicherung: Recht und Praxis in Deutschland und England, 2. Aufl., Wiesbaden 1987
Frank, Thomas M.: To Define and Punish Piracies – The Lesson of the Santa Maria – A Comment, NYULR 36 (1961), S. 839–844
Fricke, Martin: Rechtliche Probleme des Ausschlusses von Kriegsrisiken in AVB, VersR 1991, S. 1098–1103
– *:* Rechtliche Probleme des Ausschlusses von Kriegsrisiken in AVB – II. Folge –, VersR 2002, S. 6–11
Fuchs, Michael: Die Frage der Versicherbarkeit von Lösegeld bei Pirateriefällen, Karlsruhe 2014
Garner, James Wilford: International Law and the World War, London 1920
Gesamtverband der Deutschen Versicherungswirtschaft: Stellungnahme des Gesamtverbandes der Deutschen Versicherungswirtschaft zum Entwurf einer Verordnung über die

Literaturverzeichnis

Zulassung von Bewachungsunternehmen auf Seeschiffen nach § 31 Absatz 4 Satz 1 der Gewerbeordnung, 22.01.2013 (zitiert: *GDV*, Stellungnahme SeeBewachV, nach Seite)

Geiß, Robin/Petrig, Anna: Piracy and Armed Robbery at Sea, The Legal Framework for Counter-Piracy Operations in Somalia and the Gulf of Aden, Oxford 2011

Gerhard, Sven: Die Allgemeinen Deutschen Seeschiffsversicherungsbedingungen 2009 (DTV-ADS 2009) – eine Einführung, TranspR 2011, S. 67–69

Gloy, Wolfgang/Loschelder, Michael/Erdmann, Willi: Handbuch des Wettbewerbsrechts, 4. Aufl., München 2010

von Goethe, Johann Wolfgang: Faust – Der Tragödie zweiter Teil, Reclam Nachdruck, Stuttgart 1986

Grewe, Wilhelm G.: Epochen der Völkerrechtsgeschichte, Baden-Baden 1984

Großfeld, Bernhard/Brand, Oliver: Das Recht in Goethes Iphigenie auf Tauris, Zum 250. Geburtstag des Dichterjuristen, JZ 1999, S. 809–814

Groth, Julia: Lockstoff für Entführer, Zeit Online vom 31.07.2009, <http://www.zeit.de/online/2009/32/loesegeldversicherungen/> (Stand: 30.11.2015)

Hagen, Otto: Seeversicherungsrecht, Berlin 1938

Halberstam, Malvina: Terrorism on the High Seas: The Achille Lauro, Piracy and the IMO Convention on Maritime Safety, AJIL 82 (1988), S. 269–310

Hatschek, Julius: Völkerrecht als System rechtlich bedeutsamer Staatsakte, Leipzig 1923

Hazelwood, Steven J.: The peril of "pirates" – all "at sea", LMCLQ 1983, S. 283–288

Hecker, Bernd: Luft- und Seepiraterie (§ 316c StGB), JA 2009, S. 673–678

von Heintschel-Heinegg, Wolff: Piraterie und bewaffnete Raubüberfälle auf See, Bekämpfung von Piraterie und bewaffneten Raubüberfällen auf See am Beispiel der Seegebiete vor Somalia, in: Hering, Ingelore/Lagoni, Rainer/Paschke, Marian (Hrsg.), Nutzung und Ordnung der Meere, Festgabe für Peter Ehlers zum 65. Geburtstag, Hamburg, Münster 2010, S. 59–81 (zitiert: *W. von Heintschel-Heinegg*, in FG Ehlers)

Herber, Rolf: Anmerkung zu LG Hamburg, Urteil vom 10.7.2003 – 4090 119/02, TranspR 2004, S. 266–267

Herdegen, Michael: Völkerrecht, 11. Aufl., München 2012

Hofmann, Edgar: Privatversicherungsrecht, 3. Aufl., München 1991

Hoyer, Christoph: Havarie-grosse und Bergung in der Seekaskoversicherung, in: Drees, Holger/Koch, Robert/Nell, Martin (Hrsg.), Aktuelle Probleme aus dem Versicherungsvertrags- und Vermittlerrecht 2012, Bd. 3, Karlsruhe 2012, S. 153–195

Hudson, N. Geoffrey: The York-Antwerp Rules, The Principles and Practice of General Average Adjustment in Accordance with the York-Antwerp Rules 1994, 2. Aufl., London, New York, Hong Kong 1996

Ince & Co: Paying Ransoms – Could the US make this more difficult?, <http://incelaw.com/de/documents/pdf_library/strands/shipping/article/paying-ransoms-could-the-us-make-this-more-difficult.pdf> (Stand: 30.11.2015)

International Law Commission: Yearbook of the International Law Commission 1955, Summary Records of the Seventh Session – Vol. I, New York 1960

International Maritime Bureau: Piracy and Armed Robbery against Ships, Annual Report 2006

– : Piracy and Armed Robbery against Ships, Annual Report 2009

– : Piracy and Armed Robbery against Ships, Annual Report 2012

Janzen, Peter: Die Haftung von Reeder und Seeversicherer für durch die Besatzung und Hilfspersonen verursachte Schäden, Karlsruhe 1978

Jardine Lloyd Thompson Limited (JLT): Executive Order 13536, Blocking Property of Certain Persons Contributing to the Conflict in Somalia, London 2010

Jellinek, Walter: Ueber die landesrechtliche Seite des Falles Fryatt, AöR (1920), Nachdruck 1974, S. 241–272

Jenisch, Uwe: Pirateriebekämpfung vor Somalia auf dem Prüfstand, NordÖR 2009, S. 385–392

Kahn, Lawrence J.: Pirates, Rovers, And Thieves: New Problems with an old Enemy, Tul. Mar. L. J. 20 (1995-1996), S. 293–329

Kebschull, Wolfgang: Grundsätze der Protection- und Indemnity-Versicherung, Hamburg 1967

– : Grundsätze der Protection- und Indemnity-Versicherung, ZVersWiss 1970, S. 561–707

Kempe, Michael: Fluch der Weltmeere, Piraterie, Völkerrecht und internationale Beziehungen 1500 – 1900, Frankfurt am Main 2010

Kendall-Marsden, Sam, in: The Standard Club (Hrsg.), The Standard Bulletin, Piracy Special Edition, London 2011, S. 1–2

Kisch, Wilhelm: Die Pflicht des Versicherers zum Ersatze der Rettungsopfer, WuRVers 1916/1917, S. 268–349

Kluge, Friedrich/Seebold, Elmar: Etymologisches Wörterbuch der deutschen Sprache, 23. Aufl., Berlin 1995

König, Doris: Piraterie vor der Küste Somalias und Strafverfolgung – Ein Schrecken ohne Ende?, NordÖR 2011, S. 153–160

Krahe, Frank: Der Begriff „Kriegsereignis" in der Sachversicherung, VersR 1991, S. 634–636

Kraska, James: Prize Law, in: Wolfrum, Rüdiger (Hrsg.), The Max Planck Encyclopedia of Public International Law, Vol. VIII, Oxford 2012, S. 477–484 (zitiert: *Kraska,* in: Wolfrum, nach Seite)

Kreutziger, Günter: Zur Klassifizierung der Bergungskosten nach den ADS: Große Haverei oder Aufwendungen?, VersR 1965, S. 407–411

Kunkel-Razum, Kathrin: Duden, Das Bedeutungswörterbuch, 3. Aufl., Mannheim 2002

Lagoni, Rainer: Piraterie und widerrechtliche Handlungen gegen die Sicherheit der Seeschiffahrt, in: Ipsen, Jörn/Schmidt-Jortzig, Edzart (Hrsg.), Recht – Staat – Gemeinwohl: Festschrift für Dietrich Rauschning, Köln 2001, S. 501–534 (zitiert: *Lagoni,* in: FS Rauschning, nach Seite)

Leeder, Maximilian: Die englische Kaperei und die Thätigkeit der Admiralitätsgerichte, Berlin 1881

Lehr, Peter/Lehmann, Hendrick: Somalia – Pirates' New Paradise, in: Lehr, Peter (Hrsg.), Violence at sea, Piracy in the age of global terrorism, New York, London 2007, S. 1–22

Leipziger Kommentar zum Strafgesetzbuch, hrsg. v. Laufhütte, Heinrich Wilhelm/Rissing-van Saan, Ruth/Tiedemann, Klaus, Bd. 5 – §§ 110–145d, 12. Aufl., München 2009 (zitiert: *Bearbeiter,* in: LK, nach Paragraph und Rn.)

–, hrsg. v. Laufhütte, Heinrich Wilhelm/Rissing-van Saan, Ruth/Tiedemann, Klaus, Bd. 11 – §§ 306–323, 12. Aufl., München 2008 (zitiert: *Bearbeiter,* in: LK, nach Paragraph und Rn.)

Liszt, Franz von/Fleischmann, Max: Das Völkerrecht: Systematisch dargestellt, 12. Aufl., Berlin 1925

Looks, Volker: Der Kapitän – Repräsentant des Reeders in der Seekaskoversicherung?, VersR 2003, S. 1509–1512

– : Die Verletzung der Rettungspflicht des Versicherungsnehmers in der Seeversicherung, VersR 2008, S. 883–888

Looks, Volker/Kraft, Holger: Die zivilrechtlichen Auswirkungen des ISM Code, TranspR 1998, S. 221–229

Looschelders, Dirk/Pohlmann, Petra: Versicherungsvertragsgesetz, Kommentar, 2. Aufl., Köln 2011

Mandaraka-Sheppard, Aleka: Hull Time and Voyage Clauses: Marine Perils in Perspective, in: Thomas, D. Rhidian (Hrsg.), The modern law of marine insurance, Vol. I, London 1996, S. 47–96 (zitiert: *Mandaraka-Sheppard,* in: Thomas, nach Seite)

Manning, William Oke/Amos, Sheldon: Commentaries on the law of nations, London, Cambridge 1875

von Martens, Georg Friedrich: Versuch über Caper, feindliche Nehmungen und insonderheit Wiedernehmungen, Nach den Gesetzen, Verträgen und Gebräuchen der Europäischen Seemächte, Göttingen 1795

Martin, Anton: Aufwendungsersatz (§ 63 VVG) nach Abwendungs- und Minderungsmaßnahmen zugleich gegen versicherte und nicht versicherte Schäden in der Seeversicherung, VersR 1968, S. 909–913

– *:* Zusammentreffen zweier Subsidiaritätsabreden, VersR 1973, S. 691–699

McGuire, Mary-Rose/Donle Christian/Grabienski Katja u.a.: Schadenersatz für Verletzung, Fälschung und Piraterie von Marken (Q 203), GRUR Int (2008), S. 923–935

Mejia, Maximo Q./Cariou, Pierre/Wolff, Francois-Charles: Piracy in Shipping, Nantes 2010

Mestral, Armand L. C. de/Gruchalla-Wesierski, T.: Extraterritorial Application of Laws of Export Control Legislation: Canada and the U.S.A, 1990

Mischuk, Georg: Piraterie in Südostasien, Euskirchen, Köln 2009

Moltmann, B. H.: Das Recht der grossen Haverei, Hamburg 1913

Morrison, Stanley: A collection of piracy laws of various countries, Supplement Part V, AJIL 26 (1932), S. 887–1014

de la Motte, Thomas: Die Auswirkungen des ISM-Codes auf das Seehaftungsrecht, Münster 1998

Müller, Alexander: Die Piraterie im Völkerrecht unter besonderer Berücksichtigung des Entwurfes der Völkerbundskommission und der Regierungsäußerungen, Grünberg, Frankfurt 1929

Müller-Collin, Dagmar: Die Allgemeinen Deutschen Seeversicherungsbedingungen (ADS) und das AGB-Gesetz, Karlsruhe 1994

Münch, Peter/Brun, Simon/Spiess, Harry: Produktpiraterie, Zürich, Basel, Genf 2009

Münchau, Mathias: Terrorismus auf See aus völkerrechtlicher Sicht, Frankfurt am Main, Berlin, Kiel 1994

Münchener Anwaltshandbuch Versicherungsrecht, begr. v. *Terbille, Michael,* hrsg. v. *Höra, Knut,* 3. Aufl., München 2013 (zitiert: *Bearbeiter,* in: MAH Versicherungsrecht, nach Paragraph und Rn.)

Münchener Kommentar zum Bürgerlichen Gesetzbuch, hrsg. v. Säcker, Franz Jürgen/Riexecker, Roland, Bd. 1 – Allgemeiner Teil §§ 1–240, ProstG, AGG, 7. Aufl., München 2015 (zitiert: *Bearbeiter,* in: MüKo-BGB, nach Paragraph und Rn.)

–, hrsg. v. Säcker, Franz Jürgen/Riexecker, Roland, Bd. 2 – Schuldrecht Allgemeiner Teil §§ 241–432, 7. Aufl., München 2016 (zitiert: *Bearbeiter,* in: MüKo-BGB, nach Paragraph und Rn.)

–, hrsg. v. Säcker, Franz Jürgen/Riexecker, Roland, Bd. 5 – Schuldrecht Besonderer Teil II §§ 611–704, EFZG, TzBfG, KSchG, 6. Aufl., München 2012 (zitiert: *Bearbeiter,* in: MüKo-BGB, nach Paragraph und Rn.)

Münchener Kommentar zum Strafgesetzbuch, hrsg. v. Joecks, Wolfgang/Miebach, Klaus, Bd. 1 – §§ 1–37, 2. Aufl., München 2011 (zitiert: *Bearbeiter,* in: MüKo-StGB, nach Paragraph und Rn.)

–, hrsg. v. Joecks, Wolfgang/Miebach, Klaus, Bd. 2 – §§ 38–79b, 2. Aufl., München 2012 (zitiert: *Bearbeiter*, in: MüKo-StGB, nach Paragraph und Rn.)
–, hrsg. v. Joecks, Wolfgang/Miebach, Klaus, Bd. 3 – §§ 80–184, 2. Aufl., München 2012 (zitiert: *Bearbeiter*, in: MüKo-StGB, nach Paragraph und Rn.)
Münchener Kommentar zum Versicherungsvertragsgesetz, hrsg. v. Langheid, Theo/Wandt, Manfred, Bd. 1 – §§ 1–99 (Teil 1. Allgemeiner Teil), Erläuterungen zum EGVVG, 1. Aufl., München 2010 (zitiert: *Bearbeiter*, in: MüKo-VVG, nach Abschnitt/Paragraph und Rn.)
Murphy, Martin: Piracy and UNCLOS: Does International Law Help Regional States Combat Piracy?, in: Lehr, Peter (Hrsg.), Violence at sea, Piracy in the age of global terrorism, New York, London 2007, S. 155–182
Neumann, Ulfried: Der strafrechtliche Nötigungsnotstand – Rechtfertigungs- oder Entschuldigungsgrund?, JA 1988, S. 329–335
Nordquist, Myron H./Nandan Satya N./Rosenne Shabtai (Bearb.): United Nations convention on the law of the sea 1982 – A Commentary, The Hague, London, Boston 1995
Norris, Ben: Buyers and Insurers seek options as piracy risk leaps, Commercial Risk Europe 22.01.2010, <http://www.commercialriskeurope.com/cre/14/56/Buyers-and-insurers-seek-options-as-piracy-risk-leaps/> (Stand: 30.11.2015)
Noussia, Kyriaki: The Principle of Indemnity in Marine Insurance Contracts, A Comparative Approach, Berlin, Heidelberg 2007
O'Connell, D. P./Shearer I. A. (Bearb.): The International Law of the Sea, Vol. II, Oxford 1984
Obermayer, Bastian/Much, Mauritius: GDV – Positionen zu Politik, Wirtschaft und Gesellschaft, Juni 2007
Oceans Beyond Piracy: The Economic Cost of Somali Piracy 2010
– : The Economic Cost of Somali Piracy 2011
– : The Economic Cost of Somali Piracy 2012
Office of Foreign Asset Control: Somalia: What you need to know about sanctions against persons contributing to the conflict in Somalia, 30.09.2010
Olshausen, Julius: Kommentar zum Reichs-Strafgesetzbuch, Bd. II, 2. Aufl., Berlin 1886
O'May, Donald/Hill, Julian: Marine Insurance, Law and Policy, London 1993
Palandt, Otto, Kommentar zum Bürgerlichen Gesetzbuch, bearb. v. Bassenge, Peter/Brudermüller, Gerd/Ellenberger, Jürgen u.a., 74. Aufl., München 2015 (zitiert: *Bearbeiter*, in: Palandt, nach Paragraph und Rn.)
Parker, Barry: Paying the pirates, Lloyds Shipping Economist (June 2009), S. 22–25
Passman, Michael H.: Interpreting Sea Piracy Clauses in Marine Insurance Contracts, JMLC 40 (2009), S. 59–88
Paulsen, Bruce G./Lafferty, Ellen: Hijacked: The Unlikely Interface Between Somali Piracy and the U.S. Regulatory Regime, Tul. L. Rev. 85 (2010-2011), S. 1241–1256
Paulsen, Bruce G./Stoian, Jonathan D.: Piracy: An International Problem in Search of a Solution, Legality and Insurance Issues 2009
Petrig, Anna (Hrsg.): Sea Piracy Law/Droit de la piraterie maritime, Berlin 2010
Pfeifer, Wolfgang: Etymologisches Wörterbuch des Deutschen, 8. Aufl., München 2005
Pfeifle, Georg: Piraterie als versichertes Risiko, in: Drees, Holger/Koch, Robert/Nell, Martin (Hrsg.), Aktuelle Probleme des Versicherungsvertrags- und Vermittlerrechts, Bd. 2, Karlsruhe 2011, S. 107–195
Phillips, Zack: Ransom dispute may alter response to pirates' demands, Business Insurance (26.07.2009), <http://www.businessinsurance.com/article/20090726/ISSUE01/307269980> (Stand: 30.11.2015)

Präve, Peter: Versicherungsbedingungen und AGB-Gesetz, München 1998
Prölss, Jürgen/Martin, Anton: Versicherungsvertragsgesetz, Kommentar, bearb. v. Armbrüster, Christian/Dörner, Heinrich/Klimke, Dominik u.a., 29. Aufl., München 2015
Puttfarken, Hans-Jürgen: Seehandelsrecht, Heidelberg 1997
Rabe, Dieter (Hrsg.): Seehandelsrecht, Fünftes Buch des Handelsgesetzbuches mit Nebenvorschriften und internationalen Übereinkommen, 4. Aufl., München 2000
Reibstein, Ernst: Völkerrecht, Eine Geschichte seiner Ideen in Lehre und Praxis – Vom Ausgang der Antike bis zur Aufklärung, Freiburg, München 1958
Remé, Thomas M.: Abschaffung oder Vereinfachung der Grossen Haverei, Vortrag in der Jahresversammlung des Deutschen Vereins für Internationales Seerecht am 24. Februar 1970, <http://www.seerecht.de/wp-content/uploads/dvis-schriftenreihe-a-heft-013.pdf> (Stand: 30.11.2015), Hamburg 1970
Ritter, Carl/Abraham, Hans Jürgen: Das Recht der Seeversicherung, Ein Kommentar zu den Allgemeinen Deutschen Seeversicherungs-Bedingungen, Bd. I, 2. Aufl., Hamburg 1967
– *:* Das Recht der Seeversicherung, Ein Kommentar zu den Allgemeinen Deutschen Seeversicherungs-Bedingungen, Bd. II, 2. Aufl., Hamburg 1967
Römer, Wolfgang/Langheid, Theo/Riexecker, Roland: Versicherungsvertragsgesetz, Kommentar, 4. Aufl., München 2014
Röpling, Gerhard: Die Struktur der englischen Seeversicherung und ihr Einfluß auf die Zahlungsbilanz Großbritanniens, Berlin 1960
Ross, Albert: Ein Vergleich der englischen und deutschen Seekaskoversicherung unter besonderer Berücksichtigung des Deckungsumfanges der englischen Lloyd's-Police im Vergleich zur deutschen Kasko-Police, Hamburg 1969
Roth, Herbert: Funktion und Anwendungsbereich der Unklarheitenregel des § 5 AGBG, Teil II, WM 1991, S. 2125–2135
Roxin, Claus: Strafrecht Allgemeiner Teil 1, 4. Aufl., München 2006
Rubin, Alfred P.: Is Piracy illegal?, AJIL 70 (1976), S. 92–95
– *:* Piracy, in: Bernhardt, Rudolf (Hrsg.), Encyclopedia of Public International Law Vol. 3, Jan Mayen to Pueblo Incident, Amsterdam 1997, S. 1036–1039
– *:* The Law of Piracy, 2. Aufl., New York 1998
Rüffer, Wilfried/Halbach, Dirk/Schimikowski, Peter: Versicherungsvertragsgesetz, Handkommentar, 3. Aufl., Baden-Baden 2015
Rüter de Escobar, Katrin: GDV – Assekuranzagenda Nr. 15, August 2010
Samios, Evangelos P.: Die Piraterie als völkerrechtliches Delikt, Greifswald 1899
Schaps, Georg/Abraham, Hans Jürgen: Das deutsche Seerecht, 3. Aufl., Berlin 1962
Schlegelberger, Franz: Seeversicherungsrecht, Berlin, Frankfurt am Main 1960
Schmahl, Stefanie: Die Bekämpfung der Seepiraterie im Spiegel des Völkerrechts, des Europarechts und der deutschen Rechtsordnung, AöR 136 (2011), S. 44–94
Schmidt-Kasparek, Uwe: Piraterie: Druck auf Transportversicherer, ZfV 2009, S. 41–43
Schneider, Gabriele: Versicherungsschutz gegen Erpressungen, Karlsruhe 2003
Schönke, Adolf/Schröder, Horst: Kommentar zum Strafgesetzbuch, bearb. v. Eser, Albin/Perron, Walter/Sternberg-Lieben, Detlev u.a., 29. Aufl., München 2014
Schwampe, Dieter: Charterers' Liability Insurance, Karlsruhe 1984
– *:* Die Bergung in der Transportversicherung, VersR 2007, S. 1177–1183
– *:* Rechtsfragen der Piraterie, TranspR 2009, S. 462–476
– *:* Seekaskoversicherung, Kommentierung der DTV-Kaskoklauseln, München 2009
– *:* Die DTV-ADS 2009 – Neue Bedingungen für die Versicherung von Seeschiffen im deutschen Markt, VersR 2010, S. 1277–1281

SCR/MUSC: Vessel Shield, Protection against piracy

Segger, Stefan/Degen, Julia K.: Die Konditionendifferenz- und Schutzversicherung als subsidiärer Versicherungsschutz in der Technischen Versicherung, r+s 2012, S. 422–426

Shortland, Anja: Piraterie in Somalia: Ein gutes Geschäft für Viele, in: Deutsches Institut für Wirtschaftsforschung (Hrsg.), DIW Wochenbericht Nr. 29/2010, S. 2–6

Sieg, Karl: Die lübeckische Sklavenkasse, VW 1955, S. 456–457

– *:* Seeversicherung, in: Farny, Dieter/Helten, Elmar/Koch, Peter/Schmidt, Reimer (Hrsg.), Handwörterbuch der Versicherung, Karlsruhe 1988, S. 767–773

Spencer, Chris: Pirate Activity Update, in: The Standard Club (Hrsg.), The Standard Bulletin, Piracy Spcial Edition, London 2011, S. 3–4

Spencer, Jonathan S.: Hull Insurance and General Average – Some Current Issues, Tul. L. Rev. 83 (2009), S. 1227–1269

– *:* Piracy in 2009, in: The Maritime Law Association of the United States (Hrsg.), Newsletter of the Committee on Marine Insurance and General Average 2009, S. 1–8

Starke, J. G.: An Introduction to International Law, 8. Aufl., London 1977

Staudinger, Kommentar zum Bürgerlichen Gesetzbuch, hrsg. v. Habermann, Norbert, Buch 1: Allgemeiner Teil – §§ 134–138 (Allgemeiner Teil 4a – Gesetzliches Verbot und Sittenwidrigkeit), 15. Aufl., Berlin 2011

Steer, Jonathan: Piracy and General Average – a look at some of the pitfalls, <http://www.elbornes.com/relevant-articles/13/> (Stand: 30.11.2015)

Stein, Torsten/von Buttlar, Christian: Völkerrecht, 13. Aufl., München 2012

Stiel, Paul: Der Tatbestand der Piraterie nach geltendem Völkerrecht unter vergleichender Berücksichtigung der Landesgesetzgebungen, Leipzig 1905

Stiel, Paul: Die Piraterie – Beiträge zum internationalen Seerecht, Berlin 1905

Swiss Re: Shipping threatened by piracy: Who picks up the bill?, <http://media.swissre.com/documents/PiracyBro_Asia_en.pdf> (Stand: 30.11.2015), 2010

Talley, Wayne K./Rule, Ethan M.: Piracy in Shipping, Maritime Safety, Security and Piracy, London 2008

Thomas, D. Rhidian, Insuring the risk of maritime piracy, JIML 10 (2004), S. 355–371

Thume, Karl-Heinz/de la Motte, Harald/Ehlers, Henning C.: Transportversicherungsrecht, Kommentar, 2. Aufl., München 2011 (zitiert: *Bearbeiter*, in: Thume/de la Motte/Ehlers, nach Teil und Rn.)

Trölsch, Corinna: Die Obliegenheiten in der Seeversicherung, Karlsruhe 1998

Utler, Simone: Entführte "Beluga Nomination": Allein unter Piraten, Spiegel Online vom 25.01.2011, <http://www.spiegel.de/panorama/justiz/entfuehrte-beluga-nomination-allein-unter-piraten-a-741573-druck.html> (Stand: 30.11.2015)

Veith, Jürgen/Gräfe, Jürgen/Gebert, Yvonne: Der Versicherungsprozess, 3. Aufl., München 2016

Vitzthum, Wolfgang (Hrsg.): Völkerrecht, 5. Aufl., Berlin 2010

Vogel, Werner: Subsidiaritätsabreden und Doppelversicherung, ZVersWiss 1973, S. 563–579

Vollmar, Iris-Beatrix: Beendigung von Doppelversicherungen, VersR 1987, S. 735–739

Wagner, Norbert B.: Pirata hostis generi humani, HFR 3/2010, S. 31–54

Wandt, Manfred: Versicherungsrecht, 5. Aufl., Köln 2010

Watkins, Mark: Piraten gefährden die Adern der Weltwirtschaft, in: Munich RE, Topics Risk Solutions 1/2012, München 2012, S. 16

Wesemann, Christian: Seehandels- und seeversicherungsrechtliche Probleme der modernen Piraterie am Horn von Afrika, Berlin 2013

von Westphalen, Friedrich Graf/Thüsing, Gregor: Vertragsrecht und AGB-Klauselwerke, 34. Ergänzungslieferung, München 2013 (zitiert: *Bearbeiter,* in: von Westphalen/Thüsing, nach Abschnitt und Rn.)

Williams, Richard: The effect of maritime violence on contracts of carriage by sea, JIML 10 (2004), S. 343–354

Willis Limited: Marine Review, Riding the Waves, October 2009, <http://www.willis.com/Subsites/Netherland/Netherland/documents/Marine_Market_Overview.pdf> (Stand: 30.11.2015)

Wodrich, Kurt: Die Versicherung eines Seeschiffes unter besonderer Berücksichtigung von P&I, HANSA 1964, S. 2376–2381

Woesner, Fritz Viktor: Die Pflicht des Versicherers zum Ersatz der Aufwendungen des Versicherungsnehmers zwecks Abwendung und Minderung des Versicherungsschadens, ZVersWiss 1960, S. 399–439

Wolfrum, Rüdiger: Fighting Terrorism at Sea: Options and Limitations under International Law, in: Frowein, Jochen Abraham/Scharioth, Klaus/Winkelmann, Ingo u.a. (Hrsg.), Verhandeln für den Frieden, Negotiating for Peace, Liber Amicorum Tono Eitel, Berlin, Heidelberg, New York u.a. 2003, S. 649–668

– *:* Terrorismus-Bekämpfung auf See, HANSA 2003, S. 12–16

– *:* Kapitel 4 – Hohe See und Tiefseeboden (Gebiet), in: Vitzthum, Wolfgang/Hafner, Gerhard (Hrsg.), Handbuch des Seerechts, München 2006, S. 287–345

Wong, Raymond T. C.: Piracy – Does it give rise to a claim for General Average?, <http://seatransport.org/seaview_doc/SV_87/SV_87%20-%20Piracy%20-%20Does%20it%20give%20rise%20to%20a%20claim%20for%20General%20Average%20(1).pdf> (Stand: 30.11.2015)

Zocher, Herbert: P&I-Clubs, Teil 8, HANSA 1983, S. 1474–1476

– *:* Streifzug durch die Geschichte der Transportversicherung (I), VW 1986, S. 258–261

Zschoche, Detlef: Stabilitätsunfälle – sind sie auf dem deutschen Markt unversicherbar?, TranspR 2004, S. 52–56

Sachregister

Abandon 159
Achille Lauro 49, 52, 87 ff.
Allgefahrendeckung 27 ff., 61, 77, 85 f., 93, 96, 101 ff., 105 f., 112, 141
Allgemeine Deutsche Seeschiffsversicherungsbedingungen 2009 (DTV-ADS) 23 ff., 105 ff., 111 ff., 185 ff., 239 f.
Allgemeine Deutsche Seeversicherungsbedingungen von 1919 (ADS) 19 ff., 30 f., 181 ff.
Andreas Lemos 2, 66 ff., 72 f., 74 f., 81 ff.
Athens Maritime Enterprises Corporation v. Hellenic Mutual War Risks Association (Bermuda) LTD. siehe *Andreas Lemos*
Aufopferung 170, 176, 178 f., 181 ff., 189 ff., 193 f., 208
Aufwendung *siehe* Havarie-grosse und Schadensabwendung und -minderung
Auslegung (von AVB) 58 f., 63 ff., 75 ff., 92 ff., 116 ff., 120 ff.
Ausschlussklausel 30, 62, 78, 104, 108 f., 220 ff., 248 ff.

Barbaresken *siehe* Staatspiraterie
Best Management Practices (BMP) 225 ff., 232 f., 256, 278
Beweislast 29, 103, 234
Bürgerkrieg 23, 78, 231, 274 f.

Dispache 179 ff., 206 f., 218, 220, 235, 242 f., 255, 265
Doppelversicherung 36, 107, 109 ff., 262, 263, 268
Drake, Francis 4, 10
Druckstück *siehe* Seekaskodruckstück

DTV-Kaskoklauseln (DTV-KKl) 19, 21 ff., 101 ff., 137 f., 181 ff.

Ertragsausfallversicherung *siehe Loss of Hire*-Versicherung

Flusspiraterie 48, 71 ff., 276
Fryatt 11

General Average Absorption Clause 188 f., 192 f.
Genfer Übereinkommen über die Hohe See von 1958 (HSÜ) 43 f., 49, 82, 84, 165
Gesamtverband der Deutschen Versicherungswirtschaft (GDV) 18, 24, 106 f., 113, 124, 230 f.
Gewalt (als Pirateriemerkmal) 44 ff., 81 ff.
Große Haverei *siehe* Havarie-grosse
Güterversicherung *siehe* Seegüterversicherung

Hafenpiraterie 79 f., 276
Haftpflichtversicherung 33 f., 230, 241 ff.
Havarie-grosse 169 ff.
– Aufwendung 169, 181 ff., 186, 187 ff., 192 ff., 204, 206, 218, 236, 244, 259, 265 ff., 277
– Beitrag 181 ff., 186, 192, 194, 218, 235 f., 242, 244, 266, 277
– Deckung 180 ff.
– Grundlagen 171 f.
– seehandelsrechtliche 172 ff.
Herbeiführung des Versicherungsfalls 24 f., 233 f., 251, 266
Hilfskriegsschiffe 7, 10

Hohe See (als Pirateriemerkmal) 53 ff., 66 ff., 99
Horn von Afrika *siehe* Somalia

Institute Cargo Clauses (ICC) 31 f.
Institute Time Clauses – Hulls (ITCH) 28 ff., 106 f., 108 f., 140
Institute War and Strikes Clauses – Hulls (IWSC) 28, 30, 36, 106 f., 108 f., 111, 136, 139 f., 261 f.
Interesse (versicherbares) 160
International Maritime Bureau (IMB) 56 f.

Kaperei 4, 6, 7 ff., 42, 46, 85
Kidnap and Ransom-Versicherung (K&R-Versicherung) 15, 18, 100, 251 ff., 259 ff., 270, 272, 274
kriegsähnliche Ereignisse 23, 30, 78
Kriegsgefahr 23, 27, 77, 82, 85 f., 96, 105 ff., 112, 137, 140, 221, 261
Kriegswaffen 154, 221, 230, 248 f.
Kündigung 102 ff., 128, 137, 159

Lloyd's 14
Lösegeldpiraterie 1 f., 15, 148 f., 155, 157 f., 168, 194, 200, 202, 206 f., 210, 217, 229, 239, 252 f., 255, 270
Loss of Hire-Versicherung (LoH-Versicherung) 18, 28, 100 f., 159, 239 f., 255

Marine Insurance Act (MIA) 28 f., 70, 90 ff., 148 f., 160
maritime offence siehe seebezogener Angriff
Markenpiraterie *siehe* Produktpiraterie
Masefield 145 ff., 161
Matsuda 43, 49
Mehrfachversicherung *siehe* Doppelversicherung
Meuterei (auch *mutiny*) 40, 47, 90 ff.
Mitversicherung 62
Münchener Rück 2
Mutterschiff 16

named perils principle 29, 77
Naylor v. Palmer 91

Nebeninteressenversicherung 18, 28, 100 f., 159, 215, 234 ff., 239, 242, 264, 270
Nigeria 16 f., 161, 231
Nishina Trading Co. v. Chiyoda Fire and Marine Insurance 91

Obliegenheit 15, 25, 121 f., 213, 216 f., 220, 222, 224, 227, 230, 232, 278
omnibus rule 245 f., 255, 263
ordre public 147 f., 161 ff., 253, 277

Partschaden *siehe* Teilschaden
Phantomschiff 17, 143
Pirateriebegriff
– Definition des IMB 56 f.
– strafrechtlicher 38 ff.
– versicherungsrechtlicher 58 ff.
– völkerrechtlicher 41 ff.
Pirateriegefahr
– P&I-Versicherung 241
– unter den ADS/DTV-KKl 101 ff.
– unter den DTV-ADS 105 ff.
– unter den ITCH und IWSC 108 f.

Prämienkalkulation 60 ff., 69, 95 ff., 135
private Zwecke (als Pirateriemerkmal) 12, 40, 46 f., 49 ff., 71, 83 ff., 89, 99, 103, 276
Produktpiraterie 36 f.
Protection and Indemnity-Versicherung (P&I-Versicherung) 18, 32 ff., 100, 241 ff., 260 f., 262 f.

Ranzionsgeld 13 f.
Repräsentantenhaftung 26 f., 217, 224
Republic of Bolivia 2, 71 ff., 78, 83 ff.
Rettungswille 198 ff., 203 ff.
Risikoerhöhung 59, 102 f.
Royal Boskalis 202
Rückversicherung 62

Santa Maria 49, 52, 90
Schadensabwendung und -minderung 208 ff.
– Aufwendung 204 f., 208 ff., 278
– Konkurrenz zur Havarie-grosse-Deckung 217 ff.

- Obliegenheit 213, 216 f.
Schiffsicherheitsbestimmungen 222, 234, 249, 266
seebezogener Angriff 67 f., 72 ff., 78 ff., 276
Seefreischärler 7, 10 f.
Seegüterversicherung 20 f., 30 ff., 146, 161
Seekaskodruckstück 19, 22 f., 27, 104, 121, 136 ff., 140, 261 f.
Seerechtsübereinkommen der Vereinten Nationen von 1982 (SRÜ) 5, 40, 43 ff., 165, 276
Seetüchtigkeit *siehe* Seeuntüchtigkeit
Seeuntüchtigkeit 26, 222 ff., 227, 234, 243 f., 266
Sicherheitsdienste (private) 228 ff., 249 f., 272 ff., 278
Sittenverstoß *siehe ordre public*
Sklavereikasse 14 f., 274
Sklavereiversicherung 13 ff.
Softwarepiraterie *siehe* Produktpiraterie
Somalia 1, 6, 15 f., 54, 96 f., 108, 144, 152, 159, 162, 165 f., 226, 232, 254, 258, 274 f.
Souveränitätsprinzip 41, 48, 55, 57, 69, 75
Staatspiraterie 6, 11 ff., 252
Störtebeker, Klaus 4

Straftat (durch Lösegeldzahlung) 149 ff., 160 f., 253
Subsidiaritätsklausel 114 ff.
- Auflösung konkurrierender 129 ff.
- Auslegung 116 ff., 120 ff., 125 f.
- Konkurrenz 115 ff.
- teilqualifizierte 122, 125 f., 128, 133, 135 ff., 276 f.
Subsidiärversicherung 35, 118, 120, 122, 245, 260
Substanzschaden 141 f., 169, 221
Teilschaden 141 f., 169, 176, 180, 184, 203, 239
Terrorismus 30, 46, 49 ff., 56 f., 78, 84, 86 f., 89, 106, 112, 125, 150 ff., 231
Totalverlust 141 f., 143 ff., 158, 169, 179 f., 183, 185, 187, 194 f., 203, 209, 234 f., 236 ff., 239 f.
„Türken-Piraten" 12, 15

US Executive Order 13536 162 ff., 277

Verschollenheit 141, 155 ff.
Versicherbarkeit (von Lösegeldern) 3, 154, 159 ff., 167, 271

York-Antwerp Rules 171, 176 ff.

Zwei-Schiffe-Erfordernis 47 f., 52 f., 57, 89 ff., 98 f.

Studien zum ausländischen
und internationalen Privatrecht

Herausgegeben vom
Max-Planck-Institut für ausländisches
und internationales Privatrecht

Direktoren:
Jürgen Basedow, Holger Fleischer, Reinhard Zimmermann

Die Schriftenreihe *Studien zum ausländischen und internationalen Privatrecht (StudIPR)* wurde 1980 gegründet. Als Äquivalent zur Reihe *Beiträge zum ausländischen und internationalen Privatrecht (BtrIPR)* befasst sich die Reihe *StudIPR* mit allen Themen aus den Aufgabengebieten des *Max-Planck-Instituts für ausländisches und internationales Privatrecht* und versammelt vor allem herausragende Dissertationen, aber auch Sammelbände verschiedenster Art, so zum Beispiel die Ergebnisse von Symposien, etwa zur Reform des Internationalen Privatrechts oder zur empirischen Rechtsforschung.

ISSN: 0720-1141
Zitiervorschlag: StudIPR

Alle lieferbaren Bände finden Sie unter *www.mohr.de/studipr*

Mohr Siebeck
www.mohr.de